国家社科基金一般项目"国家大数据战略背景下档案数据治理体系构建研究"(19BTQ097)

大数据时代档案数据治理体系构建研究

谭必勇 等 著

中国社会科学出版社

图书在版编目（CIP）数据

大数据时代档案数据治理体系构建研究／谭必勇等著. -- 北京：中国社会科学出版社，2025.5. -- ISBN 978-7-5227-4926-6

Ⅰ. G271

中国国家版本馆 CIP 数据核字第 2025HT4164 号

出 版 人	赵剑英
责任编辑	刘　艳
责任校对	陈　晨
责任印制	郝美娜

出　　版	中国社会科学出版社
社　　址	北京鼓楼西大街甲 158 号
邮　　编	100720
网　　址	http：//www.csspw.cn
发 行 部	010-84083685
门 市 部	010-84029450
经　　销	新华书店及其他书店
印刷装订	北京君升印刷有限公司
版　　次	2025 年 5 月第 1 版
印　　次	2025 年 5 月第 1 次印刷
开　　本	710×1000　1/16
印　　张	20.5
插　　页	2
字　　数	316 千字
定　　价	118.00 元

凡购买中国社会科学出版社图书，如有质量问题请与本社营销中心联系调换
电话：010-84083683
版权所有　侵权必究

目　录

第一章　绪论 ………………………………………………………（1）
　第一节　研究背景 …………………………………………………（1）
　　一　时代背景 ……………………………………………………（2）
　　二　政策背景 ……………………………………………………（2）
　　三　行业背景 ……………………………………………………（3）
　第二节　文献综述 …………………………………………………（4）
　　一　国内学术史梳理 ……………………………………………（4）
　　二　国外学术史梳理 ……………………………………………（19）
　第三节　研究思路及方法 …………………………………………（33）
　　一　研究思路 ……………………………………………………（33）
　　二　研究方法 ……………………………………………………（34）
　第四节　创新及不足之处 …………………………………………（35）
　　一　创新之处 ……………………………………………………（35）
　　二　不足之处 ……………………………………………………（37）

第二章　基本概念与理论基础 ……………………………………（38）
　第一节　相关概念 …………………………………………………（38）
　　一　档案数据 ……………………………………………………（38）
　　二　档案治理 ……………………………………………………（41）
　　三　档案数据治理 ………………………………………………（48）
　　四　档案数据治理体系 …………………………………………（53）
　第二节　理论基础 …………………………………………………（55）

  一　治理理论 …………………………………………………（55）
  二　数据治理理论 ……………………………………………（59）
  三　智慧治理理论 ……………………………………………（63）

第三章　档案数据治理的范式转型与时代挑战 ………………（68）
 第一节　国家大数据战略引领档案数字化转型 ………………（68）
  一　国外档案数字化转型的路径与特色 …………………（70）
  二　国内档案数字化转型的进展及困境 …………………（75）
 第二节　范式转型：从档案数据管理转向档案数据治理 ……（83）
  一　档案数据管理：档案工作的"新版图" ………………（83）
  二　档案数据治理：档案领域的"新范式" ………………（87）
 第三节　档案数据治理的时代挑战 ……………………………（110）
  一　管理体制：多元共治的协同机制供给不足 …………（111）
  二　治理场域：线上治理空间的经验值和贡献度有待提升 …（115）
  三　治理理念：公共利益与数据要素化的冲突及协调 …（117）

第四章　国内档案数据治理的社会生态 ………………………（121）
 第一节　档案数据治理实践的基础 ……………………………（121）
  一　资源基础 ………………………………………………（121）
  二　制度基础 ………………………………………………（123）
  三　技术基础 ………………………………………………（126）
 第二节　档案数据治理实践的现状与特征 ……………………（128）
  一　治理模式 ………………………………………………（129）
  二　现实特征 ………………………………………………（145）
  三　治理成效 ………………………………………………（149）
 第三节　档案数据治理实践的风险要素 ………………………（157）
  一　档案数据治理的风险识别 ……………………………（158）
  二　档案数据治理风险的逻辑探源 ………………………（168）

第五章　档案数据治理体系的结构框架与运行模型……(177)

第一节　档案数据治理体系构建的价值导向……(177)
一　以技术提效率……(178)
二　以服务促治理……(184)
三　以法制保合规……(187)
四　多维度防风险……(191)

第二节　档案数据治理体系的结构框架……(196)
一　治理目标……(197)
二　治理主体……(200)
三　治理客体……(203)
四　治理方式……(206)

第三节　档案数据治理体系的运行模型……(207)
一　生态环境层：营建档案数据治理环境……(208)
二　数据基础层：创建数据治理基础设施……(210)
三　应用服务层：构建档案数据服务平台……(212)

第四节　实证分析：苏州市民生档案数据交互服务平台……(216)
一　苏州市民生档案数据交互服务平台建设和运行现状……(216)
二　苏州市民生档案数据交互服务平台现存问题……(219)
三　苏州市民生档案数据交互服务平台的治理路径……(223)

第六章　国家大数据战略背景下档案数据治理体系的推进策略……(227)

第一节　宏观治理：回应国家大数据战略背景……(227)
一　完善我国档案数据治理政策体系……(228)
二　优化我国档案数据治理制度标准……(234)
三　明确我国档案数据治理顶层设计……(238)
四　融入我国数字政府建设时代浪潮……(244)
五　提升我国智慧城市建设支撑能力……(252)

第二节　中观治理：回应档案行业数据化转型……(259)
一　加快实现档案资源数据化转型步伐……(260)
二　搭建档案数据智能化治理平台体系……(266)

三　优化数据治理全域主体职责与结构 …………………… （270）
　　四　提升档案数据资产管理意识与能力 …………………… （273）
　　五　强化档案数据安全基础设施完善度 …………………… （277）
第三节　微观治理：回应社会公众现实性需求 ……………… （281）
　　一　重塑智慧档案数据需求供给理念 ……………………… （282）
　　二　搭建双向档案数据需求供给机制 ……………………… （285）
　　三　扩展档案数据需求供给内容领域 ……………………… （288）
　　四　搭建档案数据需求供给畅通渠道 ……………………… （292）
　　五　强化档案数据需求供给监督管控 ……………………… （296）

结　语 ……………………………………………………………… （301）

参考文献 ………………………………………………………… （304）

后　记 …………………………………………………………… （322）

第一章

绪 论

近年来,越来越多的国家启动了以"数据"为核心的数字化国家战略,数据治理日渐成为全球互联网治理领域对话博弈的核心命题之一。2015年10月,党的十八届五中全会首次将"实施国家大数据战略"写入党的全会公报,大数据战略正式上升为国家战略。我国国家大数据发展战略和"互联网+"行动计划的宏观布局,"最多跑一次"等政府数字化转型理念与实践的持续深入,将档案和档案工作推到政府治理和公共服务的重要位置,以数据治理为核心的国家治理模式的深刻变革将对档案事业的长远发展带来深刻影响。虽然我国的档案数据管理问题已经引起了各方重视,但档案数据资源管理机制尚处于探索之中,档案数据治理体系远未建立,难以有效应对政府数字转型和社会转型带来的各种数据链断裂风险,不能更好地满足国家治理体系和治理能力现代化的现实需求。在社会整体数据化和国家治理现代化的时代趋势下,档案部门面临着如何实现高质量数字化转型、档案工作如何科学融入数字政府建设和大数据战略、档案治理如何科学地走向"整体智治"等一系列重大命题,因此构建顺应大数据时代、适合我国国情的档案数据治理体系及其推广机制成为当前重要的政策议题,由此催生了档案数据治理这一颇具影响力的学术领域。

第一节 研究背景

国家大数据战略背景下档案数据治理体系研究是大数据时代档案工作数字化转型发展的现实需要,时代背景、政策背景与行业背景影响着档案事业的生产与发展，成为理解本书研究主旨的"钥匙"。

一 时代背景

"数智"技术赋能时代发展。以大数据、人工智能、物联网、移动互联网等为代表的新一代"数智"技术迅速扩展，推动着数据要素的深度解读、数据智慧的应用转化和数据生产力的加速释放，不仅改变了人类社会的资源配置、人际交往和信息传播方式，更深刻改变了人类的意识形态和生活习惯①，引领着人类社会快步迈向大数据智能化的时代。随着"数智"环境的不断完善，数字经济、数字文化、数字生态等新业态、新模式蓬勃发展，经济生产方式、社会运行方式和国家治理方式均在发生结构性变革②，技术的逻辑已经拓展并深入社会各个领域。"数智"技术赋能时代发展的重大变化，对档案工作的影响是不可估量的。一方面，新的应用场景、服务形态和变革需求将催生出格式更加复杂、类型更加丰富、体量更加庞大的档案数据；另一方面，"数智"技术又为档案管理方法和服务模式迈向智慧化、普惠化提供了强大动力。因此，讨论档案数据治理问题离不开对技术与时代联系的深刻把握。

二 政策背景

政策话语引领数据治理战略。当下，国家大数据战略日渐成为国际竞争新领域，数字化转型已经成为时代发展势不可当的行进走向，在数字化转型的时代洪流下，全球范围的数据治理呈现出百舸争流的蓬勃态势。世界各国纷纷将数字化转型视为提升其综合国力的重大战略，以应对未来的全球竞争，我国政府也围绕数字政府、信息化建设、数字中国等数据治理命题出台了一系列重大政策，例如《促进大数据发展行动纲要》（2015 年)③、《关于加强数字政府建设的指导意见》（2022 年)④、《关于构建数据基础制度

---

① 韩晗：《"数据化"的社会与"大数据"的未来》，《中国图书评论》2014 年第 5 期。
② 金波、杨鹏：《"数智"赋能档案治理现代化：话语转向、范式变革与路径构筑》，《档案学研究》2022 年第 2 期。
③ 《国务院印发〈促进大数据发展行动纲要〉》，http://www.gov.cn/xinwen/2015-09/05/content_2925284.htm，2023 年 11 月 29 日。
④ 《国务院关于加强数字政府建设的指导意见》，http://www.gov.cn/zhengce/content/2022-06/23/content_5697299.htm，2023 年 11 月 29 日。

更好发挥数据要素作用的意见》（2022年）①、《数字中国建设整体布局规划》（2023年）② 等，这些表明实现数据要素价值、推进数据治理成为国家宏观层面的战略需求。不难看出，以数据治理为核心的国家治理模式的深刻变革将对档案事业的长远发展带来深刻影响，在此背景下，档案工作更需要主动对接数字中国和数字政府建设大局，并在准确把握大数据时代档案治理相关制度的演进方向和发展规律的基础上，集中促进档案制度的适应性转型，从而更好地适应治理水平和治理能力现代化的发展需求。2021年中办、国办联合印发的《"十四五"全国档案事业发展规划》明确指出，要"进一步融入数字中国建设"，"主动融入数字经济、数字社会、数字政府建设，推动档案全面纳入国家大数据战略"，"建立档案数字治理新模式"，"档案工作基本实现数字转型"。③

三 行业背景

档案行业变革面临机遇与挑战。长期以来档案部门基于层级管理要求、部门中心主义和安全性行动导向形成的档案管理模式给档案治理工作的数字化变革带来了一系列亟待解决的梗阻问题。数据赋能社会治理催生了新的应用场景和服务形态，在此过程中格式更加复杂、种类更加丰富、体量更加庞大的档案数据和元数据不断产生，由这一档案数据新常态引发的服务新需求正在向档案业务工作施加压力。在时代客观要求和政策话语的推动下，数字化转型已然成为提升档案治理能力和治理水平，实现档案治理现代化的时代必答题，加快推动档案数据治理已经成为普遍性的行业共识。高质量地实现档案数据治理，不仅能为档案事业现代化发展提供持久动力，还能进一步激活档案治理在政府治理乃至国家治理中的独特价值。近年来，随着国家档案治理体系和治理能力现代化建设的深入，档案部门以电子档案单轨制改革和数字档案馆（室）转型升级为契机，主动转

---

① 《中共中央 国务院关于构建数据基础制度更好发挥数据要素作用的意见》，https://www.gov.cn/zhengce/2022-12/19/content_5732695.htm，2023年11月29日。
② 《中共中央 国务院印发〈数字中国建设整体布局规划〉》，http://www.gov.cn/xinwen/2023-02/27/content_5743484.htm，2023年11月29日。
③ 《中办国办印发〈"十四五"全国档案事业发展规划〉》，https://www.saac.gov.cn/daj/toutiao/202106/ecca2de5bce44a0eb55c890762868683.shtml，2023年11月29日。

变治理机制和服务模式，催生了档案数据资产化管理、民生档案数据跨部门协同共享、"互联网+档案行政监管"等档案数据治理新形态，产生了较好的社会影响。在当下纵深推进数字化改革的关键时期，档案治理实践中存在的模式调适、供需矛盾问题，暴露了档案部门对于档案数据的资源掌控能力、协调引领能力和利用服务能力的不足，档案工作治理体系与治理能力建设存在短板和困境亟待破解，档案数据治理由此成为当前重要的政策议题和学术热点。

第二节 文献综述

一 国内学术史梳理

档案数据治理是一个档案学新近的学术名词，在中国知网（CNKI），以"档案数据治理"（主题）、"档案治理+数据治理"（主题）、"档案数据管理"（篇名）、"档案数据+管理"（篇名）进行精确检索，排除重复与不相关文献，共检索到520条记录（检索时间：2023年8月12日）。结合使用CiteSpace6.1.R6，分析文献内容，辅助发现档案数据治理研究的研究概况与最新进展。在CiteSpace中导入数据，进行关键词聚类分析，模块值（Q值）和平均轮廓值（S值）分别大于0.3与0.7，聚类合理可靠[①]（见图1-1）。

共现"#0档案数据""#1档案治理""#2电子档案""#3档案""#4大数据""#5数据共享""#6企业档案""#7档案馆""#8组织成果""#9数据库""#10区域卫生信息平台"10项聚类。上述聚类与档案数据治理研究的相关度递减，且相关聚类间联系密切。"#0档案数据""#2电子档案""#3档案"作为档案数据治理的主要研究对象，最为突出。"#5数据共享"是档案数据治理关注的主要议题；"#6企业档案""#7档案馆""#9数据库"则是档案数据治理开展的主要场域。为进一步展示档案数据治理研究的演进情况，可结合关键词时间线图将关键词聚类内容按时间顺

---

① 陈悦、陈超美、刘则渊等：《CiteSpace知识图谱的方法论功能》，《科学学研究》2015年第2期。

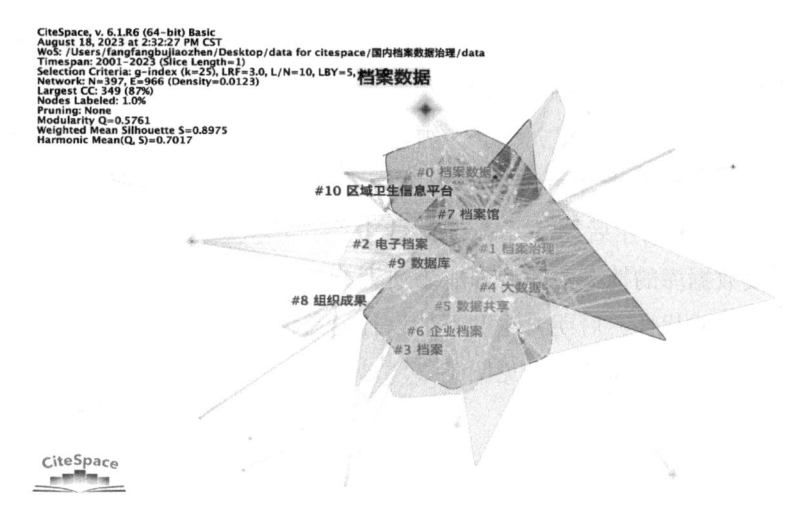

图 1-1　档案数据治理关键词聚类分析

序排列，由图 1-2 可知，聚类直线相互对应，节点表示该聚类所含主要内容。

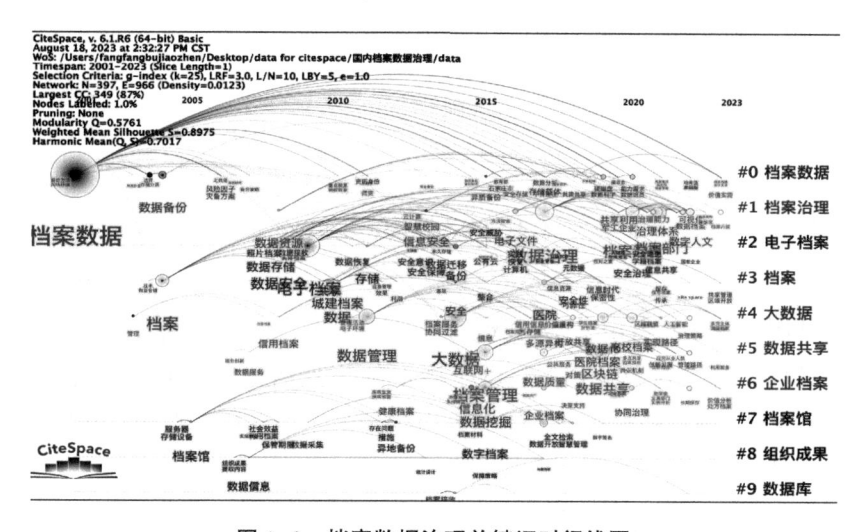

图 1-2　档案数据治理关键词时间线图

根据节点的大小和颜色可知，"#0 档案数据"节点最大、出现时间较早且自 2001 年一直持续至今，是档案数据治理研究领域的经典内容，也备受当下关注，是今后研究开展的主要切入点。"#0、#1、#2、#3、#4、#5、#6"七个聚类研究都较为持续，说明档案数据、档案治理、电子档案、企业档案等研究对象，及数据共享、大数据等研究议题对档案数据治理具有重要价值，自从研究者注意到这些内容后就开始了对其的长期研究。而"#7、#8"两个聚类在后期的一段时间线上突然消失，说明围绕档案馆、组织成果及数据库的档案数据治理成果研究到达一定阶段，且其实践与思考具有较强的时代性，后期关注度不如以往。总体来说，档案数据治理题域广阔，研究话题涵盖甚广（见图1-3）。

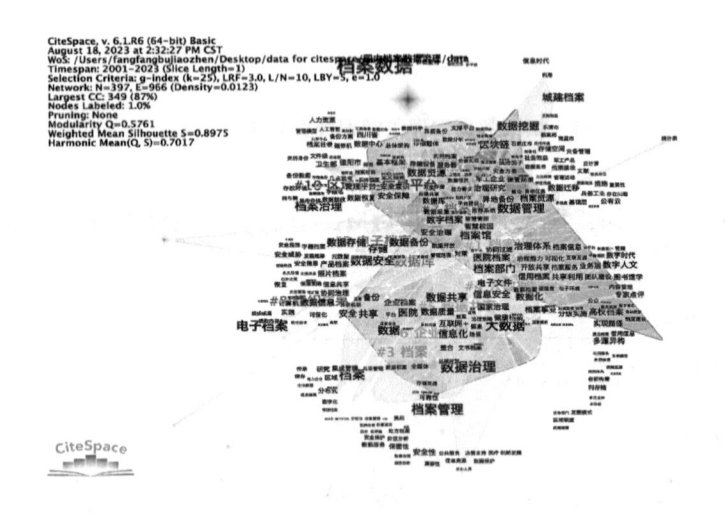

图1-3 档案数据治理关键词共现分析图

从图1-3不难看出，"大数据"时代档案工作面临的深刻挑战与变革是推动档案管理对象从档案、电子档案细化到档案数据的机遇和时局，"档案治理"则是档案数据从管理走向治理的主要契机，与档案数据治理直接相关。实际上，早在20世纪八九十年代计算机开始应用到档案著录标引等领域之际，国内学者在革命历史档案数据库及其检索系统建设过程中就关注到机读档案目录数据库的档案数据质量的控制问题[①]，冯惠玲、李华进一步意识到档案数据的数量和质量问题是制约档案自动化检索发展乃

---

① 戴璞：《集中式著录标引的质量控制》，《档案管理》1991年第4期。

至档案工作现代化的关键问题,并提出统一协调机关文书部门、机关档案室和档案馆的"文件—档案三位一体的数据工作模式",以减少档案数据的重复采集、加工,最大限度地提升档案数据数量与质量①,从某种意义上讲,这些成果可谓档案(元)数据管理(治理)的早期成果。此后很长一段时间内,学者们的关注点是档案数据库的建设②、档案数据备份与存储介质选择③等技术层面的关键问题。有"大数据元年"之称的2013年,是档案数据治理研究领域具有关键性的年份,这一年里,党的十八届三中全会将"推进国家治理体系和治理能力现代化"作为全面深化改革的总目标,大数据治国时代已然来临④,大数据对档案工作的颠覆性影响、档案大数据等问题成为档案界关注的热点话题⑤,特别是云计算、物联网、人工智能、移动互联网的组合诞生了全新的数据生态环境,档案实体管理向档案数据管理的巨大变革引发了档案学界的深刻反思。档案大数据、档案数据管理、档案数据治理等术语先后成为该领域的热词,既是国家与行业政策话语体系在档案学研究领域影响力的直接体现,也反映出大数据时代档案学共同体的理论自觉。

(一) 档案大数据研究

档案大数据是档案行业回应大数据时代机遇与挑战而提出的学术概念,该研究早期侧重于两个方面:一是档案大数据的直接研究,二是大数据语境档案实践与理论发展的相关研究⑥。前者如高茂科⑦、鲁德武⑧对档

---

① 冯惠玲、李华:《档案工作现代化的重大课题——论档案计算机检索的数据准备》,《档案学通讯》1992年第1—2期。
② 李爱荣:《北京市档案馆计算机系统实施及应用系统建设》,《北京档案》1997年第9期;刘卫东:《对档案数据库管理系统的展望》,《档案学通讯》2000年第5期;陈永成、黄建峰:《分布式档案基础数据库建设理论与实践》,中国档案出版社2006年版;钱毅:《档案数据库建设中存在的问题及解决思路》,《档案学通讯》2006年第4期。
③ 郑凌:《网络环境中档案数据的备份》,《档案学通讯》2001年第6期;刘家真:《档案数据备份选择》,《浙江档案》2004年第1期。
④ 徐继华、冯启娜、陈贞汝:《智慧政府:大数据治国时代的来临》,中信出版社2014年版,第12—30页。
⑤ 刘东斌、吴雁平、王杰主编:《2013年档案学学科发展报告》,河南大学出版社2015年版,第270—285页。
⑥ 周耀林、常大伟:《我国档案大数据研究的现状分析与趋势探讨》,《档案学研究》2017年第3期。
⑦ 高茂科:《对档案大数据关键环节的认识》,《中国档案》2013年第10期。
⑧ 鲁德武:《试述档案大数据的定义、特征及核心内容》,《档案》2014年第4期。

案大数据的内涵、特征及其应用等关键问题进行的分析。后者的成果相对较多，涉及大数据对档案工作的宏观影响①、大数据理念与技术在档案实践领域的具体应用②、大数据时代档案学理论研究的反思与创新③等。然而，这一时期的档案大数据研究存在过度炒作和概念透支等不良现象④，总体来看，其主要是以纸质档案数字化为对象、以传统档案管理流程为基础、基于传统档案管理体制思维进行的研究⑤，其研究的理念、方法等与大数据时代的要求还有相当差距，因此档案学者应勇于打破传统框架，在深入理解档案大数据内涵与本质特征的基础上，抓住国家大数据战略深入实施的契机，重视跨领域、跨机构和跨部门合作，提升档案部门在国家大数据战略体系中的地位。

自 2016 年以来，关于档案大数据的研究主要集中在以下几个方面：第一，从学理上进一步深入分析档案大数据及其管理模式的理论逻辑与实践进路。郑金月认为，档案是大数据的一个重要来源，但在实际工作中绝大多数大数据并没有成为"档案"，档案大数据本质上指的是档案工作领域的大数据应用⑥。康蠡等认为，档案大数据是与档案活动密切相关的各种有价值的、难以在可接受时间内分析处理的数据态，其实质代表了档案领域一种新的数据生成、存在和处理样态⑦，并从信息生态视角提出了由档

---

① 代表性成果：李小晨：《大数据时代背景下的档案管理探讨》，《云南档案》2013 年第 6 期；兰祝刚、惠英、李刚：《大数据时代下的档案工作》，《中国档案》2013 年第 9 期；陶水龙：《大数据时代下数字档案馆面临的机遇与挑战》，《中国档案》2013 年第 10 期；王建亚：《大数据背景下档案工作的机遇、趋势与挑战》，《北京档案》2014 年第 5 期；滕春娥：《大数据环境下档案工作转型研究》，《北京档案》2015 年第 2 期。

② 代表性成果：杨来青：《大数据背景下档案信息资源挖掘策略与方法研究》，《中国档案》2018 年第 8 期；邱世魁、陈玉朕：《大数据，企业档案信息系统的技术架构》，《中国档案》2013 年第 10 期；王兰成、刘晓亮：《网上数字档案大数据分析中的知识挖掘技术研究》，《浙江档案》2013 年第 10 期；刘国华、李泽锋：《档案工作中大数据框架构建及应用思考》，《档案管理》2014 年第 2 期；田伟、韩海涛：《大数据时代档案馆服务创新研究》，《档案学研究》2014 年第 5 期。

③ 代表性成果：周枫：《大数据时代的档案馆：基于 SWOT 的分析》，《档案》2013 年第 2 期；周枫：《资源·技术·思维——大数据时代档案馆的三维诠释》，《档案学研究》2013 年第 6 期；张芳霖、唐霜：《大数据影响下档案学发展趋势的思考》，《北京档案》2014 年第 9 期。

④ 于英香：《档案大数据研究热的冷思考》，《档案学通讯》2015 年第 2 期。

⑤ 叶大凤、黄思棉、刘龙君：《当前档案大数据研究的误区与重点研究领域思考》，《北京档案》2015 年第 7 期。

⑥ 郑金月：《关于档案与大数据关系问题的思辩》，《档案学研究》2016 年第 6 期。

⑦ 康蠡、金慧：《档案大数据定义与内涵解析》，《档案管理》2017 年第 1 期。

案大数据、档案大数据主体及档案大数据环境构成的档案大数据生态系统①。陶水龙指出，档案大数据的数据质量和价值密度明显高于其他行业的大数据，档案大数据服务具有利用智能化、服务个性化、交互自然化、信息可视化等特征②。第二，从技术平台、发展路径等多层面探讨档案大数据战略的实现问题。赵振营从数据存储、数据处理和数据传输三个方面提出了档案馆实施大数据战略的路径③。向立文等探讨了档案部门实施档案大数据战略的必要性和可行性④，徐拥军等则分析了档案部门参与大数据战略的必备条件和关键问题⑤，并建议在国家大数据战略背景下，应明确档案部门在国家大数据战略中的定位，加强政务信息资源管理法治建设，统筹优化国家信息资源管理体制，加快建立健全档案部门与数据管理部门的职责分工协调机制⑥。林伟宏以浙江省档案数据共享中心建设为例，提出了构建省域档案大数据的方法与路径⑦。

上述研究从学理上梳理了档案与大数据的关系，明晰了档案大数据的内涵与结构体系，充分肯定了档案部门参与大数据战略的重要性，有助于学术界进一步开展档案数据治理的后续研究工作。

（二）档案数据治理的基础理论研究

大数据时代，档案数据成为一种"流动的能量符号"和助推行政效率提升的力量，档案在"数据层面的价值"日益受到社会的广泛重视⑧，因此梳理档案数据治理的相关概念、理论内涵、价值定位与推进路径等核心理论要素就成为学者们开展档案数据治理研究的前提和基础。

在相关概念的辨析方面，学者们重点围绕档案数据、档案数据治理两

---

① 康蠡、周铭：《档案大数据生态系统涵义、构成与结构撷探》，《北京档案》2017年第8期。
② 陶水龙：《大数据特征的分析研究》，《中国档案》2017年第12期。
③ 赵振营：《档案馆实施大数据战略实践的路径分析》，《北京档案》2016年第7期。
④ 向立文、李培杰：《档案部门实施档案大数据战略的必要性与可行性研究》，《浙江档案》2018年第10期。
⑤ 徐拥军、王露露：《档案部门参与大数据战略的必备条件和关键问题——以浙江省为例》，《浙江档案》2018年第11期。
⑥ 徐拥军、张臻、任琼辉：《国家大数据战略背景下档案部门与数据管理部门的职能关系》，《图书情报工作》2019年第18期。
⑦ 林伟宏：《省域档案大数据共建共享方法与路径探讨》，《浙江档案》2022年第9期。
⑧ 周全：《智慧社会背景下档案管理的实践与创新——第五届全国高校青年档案学者学术论坛部分参会青年学者访谈录》，《浙江档案》2018年第7期。

个核心概念展开分析。第一，从本质属性、技术与管理、历史演化、使用语境等多维度探讨档案数据的内涵与特征。钱毅探讨了技术变迁环境下档案管理对象由模拟态、数字态到数据态的演化过程，虽然未直接阐明档案数据内涵，但从规则管理等视角提供了理解档案数据内涵的新思路①。刘永等则从原生数据源全链式管理②和档案数据大脑的视角③对档案数据化的内涵进行了分析。于英香认为档案数据在内涵上是一种具备档案属性的数据，其作为独立术语的地位在大数据时代日益凸显④。高晨翔、牛力对档案数据概念的缘起及演化路径进行了梳理，指出大数据时代学者们呈现的"档案化的数据"和"数据态的档案"两种解读具有过程层面的差异性和结果层面的一致性⑤。赵跃等建议档案界要准确把握"档案数据"的术语结构及"档案"一词的限定意涵，明确档案学与其他学科使用"档案数据"的语境区别及内涵差异⑥。金波等则认为档案数据是数据化的档案信息及具有档案性质的数据记录⑦，并从档案数据化和数据档案化的双维视角对档案数据的内涵进行了论证⑧。第二，从治理主体、治理手段、治理对象、治理目标等多维度对档案数据治理的内涵进行定义。常大伟、潘娜认为，档案数据治理是档案事业发展的利益相关者在一定的制度框架内通过协同合作的方式，综合应用各种数据治理工具和治理技术，规范档案数据治理业务流程，构建档案数据治理生态，激发档案数据价值的过程⑨。金波、杨鹏认为，档案数据治理是指档案部门、社会组织和公民等多元主体协同合作，依据一定的法规标准，充分利用大数据等现代信息技术，对

---

① 钱毅：《技术变迁环境下档案对象管理空间演化初探》，《档案学通讯》2018年第2期。
② 刘永、庞宇飞：《档案数据化之原生数据源全链式管理分析》，《档案管理》2018年第5期。
③ 刘永、庞宇飞、荆欣：《档案数据化之浅析：档案数据大脑的构建》，《档案管理》2019年第3期。
④ 于英香：《从数据与信息关系演化看档案数据概念的发展》，《情报杂志》2018年第11期。
⑤ 高晨翔、牛力：《国内"档案数据"研究述评》，《档案学研究》2020年第5期。
⑥ 赵跃、石俪冰、孙寒晗：《"档案数据"一词的使用语境与学科内涵探析》，《档案学研究》2021年第3期。
⑦ 金波、添志鹏：《档案数据内涵与特征探析》，《档案学通讯》2020年第3期。
⑧ 金波、杨鹏、宋飞：《档案数据化与数据档案化：档案数据内涵的双维透视》，《图书情报工作》2023年第12期。
⑨ 常大伟、潘娜：《档案数据治理能力的结构体系与建设路径》，《浙江档案》2020年第2期。

档案数据生成、收集、管理、存储、利用整个生命周期进行科学规范的全程管理，挖掘档案数据价值，满足社会利用需求，实现档案数据善治的活动和过程①。李宗富、董晨雪认为，档案数据治理是指以档案部门为主导的档案数据利益相关者协同合作，在相关法律法规和标准体系的要求下，综合运用各种现代信息技术，以保障档案数据真实完整、质量可靠、要素合规、风险管控、开放共享、价值增值为目标，对档案数据持续进行全生命周期管理，最终实现档案数据善治的过程②。

随着相关实践与理论研究的深入，档案数据元问题和档案数据治理研究的价值定位、发展范式等深层次问题引起了学术界的关注。张斌、杨文认为"档案数据治理"正成为档案学科新的学术增长点③。赵生辉等先后提出档案文本结构化④、档案领域数据本体⑤、档案数据基因系统⑥等术语，从本质上揭示了数据与记录因子的内在联系，为推动以档案数据为核心的可信社会记忆基础设施建设提供了重要的理论支撑⑦。杨茜茜认为，档案数据治理相关研究的功能定位主要分为三个方面：一是面向档案数据管理，二是面向总体数据治理，三是面向档案治理，而档案数据治理研究的理论坐标应当是对档案信息治理理论的转型，对档案数据管理理论体系的深化，以及对档案管理理论的外部拓展⑧。韩云惠、周帆对电子档案数据安全治理理论体系的构建问题进行了探讨⑨。周林兴、谢林蓉通过文献分析后发现，国内外档案数据治理研究总体上处于起步阶段，建议通过深

---

① 金波、杨鹏：《大数据时代档案数据治理研究》，《档案学研究》2020年第4期。
② 李宗富、董晨雪：《档案数据治理：概念解析、三重逻辑与行动路向》，《档案管理》2022年第5期。
③ 张斌、杨文：《中国特色档案学的发展脉络与演进逻辑》，《图书情报知识》2020年第5期。
④ 赵生辉、胡莹：《档案文本结构化：概念、原理与路径》，《浙江档案》2019年第12期。
⑤ 赵生辉、胡莹：《拥有整体性记忆：档案领域数据本体管理论纲》，《山西档案》2020年第6期。
⑥ 赵生辉、胡莹：《档案数据基因系统：概念、机理与实践》，《档案学研究》2021年第1期。
⑦ 赵生辉、胡莹、黄依涵：《数据、档案及其共生演化的微观机理解析》，《档案学通讯》2022年第2期。
⑧ 杨茜茜：《概念、内容与定位：我国档案数据治理研究的理论坐标》，《档案学研究》2021年第6期。
⑨ 韩云惠、周帆：《电子档案数据安全治理理论体系建构——以新修订〈档案法〉和〈数据安全法〉的实施为例》，《浙江档案》2021年第11期。

化档案数据治理研究内容、丰富档案数据治理研究方法以及强化档案数据治理对实践的指导性等路径来提升档案数据治理研究水平[①]。金波、杨鹏则从战略治理、数据治理、智慧治理、文化治理、生态治理五个维度构建了"数智"时代的档案治理路径[②]。近年来，档案数据安全治理能力成熟度模型[③]、档案数据资产治理模型[④]、档案数据治理运行机制"三维四轴"模型[⑤]等先后被提出，表明我国在档案数据治理的理论模型构建方面有了一定的突破。面对日渐突出的数据质量、数据污染、数据异构、数据安全等数据生态问题，金波等剖析了档案数据生态失衡的表征与动因，从数据生态与组织生态的双重视角探究了档案数据生态平衡调控路径[⑥]。聂云霞等认为，档案数据共享是大数据时代档案数据治理的重要范畴，并从场景建构、知识服务、全媒传播的视角阐释了档案数据共享的公众逻辑[⑦]。章燕华认为，"数据档案化"与"档案数据化"将成为档案工作转型升级的两大重要路径，据此她提出了"数据档案化治理"这一概念，以探索档案理念、理论与实践在数据管理中的运用与创新[⑧]。周毅认为，全面准确地认识档案数据治理的含义是构建档案数据治理体系的基础，他提出档案数据治理有"对档案数据开展治理""依靠档案数据开展治理"和"围绕档案数据实施治理"三重认识维度，并结合档案治理实践对其含义、内容等进行了具体分析，认为三重认识维度的档案数据治理可以有效支撑档案数据治理体系的科学构建、发现档案数据治理的短板和明确档案数据治理的阶段性目标和重点任务[⑨]。

---

① 周林兴、谢林蓉：《国内外档案数据治理研究综述》，《档案与建设》2022年第3期。
② 金波、杨鹏：《"数智"赋能档案治理现代化：话语转向、范式变革与路径构筑》，《档案学研究》2022年第2期。
③ 周林兴、韩永继：《档案数据安全治理能力成熟度模型构建研究》，《档案与建设》2020年第7期。
④ 邓文霞：《从"资源"到"资产"：档案数据资产治理模型初探》，《浙江档案》2022年第7期。
⑤ 金波、王洁菲、添志鹏等：《档案数据治理运行机制探究》，《档案学通讯》2023年第4期。
⑥ 金波、杨鹏、添志鹏等：《大数据时代档案数据生态平衡与调适》，《图书情报知识》2023年第1期。
⑦ 聂云霞、钟福平、朱仁平：《档案数据共享的公众逻辑——基于场景建构、知识服务、全媒传播的框架》，《档案学通讯》2022年第5期。
⑧ 章燕华：《数据档案化治理研究：一个研究分析框架》，《浙江档案》2022年第11期。
⑨ 周毅：《档案数据治理的认识维度及其价值》，《档案与建设》2023年第2期。

上述研究成果前瞻性地预测到大数据背景下档案管理理论体系重构的必要性和可行路径，触及了档案数据价值、档案数据化生存、档案数据治理的实现机制等本质问题，为本书建立核心理论框架提供了参考借鉴。

（三）档案数据治理实践、政策及应用性研究

随着数据管理成为档案工作的新领域①，数据治理的实践痛点及破解策略成为学者们讨论的重点，形成了较为丰富的案例和实证研究成果。安小米、白文琳指出，发达国家的档案部门在应对政府数字转型和社会转型带来的各种数据风险中担负了制订与落实国家数字连续性计划的领导者角色，由此提出针对我国档案部门存在问题的相关建议②。钱毅、刘涛针对企业档案管理智能化发展过程中存在的数据管理问题，提出了开展主题资源建设、提高资源质量、构建保障机制和形成治理文化等多方面的企业档案数据治理路径③。何玉颜认为，档案部门应加快档案数据资源收集和融合的工作步伐，主动融入政府数据资源的开放与共享，并明确自身在政府大数据治理中的意义与参与路径④。易涛探讨了"最多跑一次"改革背景下档案数据壁垒的生成机理与消解机制研究⑤。近年来，档案数据治理实践研究开始涉及政府⑥、企业⑦、公共卫生⑧、文教⑨等多个场域，主要研

---

① 易南冰：《数据管理成为档案服务新领域》，《中国档案》2016年第8期。
② 安小米、白文琳：《云治理时代的政务数据管理转型——当前我国档案事业发展的问题与建议》，《人民论坛·学术前沿》2015年第16期。
③ 钱毅、刘涛：《面向智能档案管理的企业数据治理路径研究》，《山西档案》2018年第2期。
④ 何玉颜：《档案部门参与政府大数据治理的路径研究》，《浙江档案》2018年第8期。
⑤ 易涛：《"最多跑一次"改革背景下档案数据壁垒的生成与消解》，《浙江档案》2018年第12期。
⑥ 金波：《大数据时代政府治理的"档案参与"》，《求索》2021年第3期；武亚楠、唐长乐：《面向数字政府的数字档案精准化服务研究》，《山西档案》2022年第2期；姚淑娟：《档案数据赋能政府智慧治理探析——以长三角地区为例》，《档案与建设》2023年第6期。
⑦ 张宁：《主数据驱动视角下的企业档案数据资产管理》，《档案学研究》2019年第6期；谢国强、黄新荣、马云等：《基于档案数据观的企业档案治理创新》，《档案与建设》2020年第8期；刘越男、何思源、王强等：《企业档案与数据资产的协同管理：问题与对策》，《档案学研究》2022年第6期。
⑧ 刘璐瑶、曹航：《电子健康档案数据治理发展方向分析》，《北京档案》2021年第6期；赵杰：《数字人文方法融入智慧医疗档案数据治理与智能服务探索》，《档案管理》2022年第5期；商艺涵：《新〈档案法〉视域下电子健康档案的安全治理》，《北京档案》2023年第5期。
⑨ 杨茜茜：《档案文化数据的整体性治理初探》，《浙江档案》2021年第1期；邢变变、秦柯源：《文化自信视域下少林寺档案数据治理研究》，《档案管理》2021年第4期；章岸婧、谭必勇：《供需视角下文化遗产智慧数据资源服务模式研究》，《北京档案》2022年第3期；楼蔚文、赵爱国：《数据治理的系统性探索——以高校档案治理体系构建为例》，《档案管理》2022年第2期。

究内容包括数据开放、数据安全、质量控制、协同治理、技术治理等多个具体主题。朱振国①、唐长乐等②以我国地方政府数据开放平台为研究对象，调研了政府数据开放平台中档案数据开放的数量、质量及利用等方面的状况。易涛认为，档案部门在政府数据开放中扮演着资源采集者、数据服务者和开发推动者的角色，并建议从法制、资源、技术和管理层面加强数据开放③。周璇④、代林序等⑤调研了美国国家档案与文件管理署参与政府数据开放的经验及开放档案数据的实践策略。金波、杨鹏提出档案数据安全治理的策略有：加强档案数据安全法治建设、完善档案数据安全管理制度、构筑档案数据安全技术壁垒、推进档案数据安全协同共治、提升档案数据安全自治效能等⑥。陈慧等认为档案数据质量仅依靠人工方式难以得到有效保障，建议引入智能技术赋能的思维，探索档案数据质量的智能化保障方式⑦。周林兴等对大数据时代档案数据质量的控制机制与实现路径进行了深入分析⑧。王平等从区块链技术视角构建了来源可靠、内容可用、过程可控和环境可信的档案数据质量管理路径⑨。何思源、刘越男探讨了科研档案和科学数据协同治理的动力、管理框架与实施路径⑩。耿志杰、

---

① 朱振国：《我国地方政府数据开放平台的档案数据开放研究》，《档案学刊》2023年第2期。
② 唐长乐、王明明：《我国档案数据开放研究——基于政府数据开放平台的调查》，《浙江档案》2022年第1期。
③ 易涛：《政府数据开放的"档案参与"：历程、角色与路径》，《浙江师范大学学报》（社会科学版）2023年第2期。
④ 周璇：《档案部门参与政府数据开放的路径分析：NARA经验及启示》，《档案》2023年第4期。
⑤ 代林序、熊小芳、陈淑涵等：《档案机构开放档案数据的实践策略研究——以美国国家档案与文件署为例》，《档案与建设》2023年第5期。
⑥ 金波、杨鹏：《大数据时代档案数据安全治理策略探析》，《情报科学》2020年第9期。
⑦ 陈慧、罗慧玉、陈晖：《档案数据质量要素识别及智能化保障探究——以昆柳龙直流工程项目档案为例》，《档案学通讯》2021年第5期。
⑧ 周林兴、林凯：《大数据时代档案数据质量控制：现状、机制与优化路径》，《档案与建设》2022年第2期；周林兴、崔云萍：《大数据视域下档案数据质量控制实现路径探析》，《档案学通讯》2022年第3期。
⑨ 王平、陈秀秀、李沐妍等：《区块链视角下档案数据质量管理路径研究》，《档案学研究》2023年第2期。
⑩ 何思源：《科研档案和科学数据协同治理的动因分析》，《档案管理》2020年第6期；何思源、刘越男：《科学数据和科研档案的管理协同：框架和路径》，《档案学通讯》2021年第1期。

郭心竹探讨了档案数据长期保存的协同治理机制及实现策略①。张金峰建议从强化档案数据协同治理顶层规划、增强档案数据协同治理意识、积极探索档案数据治理技术三个方面入手实现档案数据协同治理能力②。陈永生等对数字政府、数字社会治理需求下档案数据政策与制度的优化问题进行了深入研究，提出了促进政务服务档案主体协同化③、以多元主体的协同共治提升归档治理水平④、强化档案共享利用协作制度⑤等协同治理策略。袁绍晚介绍了开放共享环境下城建档案数据脱敏系统建设的方法，提出数据脱敏战略化、分类分级标签化、脱敏策略标准化、脱敏目标元数据化和脱敏流程智能化五个步骤⑥。针对人工智能的算法和算法权力介入档案工作可能带来的数据泄露、信任危机及职业伦理等问题，于英香、李雨欣对算法应用、算法风险管控、算法应用行为等方面的风险提出了相应的技术治理路径⑦。通过对多地档案数据治理实践的深入调研，谭必勇、章岸婧认为档案治理工作需要走向"整体智治"，提出了构建集档案数据资源中心、档案数据与业务中心和档案数据应用中心为一体的档案数据中心，以提升档案数据治理能力⑧。

全球正处于大数据变革的新时代，"数据"一词在国内外法律、政策中成为重要的热词。近年来，档案数据开放和档案数据治理等概念逐步进入国家档案事业发展规划等顶层设计，档案数据开放共享、档案数据治理等档案数据政策、法律问题引起了学者们的关注。2016 年，国家大数据战

---

① 耿志杰、郭心竹：《基于 SFIC 模型的档案数据长期保存协同治理探索》，《档案与建设》2022 年第 3 期。
② 张金峰：《新形势下档案数据协同治理实现路径探析》，《档案与建设》2022 年第 8 期。
③ 陈永生、王沐晖、苏焕宁等：《基于互联网政务服务平台的文件归档与管理：治理观》，《档案学研究》2019 年第 6 期。
④ 苏焕宁、翁灏纯：《数字政府治理需求下的政务电子文件归档优化研究》，《档案管理》2022 年第 5 期。
⑤ 杨茜茜：《数字社会背景下的档案制度优化研究——以智慧城市建设为例》，《浙江档案》2023 年第 6 期。
⑥ 袁绍晚：《开放共享环境下城建档案数据脱敏系统研究与设计》，《档案与建设》2021 年第 6 期。
⑦ 于英香、李雨欣：《"AI+档案"应用的算法风险与治理路径探析》，《北京档案》2021 年第 10 期。
⑧ 谭必勇、章岸婧：《全国一体化大数据中心背景下档案数据中心的功能架构与推进策略》，《档案学通讯》2022 年第 3 期。

略确立之后的《全国档案事业发展"十三五"规划纲要》首次出现了"大数据""互联网+""云计算"等互联网热词①，于英香认为该规划对档案信息化建设的任务设计突破与超越了以往五年规划的框架，超越小数据管理定式、探索档案与大数据行动的融合，突破了档案信息公开的藩篱，走向档案数据开放②。马海群认为在大数据与开放政府的新型政府治理和社会治理环境下，迫切需要制定并实施满足社会成员个性化需求的档案数据开放政策，并参考国内外相关政策文本，提出了我国档案数据开放政策框架的结构与核心要素③。此后，马海群、张涛进一步运用文本计算方法对《中华人民共和国档案法》（2020修订版）和《"十四五"全国档案事业发展规划》进行分析后发现，两部政策法律在档案信息化建设方面具有较强的协同性，并认为档案数据理论研究、档案数据安全治理、档案数据开发与利用等应该成为档案学术研究和事业发展的重点工作④。吴雁平、刘永采用文本分析方法，对《"十四五"全国档案事业发展规划》中涉及"数据"的4个方面目标、7项任务和14个行动等进行了分层梳理，认为制定数据档案法规是促进档案数据工作健康发展的重要保障⑤。刘越男认为档案部门应从全局、资产、融入、生态等视角出发，有效利用数据治理的机制、方法和工具，积极参与高层次数据管理活动，并建议国家档案局增补为促进大数据发展部际联席会议成员单位⑥。陈茜月探讨了国家数据局的组建对档案数据和档案事业带来的积极影响，分析了档案数据高质量发展的主要路径⑦。叶芷含分

---

① 《国家档案局印发〈全国档案事业发展"十三五"规划纲要〉》，https://www.saac.gov.cn/daj/xxgk/201604/4596bddd364641129d7c878a80d0f800.shtml，2023年9月20日。

② 于英香：《大数据视阈下档案信息化建设新路向——基于〈全国档案事业发展"十三五"规划纲要〉的思考》，《北京档案》2017年第2期。

③ 马海群：《档案数据开放的发展路径及政策框架构建研究》，《档案学通讯》2017年第3期。

④ 马海群、张涛：《基于文本计算的我国档案政策法律协同性研究——以〈中华人民共和国档案法〉（2020修订版）和〈"十四五"全国档案事业发展规划〉为蓝本》，《档案学研究》2022年第2期。

⑤ 吴雁平、刘永：《目标·任务·行动——〈"十四五"全国档案事业发展规划〉档案数据能力建设分析》，《档案管理》2022年第2期。

⑥ 刘越男：《数据治理：大数据时代档案管理的新视角和新职能》，《档案学研究》2020年第5期。

⑦ 陈茜月：《国家数据局组建背景下档案数据高质量发展研究：现状、内涵与路径》，《档案》2023年第4期。

析了国家数据局成立背景下档案部门数据管理的权责变化及相关的应对策略①。王协舟、尹鑫调研了英美法系国家档案数据开放法律与政策，建议完善我国档案数据开放行为法、档案数据开放救济法、档案数据开放权利保护机制、档案数据开放政策和档案数据开放技术标准体系②。王玉珏等通过调研后发现，《数据安全法》和《档案法》从各自的管理实践出发，在档案与数据保护相关规定、档案与数据分级分类标准、档案与数据跨境流动等方面的法律规制协调性不足③，建议应该重塑"档案"认识和"归档"思维，构建数据协同治理机制，促进档案法律与数据法律下位法的协调④。

（四）档案数据治理体系和治理能力建设研究

档案数据治理体系和治理能力建设研究是在档案治理体系和治理能力现代化建设视角下开展的宏观性理论与应用研究。在档案数据治理能力建设研究方面，常大伟、潘娜提出了档案数据治理能力的体系结构，分析了档案数据治理能力建设的实现路径⑤。杨智勇等从治理主体、治理客体、治理手段和治理过程四个维度出发，构建了包含协同合作能力、质量管控能力、技术应用能力、制度保障能力在内的"四位一体"档案数据治理能力体系，以促进档案数据治理能力的提升及治理效果的优化⑥，并进一步从协同能力、数据能力、技术能力、保障能力四个方面阐释了档案数据治理能力的演化历程和发展趋势⑦。葛悦、邵华借助区块链技术，阐释了档案数据治理全过程管控的作用机理，以及档案数据治理能力提升的技术赋能方法⑧。

---

① 叶芷含：《国家数据局成立背景下档案部门数据管理权责探讨与应对》，《兰台世界》2023年第8期。
② 王协舟、尹鑫：《英美法系国家档案数据开放法律与政策调研及经验借鉴——基于文献、文本和案例的省思》，《档案学通讯》2019年第4期。
③ 王玉珏、吴一诺、凌敏菡：《〈数据安全法〉与〈档案法〉协调研究》，《图书情报工作》2021年第22期。
④ 王玉珏、吴一诺：《档案法律融入数据法律体系的内在逻辑、问题与路径》，《档案学研究》2022年第3期。
⑤ 常大伟、潘娜：《档案数据治理能力的结构体系与建设路径》，《浙江档案》2020年第2期。
⑥ 杨智勇、谢雨欣：《面向善治的档案数据治理能力体系构建》，《档案与建设》2022年第2期。
⑦ 杨智勇、桑梦瑶：《数字化转型背景下档案数据治理能力的演进与展望》，《档案与建设》2023年第5期。
⑧ 葛悦、邵华：《从赋能到使能：基于区块链技术的档案数据治理研究》，《山西档案》2022年第5期。

在档案数据治理体系构建方面,杨晶晶设计了一套以制度为牵引、以技术为基础、以系统为平台、以应用为核心的档案数据治理体系,其核心包括档案数据收集、档案数据校验、档案数据鉴定、档案数据自动分类归档四大子系统,以实现档案数据标准化、档案数据质量规范化、档案数据关联可视化、档案数据服务在线化等目标①。陈艳从治理主体、治理过程、治理举措等方面对浙江省档案数据治理实践进行透视,并提出了由生态层、基础层、数据层和应用层四个层级和组织结构、政策措施、质监管理等11个维度所构成的档案数据治理体系框架的一般模型②。金波、杨鹏认为,应从档案数据质量控制、整合集成、共享利用、安全保障与运行机制等方面构建大数据时代的档案数据治理体系,促进档案数据治理现代化,实现档案数据善治③。南梦洁通过主题分析、质性访谈等方法发现新基建背景下能源档案数据治理要素体系包括生态环境、数据建设、管控运营与应用效益四个主题,并形成了"以数据层为基础""以管控层为手段""以应用层为目标""以生态层为保障"的能源档案数据治理要素体系,并建议将档案数据治理纳入能源企业宏观规划中,把握数据全生命周期,实现档案数据治理在企业治理与知识挖掘等方面的应用效益④。魏亮亮以智慧治理理念为基础,立足数据确权、技术应用与公共价值三大维度,以长沙、青岛、浙江三地档案馆作为分析对象,提炼出基础设施智能化发展、数智技术辅助内容挖掘、一体化平台服务数据开放三种差异化的档案数据治理模式,并对档案数据治理体系建设模式存在的问题及提升路径等关键问题开展了较为深入的探讨⑤。

此外,近年来国内档案治理研究的综合性著作开始出版,比如常大伟的《国家治理现代化视阈下我国档案治理能力建设研究》⑥、徐拥军等的《数智

---

① 杨晶晶:《设计企业档案数据治理体系研究》,《北京档案》2020年第2期。
② 陈艳:《我国省级档案数据治理体系框架构建研究——基于浙江省实践的研究》,硕士学位论文,山东大学,2020年。
③ 金波、杨鹏:《大数据时代档案数据治理研究》,《档案学研究》2020年第4期。
④ 南梦洁:《新基建背景下能源档案数据治理要素体系研究》,硕士学位论文,华中师范大学,2022年。
⑤ 魏亮亮:《智慧治理理念下我国档案数据治理体系建设模式研究》,硕士学位论文,山东大学,2022年。
⑥ 常大伟:《国家治理现代化视阈下我国档案治理能力建设研究》,武汉大学出版社2020年版。

时代档案治理体系建设研究》① 分别探讨了档案治理能力和档案治理体系建设问题，成为进行档案数据治理体系构建研究的重要理论参考。

二 国外学术史梳理

国外档案学界引入"数据""治理"等术语已经有了较长的时间②，但其研究视角长期局限于档案机构内部的档案数据资源处理等技术层面，难以在档案学科层面产生整体性的"质变"。大数据时代，档案的数据价值潜力日渐受到重视，档案数据及其治理研究成为学界的热点话题，拥有丰富历史数据的档案馆成为重要的数字信息基础设施，其在支撑国家治理、透明政府建设③以及科学研究④中的价值日益受到学者的关注，"档案数据范式"（archives-as-data paradigm）⑤ 作为一种新兴档案理论范式凸显，

---

① 徐拥军等：《数智时代档案治理体系建设研究》，武汉大学出版社2023年版。
② 早在1969年，时任美国国家档案馆馆长的詹姆斯·B. 罗兹（James B. Rhoads）在美国工作者协会年会上发表演讲，建议档案部门利用计算机创建数据银行，提升处理大量档案数据的专门能力（James B. Rhoads, "The Historian and the New Technology", *The American Archivist*, Vol. 32, No. 3, 1969, pp. 211-212）。1974年，英国学者理查德·罗丝（Richard Rose）探讨了社会科学领域构建数据档案库（Data Archives）的动力机制及实现策略（Richard Rose, "Dynamics of data archives", *Social Science Information*, Vol. 13, No. 6, 1974, pp. 91-107）。1993年，英国著名档案学者迈克尔·库克（Michael Cook）在英国图书馆协会出版有限公司出版了《信息管理与档案数据》（*Information Management and Archival Data*）一书，尽管该书主要是从机构内部档案数据标准化的视角入手的，较少涉及当时较为先进的在线数据库、标准通用置标语言（SGML）等内容，但依然为档案界从信息资源管理视角开展理论研究与档案数据管理实践提供了重要指引（Michael Cook, *Information Management and Archival Data*, London: Library Association Publishing, 1993; Richard J. Cox, "Book Reviews: Information Management and Archival Data. Michael Cook. London: Library Association Publishing; 1993; xiv+210pp. Price: $ 65.00 (ISBN 1-85604-053-4)", *Journal of the American Society for Information Science*, Vol. 45, No. 4, 1994, pp. 284-285）。历史学家安·劳拉·施托勒（Ann Laura Stoler）较早意识到档案蕴藏着丰富的"治理艺术"（Ann Laura Stoler, "Colonial Archives and the Arts of Governance", *Archival Science*, Vol. 2, No. 1-2, 2002, pp. 87-109）。加拿大著名档案学者特里·库克（Terry Cook）从宏观鉴定的视角较早认识到从文件管理到文件治理的转型趋势，"治理"一词由此逐渐为档案学界所熟悉（Terry Cook, "Macro-appraisal and Functional Analysis: Documenting Governance Rather Than Government", *Journal of the Society of Archivists*, Vol. 25, No. 1, 2004, pp. 5-18）。
③ Robert Kretzschmar, "Archives as Digital Information Infrastructures. State of Art and Prospects", *Archivaria*, Vol. 66, 2013, pp. 146-153.
④ Kalpana Shankar, Kristin R. Eschenfelder, Greg Downey, "Studying the History of Social Science Data Archives as Knowledge Infrastructure", *Science & Technology Studies*, Vol. 29, No. 2, 2016, pp. 62-73.
⑤ Devon Mordell, "Critical Questions for Archives as (Big) Data", *Archivaria*, Vol. 87, 2019, pp. 140-161.

国外档案数据治理研究逐步走向深入。2023年8月20日，课题组以Web of Science、EBSCO、Emerald、Project Muse、Proquest、Springer、Scopus和Taylor & Francis等西文数据库以及《美国档案工作者》（*The American Archivist*）[①]、《档案》（*Archivaria*）[②]等国际主流档案学期刊的官网为检索路径，以"Archival Data+governance""Archives/Records + Data Governance""Archives/Records + Digital Governance""Archives/Records + Big Data"等检索词进行主题和篇名检索，经过相关性和重复性比对等处理，共计得到相关论文142篇。研究发现，国外在档案学视域内对"档案数据治理"问题的关注源自全球电子政务建设、大数据战略、"开放政府数据"与数字政府建设等重大政府信息化战略而引发的档案理论与实践界的震动，并伴随着各国档案机构实施社交媒体策略和"数字连续性"战略的深入推进而逐步兴起，既有理论反思，又涉及技术及风险治理。

（一）档案数据管理理论的反思与重构研究

新一代信息技术的大规模应用造就了复杂的数据环境，传统数字文件的选择、保存与访问方法将面临大数据和大规模存档（large-scale archiving）的严峻挑战，早期文件管理行业或多或少对"数据"有点漠视，或者出于惧怕承担数据管理职责的微妙心态，从而将数据管理视为其他行业的事务而未能深度参与。这无疑不利于大数据时代档案职业和档案学科的长远发展。这一情况引起了部分学者的重视。著名档案学者、加拿大英属哥伦比亚大学的露西安娜·杜兰蒂（Luciana Duranti）等结合电子政务、开放政府数据等实践，主张将档案概念嵌入大数据环境中以更好地理解数据管理和数字保存[③]。美国学者夏兰·B. 特雷斯（Ciaran B. Trace）主张档案学者要熟悉计算机硬件、应用软件和系统，了解计算机如何协同创建、管理和

---

① 参见 https://meridian.allenpress.com/american-archivist。

② 参见 https://archivaria.ca/index.php/archivaria/index。

③ 参见：Luciana Duranti, Kenneth Thibodeau, "The Concept of Record in Interactive, Experiential and Dynamic Environments: the View of the InterPARES", *Archival Science*, Vol. 6, No. 1, 2006, pp. 13-68; Dharma Akmon, Ann Zimmerman, Morgan Daniels, et al., "The application of archival concepts to a data-intensive environment: working with scientists to understand data management and preservation needs", *Archival Science*, Vol. 11, No. 3-4, 2011, pp. 329-348; Erik Borglund, Tove Engvall, "Open data? Data, Information, document or record?", *Records Management Journal*, Vol. 24, No. 2, 2014, pp. 163-180.

存储具有长期保存价值的数字对象,以更好地理解原生数字文件及其管理模式①。深入回顾20世纪80年代至2011年间加拿大关于数字存档的文献后,加拿大学者格雷格·巴克(Greg Bak)认为,机读档案时代回应桌面计算(desktop computing)而形成的主要思想、基本方法和核心原则在构建大数据时代档案理论和价值观方面依然具有重要的参考价值②。美国加州大学洛杉矶分校的安·吉利兰(Anne Gilliland)和澳大利亚莫纳什大学的苏·麦克米西(Sue McKemmish)等提出档案多元论理论,从实证主义、相对主义和国际化的立场来反映互联网环境下档案存在及其建构意图的多元特征③。数字连续性(Digital Continuity)、数字档案工作者(Digital Archivists)、数据档案工作者(Data Archivists)等学术思想和职业概念的出现,可视为西方档案学者应对全新数据管理环境而进行的档案话语体系重建④。

大数据环境下电子政务、数字政府发展迅猛,业务管理系统数据、物联网数据资源、社交媒体文件、科学数据等数据类型复杂多样,催生了大数据的文档化管理难题,因此文档概念、全宗理论、来源原则的可用性及在数据治理框架下的适用性成为国外学者普遍关心的话题,从而试图重构数字时代的档案数据管理理论体系。英国学者迈克尔·莫斯(Michael Moss)认为信息技术对文档管理的冲击巨大,但将档案真实性、完整性等核心理念融入业务数据管理系统有助于防范数据风险⑤,而大数据时代档案将从"待读取的记录"转变为"待挖掘的数据",这就要求档案工作者积极转变工作理念,重构适应数字时代的理论体系⑥。瑞典学者安-索菲

---

① Ciaran B. Trace, "Beyond the Magic to the Mechanism Computers, Materiality, and What It Means for Records to Be 'Born Digital'", *Archivaria*, Vol. 72, 2011, pp. 5-27.

② Greg Bak, "How Soon Is Now? Writings on Digital Archiving in Canada from the 1980s to 2011", *The American Archivist*, Vol. 79, No. 2, 2016, pp. 283-319.

③ Anne J. Gilliland, *Conceptualizing 21st-century Archives*, Chicago: Society of American Archivists, 2014.

④ Laura Millar, "On the crest of a wave: transforming the archival future", *Archives and Manuscripts*, Vol. 45, No. 2, 2017, pp. 59-76.

⑤ Michael Moss, "Without the data, the Tools are Useless; Without the Software, the Data is Unmanageable", *Journal of the Society of Archivists*, Vol. 31, No. 1, 2010, pp. 1-14.

⑥ Michael Moss, David Thomas, Tim Gollins, "The Reconfiguration of the Archive as Data to Be Mined", *Archivaria*, Vol. 86, 2018, pp. 118-151.

耶·克拉雷尔德（Ann-Sofie Klareld）和卡塔琳娜·L.伊德隆德（Katarina L. Gidlund）指出文化和话语影响着我们对数字环境中的档案的理解，在纸质管理中形成的先入为主的观念、规范和做法影响并限制了我们对数字档案的认识，因此建议摒弃传统的"纸质思维"（Paper Minds），将归档流程纳入电子政务的目标体系，以构建适应数字背景的数字档案管理模式①。加拿大信息管理专家艾米莉·拉尔森（Emily Larson）从档案理论视角考察了政府大数据的数字保存需求，建议创建适当的元数据捕获大数据的身份、技术特征和管理行动，平衡技术和伦理等关键问题，以保存真正意义的大数据文件②。挪威学者托马斯·瑟德林（Thomas Sødring）等研究发现，通过文件管理原则来管理政府部门的物联网数据资源，比大数据和语义网等方法更具优势③。英国学者朱莉·麦克劳德（Julie McLeod）认为，数字时代"记录"（record）的概念面临重构风险，需要档案工作者与其他合作者通力合作解决数字文件管理及其未来可用性（如证据价值等）的重大问题④。美国学者亚历克斯·H.普尔（Alex H. Poole）以科学数据保存工作为例，认为来源原则、档案鉴定、真实性、元数据、风险管理等核心档案原则在数据管理工作中依然发挥着关键作用⑤。这些理论成果聚焦数字政府环境下大数据的文档化管理理念、路径与风险等重大现实问题，有助于化解社会数字化转型中档案学的"失语""失能""失范"等学术困境。

（二）档案数据治理技术及优化策略研究

档案数据治理既是一个重大的理论创新，又是一个紧迫的现实难题。云存储、大数据环境下档案数据的可信保存与可持续性服务等技术问题

---

① Ann-Sofie Klareld, Katarina L. Gidlund, "Rethinking Archives as Digital: The Consequences of 'Paper Minds' in Illustrations and Definitions of E-archives", *Archivaria*, Vol. 83, 2017, pp. 81-108.

② Emily Larson, "Big Questions: Digital Preservation of Big Data in Government", *The American Archivist*, Vol. 83, No. 1, 2020, pp. 5-20.

③ Thomas Sødring, Petter Reinholdtsen, David Massey, "A record-keeping approach to managing IoT-data for government agencies", *Records Management Journal*, Vol. 30, No. 2, 2020, pp. 221-239.

④ Julie McLeod, "Record DNA: reconceptualising digital records as the future evidence base", *Archival Science*, Vol. 23, No. 3, 2023, pp. 411-446.

⑤ Alex H. Poole, "How has your science data grown? Digital curation and human factor: a critical literature review", *Archival Science*, Vol. 15, No. 2, 2015, pp. 101-139.

是国外学者们重点关注的议题之一。从现有文献看，国外档案机构和学者对档案云存储、云服务普遍持积极、开放的态度，政府机构、企业和个人开始使用云设施而非自建数字基础设施这一历史性变化将对档案馆产生深远影响。露西安娜·杜兰蒂等分析了公、私机构采用云服务来存储文件的数据安全风险，并提出了相关的技术防范措施①。波兰学者安娜·索布查克（Anna Sobczak）通过介绍德国巴登-符腾堡州档案馆自主研发的数字存储软件，探讨了地方档案馆合作开发档案云存储服务平台的可能性②。瑞典学者埃里克·A. M. 博里隆德（Erik A. M. Borglund）从档案工作者视角对云信任解决方案的技术问题及解决方式进行了阐释③。南非学者阿莫斯·希巴姆布（Amos Shibambu）等构建了基于南非公共部门云平台的数字文件管理框架④。加拿大档案学者汤姆·内史密斯（Tom Nesmith）认为，以云存储为代表的支撑数字通信管理的新兴基础设施形态将是社会和档案馆所面临的全新数字环境的最重要、最持久的特征，档案部门需要在这一新的公共空间构建数字档案基础设施以满足未来社会的档案需求⑤。

除此之外，自然语言处理技术（NLP）、地理信息检索技术（GIS）、区块链技术在档案数据服务与数据信任方面的应用研究也广受关注。谢菲尔德大学和英国国家档案馆共同探索了将自然语言处理技术和地理信息检索技术引入历史档案数据服务领域的可行性⑥。加拿大学者格伦·丁沃尔

---

① Luciana Duranti, Adam Jansen, "Records in the Cloud: Authenticity and Jurisdiction", *2013 Digital Heritage International Congress* (*DigitalHeritage*), Marseille, France, 2013, pp. 161-164. DOI: 10.1109/DigitalHeritage.2013.6744748.

② Anna Sobczak, "Public Cloud Archives: Dream or Reality?", *Canadian Journal of Information and Library Science*, Vol. 39, No. 2, June 2015, pp. 228-234.

③ Erik A. M. Borglund, "What About Trust in the Cloud? Archivists' Views on Trust", *Canadian Journal of Information and Library Science*, Vol. 39, No. 2, 2015, pp. 114-127.

④ Amos Shibambu, Ngoako Solomon Marutha, "A framework for management of digital records on the cloud in the public sector of South Africa", *Information Discovery and Delivery*, Vol. 50, No. 2, 2022, pp. 165-175.

⑤ Tom Nesmith, "The cloud, the public square, and digital public archival infrastructure", *Archival Science*, Vol. 23, No. 4, 2023, pp. 501-525.

⑥ Paul Clough, Jiayu Tang, Mark M. Hall, et al., "Linking Archival Data to Location: A Case Study at the UK National Archives", *Aslib Proceedings*, Vol. 63, No. 2/3, 2017, pp. 127-147.

(Glenn Dingwall)等探讨了利用数据网格技术将基础地理信息数据保存为长期可信文件的方法与策略①。区块链等新兴分布式信任技术打破了组织的信任和授权结构以及文件和数据的创建、管理与利用的传统规则,进而催生了组织、社会和数据转型,美国、加拿大的多位学者从信息治理视角出发,分析了区块链技术在文件管理和档案数据管理等方面的应用前景及相关优化措施②。

近年来,人工智能(Artificial Intelligence)和机器学习在数字档案的价值鉴定、开放审核、开发利用、隐私控制等档案数据管理领域的巨大潜力日益受到学界重视。澳大利亚学者格雷戈里·罗兰(Gregory Rolan)等对人工智能在澳大利亚档案与政府部门的应用模式、挑战与意义等问题进行了深入分析③。瑞典学者吉格斯·安根恩德(Gijs Aangenendt)调查了人工智能在瑞典档案部门的现状、机遇与挑战,分析了人工智能对瑞典档案职业的影响④。德国汉堡大学的安格利卡·祖加纳图(Angeliki Tzouganatou)对网络原生数字档案的开放与隐私控制的"以人为中心"的人工智能技术开发进行了研究⑤。英国学者利斯·吉里安特(Lise Jaillant)等对人工智能和机器学习算法在数字档案的敏感词审查和智能搜索等方面的应用开发情况等进行了讨论⑥。美国北卡罗来纳大学的特迪·兰德比(Teddy

---

① Glenn Dingwall, Richard Marciano, Reagan Moore, et al., "From Data to Records: Preserving the Geographic Information System of the City of Vancouver", *Archivaria*, Vol. 64, 2007, pp. 181-198.

② Sharmila Bhatia, E. Kyle Douglas, Markus Most, "Blockchain and records management: disruptive force or new approach?", *Records Management Journal*, Vol. 30, No. 3, 2020, pp. 277-286; Patricia C. Franks, "Implications of blockchain distributed ledger technology for records management and information governance programs", *Records Management Journal*, Vol. 30, No. 3, 2020, pp. 287-299; Victoria L. Lemieux, Chris Rowell, Marc-David L. Seidel, et al., "Caught in the Middle? Strategic Information Governance Disruptions in the era of blockchain and distributed trust", *Records Management Journal*, Vol. 30, No. 3, 2020, pp. 301-324.

③ Gregory Rolan, Glen Humphries, Lisa Jeffrey, et al., "More human than human? Artificial intelligence in the archive", *Archives and Manuscripts*, Vol. 47, No. 2, 2019, pp. 179-203.

④ Gijs Aangenendt, *Archives in the Digital Age: the Use of AI and Machine Learning in the Swedish Archival Sector*, Uppsala Universitet (Sweden), 2022.

⑤ Angeliki Tzouganatou, "Openness and privacy in born-digital archives: reflecting the role of AI development", *AI & Society*, Vol. 37, No. 3, 2022, pp. 991-999.

⑥ Lise Jaillant, Annalina Caputo, "Unlocking digital archives: cross-disciplinary perspectives on AI and born-digital data", *AI & Society*, Vol. 37, No. 3, 2022, pp. 823-835.

Randby）等利用美国罗斯福总统图书馆的历史档案开展数字保存和机器学习实验，提出了"机器学习的历史语境"（Historical Contextualization of Machine Learning Models）的概念，展示了历史档案数据治理对于提升机器学习算法的意义①。英国学者詹妮·邦恩（Jenny Bunn）分析了"可解释人工智能"（XAI）在文件保管领域的应用范围②。加拿大学者杰里米·达维特（Jeremy Davet）等分析了"并行数据"（Paradata）概念框架，以解决人工智能应用于文件档案服务领域所产生的数据治理及衍生的档案伦理服务问题③。此外，人工智能生成内容（比如文献语料库等）的质量控制是一个亟待解决的技术难题，法国学者玛丽－安妮·沙班（Marie-Anne Chabin）认为档案学专家和人工智能技术在大规模数据处理方面具有广阔的合作前景④。

不难看出，学者们从实时数据和历史数据、开放审查与隐私控制、安全存储与有效利用等多层次、多角度形成了较为丰硕的档案数据技术治理成果，并讨论档案数据资源在人工智能生成内容（AIGC）、智能检索等前沿领域的"潜力"。

（三）档案数据治理实践及战略研究

档案数据治理实践研究主要围绕两个方面展开：一是介绍和分析一个或多个国家或地区的档案数据治理具体实践，总结其模式、方法和教训。爱尔兰学者珍妮特·安德森（Janet Anderson）等介绍了"欧洲档案文件和知识保存项目"（European Archival Records and Knowledge Preservation，E-ARK），作为欧盟委员会"连接欧洲设施"（Connecting Europe Facility，CEF）计划的一部分，该项目旨在为业务系统和数字档案之间一致的数字

---

① Teddy Randby, Richard Marciano, "Digital Curation and Machine Learning Experimentation in Archives", *2020 IEEE International Conference on Big Data*, Dec. 2020, pp. 1904-1913.

② Jenny Bunn, "Working in contexts for which transparency is important-A recordkeeping view of explainable artificial intelligence (XAI)", *Records Management Journal*, Vol. 30, No. 2, 2020, pp. 143-153.

③ Jeremy Davet, Babak Hamidzadeh, Paricia Franks, "Archivist in the machine: paradata for AI-based automation in the archives", *Archival Science*, Vol. 23, No. 2, 2023, pp. 275-295.

④ Marie-Anne Chabin, "The potential for collaboration between AI and archival science in processing data from the French great national debate", *Records Management Journal*, Vol. 30, No. 2, 2020, pp. 241-252.

记录传输提供标准化和创建工具①。法国学者诺拉·埃·卡蒂姆（Nora El Qadim）探讨了摩洛哥国家档案馆（Archives duMaroc）的数字化政策，认为摩洛哥国家档案馆的创建与发展与国家提升透明度和"善治"的整体行为有较强的关联性，进而指出数字化是通过技术和国际标准实现现代化的一种方式，并由此加强了新生的摩洛哥国家档案馆的合法性②。英国朴茨茅斯大学博士生法比耶纳·沙默洛（Fabienne Chamelot）等基于非洲档案实践，从史学视角反思了非洲档案馆数字化转型过程中存在的知识产权、主权和治理等深层次问题③。二是对某一领域或行业的档案数据实践进行深入分析，提出值得推广的体制机制策略，主要涉及科学数据、网页与社交媒体文件、数字视听档案等。美国哈佛大学政治学教授加里·金（Gary King）认为，有价值的社会科学数据的大量增加，使分析、理解和解决许多重大社会问题成为可能，而支持数据共享、数据管理等多重功能的科学基础设施也面临严峻挑战④。法国学者帕斯卡尔·迪热尼（Pascal Dugenie）等以"欧洲数据基础设施"（European Data，EUDAT）项目的科学数据管理实践为例，发现信息技术的兴起给计算档案学（Computational archival science）在评估大数据平台和知识生产生态系统方面提供了研究潜力⑤。奥地利维也纳大学传播学系教授、著名媒体治理专家凯瑟琳·萨利卡克斯（Katharine Sarikakis）等以数字视听档案治理实践为基础，探讨了如何兼顾版权与文化政策的欧洲数字内容治理的路径与方式⑥。

---

① Janet Anderson, Kuldar Aas, David Anderson, et al., "The E-ARK Project: An Introduction to the European Archival Records and Knowledge Preservation Project", *New Review of Information Networking*, Vol. 25, No. 2, 2020, pp. 83-92.

② Nora El Qadim, "Born digital? digitization and the birth of the moroccan national archives", *History in Africa*, Vol. 47, 2020, pp. 195-218.

③ Fabienne Chamelot, Vincent Hiribarren, Marie Rodet, "Archives, the Digital Turn, and Governance in Africa", *History in Africa*, Vol. 47, 2020, pp. 101-118.

④ Gary King, "Ensuring the Data-Rich Future of the Social Sciences", *Science*, Vol. 331, No. 6018, 2011, pp. 719-721.

⑤ Pascal Dugenie, Nuno Freire, Daan Broeder, "Building new knowledge from distributed scientific corpus: HERBADROP & EUROPEANA: Two concrete case studies for exploring big archival data", *2017 IEEE International Conference on Big Data (Big Data)*, Boston, MA, USA, Dec. 2017, pp. 2231-2239. DOI: 10.1109/BigData.2017.8258174.

⑥ Katharine Sarikakis, Olga Kolokytha, Krisztina Rozgonyi, "Copyright (and) Culture: the governance of audiovisual archives", *Info*, Vol. 18, No. 6, 2016, pp. 42-54.

随着世界各国政府信息化和社会数字化转型的深化,自企业管理、公共管理等领域的 IT 治理、电子治理、信息治理和数据治理等术语应运而生,并对档案学研究产生了不同程度的影响。

20 世纪 90 年代出现的 IT 治理是一个含义广泛的术语,其主要任务是保持 IT 过程与业务目标一致,注重管理 IT 资源、IT 过程及与 IT 相关的风险。但由于这一概念源自企业管理领域,而国外档案信息化领域的主要研究对象是公共档案,因此其影响较为有限。荷兰国家档案馆战略咨询专家雅妮娜·德·吉耶(Jeanine de Gier)在荷兰市政当局开展两个实证案例研究之后认为,信息管理的数字化在短时间内改变了档案部门,对政府组织内的信息流程产生了重大影响,而成熟的 IT 治理可以对数字文件信息管理产生积极的影响[1]。

2003 年,电子治理作为一个学术概念被正式提出,它是电子政务发展的延伸、深化和演进的新趋势,是借助信息通信技术建构运转有序、信息通畅、各行为主体及社会资源相互影响并共同促进而形成支持科学决策的多层次治理形态[2]。电子治理既产生于公共管理领域,又与电子文件管理具有紧密的联系,因此受到国外档案学界的广泛重视。瑞典吕勒奥理工大学玛丽·鲁纳多特(Mari Runardotter)等认为,电子政务不仅改变了生产力、治理及政府部门间的协调与合作,也改变了包括档案工作在内的许多公共部门雇员的日常工作实践。其在分析档案工作者的数据管理实践之后指出,档案工作者有限的权力和影响力让他们难以单独履行电子档案的"善治"职责,因此需要合理分配电子档案治理的实际责任、技术责任和战略责任[3]。澳大利亚学者阿德里安·坎宁安(Adrian Cunningham)等认为,"为电子治理和电子民主提供长期可用的电子格式信息是一项公共产品",为此制定相关的国家战略是有必要的,并强调图书馆和档案馆等信息管理机构在支持数字时代的透明和负责任的治理方面应发挥重要作用[4]。

---

[1] Jeanine de Gier, "IT governance of dutch municipalities and digital information management", *New Review of Information Networking*, Vol. 23, No. 1-2, 2018, pp. 36-46.

[2] 孟庆国、关欣:《论电子治理的内涵、价值与绩效实现》,《行政论坛》2015 年第 4 期。

[3] Mari Runardotter, Christina Mörtberg, Anita Mirijamdotter, "The changing nature of archives: whose responsibility?", *Electronic Journal of e-Government*, Vol. 9, No. 1, 2011, pp. 68-78.

[4] Adrian Cunningham, Margaret Philips, "Accountability and accessibility: ensuring the evidence of e-governance in Australia", *Aslib Proceedings: New Information Perspectives*, Vol. 57, No. 4, 2005, pp. 301-317.

德国联邦档案馆的安格利卡·蒙尼-哈里茨（Angelika Menne-Haritz）则认为，为了提升行政部门间电子通信的效率，需要从档案学和行政学的双重视角探讨电子文件管理，并以"电子治理"框架来应对电子政务背景下电子文件长期归档和可持续访问等重大挑战①。博兹瓦纳大学图书情报系的尤斯图斯·瓦姆科亚（Justus Wamkoya）等发表多篇文章探讨了非洲地区电子文件管理的现状、问题与挑战，并指出电子文件管理对实现"善治"的重要意义②。南非开普敦大学的林恩·伍尔弗雷（Lynn Woolfrey）较早意识到良好的调研数据档案库在提升政府治理水平方面的重要价值③。

信息治理是机构治理的一个子集，包括文件和信息管理、信息安全、数据隐私和保护、内容管理、IT 管理、风险管理、法规遵从、数字长期保存、分析和信息经济等关键概念④。由于文件管理是信息治理的重要内容，因此国外学者多从信息治理视角探讨电子文件管理的管理框架及优化问题。英国学者伊丽莎白·谢泼德（Elizabeth Shepherd）等考察了 2000 年英国《信息自由法》的颁布实施对英国地方政府文件管理服务工作的影响，分析了英国地方政府及其文件管理职责在信息治理体系中的定位⑤。英国学者凯瑟琳·玛丽·乔利（Katherine Mary Chorley）从信息治理视角分析了英国开放政府数据运动对地方政府文件管理工作的挑战⑥。澳大利亚学者乔安妮·埃文斯（Joanne Evans）等研究了"家庭外护理"（out-of-home

---

① Angelika Menne-Haritz, "Electronic records and electronic governance", *Archivar*, Vol. 59, No. 3, 2006, pp. 259-264.

② Justus Wamkoya, Stephen M. Mutula, "E-records management and governance in East and Southern Africa", *Malaysian Journal of Library & Information Science*, Vol. 10, No. 2, 2005, pp. 67-83; Nathan Mnjama, Justus Wamukoya, "E-government and records management: an assessment tool for e-records readiness in government", *The Electronic Library*, Vol. 25, No. 3, 2007, pp. 274-284.

③ Lynn Woolfrey, "Knowledge Utilization for Governance in Africa: Evidence-based decision-making and the role of survey data archives in the region", *Information Development*, Vol. 25, No. 1, 2009, pp. 22-32.

④ 转引自张敏《信息治理视域下的关键文件管理策略研究》，《北京档案》2023 年第 2 期。

⑤ Elizabeth Shepherd, Alice Stevenson, Andrew Flinn, "Information governance, records management, and freedom of information: A study of local government authorities in England", *Government Information Quarterly*, Vol. 27, No. 4, 2010, pp. 337-345.

⑥ Katherine Mary Chorley, "The challenges presented to records management by open government data in the public sector in England: A case study", *Records Management Journal*, Vol. 27, No. 2, 2017, pp. 149-158.

Care）部门的文件保管治理需求，构建了具有共享所有权、管理权、互操作和参与式等核心特质的"参与式信息治理"（The concept of participatory information governance）概念框架，以回应算法时代社会、政治和文化对文件保管的要求①。博兹瓦纳大学的雪佛·莉迪亚·莫斯吾（Tshepho Lydia Mosweu）对博兹瓦纳社交媒体文件的信息治理立法框架进行了评估②。

近年来，由于电子政务/电子治理等技术驱动的"电子"理论无法为以"数据流动"为特征的新现象、新工具、新问题提供社会理论支持，因此建立数据驱动的理论视角就成为一种迫切需求。数据治理作为一种新的理论和工具范式，也开始被引入档案学界。印度尼西亚大学计算机科学系的萨里·奥古斯汀·乌兰达瑞（Sari Agustin Wulandari）等利用斯坦福数据治理模型（Stanford Data Governance Model）对印度尼西亚国家档案馆的数据治理成熟度水平进行了评估，并建议该馆参照数据管理知识体系来改进数据管理规划活动③。随着数据跨境流动的活跃而带来的深层次数据治理问题逐渐凸显，加拿大多伦多大学信息学院的菲奥雷拉·福斯卡里尼（Fiorella Foscarini）等探讨了欧盟《通用数据保护条例》（General Data Protection Regulation）中关键档案术语和概念的本土化翻译问题，分析了这些误读对非英语国家档案数据治理实践可能产生的影响④。

（四）档案数据治理的风险管理

档案数据治理实践不可避免地带来了信任挑战、隐私风险和伦理危机等重要风险问题。由于数字档案的流动性本质及其伴随的动态性、多样性，以及档案数据共享及再利用过程中的数据提供者、数据利用者和数据

---

① Joanne Evans, Sue Mckemmish, Gregory Rolan, "Participatory information governance: Transforming recordkeeping for childhood out-of-home care", *Records Management Journal*, Vol. 29, No. 1/2, 2019, pp. 178-193.

② Tshepho Lydia Mosweu, "A review of the legislative framework for social media records in Botswana", *Records Management Journal*, Vol. 32, No. 1, 2022, pp. 62-74.

③ Sari Agustin Wulandari, Yova Ruldeviyani, Viktor Suwiyanto, et al., "Data Governance Maturity Level at the National Archives of the Republic of Indonesia", *Jurnal Penelitian Pos dan Informatika*, Vol. 10, No. 1, 2020, pp. 27-40.

④ Fiorella Foscarini, Giulia Barrera, Aida Škoro Babić, et al., "The language of the GDPR: translation issues and archival issues in four non-English-speaking countries", *Archives and Manuscripts*, Vol. 49, No. 1-2, 2021, pp. 62-87.

主体等多元利益相关者的复杂关系①，数字时代档案的信任机制重构问题成为了研究热点。早在2012年，露西安娜·杜兰蒂等就曾指出，当前为数字文件系统提供真实性、准确性和可靠性保障的国际主流解决方案所需经费超出大多数组织机构的承受能力，越来越多的组织机构来云计算基础设施中存储和访问文件，而这既超出了传统档案鉴定的理论框架，又面临法律和监管体系暂时缺位的风险②。英国学者安娜·塞克斯顿（Anna Sexton）等对英国2014—2017年教育、交通、能源、卫生健康领域的行政数据共享和再利用问题的相关案例进行了深入的分析，研究表明，仅仅通过制度化地划定合法数据共享的边界并不足以获得公众信任，还必须就数据共享的基本道德规范达成共识，才能产生更大程度的集体信任③。英国学者杰佛里·杨（Geoffrey Yeo）指出，尽管数字网络环境下档案信任（Trust）机制的建立面临多重困难，但档案馆和档案工作者在保障信任方面仍将发挥关键作用④。美国学者德万·雷伊·唐纳森（Devan Ray Donaldson）通过实证研究发现，用户对档案馆的信任和对数字档案内容（数字化档案和原生数字档案）的信任呈正相关关系⑤。

大数据时代，无处不在的信息设备在随时随地收集个人信息的同时已经打破了个人和公共空间的界限，人们通常所认为的私人空间在更大的信息领域已然成了公共空间，因此应对数字时代信任挑战的要点之一，就是要正确认识和妥善处理档案数据治理中的个人隐私风险。由于互联网环境下政府数字文件的保存、管理与公开利用面临着经济、技术及政策等多方面的严峻挑战，档案数据开放的安全风险、档案数据开放利用与隐私权的平衡难题等成为学者们关注的焦点。安娜·塞克斯顿等认为

---

① Anna Sexton, Elizabeth Shepherd, Oliver Duke-Williams, et al., "A Balance of Trust in the Use of Government Administrative Data", *Archival Science*, Vol. 17, No. 4, 2017, pp. 305-330.

② Luciana Duranti, Corinne Rogers, "Trust in digital records: An increasingly cloudy legal area", *Computer Law & Security Review*, Vol. 28, No. 5, 2012, pp. 522-531.

③ Anna Sexton, Elizabeth Shepherd, Oliver Duke-Williams, et al., "The role and nature of consent in government administrative data", *Big Data & Society*, Vol. 5, No. 2, 2018, pp. 1-17.

④ Geoffrey Yeo, "Trust and Context in Cyberspace", *Archives and Records*, Vol. 34, No. 2, 2013, pp. 214-234.

⑤ Devan Ray Donaldson, "Trust in Archives-Trust in Digital Archival Content Framework", *Archivaria*, Vol. 88, 2019, pp. 50-83.

行政数据的共享利用可以促进行政效率的提升，但其与商业化开发的过度结合则极易带来个人隐私泄露的风险，因此相关机构在开展数据审计过程中既要保持适当的监管力度，又要避免过度审计，而建立在公众合作基础上的智能问责制则是个人数据隐私风险治理的重要手段①。英国政府较早将政府行政数据纳入政府资产范畴，但数据获取与利用过程中可能产生的隐私风险，是亟待解决的信息治理难题②。档案数据开放与利用中的隐私保护问题是一个跨学科研究热点。针对美国国家档案馆停止接收非电子档案进馆政策带来的公共数字档案激增及其后续可能的开放、获取等难题，美国波士顿大学法学院的贾森·R.巴伦（Jason R. Baron）等建议采用社会网络分析、情感分析、可视化分析等大数据技术来辅助识别与发现数字档案中的个人身份信息或其他敏感及涉密内容，从而在保护隐私的同时，提高公共数字档案的开放及利用水平③。加拿大学者蒂姆·哈钦森（Tim Hutchinson）则尝试用"监督式机器学习"来识别人力资源类文件和包含个人信息的文件，并证明了这是一种可行的保护隐私的技术方案④。

近年来，社会大众的数据保存行为的政治学分析颇受关注，档案行动主义（archival activism）与数据行动主义（data activism）作为大数据时代"政治行动主义"（political activism）的重要组成部分，引起了学术界的重要关注。前者关注的是档案（特别是社群档案）作为维护人权和社会正义的斗争工具的象征意义，后者则重视与技术产业领域相关的生物、气候、地理、交易等重要数据背后所凸显的政治、经

---

① Anna Sexton, Elizabeth Shepherd, Oliver Duke-Williams, et al., "A Balance of Trust in the Use of Government Administrative Data", *Archival Science*, Vol. 17, No. 4, 2017, pp. 305-330.

② Malkiat Thiarai, Sarunkorn Chotvijit, Stephen Jarvis, "Balancing information governance obligations when accessing social care data for collaborative research", *Records Management Journal*, Vol. 29, No. 1/2, 2019, pp. 194-209.

③ Jason R. Baron, Bennett B. Borden, "Opening Up Dark Digital Archives through the Use of Analytics to Identify Sensitive Content", *2016 IEEE International Conference on Big Data (Big Data)*, Washington, USA, Dec. 2016, pp. 3224-3229. DOI：10.1109/BigData.2016.7840978.

④ Tim Hutchinson, "Protecting Privacy in the Archives: Supervised Machine Learning and Born-Digital Records", *2018 IEEE International Conference on Big Data (Big Data)*, Seattle, USA, Jan. 2019, pp. 2696-2701. DOI：10.1109/BigData.2018.8621929.

济和文化权力①。由此，数据归档的政治隐喻及背后的数据行动主义成为近年来数据治理风险研究的热点话题。爱丁堡大学数据与社会研究专家摩根·E.柯利（Morgan E.Currie）等学者深入考察了"环境数据治理倡议工作组"（Environmental Data Governance Initiative，EDGI）发起的"数据营救"（DataRescues）项目，认为该项目创造了一个分布式数据归档工作的网络众包新模式，充分利用档案理念来保存数据，且该项目设计的软件融合了保管链、来源、多副本等档案核心原则②。事实上，面对剧烈的技术与社会变革，如何在加强档案职业与其他行业协作的同时保持自身的独立性，已经成为大数据时代档案学界关注的重大伦理问题。美国学者安东尼·科乔洛（Anthony Cocciolo）注意到档案工作者与数字资产管理师（Digital Asset Managers）之间的紧张关系，建议两者要专注于自己的核心使命，在数字世界的不断发展中互相为对方创造成功的机会，从而缓解双方的紧张关系③。英国档案学者杰佛里·杨（Geoffrey Yeo）认为，在大数据和数据分析重要性日益凸显的当下，运用文档理念与方式来修复、固化和管理"原始数据"（raw data）的文档行业依然不可或缺，但档案工作者应与信息管理同行们加强合作，构建信息以应对社会数字化转型带来的共同挑战④。加拿大学者艾丽莎·哈默（Alyssa Hamer）认为，档案职业伦理、隐私权、政府责任等问题则需要档案从业者以更为开放的心态、更为专业的业务指导来应对数字时代的挑战⑤。总之，面对大数据时代的全新挑战，国外档案学者们运用坚守与发展相结合的视角看待档案大数据现象及其治理问题，坚持将档案核心原则引入数据资源管理体系，在电子治

---

① Linda Dencik, Arne Hintz, Jonathan Cable, "Towards data justice? The ambiguity of anti-surveillance resistance in political activism", *Big Data & Society*, Vol. 3, No. 2, Nov. 2016, https://doi.org/10.1177/2053951716679678.

② Morgan E. Currie, Britt S. Paris, "Back-ups for the Future: Archival Practices for Data Activism", *Archives and Manuscripts*, Vol. 46, No. 2, 2018, pp. 124-142.

③ Anthony Cocciolo, "When Archivists and Digital Asset Managers Collide: Tensions and Ways Forward", *The American Archivist*, Vol. 79, No. 1, 2016, pp. 121-136.

④ Geoffrey Yeo, *Records, Information and Data: Exploring the Role of Record-Keeping in an Information Culture*, London: Facet Publishing, 2018.

⑤ Alyssa Hamer, "Ethics of Archival Practice: New Considerations in the Digital Age", *Archivaria*, Vol. 85, 2018, pp. 156-179.

理、信息治理和数据治理等多元框架下探索文档数据资源治理的新模式、新路径，并在积极构建档案数据范式的过程中提升了档案学在数智时代的学科版图和社会影响力。

综上所述，大数据环境下档案数据治理问题已经引起了国内外学者的关注，在大数据语境下档案数据管理理论体系建构、基于大数据技术的档案数据管理模式创新等方面开展了初步探索，并在案例分析、实证研究等深层次研究方面有所突破。但总体来说，中外档案数据治理研究均处于起步阶段，研究范式有待进一步提升：（1）研究者们关注大数据环境下档案数据管理问题，较少论及档案数据治理的价值与意义，对档案数据治理的政策框架、运作模式、推广机制等深层次问题研究的成果较少。（2）尽管部分研究成果涉及档案数据开放共享的政策设计与治理机制，但以理论阐述为主，缺乏实证分析和技术模型建构，使研究成果缺少应用性和针对性。已有成果中，对档案数据开放状况良好的省份进行的研究较多，对其他省份尤其是中西部地区的档案数据开放与治理问题的研究并不多见，研究结论的普适性有待探讨。（3）西方学者主要从中微观层面对档案数据的技术治理问题进行研究，缺乏从国家大数据战略需要的角度出发的宏观研究。上述不足，正是本书所要致力解决的核心问题，也是研究价值和意义所在。

第三节 研究思路及方法

一 研究思路

本书在前人研究成果的基础上，尽可能地吸收国内外最新的相关成果，综合运用文献梳理、案例分析、比较研究、实证研究等多种研究方法，以档案数据治理体系及其构建为研究对象，将档案数据治理体系与国家大数据战略、社会数字化转型等历史与现实环境相结合，多维度分析大数据背景下档案数据管理生态系统面临的各种潜在或显性风险问题，评估有关地区及相关机构的档案数据治理体系建设及运行状况，紧紧围绕如何构建与优化档案数据治理体系这一主题，梳理档案数据治理体系的内涵、特征与构成要素，分析档案数据治理体系建设的现状、挑战与问题，研究现阶段档案数据治理体系建设的基本路径与发展模式，探索适合我国国情的档案数据治理体系建设方案，具体研究内容主要包括以下几个方面：

第一，系统梳理档案数据、档案治理、档案数据治理、档案数据治理体系等相关学术概念的历史源流与当代内涵，探索大数据思维、数据治理理念对档案工作的传统思维、工作内容和运行模式带来的挑战，系统总结大数据环境下档案工作由实体管理走向数据管理、由人工管理走向信息化智能化管理转型升级过程所面临的新问题，从治理、数据治理、智慧治理等方面阐释档案数据治理的理论基础。

第二，从历史研究和比较研究相结合的视角，分析国家大数据战略背景下国内外档案数字化转型的进展、路径、特色与困境，探究由档案数据管理转向档案数据治理的范式转型及其动力机制，进而从管理体制、治理场域、治理理念三方面阐释档案数据治理所面临的深层次时代挑战。

第三，从信息生态、数据生态理论的相关视角，采用实地考察、网络调研等多种方法，考察当前国内档案数据治理的整体生态状况与面临的新环境、新风险及其根源，分析档案数据治理体系建设的现实需求。

第四，从档案数据治理体系的构成要素入手，探索档案数据治理体系的构建原则、结构框架和运行模型，并以苏州市民生档案数据交互服务平台为例开展实证分析。

第五，从宏观、中观和微观三个维度出发，探索在回应国家大数据战略背景、档案行业数据化转型和社会公众现实性需求等方面提升档案数据治理体系建设的推进策略。

二 研究方法

（一）文献调研法

利用中国知网、读秀、EBSCO、Elsevier、Emerald、Springer、Web of Science 等中西文数据库、中外档案机构网站以及 Archivaria 开放学术期刊网站等数据资源平台，对档案数据治理主题的相关论著、研究报告、标准、政策法规等文献进行系统性梳理，分析国内外档案数据治理理论研究的现状、特征与不足，为本书提供研究基础和创新突破口。

（二）历史研究法

系统梳理国内外档案数字化转型、档案数据治理的历史资料，找寻从档案数据管理到档案数据治理实践发展的因果线索，提炼出治理理念及体系变迁的深层次原因，总结历史逻辑、推测未来变化。

（三）实地调研法

采用深度访谈、实地走访等方法，对浙江、山东、江苏、湖北、湖南、陕西、四川等地的 30 多家国家综合性档案馆、企业档案馆、高校档案馆、政府信息中心等机构进行全面、深入的调研，获取典型案例和原始数据，掌握国内档案数据治理的基本状况、发展趋势，总结、提炼我国档案数据治理体系构建的核心要素、结构体系及作用机制。

（四）个案分析及实证研究法

对典型案例的档案数据治理要素、治理路径及相关运作模式进行深度分析，构建档案数据治理体系的运行模式，并验证其应用性。

第四节　创新及不足之处

一　创新之处

（一）研究视角创新

本书以国家大数据战略和数字中国建设的宏大架构为指导，紧紧抓住影响档案事业高质量发展的整体性、系统性问题，采用数据治理、智慧治理等跨学科的理论分析工具，着力研究、发现并解决档案治理制度和档案数据治理体系构建的重大理论问题，为档案数据治理研究提供新的诠释空间和理论视角。档案数字化转型是一个长期、全面而深刻的过程，本书聚焦档案数据治理理论与实践问题，立足档案事业长远发展需要，将资产观、生态观、数据要素等理念嵌入档案数据治理体系的构建机制，将治理体系建立在档案事业长远发展的需要上，强调科学预见治理体系构建中隐藏的风险挑战，选题视角具有较好的前瞻性。此外，本书突破了单个数据平台及大数据、云计算、物联网等某一项技术应用的局部及微观研究范式，通过系统梳理和深入研究国家大数据战略背景下档案数据治理体系的框架、运作模式和方法，构建相对完整的档案数据治理理论体系，从而丰富、发展和深化档案学理论。

（二）思想观点的创新

在学术思想上，本书坚持理论联系实际的基本原则，对大数据背景下通用数据治理理念与方法能否及如何适用于档案领域持审慎态度。在坚持以档案学经典理论思想为核心的前提下，大胆借鉴和吸收公共管理学、图书情报学、政治学等相关思想、理论，顺应大数据时代的档案数据治理理论体系，用开放的思维继承和发展档案管理的传统理论。在学术观点上，本书认为档案数据治理理念与实践的萌芽、生成、深化的演变过程，体现出大数据时代档案行业生态系统整体的"数据化转向"以及由此导致的档案形态与价值维度、档案工作场景与模式的深刻变化。在国家大数据战略持续推进的大背景下，我国档案数据开放与治理领域中责任链与需求链产生了新的模糊与差异，兼顾公众获得公共档案数据服务、国家公共档案数据资源战略管理与档案数据生产者提供服务的诉求，需要多元而有竞争力的国家档案数据治理体系来促进、协调、沟通与实现。

此外，本书注重强调档案事业高质量发展的风险及其系统把握，从外在性和内部性两个层面识别了档案数据治理的风险因素，并认为治理体制存在的结构性桎梏、治理主体之间的权责博弈、治理规制的有效供给不足和治理安全保障机制不健全等是档案数据治理系统性、结构性风险形成的深层次逻辑。

（三）研究方法的创新

在研究方法上，本书兼顾学理分析与实证研究，坚持以现实的档案数据治理体系构建实践为实证研究对象，一方面从实践中总结规律、归纳理论，另一方面又必须将理论成果付诸实践加以检验、修正，从而保障研究成果的科学性、可行性。具体来说，运用深度访谈、实地考察等方法，掌握国内档案数据治理实践的具体状况及其社会认同度、满意度；运用历史研究法、文献分析法、政策分析法、比较分析法，系统梳理国内外档案数据治理理论、实践与政策的历史、现状与发展趋势，进而寻找当前我国档案数据治理体系建设实践的现实困境；运用实证研究法、案例分析法，设计我国档案数据治理体系的基本框架及实现机制，并验证其应用性。

二　不足之处

本书的不足之处主要体现在三个方面。第一，档案数据治理是一个全新的档案实践和理论创新领域，档案工作由实体管理走向数据管理所面临的新问题繁多而复杂，现有档案数据治理实践的内涵、边界不易界定，而本书运用到的理论分析工具，比如治理、数据治理、场域理论、风险社会等均为跨学科、跨专业研究的结晶，要使这些理论真正在档案专业领域发挥强大的解释力需要较大的学术功力，由于笔者的学养和知识水平有限，可能会影响档案数据治理体系构建研究的深度和效度。第二，受到调研时间紧张、调研地点无法穷尽等现实条件的制约，本书难免会遇到实地调研不够全面和充分的问题，比如在浙江、江苏、广东等沿海发达地区的实地调研相对较多，中西部地区的调研样本较少，因此可能会出现过程性、微观性分析较为薄弱的情况。第三，部分档案数据治理基础与研究情况较好的国家，比如德国、意大利、瑞典等，由于语言等原因，存在收集与翻译较为困难的情况，从而难以对国外的档案数据治理整体状况开展全面的评估，影响了研究的深度。

第二章

基本概念与理论基础

概念是实践的总结,理论是行动的先导。当前,在国家大数据战略和"数字中国"建设如火如荼开展之际,我国档案工作正经历一个从接收保管纸质档案到接收保管电子档案,从管档案实体到管档案数据,从手工操作到信息化智能化操作,从档案资源分散利用到联网共享的变革过程[①],亟待前瞻性、创新性的理论支撑。"档案数据治理体系"既是一个学术概念,又是国家大数据战略背景下档案工作和档案事业如何实现数字化转型的重大时代命题。本章将系统地梳理档案数据、档案治理、档案数据治理、档案数据治理体系等相关学术概念的历史源流与当代内涵,探索治理、数据治理、智慧治理等理论对档案工作的传统思维、工作内容和运行模式带来的挑战,探索大数据环境下档案工作由实体管理走向数据管理、由人工管理走向信息化智能化管理转型升级过程所面临的理论创新问题,为国家大数据战略背景下档案数据治理体系的构建提供良好的理论支撑。

第一节 相关概念

一 档案数据

档案数据一词最早产生于 20 世纪 60 年代。大数据时代,档案可通过

---

① 李明华:《奋力开创全国档案事业发展新局面》,《中国档案》2018 年第 7 期。

大数据技术处理、挖掘和应用而获得价值,即档案的"数据价值"被重新发现①,"档案数据"作为术语的独立性日渐显著②,并成为档案信息资源的新形态和档案管理的新场域。围绕"档案数据"的理论与实践,学术界提出了档案大数据、档案数据、档案数据资产等相关概念,观照到档案机构在管理、利用、提供服务的过程中产生的各类业务数据,以及在电子环境中生成的具有档案属性的数据、文档等(见表2-1)。从这些定义不难看出,学者们一般是从"数据态的档案"和"档案化的数据"③两种视角去理解档案数据的内涵与特征。"数据态的档案"以"数据态"为核心,其外延以"档案"为表现形式。这一界定突出了"档案数据"与"档案信息"的区别,主张档案管理方式应朝着两个方向变革:一是档案部门自身以"数据化"为导向,采用更加专深的方式适应"数据态的档案"的管理需求;二是倡导档案部门之外的多主体以"一般数据的档案化"为共识,实现"数据态的档案"的协同治理。"档案化的数据"指档案数据是具备档案属性的数据,其内涵以"档案属性"为核心,其外延以"数据"为表现形式,是档案内容数据与档案管理数据的总和、传统档案数据化成品与新形成档案数据的总和、已知档案数据与潜在档案数据的总和。对"档案属性"的理解决定了档案数据的边界,狭义的档案属性是指原始记录性等档案本质属性,这一层含义基本与"数据态的档案"相通;广义的档案属性则指与档案和档案管理工作的相关性,这一层含义实质上隐含了档案工作的数据化转型,其所涉及的档案数据是广泛而全面的。④由此可见,档案数据既是档案也是数据,档案的数据化与数据的档案化,或档案的数据属性,使"档案"与"数据"之间有了紧密的关联⑤。

---

① 郑金月:《数据价值:大数据时代档案价值的新发现》,《浙江档案》2015年第12期。
② 于英香:《从数据与信息关系演化看档案数据概念的发展》,《情报杂志》2018年第11期。
③ 高晨翔、牛力:《国内"档案数据"研究述评》,《档案学研究》2020年第5期。
④ 杨茜茜:《概念、内容与定位:我国档案数据治理研究的理论坐标》,《档案学研究》2021年第6期。
⑤ 参见丁海斌《再谈档案的定义及其理解》,《档案管理》2022年第2期。此后,吴哲、丁海斌在《"数据"概念史考略及"档案数据"概念解析》(《档案与建设》2023年第1期)一文中进一步指出:大数据时代,作为核心概念的"数据"一词,早已经跨越了学科壁垒,成为若干学科的重要植入性概念,而在档案界,"数据"就是大数据时代的档案,从数据的档案属性和同义复词视角分析,数据即档案,"档案数据"中的"数据"可视为对"档案"的重申。

表 2-1　　　　　　　　　　档案数据相关概念界定

概念	含义	来源
档案大数据	档案大数据是在档案方面涉及的资料量规模巨大到无法通过目前主流软件工具，在合理时间内达到撷取、管理、处理并整理成为帮助企业经营决策更积极目的的信息。	高茂科：《对档案大数据关键环节的认识》，《中国档案》2013 年第 10 期
档案大数据	档案中的大数据是指一定空间与时间范围内所有档案数据的集合。档案大数据的核心内容与价值是挖掘、提取有价值的信息，进行科学预测。	鲁德武：《试述档案大数据的定义、特征及核心内容》，《档案》2014 年第 4 期
档案大数据	档案大数据可以说是档案的"全数据"。相对其他领域的数据收集来说，档案大数据更强调的是数据的"全"：收集业务范围内的所有档案数据。	崔海莉：《"大数据"时代档案信息安全管理新思考》，《档案学研究》2015 年第 1 期
档案大数据	档案大数据既包括档案部门管理的各类档案数据，又包含档案部门自身产生的大数据，而其核心之义应是档案工作领域的大数据应用。	郑金月：《关于档案与大数据关系问题的思辨》，《档案学研究》2016 年第 6 期
档案数据	档案数据是经过鉴定后筛选的数据集。	于英香：《档案大数据研究热的冷思考》，《档案学通讯》2015 年第 2 期
档案数据	档案数据具有普遍性和真实性的特点，是公共信息资源的重要组成部分，通过数据挖掘技术和大数据分析技术可以对政府部门的治安管理、企事业单位的商业决策和创新创业等发挥重要的信息支持作用。	王协舟、王露露：《"互联网+"时代档案工作改革的几点思考》，《档案学通讯》2016 年第 5 期
档案数据	档案数据既包括档案内容、档案实体本身，还包括档案采集、处理、存储、开发、利用等全过程所形成的元数据和生成的新数据。	陈雪燕、于英香：《从档案管理走向档案数据管理：大数据时代下的档案管理范式转型》，《山西档案》2019 年第 5 期
档案数据	档案数据是在正常的业务往来过程中形成的具有一定保存价值且以档案管理的方式加以提取和保管的数据。	谭必勇、邵亚伟、李跃：《谭必勇老师谈档案数据治理与电子证据——2020 年"国际档案周学者谈"第五期》，《中国档案研究》2020 年第 2 期
档案数据	档案数据是指各级各类档案机构收集保存的具有档案性质的数据记录，既包括各种数据形式的档案资源，也包括档案管理与利用过程中产生的数据。	金波、杨鹏：《大数据时代档案数据治理研究》，《档案学研究》2020 年第 4 期

续表

概念	含义	来源
档案数据	档案数据是"数据化的档案信息及具备档案性质的数据记录"。	金波、添志鹏：《档案数据内涵与特征探析》，《档案学通讯》2020年第3期
档案数据	档案数据是"关于档案的数据"，可以分为"保存与开放"和"开发与计算"两种语境，"保存与开放"语境下的档案数据指代数字档案的内容数据和元数据，"开发与计算"语境下的档案数据指代数字档案内容经数据化处理后的数据以及相关的元数据构成的数据集合。	赵跃、石俪冰、孙寒晗：《"档案数据"一词的使用语境与学科内涵探析》，《档案学研究》2021年第3期
企业档案数据资产	企业档案数据资产是在企业各项活动中形成的、归企业所属并受控的、归档保存的、能够为企业未来发展提供信息支持并产生效益的企业核心数据资源。	张宁、宫晓东：《企业档案数据资产概念的辨析与确立》，《档案学研究》2017年第6期
档案数据资产	档案数据资产是档案数据资源的对象化（对象到特定法律关系主体）和会计化（符合会计定义标准），本质上是档案数据资源的"资产化"，具体指主体对档案数据拥有排他性的权利或者其他权益的经济资源。	邓文霞：《从"资源"到"资产"：档案数据资产治理模型初探》，《浙江档案》2022年第7期

档案数据是大数据时代档案部门在信息技术环境下生成的各类原生数字信息，以及经数据化而来的各类业务数据。对档案数据的管理需要运用数据技术进行管理，需要符合档案业务的相关标准。同时，档案数据也是数据的重要组成部分，是生产要素。档案数据价值的实现需要发挥多元社会主体的力量，推动档案数据作为生产要素服务于社会物质生产与精神生产活动。在这一过程中，伴随着档案数据的所有权、使用权、经营权等各类权利的界定，以及运用市场方式进行的资源配置。因此，从资产视角对档案数据进行界定，并设计相应的治理模型就必不可少。

二 档案治理

档案治理是治理理论在档案领域的应用，强调档案部门、社会组织、市场和公民协同共治①。因此，要厘清档案治理的概念，首先就需要对"治理"一词进行梳理。英语中的"治理"（Governance）源自古典拉丁语和古希腊语中的"操舵"一词，意为控制、引导与操控，与 government 的含义交叉。②1989 年世界银行论及非洲情况时提出"治理危机"（crisis in governance）的说法后，"治理"一词便开始广泛地和发展的政治联系在一起③，而"治理"概念常被视为"国家中央权威丧失、国家行为效率和效益降低以及就是公私联合治理网络之重要性这一问题的一个部分"④。1990 年以后，"治理"这一术语逐渐被不同学科、流派、国家所接受，并与不同理论融合衍生出庞大的"治理"概念群、理论群，诸如"社会治理""国家治理""网络治理""多中心治理"等均涵纳其中，从而不断丰富、拓展"治理"的概念内核。其中，全球治理委员会（The Commission on Global Governance）1995 年发布的《我们的全球伙伴关系》（The Report of the Commission on Global Governance）中对"治理"作出的界定颇具代表性："治理是各种公共的或私人的个人和机构管理其共同事务的诸多方式的总和。它是使相互冲突的或不同的利益得以调和并且采取联合行动的持续的过程。这既包括有权迫使人们服从的正式制度和规则，也包括各种人们同意或以为符合其利益的非正式的制度安排。它有四个特征：治理不是一整套规则条例，也不是一种活动，而是一个过程；治理过程的基础不是控制，而是协调；治理既涉及公共部门，也包括私人部门；治理并不是一种正式制度，而是持续的互动。"⑤

"治理"被广泛接受在于其概念的延展性、灵活性，为学者诟病也因其宽泛模糊、琢磨不透。20 世纪 90 年代后期，治理研究的代表性学者格

---

① 金波、晏秦：《从档案管理走向档案治理》，《档案学研究》2019 年第 1 期。
② 鲍勃·杰索普：《治理的兴起及其失败的风险：以经济发展为例的论述》，漆蕪译，《国际社会科学杂志》（中文版）1999 年第 1 期。
③ 安东尼·帕格登：《"治理"的源起，以及启蒙运动对超越民族的世界秩序的观念》，凤兮译，《国际社会科学杂志》（中文版）1999 年第 1 期。
④ 弗朗索瓦-格扎维尔·梅里安：《治理问题与现代福利国家》，肖孝毛译，《国际社会科学杂志》（中文版）1999 年第 1 期。
⑤ The Commission on Global Governance, *The Report of the Commission on Global Governance*, Oxford University Press, 1995, p. 23.

里·斯托克（Gerry Stoker）曾归纳"治理"的五种基本论点①，大致反映了当时学人对治理的基本理解，也映射出治理作为跨学科研究桥梁②，并非是充分定义的严谨概念，甚至存在滥用现象，公司治理（corporate governance）、都市治理（urban governance）、全球治理（global governance）、多级治理（multi-level governance），甚至政府治理（government governance）等概念命名层出不穷。2018 年，王绍光通过谱系分析研究，认为过去二三十年主流治理文献基本上是宣扬一种规范性主张，实际并无实证性的根基，"治理"在定义模糊的学术论述中，只是一个"空洞的能指"③。尽管"治理"定义模糊，"治理"概念容纳的先进理念，仍具有极大的理论价值。

"治理"一词成为中国政策、媒体以及大众话语体系的关注热点则始于 2013 年 11 月党的十八届三中全会，该会议明确提出"全面深化改革的总目标是完善和发展中国特色社会主义制度，推进国家治理体系和治理能力现代化"④。由此可见，不同于国外"治理"研究的混沌起始，中国对"治理"概念的实用性理解为"治理"概念定义运用指明了方向，即"国家治理体系和治理能力是一个国家的制度和制度执行能力的集中体现"，只要有利于党和国家事业发展、人民幸福安康、社会和谐稳定、国家长治久安的体系、制度建设和方法路径设计皆是新时代所言"治理"。换言之，中国政策所言之"治理"确有着清晰的本源内涵，由此衍生出的、庞杂的关于"治理"概念的学术讨论应始终存在实用性、实践性这一基点。

---

① 格里·斯托克将治理总结出五个论点：（1）治理指出自政府，但又不限于政府的一套社会公共机构和行为者；（2）治理意味着在为社会和经济问题寻求解决方案的过程中，存在着界线和责任方面的模糊性；（3）治理明确肯定了在涉及集体行为的各个社会公共机构之间存在的权力依赖；（4）治理指行为者网络的自主自治；（5）治理认定，办好事情的能力并不在于政府的权力，不在于政府下命令或运用其权威，政府可以动用新的工具和技术来控制和指引；而政府的能力和责任均在于此。参见格里·斯托克《作为理论的治理：五个论点》，华夏风译，《国际社会科学杂志》（中文版）1999 年第 1 期。

② Gunnar Folke Schuppert, "Goveance Relected in Political Science and Jurisprudence", *New Forms of Goveance in Research Organizations*, Vol. 25, No. 2, 2007, pp. 33-56.

③ 王绍光：《治理研究：正本清源》，《开放时代》2018 年第 2 期。

④ 《十八大以来重要文献选编》上，中央文献出版社 2014 年版，第 512 页。

从学术史的角度看,"治理"一词在 20 世纪 80 年代末期就开始被引入档案学领域,主要侧重于档案保护[①]、档案执法检查[②]的治理研究,较多涉及对档案和档案工作的治理[③],较少论及利用档案来开展环境治理、社会治理[④]。2014 年以后,"档案治理"这一术语在国家"推进治理体系和治理能力现代化"的时代背景下逐步由实践性、政策性概念变为讨论热烈的学术概念。2014 年 1 月,孙钢在《中国档案》中撰文指出,国家档案局档案馆(室)司将推进档案治理体系和治理能力现代化作为年度的工作重点[⑤]。同年,刘学圃[⑥]、王蓓蓓等[⑦]先后发文探讨了政府治理范式的变迁对档案工作和档案事业的影响。2016 年,"档案治理"一词正式出现在国家档案局印发的《全国档案事业发展"十三五"规划纲要》中,并大范围推及各类政策性、报道性文本之中,引起了档案学界的热切关注与讨论,也由此拉开了档案学界结合既有学科成果对"治理"概念进行讨论的序幕。

2017 年,《档案管理》发表题为《国家治理体系视域下的档案治理》的评论员文章指出:"什么是档案治理,学界尚无共识。但有三点可以确定:首先,档案治理不是国家统治下的国家档案管理,也不是国家管理下的公共档案管理,应当是国家治理下的社会档案治理。其次,档案治理应当是国家治理体系的子体系,即与全面建成小康社会奋斗目标相适应的、有效服务和支撑国家治理的档案事业体系。最后,档案治理的目标是服务和促进国家治理体系和治理能力现代化建设。"[⑧] 不难看出,该论述指出了

[①] 耿如堂:《漫谈档案保护的综合治理》,《档案与建设》1986 年第 3 期;易炳炎、刘照成、孙洪鲁等:《山东省重要破损档案综合抢救治理对策》,《山东档案》1995 年第 4 期;冷静:《谈档案纸张酸化的治理》,《山西档案》2002 年第 6 期。

[②] 王国升:《鄢陵县对类档案立卷工作综合治理的调查》,《档案管理》1990 年第 5 期;毕长春:《擅自公布档案的事件应依法治理》,《档案工作》1991 年第 2 期;胡雪玲:《论新形势下档案工作的依法治理》,《山东社会科学》2000 年第 4 期。

[③] 彭劲:《高校档案"胀库"的成因与治理》,《兰台内外》2013 年第 2 期。

[④] 秦林:《档案,在苏州河治理中》,《上海档案工作》1992 年第 3 期。

[⑤] 孙钢:《推进档案治理体系和治理能力现代化——2014 年国家档案局档案馆(室)司工作重点》,《中国档案》2014 年第 1 期。

[⑥] 刘学圃:《档案事业治理模式探析》,《中国档案》2014 年第 6 期。

[⑦] 王蓓蓓、倪丽娟:《政府治理范式的变迁对当代档案工作的影响》,《兰台世界》2014 年第 17 期。

[⑧] 本刊评论员:《国家治理体系视域下的档案治理》,《档案管理》2017 年第 4 期。

如下关键信息：第一，档案治理是相对于"统治—管理—治理"的进化链条而提出的，是一种管理的变革。第二，从国家、公共到社会，档案治理伴随着档案管理界面的拓展。相比以往的档案管理，档案治理所能容纳的对象变得更加丰富。第三，点出了档案治理在国家整体治理格局中的位置以及实践性作用。

与《国家治理体系视域下的档案治理》同期发表的《论档案治理的内涵、特征和功能》一文中，晏秦对"档案治理"进行了最早的学术性定义。他也同样以"管理"为参照考量档案治理，为"档案治理"概念找寻到"公共治理"这一理论母体并作了进一步阐释，认为可以从"档案在公共治理过程中的作用和功能"和"档案作为公共治理功能发挥的场域"来分别定义"档案治理"。前者视角下，"档案治理"是"档案在政府、社会组织和公民共同对公共事务进行管理以实现社会善治的活动中发挥作用的过程"。在这一定义中，"档案治理"被分离为"档案"+"治理"，重点在于"档案"作为治理手段、场域如何服务于社会治理，该定义的基点仍在于"公共治理"，并未形成颇具档案领域特色、对接档案领域实际的档案学专有概念。后者视角下，"档案治理"则被定义为"档案部门、社会组织和公民等多个主体协同合作，基于一定的行动规则，共同对档案事务进行科学、规范管理，实现档案领域善治的活动和过程"，是一种"档案+治理"的组合方式，尝试将治理理论的核心内涵融入档案领域中，使得"档案治理"概念既具有档案领域的特色，又契合"治理"的核心特征。[①] 该定义得到了晏秦本人的重点论述以及陈忠海[②]、祝哲淇、常大伟等的认同，都将"档案治理"定义为一种"过程"。例如，祝哲淇根据治理理论的特征将"档案治理"定义为："档案治理是各机关、团体、企业、事业单位、组织和个人基于特定的行动规则，在表述各自诉求的基础上，对公共档案事务进行科学规范的管理，并协调各方利益，达成善治、形成档案领域良好业界生态的过程。"[③] 常大伟则从治理理论的核心内涵出发，

[①] 晏秦：《论档案治理的内涵、特征和功能》，《档案管理》2017年第4期。
[②] 陈忠海、宋晶晶：《论国家治理视域下的档案治理》，《档案管理》2017年第6期。
[③] 祝哲淇：《基于善治的我国档案治理及分析框架研究》，硕士学位论文，浙江大学，2018年，第16页。

将治理理论与我国党政领导制度以及机构职能等国情相结合，将档案治理定义为"档案治理是在党政机构的领导支持下，由档案行政机关主导，各级各类档案机构、社会组织或个人参与，通过一定的制度安排进行合作互动，共同促进档案事业发展和提升档案工作服务社会发展大局能力的过程，是国家治理的有机组成部分"①。徐拥军、熊文景将"中国立场、中国智慧、中国价值的理念、主张和方案"融入档案治理理念，将其定义为"以档案部门为主导，社会组织和公民个人广泛参与协同，在坚持民主、法治的原则下，对涉及档案及其相关的一切事务进行谋划、组织、协调和决策等的活动与过程"②，仍属于"过程论"这一范畴。

以上论述并不意味着档案学界对"档案治理"只存在"过程论"这一种解释的视角与方法，也并不意味着学界对"档案治理"的概念没有争议。从目前来看，学者关于"档案治理"的概念界定主要存在两种趋向：一是将档案治理视为档案管理的高级阶段，将档案管理与档案治理并列进行阐释与解读；二是将国家治理视为档案治理的上位概念，将档案治理看作档案行政管理的高级阶段③。前者观点的代表性学者有金波④、徐拥军⑤等，后者则有刘东斌⑥、常大伟⑦等。"档案治理"在"过程论"这一主流前提下，逐步在时代背景、治理主体、治理对象、实现过程、治理目标、本质特征等方面得到进一步深化、细化，档案治理的内涵更为丰富、多元。例如，张帆、吴建华认为此前的定义忽略了档案治理的时代政治背景和治理手段的多样化等内容⑧，提出档案治理应具有"多元化的治理主体、

---

① 常大伟：《档案治理的内涵解析与理论框架构建》，《档案学研究》2018年第5期。
② 徐拥军、熊文景：《档案治理现代化：理论内涵、价值追求和实践路径》，《档案学研究》2019年第6期。
③ 唐启、于英香：《对档案治理概念内涵与外延厘定的批判与反思》，《档案学研究》2023年第4期。
④ 金波、晏秦：《从档案管理走向档案治理》，《档案学研究》2019年第1期。
⑤ 徐拥军、熊文景：《档案治理现代化：理论内涵、价值追求和实践路径》，《档案学研究》2019年第6期。
⑥ 刘东斌：《档案治理概念辨析》，《档案管理》2019年第1期。
⑦ 常大伟：《国家治理现代化视阈下我国档案治理能力建设研究》，武汉大学出版社2020年版，第36—39页。
⑧ 张帆、吴建华：《基于档案治理的档案信息资源开发模式转型研究》，《档案学通讯》2019年第6期。

抽象化的治理客体、立体化的治理内容、全面化的治理方法、多维度的运作形式、渐进化的治理目标、内在化的价值体系"等核心理念，认为档案治理是"结合治理理念对档案管理内容的全新升级"，进而指出"档案治理是在党委领导下，由档案主管部门主导，各级各类档案事业企业单位、其他社会组织和个人共同参与到涉及全社会范畴档案资源的档案事业，秉持社会主义核心价值观，尊重各主体的档案权利，以彼此间多向度的互动网络形式综合运用法治等手段，实现档案治理现代化，服务国家现代化建设，促进社会公平正义的过程"。① 又如，李孟秋则以利益相关者理论为基础探究"档案治理"，认为"档案治理是指在档案主管部门领导、监督和指导下，各类国家机构、社会组织与个人协同，在法治化建设框架下共同参与对档案及其相关事务的管理，从而促进档案事业发展，强化档案公共服务能力，满足国家、社会、个人需求，提升国家治理体系和治理能力现代化建设水平的过程"。② 唐启、于英香将档案治理与档案管理、档案行政管理、档案数据管理（治理）等概念进行对比分析后认为，"档案治理是在国家治理、社会治理的战略规划下，在政府、市场、社会等多元主体的协调参与下，在国家档案主管部门的牵头指导下，在民主集中与依法治档的制度设计下，共同管理档案事务、促进档案事业发展、服务国家治理与社会治理的一项工作"，可见该定义将档案治理视为档案行政管理的高级阶段，而档案行政管理向档案治理的转化则受制度建设的推动③。

档案治理是中国档案界为应对国家治理能力与治理体系现代化的内在诉求，并在参考借鉴国外治理理论架构的基础上构建的具有中国特色的话语表达。虽然该名词是由档案业务部门率先提出的④，但很快就成为学术界的热点话题并逐步具备丰富的内涵。当前，国内关于档案治理的定义不一，早期采用的"概念组配法"定义甚至存在较为明显的"形而上学的替

---

① 张帆、吴建华：《国家治理现代化视域下档案治理概念体系研究》，《档案学研究》2021年第1期。
② 李孟秋：《整合视角下多元主体参与档案治理的机制与路径》，《档案学通讯》2021年第2期。
③ 唐启、于英香：《对档案治理概念内涵与外延厘定的批判与反思》，《档案学研究》2023年第4期。
④ 孙钢：《推进档案治理体系和治理能力现代化——2014年国家档案局档案馆（室）司工作重点》，《中国档案》2014年第1期。

换现象"①，但基本上是以全球治理委员会对治理的定义为基础、结合中国特色的档案管理体制和档案实践状况来界定其概念②。有学者认为，档案管理话语、国家政策话语、多元学科话语分别构成了档案治理话语的"基础性建构要素""指导性建构要素"和"启示性建构要素"，档案治理话语"天生蕴含着独属于中国的基因"③。正如"治理"被定义为一种更符合实际、动态的整合性开放理论、实践、方法框架④，档案治理也需要一个更为简单、包容的框架来释放其概念应有的内涵和充分的活力。因此，结合国内外学者的相关观点，笔者认为档案治理是治理理念应用于档案事业及相关领域的制度、工具与方法的整体创新与变革，它既包括对档案和档案工作本身的治理，又包括运用档案和档案工作支撑国家及社会治理的过程。大数据时代的来临，档案数据的价值重新得到发现并迅速推广应用，档案数据的质量问题和档案数据利用过程引发的隐私及伦理等问题愈发突出，"数智"赋能档案治理的内在诉求日益强烈⑤，新的术语应运而生。

三 档案数据治理

随着大数据、人工智能等新一代信息技术的飞速发展，数字政府、数字经济、数字文化等数字业态日益普及，人类社会的数据资源呈指数级增长，数据成为新型生产要素，这从源头上改变了档案信息的存在及运行方式，加速推动了档案载体形态从传统纸质"模拟态"向"数字态""数据态"质变⑥，档案"数据化"趋势催生出档案数据治理的相关议题，档案数据治理被视为档案学科在大数据时代新的学术增长点⑦。当前，档案学界关于"档案数据治理"概念的理解多种多样，大致可分为狭义和广义、

---

① 虞香群、李子林：《再论档案治理兼与金波、晏秦商榷》，《档案管理》2020年第2期。
② 张帆、吴建华：《国家治理现代化视域下档案治理概念体系研究》，《档案学研究》2021年第1期。
③ 朱雯霞、陆阳：《档案治理话语的实践向度考察》，《档案与建设》2023年第10期。
④ 包国宪、郎玫：《治理、政府治理概念的演变与发展》，《兰州大学学报》（社会科学版）2009年第2期。
⑤ 徐拥军等：《数智时代档案治理体系建设研究》，武汉大学出版社2023年版，第87—89页。
⑥ 金波、杨鹏：《档案数据治理生态运行演化与平衡调控》，《信息资源管理学报》2023年第6期。
⑦ 张斌、杨文：《中国特色档案学的发展脉络与演进逻辑》，《图书情报知识》2020年第5期。

宏观和微观等不同层次。例如，通过调整治理的对象和主体范围，将"档案数据治理"划定为狭义与广义。前者是指档案部门对数据态档案所开展的治理活动，后者是指多元主体对具有档案属性的数据所开展的治理活动，即档案部门、社会组织和公民等多元主体协同合作，对各级各类档案机构收集保存的具有档案性质的数据记录展开治理的活动和过程①。又如，有学者从宏观、中观和微观三个层面，认为档案数据治理分别是对"档案数据生态""档案数据管理"和"档案数据"的治理②。

此外，学界还存在诸多概念框架相似，但表述各具风格的界定描述。例如，李宗富、董晨雪认为档案数据治理是指以档案部门为主导的档案数据利益相关者协同合作，在相关法律法规和标准体系的要求下，综合运用各种现代信息技术，以保障档案数据真实完整、质量可靠、要素合规、风险管控、开放共享、价值增值为目标，对档案数据持续进行全生命周期管理，最终实现档案数据善治的过程③。常大伟、潘娜提出，档案数据治理是档案事业发展的利益相关者在一定的制度架构内通过协同合作的方式，综合应用各种数据治理工具和治理技术，规范档案数据治理业务流程，构建档案数据治理生态，激发档案数据价值的过程④。

从描述语词观之，概念群异常纷杂、庞大。仅就其中一部分内容，如将治理对象划分为狭义和广义，档案数据治理的概念便难以统合、把握。因此，笔者尝试从学者们界定"档案数据治理"的底层逻辑出发，观察"档案数据治理"概念的变化与最新发展。研究发现，档案学界对"档案数据治理"概念的定义，主要存在将"档案数据治理"拆分为"档案数据+治理"或"档案+数据治理"这两种基本思维，从而尝试建构出"档案""数据""治理"三种特性、要素兼容的交叉概念。在"档案""数据""治理"的交叉融合中，"档案数据治理"的概念源自数据治理、信

---

① 杨茜茜：《概念、内容与定位：我国档案数据治理研究的理论坐标》，《档案学研究》2021年第6期。
② 李宗富、董晨雪：《档案数据治理：概念解析、三重逻辑与行动路向》，《档案管理》2022年第5期。
③ 李宗富、董晨雪：《档案数据治理：概念解析、三重逻辑与行动路向》，《档案管理》2022年第5期。
④ 常大伟、潘娜：《档案数据治理能力的结构体系与建设路径》，《浙江档案》2020年第2期。

息管理、企业治理等学科领域，但主要的领域分歧体现在是将档案数据治理归为数据治理的构成部分，还是将档案数据治理作为档案治理的构成部分，或是两者兼而有之。因此，档案数据治理的功能定位也存在着主要面向数据还是面向治理的分歧。此外，原本从属于某一研究领域的内容，也出现在档案数据治理研究之中。例如，信息管理的核心议题之一——信息的所有权①，被划定为档案数据治理的重要内容②。而在具体界定时，关于上述三种相对独立概念的缩放、侧重，形成了不同的理解方法和界定话语。

在侧重"治理"思维之下，"档案数据治理"的定义往往沿用"档案治理"的基本思路：对标"档案数据管理"以定义"档案数据治理"，突出"管理"与"治理"在思维、行动上的多重差异，集中体现档案数据控制思维、方法的转型，并将"档案数据治理"这一议题置放于"大数据时代档案治理"和"档案治理"论域之下③。例如，葛悦、邵华认为，我国的档案数据治理研究实质上是以档案数据化现象为基础的，所遵循的是纵向上从档案数据管理到档案数据治理的发展路径，档案数据治理研究在功能定位上更接近于档案数据管理框架下的一种要求④。"档案数据治理"定义多定基于"过程论"，也侧重将档案数据治理纳入档案治理、数据治理体系之中，强调档案数据治理是总体数据治理、整体档案治理的重要组成部分，将档案数据治理置于数字中国建设、智慧社会建设整体进程之中，从顶层设计、政策擘画、制度保障、体制机制、价值导向等管理层面规划档案数据治理的活动与过程，期盼以档案数据治理促进总体数据治理、档案治理和社会治理。金波等明确认为，档案数据治理是以治理的思维方式对档案数据资源进行立体全面管控以形成良好档案数据生态的动态过程，涵盖"互动""融合""多元""全周期"等理念⑤。在主体协同、多元参

---

① 夏义堃：《试论数据开放环境下的政府数据治理：概念框架与主要问题》，《图书情报知识》2018年第1期。
② 杨鹏：《大数据时代档案数据权利治理研究》，《档案学研究》2023年第2期。
③ 金波、王洁菲、添志鹏等：《档案数据治理运行机制探究》，《档案学通讯》2023年第4期。
④ 葛悦、邵华：《从赋能到使能：基于区块链技术的档案数据治理研究》，《山西档案》2022年第5期。
⑤ 金波、王洁菲、添志鹏等：《档案数据治理运行机制探究》，《档案学通讯》2023年第4期。

与的研究、实践取向下，立足单一主体的视角向多职能延伸，将"档案数据治理"的主体理解为档案部门，朝"档案部门参与总体数据治理"的方向展开研究，讨论档案参与数据治理、依靠档案数据进行治理等要求与话题，关注赋能、服务、参与等档案数据价值的发挥方式。例如，杨智勇、谢雨欣认为，档案数据治理的善治具有共建、共治与共享三重含义[1]。南梦洁认为，档案数据治理是多元主体围绕档案数据开展的一系列措施，以实现档案善治的过程[2]。不仅如此，由"档案数据治理"概念延伸而来的有关某一具体档案类型的治理，也会明确带有"治理"的概念内容。例如，倪晓春、张蓉提出，红色档案数据治理是指以传承红色基因为使命，以实现红色档案数据价值为目的，以法规标准、制度政策为引领，各方参与者协同共治，共同推进针对红色档案数据及其相关要素的计划、组织、领导、控制等行为过程[3]。

在侧重"数据"思维之下，"档案数据治理"可理解为对档案数据的治理，是"数据管理"概念的替换和超越。其核心主词为"数据治理"，对应理论引用内容更为相关、集中。"档案数据治理"概念界定与研究方法，也侧重对接较为成熟的"数据治理"领域，引入与数据控制直接相关的理念、视角、框架与方法。因此，数据生命周期成为描述利器，以聚焦数据本身，从线性或循环式周期角度讨论如何通过对数据的管控达成组织目标，聚焦档案的数据属性，强调对数据收集、检验、鉴定专家、自动分类等环节的控制。相比"档案数据治理"这一综合性极强的概念，由其衍生出的二级概念更能够体现数据自身的特点，也更加符合关注从工具层面开展数据管控、治理。例如，针对数据安全性保障提出的"档案数据安全治理"，认为其是指档案部门通过科学管控对档案数据进行安全防护，确保档案数据运行安全、存储安全和利用安全，充分发挥档案数据价值，从

---

[1] 杨智勇、谢雨欣：《面向善治的档案数据治理能力体系构建》，《档案与建设》2022年第2期。

[2] 南梦洁：《新基建背景下能源档案数据治理要素体系研究》，硕士学位论文，华中师范大学，2022年，第16页。

[3] 倪晓春、张蓉：《大数据背景下红色档案数据治理的突破方向和实现路径探析》，《档案学研究》2022年第6期。

而达到档案数据善治的过程①。

在侧重"档案"思维之下，则"档案数据治理"概念相对难以拓展延伸。其原因主要在于：不论是实践还是理论层面，档案领域作为发展相对缓慢的领域，是"数据""治理"等已有相对稳定的核心概念、方法的引用者，档案领域就此也并未产生独有的特殊理论或框架。因此，在"档案数据治理"概念中，突出档案特性、思维的做法主要有以下几种：第一，治理行为实施或领导实施的主体为档案部门或包含档案部门。第二，治理的对象是档案数据或具有档案属性的数据。例如，陈艳从档案学的视角出发，认为档案数据治理是档案机构为适应大数据时代档案工作发展的需要，综合运用大数据技术、人工智能技术等新一代信息技术从数据管理、安全治理和服务治理三个方面综合对传统档案管理工作进行变革，将档案内容从逐字阅读的档案信息变为方便检索和满足用户个性化利用的档案数据，最终实现档案数据共享和开放，并不断扩大档案数据服务社群的过程②。金波、杨鹏发表的《大数据时代档案数据治理研究》一文，将"档案数据治理"定义为"档案部门、社会组织和公民等多元主体协同合作，依据一定的法规标准，充分利用大数据等现代信息技术，对档案数据生成、收集、管理、存储、利用整个生命周期进行科学规范的全程管理，挖掘档案数据价值，满足社会利用需求，实现档案数据善治的活动和过程"③，集中体现了上述三种思维的融合。

就上述分析而论，各概念提法皆有所长，难以取舍，亦难以综合。目前，学界关于档案数据治理的基本内涵已经达成了较为清晰的初步共识，纠结于具体概念的意义不大。相反，直接从上述三种思维出发，讨论如何理解"档案数据治理"则更为务实。近期，苏州大学周毅教授在《档案与建设》发表了《档案数据治理的认识维度及其价值》一文④，对"档案数据治理"概念进行了更为完整的阐释，提出对档案数据展开治理（偏重数

---

① 金波、杨鹏：《大数据时代档案数据安全治理策略探析》，《情报科学》2020年第9期。
② 陈艳：《我国省级档案数据治理体系框架构建研究——基于浙江省实践的研究》，硕士学位论文，山东大学，2020年，第20—21页。
③ 金波、杨鹏：《大数据时代档案数据治理研究》，《档案学研究》2020年第4期。
④ 周毅：《档案数据治理的认识维度及其价值》，《档案与建设》2023年第2期。

据)、依靠档案数据展开治理（偏重档案）、围绕档案数据实施治理（偏重治理，实践条件的创造），亦体现了上述三种思维，是本书颇为认可的概念认识方法。

四 档案数据治理体系

档案数据治理体系是一个实践性、应用性强的概念，来自高校、企业实践部门和档案院校的学者们分别从实践和学理的视角对该概念进行了探索，涉及了数据本身以及技术、制度、标准、平台、工具、安全等多维要素（见表2-2）。从这些代表性的观点我们不难看出，大部分学者都认可档案数据治理体系首先涉及数据规则与标准、技术方法等要素层面的变革，但这些标准与技术层面的变革难以从整体上实现体系的构建与运行，因此需要从制度、组织、人员等体制机制方面进行综合改革，才能产生适应大数据时代的档案数据治理体系。

表2-2　　　　"档案数据治理体系"代表性观点

概念	体系的要素	学者领域
在数字化档案数据管理基础上，建立一整套完整的档案数据治理机制，对档案数据的采集、整合、存储、安全和应用等方面进行规范化和标准化的管理工作。[1]	技术、标准	高校档案馆
档案部门从数据治理的角度出发，通过对档案体制、制度、规范、方式方法的重建与创新，构建适应档案数据治理的档案治理体系。[2]	体制、标准	高校档案馆
大数据时代，档案数据治理应以档案数据质量控制为基础，构建档案数据质量标准新规范；以数据整合集成为核心，探索档案数据资源建设新范式；以共享利用为目标，创新档案数据社会共享与公共服务模式；以档案安全为基石，构筑档案数据安全保障新途径；以公共参与为导向，推进多元、协同、融合为一体的档案数据治理新机制，建立科学合理的档案数据治理体系。[3]	综合性视角	档案院校

---

[1]　王非：《数字人文和新基建双重语境下建设项目档案数据治理体系探讨——基于高校的实践考察》，《档案管理》2023年第6期。

[2]　楼蔚文、赵爱国：《数据治理的系统性探索——以高校档案治理体系构建为例》，《档案管理》2023年第2期。

[3]　金波、杨鹏：《大数据时代档案数据治理研究》，《档案学研究》2020年第4期。

续表

概念	体系的要素	学者领域
依据信息生命周期理论和信息生态理论，构建由微观层面的档案数据质量管控能力、组织管理能力、开发利用能力、开放能力、处置能力以及宏观层面的档案数据治理制度建设能力、统筹协调能力、综合保障能力、创新发展能力构成的档案数据治理能力结构体系。①	综合性视角	档案院校
以档案数据价值获取、业务模式创新为目标，建设以制度为牵引、以技术为基础、以系统为平台、以应用为核心的数据治理体系，实现全面档案数据治理，满足档案数据应用的需要。②	综合性视角	企业档案部门

实际上，"体系即系统，任何体系都是由一定要素及其相互关系构成的。体系分析要立足于对要素及其相互关系进行分析"③。档案数据治理体系既是一个全新的概念，又是一个全新的命题。学者们一般是从数据治理体系或档案治理体系的视角来分析档案数据治理体系的核心要素及其结构关系。陈艳以浙江省档案数据治理实践为基础，提炼出治理内容、治理主体、治理过程、治理成果四个方面的体系要素，进而提出了由生态层、基础层、数据层和应用层四个层级和组织结构、政策措施、质监管理等11个维度所构成的档案数据治理体系框架的一般模型④。南梦洁通过文献分析构建了档案数据治理的五大维度，即主体要素、客体要素、过程要素、目标要素与生态要素，在此基础上通过质性访谈等方法发现新基建背景下能源档案数据治理要素体系主要包括生态环境、数据建设、管控运营与应用效益四个主题，并据此构建了"以数据层为基础""以管控层为手段""以应用层为目标""以生态层为保障"的能源档案数据治理要素体系⑤。此外，金波等借鉴生态学知识提出的"档案数据治理生态"一词也颇值得关注。所谓档案数据治理生态，是指在大数据时空范围内档案数据治理行

---

① 常大伟、潘娜：《档案数据治理能力的结构体系与建设路径》，《浙江档案》2020年第2期。
② 杨晶晶：《设计企业档案数据治理体系研究》，《北京档案》2020年第2期。
③ 丁志刚：《如何理解国家治理与国家治理体系》，《学术界》2014年第2期。
④ 陈艳：《我国省级档案数据治理体系框架构建研究——基于浙江省实践的研究》，硕士学位论文，山东大学，2020年，第22—59页。
⑤ 南梦洁：《新基建背景下能源档案数据治理要素体系研究》，硕士学位论文，华中师范大学，2022年，第23—54页。

为及其环境相互作用而形成的统一复合体。从整体结构上看，档案数据治理生态是由治理主体、治理客体、治理本体三个构成要素及其相互作用形成的有机系统，形成彼此交融、联通发散的网状立体格局，反映出档案数据治理活动的多元性、全面性、关联性和协调性[①]。

通过借鉴相关研究成果，本书认为档案数据治理活动主要在宏观、中观、微观三个层面展开：宏观层面上，档案数据治理主要通过确立相关的制度、机制和原则，制定合适的档案数据治理战略方针；中观层面上，则通过明确规则、权力、责任和信息系统架构等设计工作，实现档案数据价值和风险防范等目标；微观层面上，通过开发科学合理的数据治理程序、规范和工具等具体活动，提升档案数据的质量与丰富度，应对档案数据的场景化、针对性应用需求。因此，档案数据治理体系可视为围绕档案数据治理活动而形成的系列要素（治理目标、治理主体、治理客体、治理方式）及其相互关系（治理机制）所构成的有机整体。

第二节　理论基础

一　治理理论

1. 治理理论的兴起

如前所述，"治理"（governance）一词出现的时间较长，但直到20世纪70年代才开始受到学界的关注。1976年，詹姆森·马奇和约翰·奥尔森合著的《组织中的二重性与选择》（*Ambiguity and Choice in Organizations*）第一次用到了"治理"一词，用以研究复杂组织和有限理性。1989年，世界银行发布《撒哈拉以南：从危机到可持续发展》，第一次使用了"治理危机"（crisis in governance）这一概念[②]。20世纪90年代中期，"治理"进入到公共政策分析领域，之后被运用到更多样的领域，成为一种用以描述多种现象的伞状概念[③]。

---

① 金波、杨鹏：《档案数据治理生态运行演化与平衡调控》，《信息资源管理学报》2023年第6期。
② 滕世华：《公共治理理论及其引发的变革》，《国家行政学院学报》2003年第1期。
③ ［瑞典］乔恩·皮埃尔、［美］B.盖伊·彼得斯：《治理、政治与国家》，唐贤兴、马婷译，上海人民出版社2019年版，第1—10页。

由此，治理的内涵不断得到延伸和充实，其价值内涵在西方学者不断赋予之下得到广泛的运用，同时，治理理论所具有的话语力量使其成为分析当代社会现状的重要理论工具。

治理理论的兴起，折射的是全球经济社会的重大转型以及社会科学领域的研究范式更迭。一方面，20世纪后期，西方民族国家在第二次世界大战后建立的福利体系出现危机，官僚机构膨胀、市场协调失灵、失业率攀升等深层次统治问题，终于引发了人们在国家和市场之间的重新抉择，国家角色、政府职能、行政合法性受到挑战。另一方面，全球化的不断深入使得主权国家在经济、文化、政治、社会发展中的统治能力不断削弱，国际问题发酵、新地方主义兴起等现实更是不断冲击着传统的国家实践。① 国际国内的局限使西方学术界意识到许多原有的学科范式越来越难以解释当下世界，政府去全能化、地方自治、多元主体参与等价值观念的兴起，更唤起了学界对于"治理"的重新关注，使治理理论成为评判国家、社会、市场关系的新路径。

从国内学术史角度看，我国介绍"治理"的论文可以追溯到1995年发表于"公共论丛"第一辑《市场逻辑与国家观念》上的论文——《GOVERNANCE：现代"治道"新概念》。② 2004年《当代地方治理：面向21世纪的挑战》则对地方治理进行了详细梳理。③ 随着治理理论的不断引入，该理论也在不断走入国内许多学术领域，逐渐成为国内学术界的研究热点，近年来在国家政策实践层面的使用频率亦越来越高，例如党的十八届三中全会通过的《中共中央关于全面深化改革若干重大问题的决定》明确指出"全面深化改革的总目标是完善和发展中国特色社会主义制度，推进国家治理体系和治理能力现代化"④。

2. 治理理论的内涵

治理理论的兴起为诸多学科提供了新的研究视野，反过来，学术界又

---

① 王诗宗：《治理理论及其中国适用性——基于公共行政学的视角》，博士学位论文，浙江大学，2009年，第11—34页。
② 智贤：《GOVERNANCE：现代"治道"新概念》，载刘军宁等编《市场逻辑与国家观念》，生活·读书·新知三联书店1995年版，第55—78页。
③ 孙柏瑛：《当代地方治理：面向21世纪的挑战》，中国人民大学出版社2004年版。
④ 《十八大以来重要文献选编》上，中央文献出版社2014年版，第512页。

丰富了治理理论的内涵，形成了独特的学术研究景观。

治理理论的开创者之一的詹姆斯·N. 罗西瑙（James N. Rosenau）在其著作《没有政府的治理》《面向本体论的全球治理》等中分析了治理理论的内涵。他认为治理由共同的目标所支持，这个目标不一定是合法以及正式的规定，也不一定需要依靠强制力量克服挑战而使别人服从。治理既包括政府机制也包括非正式、非政府机制。所以治理就是这样一种规则体系：它依赖主体间重要性的程度不亚于对正式颁布的宪法和宪章的依赖。①英国治理理论的代表人物罗伯特·罗茨（Rob Rhoads）提出了治理至少有六种不同定义：一是作为最小国家的管理活动的治理，二是作为公司管理的治理，三是作为新公共管理的治理，四是作为善治，五是作为社会—控制体系的治理，六是作为自组织网络的治理。格里·斯托克在总结当下各种治理理念的基础上指出目前各国学者对于治理理论的分析，可以分为五大主要论点：一是治理指出自政府，但又不限于政府的一套社会公共机构和行为者。二是治理明确指出在为社会和经济问题寻求解答的过程中存在的界线和责任方面的模糊之点。三是治理明确肯定涉及集体行为的各个社会公共机构之间存在的权力依赖。四是治理指行为者网络的自主自治。五是治理认定，办好事情的能力并不在于政府的权力，不在于政府下命令或运用其权威。政府可以动用新的工具和技术来控制和指引，而政府的能力和责任均在于此。②

厦门大学陈振明教授则从公共管理和政府治理视角关注治理理论。他肯定了技术的变革意义，强调必须充分认识新一代信息通信技术与人工智能在推动国家治理或政府治理现代化进程中的地位与作用，必须高度重视国家或政府治理变革的基础技术研究。③同时他也指出，我们需要正视、预防和解决数字化和智能化可能带来的消极后果及潜在威胁，确保数字政府和智慧政府建设沿着正确的方向前进。④除此之外，乡村治理、全球治

---

① ［美］詹姆斯·N. 罗西瑙主编：《没有政府的治理——世界政治中的秩序与变革》，张胜军、刘小林等译，江西人民出版社2001年版，第1—62页。

② 格里·斯托克：《作为理论的治理：五个论点》，华夏风译，《国际社会科学杂志》（中文版）1999年第1期。

③ 陈振明：《政府治理变革的技术基础——大数据与智能化时代的政府改革述评》，《行政论坛》2015年第6期。

④ 陈振明：《实现治理数字化和智能化转型》，《国家治理》2020年第3期。

理、社区治理均受到国内学者的广泛关注，并形成了相关的治理理论体系。

3. 治理理论的价值

治理理论对于本书的贡献可以分为以下两个方面：

一方面，治理理论为档案数据治理体系构建提供了理论研究的探索思路。中共中央十八届三中全会首次提出了"推进国家治理的体系和治理能力现代化"这一重大命题，国家治理现代化已经成为我国全面深化改革的总目标。在此背景下，"治理"一词为档案学界提出了诸多新的课题：如何构建起我国档案治理理论的逻辑体系，如何阐释治理理论在中国本土化环境以及档案具体实践中的指导作用，如何建立适合具有中国特色的档案事业发展治理模式……研究档案治理现代化作为一项开创性的研究工作，具有非凡的理论与实践意义。当下，档案学者们已经将治理理论引入档案领域，并围绕着实现"档案治理体系与治理能力现代化"开展了包括治理理念内涵解析、治理体系与能力构建、治理策略与路径提出等多方面的理论研究，但总体而言，目前对于档案治理理论的研究还处于开局阶段，需要沿着我国档案事业的发展路径深入探索。

另一方面，治理理论为档案数据治理体系构建提供了重要的实践导向。《全国档案事业发展"十四五"规划纲要》明确列出了到 2025 年的档案事业的发展目标之一就是"档案治理效能得到新提升。党管档案工作体制机制更加完善，档案法律制度更加健全，依法治档能力进一步增强，档案工作在推进国家治理体系和治理能力现代化中的基础性、支撑性作用更加明显"，并且强调要"着力开展新时代档案治理相关理论及政策研究"。①治理理论演化、形成的细分理论成果，诸如政府治理理论、乡村治理理论、社会治理理论以及后文即将具体介绍的数据治理理论、智慧治理理论等，为从各个治理视角探讨档案治理提供了全面的研究工具与研究框架，有利于更好地厘清档案治理的治理内容与治理方式，指导档案部门和其他政府部门实现档案治理体系和治理能力走向现代化。

---

① 《中办国办印发〈"十四五"全国档案事业发展规划〉》，https://www.saac.gov.cn/daj/toutiao/202106/ecca2de5bce44a0eb55c890762868683.shtml，2023 年 11 月 29 日。

二 数据治理理论

1. 数据治理理论的兴起

被誉为"21 世纪的石油和钻石矿"的数据逐步成为大数据时代经济发展与社会进步的重要驱动力，数据资产概念也日益被社会所认知与接受。机构组织业务工作数字化转型催生了大批高价值、高密度数据，传统数据管理手段亟须变革，数据治理重要性日益凸显。诞生于企业实践领域的数据治理随着大数据时代的来临而广受理论界的关注，在信息资源管理学、公共管理学、企业管理学等学科学者们的研究之下，数据治理理论正成为新兴的交叉学科理论。

数据治理概念最早源于国外。2004 年，沃森（Hugh J. Watson）等探讨了 Blue Cross 和 Blue Shield of North Carolina 两家企业关于"数据仓储治理"的实践工作，将"数据仓储治理"定义为决策支持系统中的重要环节，由此拉开了企业关于数据治理研究的序幕①。对于数据治理，几乎所有的组织都关注数据质量、可获取性以及隐私安全对决策的影响，而且许多组织根据其所处的行业特点，提出了相对应的治理框架，不断丰富着数据治理理论的内涵。此外，在许多重要会议上，例如数据仓库机构会议（The Data Warehouse Institute，TDWI）、数据管理协会国际研讨会（The Data Management Association，DAMA）、数据治理年度会议（Data Governance，DG）等，数据治理都被视为重要议题而被显著提及。②

与国外不同，国内对于数据治理理论的研究主要开始于对大数据时代数据管理的探索。人们越来越意识到，数据已经成为国家和企业重要的战略资源，再加上治理理论的引入，对数据治理理论的研究出现了百花齐放的研究热潮。国内的有关研究活动始于 2010 年左右，类似的名词包括数据监护、数据策展、数据管理、数据管护等。③ 此后，我国学界对于"数据

---

① Hugh J. Watson, Celia Fuller, Thilini Ariyachandra, "Data warehouse governance: best practices at Blue Cross and Blue Shield of North Carolina", *Decision Support Systems*, Vol. 38, No. 3, 2004, pp. 435–450.

② 刘桂锋、钱锦琳、卢章平:《国内外数据治理研究进展：内涵、要素、模型与框架》,《图书情报工作》2017 年第 21 期。

③ 张宁、袁勤俭:《数据治理研究述评》,《情报杂志》2017 年第 5 期。

治理"主题的研究重点，经历了从私人组织指向"数据本身"的治理到政府组织依据"数据"治理的转变。① 数据治理的价值也更多地由组织机构内部扩展到社会外部环境，实现数据在社会中的充分流动与应用。

2. 数据治理理论的内涵

作为交叉学科的研究领域，目前学术界对数据治理的定义争论不休，皆从各自的学科角度出发对数据治理进行定义。但可以确定的是，数据治理是一项综合工作，不仅强调工具、技术等手段，也包括组织、政策、监督、管理、服务等工作，目的在于对数据形成系统管理。随着数据治理研究的逐步推进，有关数据治理的概念、要素、价值、框架、模型等探讨纷纷涌现，数据治理研究逐渐体系化和理论化（见表2-3）。

表2-3　　　　数据治理理论研究的主要构成要素

理论维度	主要内容
概念	国际数据管理协会指出，数据治理是对数据资产行使权力和控制的活动集合，包括计划、监控和执行等。② 梅宏主编的《数据治理之论》一书认为，数据治理以"数据"为对象，是指在确保数据安全的前提下，建立健全规则体系，理顺各方参与者在数据流通的各个环节的权责关系，形成多方参与者良性互动、共建共治共享的数据流通模式，从而最大限度地释放数据价值，推动国家治理体系和治理能力现代化。③ Xin Fu 等认为，数据治理是对数据管理的补充，但并不意味着对数据管理的取代。数据治理关注的问题不仅包括决策由谁制定并确保有效的管理，而且要求为这一过程提供治理框架，明确治理责任。④ 杨茜茜阐释了我国档案数据治理概念范畴、内容结构和功能定位。在此基础上指出档案数据治理研究的理论坐标应当是对档案信息治理理论的转型，对档案数据管理理论体系的深化，以及对档案管理理论的外部拓展。⑤ 安小米等基于数据治理的核心概念、概念关系及其视角进一步选择19个国际标准进行了内容映射分析，构建出面向数字政府、数字经济和数字社会的数据治理标准化协同路径分析模型。⑥

---

① 徐雅倩、王刚：《数据治理研究：进程与争鸣》，《电子政务》2018年第8期。

② DAMA International, *The DAMA Guide to the Data Management Body of Knowledge*, New York: Technics Publications, 2009, p. 37.

③ 梅宏主编：《数据治理之论》，中国人民大学出版社2020年版，第66页。

④ Xin Fu, Anna Wojak, Daniel Neagu, et al., "Data governance in predictive toxicology: A review", *Journal of Cheminformatics*, Vol. 3, No. 24, 2011, pp. 1–16.

⑤ 杨茜茜：《概念、内容与定位：我国档案数据治理研究的理论坐标》，《档案学研究》2021年第6期。

⑥ 安小米、许济沧、王丽丽等：《国际标准中的数据治理：概念、视角及其标准化协同路径》，《中国图书馆学报》2021年第5期。

续表

理论维度	主要内容
要素	史蒂夫（Steve Stockdale）指出了数据治理的五大要素，即治理结构，角色和职责，数据分类，政策、标准、指南，实施。① 保罗（Paul Brous）等通过对文献的系统综述，推导出了数据治理的四个原则，即组织的数据管理、满足业务需求、确保数据合规性和对数据的理解。②
价值	夏义堃认为，数据治理针对政府部门来说具备行政效益（固有价值、业务增值、效能价值），针对市场企业来说具备经济效益（直接与间接经济价值），针对社会机构成员来说具备社会效益（知识价值、文化价值与权益价值）。③
框架	国际数据管理协会提出的数据治理框架包括功能性框架与要素性框架两个部分，功能性框架涵盖数据质量、元数据、数据架构、数据集成与互操作等十大功能，要素性框架涵盖角色、流程、组织、评估等关键要素。④ 数据治理研究所提出的数据治理框架，包括了人员与组织机构、规则、过程三大域，以直观的方式展示了十个基本组件间的逻辑关系，形成一个从方法到实施的自成一体的完整系统。⑤
模型	韦伯（Weber）等构建的数据治理模型包括决策域、角色与职责三方面，通过权变量（组织结构、绩效战略等）与数据管理质量之间的关系构建起适合机构自身特殊性的数据治理模型。⑥ 刘桂锋等构建了高校科研数据治理模型，该模型的治理对象聚焦科研数据，不仅对前期治理行为进行了具体指引，而且对后期成效检验提出了明确要求。⑦

3. 数据治理理论的价值

数据治理理论为本书提供了三大方面的理论指导价值：

第一，数据治理理论扩展了档案数据治理要素视域。体系即系统，任

---

① Steve Stockdale, *Deconstructing data governance*, University of New Mexico Digital Repository, Nov. 20, 2015, https://repository.unm.edu/handle/1928/31583.

② Paul Brous, Marijn Janssen, Riikka Vilminko-Heikkinen, "Coordinating Decision-Making in Data Management Activities: A Systematic Review of Data Governance Principles", 15th International Conference on Electronic Government, EGOV 2016, *Lecture Notes in Computer Science*, Vol. 9820, pp. 115-125.

③ 夏义堃：《政府数据治理的维度解析与路径优化》，《电子政务》2020年第7期。

④ ［美］DAMA国际：《DAMA数据管理知识体系指南》，DAMA中国分会翻译组译，机械工业出版社2020年版。

⑤ 杨琳、高洪美、宋俊典等：《大数据环境下的数据治理框架研究及应用》，《计算机应用与软件》2017年第4期。

⑥ Kristin Weber, Boris Otto, Hubert Österle, "One Size Does Not Fit ALL—A Contingency Approach to Data Governance", *Journal of Data and Information Quality*, Vol. 1, No. 1, 2009, pp. 1-27.

⑦ 刘桂锋、钱锦琳、张吉勇：《我国高校科研数据治理模型构建研究》，《情报科学》2020年第4期。

何体系都是由一定要素及其相互关系构成的①。大数据等新兴技术在档案领域的应用不仅变革档案数据治理观念、方式与手段，同时还促使档案数据治理实践面临更为复杂的治理环境、模糊的治理边界及多元的治理分工。而数据治理理论蕴含的要素、价值、框架、模型等多元视角，对构建档案数据治理体系具有重要的理论指导意义。数据治理理论启示我们，对于档案数据治理体系的研究不能仅局限于数据质量管控、数据格式规范、数据安全管理等数据本体视角，更应关注数据治理过程中组织机构、标准规范、技术开发等其他构成要素之间的结构关系和运行机制。

第二，数据治理理论为档案数据治理主体能力优化提供理论指导。当前，档案数据来源主体包括政府机关、企事业单位及社会公众等多元主体，不同来源主体的数据资源形态、格式、内容与数量均存在较大差异，需制定不同层面标准，明确不同类型档案数据归档采集、存储保管、有效利用与安全管理需求。治理边界方面，大数据等新一代技术发展推动社会形态转变，致使档案数据治理边界不断扩展，导致治理问题多样复杂、治理职责交叉冲突等问题。治理分工方面，随着人类社会形态发生转变，社会利益主体亦呈现出多元细分的特点，档案数据治理难度不断上升。种种问题都意味着需要提高档案数据治理主体的治理能力，建设科学合理、符合智慧理念的档案数据治理组织架构迫在眉睫。数据治理理论能够启示档案数据治理主体拓展档案数据价值增值路径，提升档案数据在社会中的流动、交换与应用程度，释放档案数据深层价值，助推档案数据治理机构从"数据仓储地"向"数据资产池"这一身份的转变。

第三，数据治理理论使得人文关怀与道德伦理这一维度成为考量档案数据治理成效的重要指标之一。在大数据时代，更需要注意避免仅凭数据技术是否先进就急迫地开展漫无目的的档案数据应用开发，档案数据治理体系的建构首先需要确立明确的需求导向观念，以业务需求为驱动，探索出一条能够服务社会现实需求、满足社会公众现实需要的档案数据治理路径。数据治理理论认为数据治理需要坚持量体裁衣，需要贯彻问题导向的治理思路，这不仅需要关注数据为组织机构带来的直接效益，同时也应关

---

① 丁志刚：《如何理解国家治理与国家治理体系》，《学术界》2014年第2期。

注数据利益相关者的心理需求、权利诉求等人文价值，促使档案数据治理成效衡量标准更为多元化。

三 智慧治理理论

1. 智慧治理理论的兴起

智慧治理理论的缘起与信息技术的高速发展以及治理概念的不断扩展密切相关。新一代信息技术深度应用的智能化时代下，智慧理念与技术正不断改变经济社会发展形态，重塑生产、生活与产业结构方式，成为城市发展的新方向与新领域。智能技术的发展推动了智慧社会这一形态的出现，这是继农业社会、工业社会、信息社会之后的第四种更为高级的社会形态。在此过程中，社会形态的变化必然带来相关派生概念的产生与发展，一系列的"智慧+"名词，诸如"智慧地球""智慧城市""智慧社区"等被构建了出来。2016年1月日本内阁会议上提出"社会5.0"的概念，不久日本"日立东大实验室"对这一设想进行了具象化的设计，构建以人为中心的超级智能社会。[①] 2018年美国IBM公司发布了"智慧地球：下一代领导人议程"主题报告，英国提出了"数字英国"计划，韩国提出了"U-City"和"U-Korea"综合战略计划，我国也提出了"智慧城市试点计划"。[②]"智慧"的概念不断得到丰富，智慧治理的概念也是在科技进步推动社会形态转变这一背景下产生的。面对社会不断凸显的现实问题，公共管理领域的学者积极探寻技术创新为治理理论的变革带来的机遇，以期能够借助智能技术将治理理论与现实问题相结合，将治理理论由停留在"空中楼阁"的状态向"付诸实践"的状态转变。

在治理理论发展过程中，诞生了两种极具代表性的理论：一是网络治理理论，二是整体性治理理论，其兴起时间均为20世纪90年代。这两大治理理论的发展推动了智慧治理理论的产生。网络治理指的是包括政府在内的所有参与到治理过程中的主体之间的相互关系及其组成的网络结构，

---

① [日]日本日立东大实验室（H-UTokyo Lab.）：《社会5.0：以人为中心的超级智能社会》，沈丁心译，机械工业出版社2020年版，第1—37页。

② 谢治菊、许文朔：《数据驱动、交通变革与智慧治理》，《云南大学学报》（社会科学版）2019年第5期。

政府在此理论指导下不再依赖传统公共雇佣人员的方式建设公共事业,而是依赖伙伴、协议及同盟等关系所组成的网络完成①。作为新公共治理的前沿理论,整体性治理是在新公共管理衰微及网络时代到来所兴起的理论,治理"碎片化"是其产生的一个重要原因。整体性治理主要针对公众的社会需求,以信息技术为支撑,以协调、整合、责任为治理机制,对治理层级、治理功能、公私部门关系、信息系统等碎片化要素进行有机整合,建立起包含"内、外、上、下、左、右"的多维体系,为社会公众提供无缝隙且非割裂的整体性服务②。当智慧化的组织形态和治理空间成为未来社会发展的理想模式时,智慧治理及其相关理论研究将成为学界关注的新课题,而网络治理的理论逻辑与整体治理的理论逻辑则构成了智慧治理理论的重要逻辑支撑。

2. 智慧治理理论的内涵

智慧治理理论强调智能技术的应用要突破旧时代社会管理在时间、资源、权力三重维度上的枷锁,促进社会活动过程中实体物质与信息数据的流动,进一步加深政府、企业、公众等主体之间的联动,实现公平、正义、安全、幸福等伦理价值。③ 其理论应用广泛,目前已渗透至公共管理、公共交通、公共教育、医疗卫生、能源动力等领域。通过梳理智慧治理理论在各领域的应用价值,可以总结出智慧治理理论的核心内容,主要由以下四个方面构成。

第一,智慧治理主体。智慧治理主体是政策的制定者、工具的开发者、服务的提供者及应用的反馈者。智慧治理呈现出单一主体治理向多主体治理转变的特征,政府机关、企事业单位、社会公众作为治理主体的构成者,共同形成了多中心的公共关系网络。在智慧治理主体不断多元化的过程中,治理主体的边界不断延展,各主体之间关系也更加开放与模糊。智慧治理主体的多元化与联动不仅代表了治理权力的下放,同时也有助于塑造一体化的治理格局,发挥群体智慧,提

---

① [美]斯蒂芬·戈德史密斯、威廉·D. 埃格斯:《网络化治理:公共部门的新形态》,孙迎春译,北京大学出版社2008年版,第21页。

② 曾凡军、韦彬:《整体性治理:服务型政府的治理逻辑》,《广东行政学院学报》2010年第1期。

③ 黄萃、彭国超、苏竣:《智慧治理》,清华大学出版社2017年版,第12—13页。

升治理效能。

第二，智慧治理技术。信息技术的跃迁催生了新型社会形态的形成，也为治理理论注入了新的生机与活力。智能技术的发展为智慧治理的落地提供了现实的可能。智慧治理的技术基础主要由大数据、人工智能、物联网、移动通信等新一代技术构成。智能技术在与治理主体的互动过程中，逐渐嵌入治理结构之中，赋予治理工作以数字化、网络化、互联化、智慧化等特征。智能技术作为实现智慧治理的桥梁，能够在治理应用的过程中加快实现高效、便捷、智能、包容、开放的治理目标。

第三，智慧治理理念。人工智能等技术已经逐渐超越了自身的工具属性，超越了自身作为治理体系的选择性存在而成为固定结构，但智慧治理的关键点不在技术，而在智慧[①]。治理理念的重塑与选择是智慧治理与传统治理的重要区别。智慧治理不再仅着眼于技术创新与应用，更多反映国家治理观念的内涵与价值，其落脚点在于"人"。在智慧治理过程中，冰冷与冷漠的技术不再是主要引导要素，人的人格、感官、情感、思想则成为衡量治理效能的主要标准。智慧治理理念关注民主价值，着眼于人民群众的生活品质与心灵感受，通过智能技术的应用以实现更为开放、协调、包容的治理格局，将"公平、正义、开放、透明"等价值观念嵌入治理过程中，解决治理效能与公民需求不匹配的问题。

第四，智慧治理伦理。技术工具的应用与伦理价值的缺失是智慧治理过程中必须考量的关键问题。智慧治理伦理强调在治理实践中，警惕智能技术对社会公众自由、隐私、安全的侵蚀，注重数据攫取与开放的度，有效尊重人的个性，肯定人的自由意志。智慧治理伦理同时考虑到不同社会群体之间的数字鸿沟、数字素养差异的问题，关注数字世界中边缘群体、弱势群体（欠发达、边远地区年龄较长、缺乏数字素养教育、缺乏基础设施条件的公民）的利益需求，避免以一刀切的标准开展治理实践，提倡循序渐进的治理理念，培养温暖的智慧治理氛围。

3. 智慧治理理论的价值

智慧治理理论为本书提供的理论价值贡献主要包括以下三个方面：

[①] 顾爱华、孙莹：《赋能智慧治理：数字公民的身份建构与价值实现》，《理论与改革》2021年第4期。

第一，智慧治理理论为推动档案数据治理体系与治理能力现代化提供了智慧化的行进齿轮。国家治理体系与治理能力的现代化需求，进一步要求档案机构顺时而动，充分发挥档案数据的社会价值，构建起符合国家与时代现实需求的档案数据治理体系。而智慧治理理念的思想内核与技术方法，一是有助于抽象出档案数据治理体系建设模式的内容、形式、特征与方法，实现"人本理念、精准服务、高效便捷"导向的档案数据治理；二是能推动档案数据治理智慧化，使档案工作有效融入国家治理体系与治理能力智慧化建设进程之中，为洞悉社会需求、分析社会痛点、解决社会矛盾提供智慧化解决方案，因此具有重要的时代意义与现实价值。

第二，智慧治理理论为档案数据治理体系的建设模式带来了深刻启示。要深入分析档案数据治理的现状，实现对档案数据治理体系的深刻把握，就不能拘泥于传统意义上学界从宏观理论层面出发展开档案数据治理的系统性研究，而是要立足于我国档案机构开展的档案数据治理现状，构建一套符合现实的档案数据治理体系建设模式，才能有效解决现实环境中档案数据治理体系建设模式的关键性问题。将智慧治理相关概念与专业知识引入档案数据治理体系建设模式研究中，能够为档案数据治理体系建设模式构建研究提供新的思路，从而有效创新档案数据治理体系建设模式理念价值、工具方法与实现路径，丰富与深化大数据时代的档案数据治理研究，为学术界相关研究提供参考借鉴。

第三，智慧治理理论有助于推动档案数据治理实践技术价值与社会价值相统一。档案数据治理体系建设不仅应当将档案数据本体合规化、档案数据应用智能化以及档案数据服务便捷化等特点作为衡量体系建设优劣的标准，还应当考虑智能技术应用过程中带来的数字鸿沟、数据失范等伦理问题，实现"工具价值"与"伦理价值"二维平衡。智慧治理理论的核心价值是以民本思想为核心，不奉行唯技术主义，兼顾技术与人文，实现二者并行发展，这对于档案数据治理体系建设具有重要的价值指导意义。在智慧治理理论指导下，档案数据治理实践突出强调社会价值，其治理宗旨必须体现服务人民大众的核心思想，治理的最终目标在于提高社会公众的幸福感与满足感。需求导向是智慧治理过程的关键内容，档案部门需要为社会公众提供优质公共服务，提升社会公众参与度，将社会公众现实诉求加以落地，创造更广泛的社会价值。倘若档案数据治理实践脱离了需求导向这一根本诉求，所谓的智慧治理则更多地停留在技术治理层面，根本无法体现智慧的本质内涵。

第三章

档案数据治理的范式转型与时代挑战

随着全球化、信息化、市场化及网络社会的来临,在新兴信息技术的驱动下,政府数字化转型的进程不断加速。美国、英国、欧洲大陆、加拿大、澳大利亚和日本等国家和地区都在相继推动政府转型工作,发展中国家也同样出现政府转型的趋势。① 世界各国加速推进政府数字化转型进程使档案工作走向深刻变革的"深水区",档案数字化战略和档案"数据化转向"呈纵深发展。档案数据治理理念与实践的萌芽、生成、深化的演变过程,体现出大数据时代档案行业生态系统整体的"数据化转向"以及由此导致的档案形态与价值维度、档案工作场景与模式的深刻变化。

第一节 国家大数据战略引领档案数字化转型

作为信息时代的"石油",大数据开启了一次重大的时代转型。大数据不仅是人们获得新的认知、创造新的价值的源泉,还为改变市场、组织机构,以及政府与公民关系服务②。早在 1980 年美国著名未来学家阿尔温·托夫勒在其名著《第三次浪潮》中就曾描述过智能环境下社会记忆力的革命:"今天,我们正向一个完全新的社会记忆阶段跃进……卫星绘制全球地图,医院采用电子传感器观察病人,公司档案计算机化。所有这一

---

① Tomasz Janowski, "Digital Government Evolution: From Transformation to Contextualization", *Government Information Quarterly*, Vol. 32, No. 3, 2015, pp. 221-236.
② [英]维克托·迈尔-舍恩伯格、肯尼思·库克耶:《大数据时代:生活、工作与思维的大变革》,盛杨燕、周涛译,浙江人民出版社 2013 年版,第 9 页。

切，都说明我们能把文明活动的微末细节都精确地记录下来。除非我们毁灭地球和随之而灭亡的社会记忆，否则我们不久将获得几乎能保持全部文明记录的能力。……第三次浪潮信息领域所以成为历史性的大事，不仅是它极度地扩大了社会记忆，并且还把它起死回生。"① 尽管在 40 多年前，这些场景如同"海市蜃楼"一般遥远，但如今随着互联网的发展和大数据技术的进步，数据犹如空气般地存在于整个社会，其影响已渗透进社会的各个方面，而档案资源正在从传统的纸质模拟态向数字态、数据态"裂变"，档案数据逐渐成为大数据时代档案信息资源的主要存在形态，这一方面对档案机构转型、档案工作实践、档案教育发展等方面造成了巨大冲击，另一方面也为国内外档案学理论和实践向数字化转型②提供了更多创新、变革的条件和契机。

从中国学术语境看，"数字化转型"是具有高度中国实践特色的概念，它指国家运作系统中的政治、经济、文化、社会、生态文明建设的全域数字化③。档案数字化转型是适应国家大数据发展战略、提高档案治理效能、实现档案事业现代化的必由之路④。从宏观层面看，档案数字化转型表现为利用数字技术使档案行业发生"质"的变化，实现档案生态环境的系统性重塑；从微观层面看，档案数字化转型则表现为利用"数据驱动"实施业务创新与服务变革，实现档案组织治理能力和服务效能的全面提升。面对不可逆转的大数据时代浪潮以及由此发生深刻变化的政治、经济、文化和社会环境，世界各国都在为应对大数据催生的数字转型进行数字化战略布局。世界各国的档案实践部门由于对数字转型的态度、所

---

① ［美］阿尔温·托夫勒：《第三次浪潮》，朱志焱、潘琪、张焱译，生活·读书·新知三联书店 1984 年版，第 238—239 页。

② 数字化转型，又称数字转型，是指组织机构向无纸化管理与服务方式过渡的社会转型发展过程，体现在电子政务、电子商务、电子出版、数字医疗健康、在线数字文化、数字生活、现代物流等多个方面，这给档案数据资源管理与服务带来巨大影响和变动，并成为世界发达国家提高其国家信息化能力和国际竞争能力的重要国家战略。具体参见安小米、白文琳、钟文睿等《数字转型背景下的我国数字档案资源整合与服务研究框架》，《图书情报工作》2013 年第 24 期。

③ 翟云、蒋敏娟、王伟玲：《中国数字化转型的理论阐释与运行机制》，《电子政务》2021 年第 6 期。

④ 马双双、谢童柱：《数字中国建设背景下档案工作数字化转型：内涵、困境与进路》，《档案学研究》2022 年第 6 期。

采用的策略及政策实施的力度不同，而形成了各具特色的档案数字化转型路径。

一 国外档案数字化转型的路径与特色

（一）美国：大数据、数字政府的双重推动

美国是大数据战略的先行者，在档案数字转型方面也处于全球领先地位。2012年3月29日，美国奥巴马政府宣布投入2亿美元启动"大数据研究与发展倡议"（Big Data Research and Development Initiative），旨在提升利用大量复杂数据集获取知识和洞见的能力[①]，从而将大数据上升到国家战略。事实上，美国档案数字化战略的起步和规划都处于领先地位。1993年8月，美国联邦上诉法院驳回了克林顿政府所谓的"根据联邦法律只需保存纸质打印件，不必保存电子文件的申诉"，被美国国家安全档案馆执行主任汤姆·布兰顿誉为是"政府在电子时代所负责任的重大突破"[②]。与此同时，美国国家档案馆电子文件中心开始对移交到美国国家档案与文件管理署（NARA）的联邦政府的电子文件进行鉴定、登录、保存并提供利用[③]。1998年，美国启动电子文件档案馆（Electronic Records Archives，ERA）项目，其目标有两个：一是"保管美国政府生成的具有独特价值的电子文件，并提供长期利用"，二是"把政府范围内所有文件的生命周期纳入到电子政府框架之中"[④]。第二个目标实际上触及了档案支撑政府数字化转型的核心目标。2012年8月24日，美国管理与预算办公室和美国国家档案与文件管理署联合发布了《政府文件管理指令》（Management Government Records Directive），要求联邦机构实现两个目标：一是实现以电子形式管理具有永久保存价值的文件，从而确保政府工作的透明、高效和可问责；二是机构文件管理政策的制定需要符合联邦文件管理法规、条例和标准。这就要求在联邦机构任命一名高级官员负责机构的相关工作，并监督文件管理政策的落实，支持部门或机构的业务需求。为辅助联邦机构健

[①] 王忠：《美国推动大数据技术发展的战略价值及启示》，《中国发展观察》2012年第6期。
[②] 沈丽华：《美国法院裁决：要保护计算机文件》，《档案工作》1993年第10期。
[③] 刘家真：《美国国家档案馆的电子文件中心》，《档案管理》1997年第4期。
[④] [美] Dyung Le：《美国电子文件档案馆项目——现状，挑战和教训》，张宁编译，《档案学通讯》2009年第5期。

全电子文件管理工作，美国国家档案与文件管理署与其他机构需要合作建立电子文件全程管理规范指南，并创建一个稳固的文件管理框架。① 可见，该指令确立了数字转型的强制目标及具体行动路线，是推动美国联邦政府档案数字化转型的核心政策②。2018年2月，美国国家档案与文件管理署发布了《NARA 2018—2022战略规划》，调整了机构战略方向，促进了机构数字转型，为发挥其在电子文件管理及档案管理中的领导作用提供了方向性指导，使其成为美国政府数字化转型战略的重要推手。2019年6月，美国行政管理与预算局、美国国家档案与文件管理署发布了《M-19-21备忘录：向电子文件过渡》，取代了2012年发布的《政府文件管理指令》，明确表示2022年12月后美国国家档案与文件管理署不再接收纸质文件，而是以电子方式管理包括数字化文件在内的所有永久记录。此外，美国国家档案与文件管理署还与联邦人事管理办公室（OPM）合作，将电子文件管理（ERM）职责纳入文件管理机构员工的职位描述标准，从职责权限上进一步为备忘录的实施以及五年战略计划的实现提供保障。③ 随着开放政府运动的兴起，美国国家档案馆在其官网上专门创建了开放政府专区（www.archives.gov/open），定期制定开放政府战略规划④。美国国家档案馆发布的《开放政府计划》明确将自身定位为开放政府的重要领导力量，并将以促进公众对高价值政府文件的访问为顶层举措来推动开放政府战略行动，有效地响应美国联邦政府《行政命令（EO13642）》《开放数据政策——将信息作为资产管理（M-13-13）》中有关机构需以机器可读格式开放数据和信息的要求。⑤

（二）英国：打造颠覆性的第二代数字档案馆"国家样本"

英国在数字政府和政府数字化战略方面起步较早。英国政府于2012年

---

① 代林序、陈怡、杨梓钒等：《数字转型背景下档案工作发展趋势与对策研究——基于澳、美、加、英的战略规划》，《档案与建设》2019年第5期。

② 冯惠玲、刘越男、马林青：《文件管理的数字转型：关键要素识别与推进策略分析》，《档案学通讯》2017年第3期。

③ 黄蕊：《国外档案部门数字转型举措探析》，《中国档案》2020年第4期。

④ National Archives, *Open Government at the National Archives: National Archives Open Government Plan*, October 20, 2023, https://www.archives.gov/open.

⑤ 贺谭涛、黄思诗、杨璐羽：《档案事务｜融入政府数据治理大潮，档案的战略规划》，档案那些事儿公众号，https://mp.weixin.qq.com/s/Gj4ERaRKB_5t5bH6NzfmTg，2023年10月20日。

颁布《政府数字化战略》、2014年实施《政府数字包容战略》、2015年推出"数字政府即平台"计划、2017年出台《政府转型战略（2017—2020）》，率先在全球制定政府转型战略并对"全政府"转型做出系统性安排①，近年来其政府数字化转型战略与实践均走在美国、加拿大、澳大利亚等国前面②。早在2007年，英国国家档案馆在英国中央政府各部门的资助下启动了"数字连续性项目"，以研发和提供保证数字信息连续性的相关服务，使公务员能更好地理解和管理数字信息，从而支持高效和责任政府、透明政府③。2011年以后，英国国家档案馆开始承担领导英格兰档案机构的职责，肩负起推进全英档案事业可持续发展和创新的任务，这使得其在档案数字化转型方面具有更大的话语权，其制定的档案数字化转型战略也更具包容性、前瞻性和系统性④。英国国家档案馆先后制定了《档案激励2015—2019》（2015年）、《理解数字连续性》（2017年）、《英国国家档案馆数字战略》（2017年）、《档案为人人》（2019年）、《档案馆数字能力建设战略》（2019年）等战略规划，构建以建设第二代数字档案馆即颠覆性（disruptive）数字档案馆为核心目标的档案数字战略，即从过去"以数字方式模拟纸质档案实践"的第一代数字档案馆向"生而数字化并设计数字化"的第二代数字档案馆过渡，并通过强化数字能力建设和培养档案信息化长效机制等方式，初步搭建了档案工作数字化转型的"整体战略"框架。⑤当前，英国国家档案馆正努力打造一个领导力强、馆藏丰富多元、档案数据访问便捷、协作和包容性强的"活态国家数字档案馆"⑥，

---

① 张晓、鲍静：《数字政府即平台：英国政府数字化转型战略研究及其启示》，《中国行政管理》2018年第3期。

② 章燕华、王力平：《国外政府数字化转型战略研究及启示》，《电子政务》2020年第11期。

③ 杨帆、章燕华：《英国与澳大利亚政府信息管理的数字转型：比较与启示》，《浙江档案》2017年第11期。

④ 章燕华、王力平：《数字化转型背景下的档案信息化发展战略：英国探索、经验与启示》，《档案学通讯》2021年第4期。

⑤ 寇京：《英国档案数字化战略的形成及其特点分析》，《北京档案》2018年第6期；代林序、陈怡、杨梓钒等：《数字转型背景下档案工作发展趋势与对策研究——基于澳、美、加、英的战略规划》，《档案与建设》2019年第5期；章燕华、王力平：《数字化转型背景下的档案信息化发展战略：英国探索、经验与启示》，《档案学通讯》2021年第4期。

⑥ The National Archives, *Archives for Everyone 2023-27: The National Archives' Strategic priorities*, October 19, 2023, https://cdn.nationalarchives.gov.uk/documents/archives-for-everyone-2023-27.pdf.

为档案数字化转型提供顶层样本。

（三）澳大利亚：数字连续性与档案"数据化"转型

澳大利亚档案数字化转型既融合了美国模式的借助开放政府运动之势发展的特点，又如英国一般打造具有集中式管理优势的国家档案馆领导力，颇具特色，因此受到国际档案界的广泛关注。2000年澳大利亚国家档案馆颁布《联邦政府文件保管政策》，规定由国家档案馆集中保管所有具有档案价值的电子文件①。此后，澳大利亚国家档案馆与澳大利亚政府信息管理办公室、政府机构信息网络在电子文件管理标准化、规范化和整体发展中协同合作，充分发挥了集中式保管的优势②。2010年以后，澳大利亚国家档案馆借助开放政府运动的契机，明确提出"数字转型""数字连续性"的愿景，将其列为国家档案馆的专项核心工作，设置了明确的转型目标和时间表，并通过发布系列的政策文件来指导数字转型工作。2010年，澳大利亚联邦政府发布《开放政府公告》，2011年澳大利亚总理与内阁大臣部公布《政府数字转型政策》，指定澳大利亚国家档案馆作为实施牵头单位来推进和落实数字连续性行动计划，规定2015年之后，以数字形式生成的联邦政府文件只能以数字形式移交到国家档案馆，从而推动澳大利亚政府机构从纸质文件管理转向数字信息和文件管理。③ 2015年10月，澳大利亚国家档案馆制定了《数字连续性2020政策》，除了延续档案数字转型政策之外，还将"信息治理"和风险管理理念引入政府业务流程，并继续推进2015年以后的数字转型工作，档案数据化转型导向逐步显现。2017年5月，澳大利亚国家档案馆与财政部商议，决定实施"整体政府数字文件平台"。④ 2021年1月，澳大利亚国家档案馆发布《构建公共文件中的信任：为政府和社群管理信息与数据》，为面向澳大利亚整体政府的数据战略提供了框架指南，并自2020年以来，澳大利亚国家档案馆已经发

---

① 章燕华、马林青：《澳大利亚国家电子文件保管模式的转变及其启示》，《浙江档案》2007年第10期。

② 杨茜茜：《我国文件档案"双轨制"管理模式转型——澳大利亚政府数字转型政策的启示》，《档案学研究》2014年第3期。

③ 冯惠玲、刘越男、马林青：《文件管理的数字转型：关键要素识别与推进策略分析》，《档案学通讯》2017年第3期。

④ 杨帆、章燕华：《英国与澳大利亚政府信息管理的数字转型：比较与启示》，《浙江档案》2017年第11期。

布了两轮《数据战略》（Data Strategy）①。其中，《数据战略（2023—25）》提出四大战略目标："数据价值最大化""数据受到信任和保护""保障数据利用""构建数据能力"②。这一战略旨在补充原《国家档案馆2030年战略》（The National Archives strategy 2030：a transformed and trusted National Archives）中的信息和数据治理框架，强调将数据作为战略资产，发展数据、提升数据能力、挖掘数据潜力③。

此外，欧洲、北美和亚洲的日本、韩国等多国积极坚持实施数字化转型的战略行动。④ 2013年丹麦国家档案馆发布《数字文件——战略与需求》《数字文件归档战略》两份政策文件，规定档案馆必须接收原始格式或迁移格式的数字文件；此后，又颁布《开放国家档案数据》（Open National Archives Data），规定开放政府数据的元数据、公共IT系统的相关数据，以落实丹麦政府《开放政府合作伙伴：丹麦国家行动计划（2019—2021）》关于促进数据获取与共享的承诺。⑤ 芬兰国家档案馆在《国家档案馆2025战略》中提出自身应作为"公共数据生命周期管理和归档中的最重要一方"，并顺应欧盟对于数据管理永久性和可靠性的要求，以数字方式接收政府数据。⑥ 加拿大国家图书档案馆坚持以《数字服务政策》《数字服务指令》等数字化政策文本为指引，以数字技术为支撑，积极融入数字转型，深度参与政府信息公开和数据开放，规避数据风险⑦。

---

① 周文泓、姜璐、崔璐等：《澳大利亚文件档案管理数据化转型的行动回溯及其启示》，《档案与建设》2023年第9期。

② National Archives of Australia, *Data Strategy 2023 - 25*, October 20, 2023, https://www.naa.gov.au/sites/default/files/2022-12/naa-data-strategy-2023-to-2025_0.pdf.

③ 王春蕾编译：《澳大利亚国家档案馆发布〈2023—2025年数据战略〉》，《中国档案报》2022年12月26日第3版，http://www.zgdazxw.com.cn/news/2022-12/27/content_338999.htm，2023年9月12日。

④ 冯惠玲：《走向单轨制电子文件管理》，《档案学研究》2019年第1期；冯惠玲、刘越男、马林青：《文件管理的数字转型：关键要素识别与推进策略分析》，《档案学通讯》2017年第3期。

⑤ 参见贺谭涛、杨璐羽、黄思诗《战略规划透视下档案部门参与政府数据治理研究》，《浙江档案》2023年第11期；贺谭涛、黄思诗、杨璐羽《档案事务｜融入政府数据治理大潮，档案的战略规划》，档案那些事儿公众号，https://mp.weixin.qq.com/s/Gj4ERaRKB_5t5bH6NzfmTg，2023年10月20日。

⑥ 贺谭涛、杨璐羽、黄思诗：《战略规划透视下档案部门参与政府数据治理研究》，《浙江档案》2023年第11期。

⑦ 龙家庆、姚静、魏彬斌：《加拿大国家图书档案馆（LAC）参与数字政府建设实践与启示》，《兰台世界》2021年第1期。

2022 年加拿大国家图书档案馆公布了未来 8 年的战略规划——《愿景 2030》，要求档案部门进一步"参与国家数字服务、数据治理"①。日本政府通过颁布《促进公共和私营部门数据利用基本法》（2016 年）、《数字政府行动计划》（2018 年）、《数字程序法》（2019 年）等为法律和政策文本，促进了政府的数字化转型，推动了日本行政文件的管理模式向电子管理方式过渡②。

值得注意的是，除了对接政府数字化领域的档案数字化转型之外，近年来美国、英国、澳大利亚等多国均启动了文化数字化战略的顶层设计，加拿大国家图书馆档案馆的"国家遗产数字化战略"、德国的 BAM 门户网站建设③、欧盟地区的 Europeana 项目④均初步实现了文化资源的数字化聚合与利用服务，为档案机构应对文化数字化转型提供了科学策略和可行路径。例如，Europeana 发布的《战略 2020—2025：赋能数字变革》在文化层面与数字欧洲战略相对接，通过完成数字基础设施建设、提升文化数据资源质量、培育公共文化机构的数字能力等关键任务，构建了数字驱动的公共文化机构和文化驱动的欧洲⑤。

二 国内档案数字化转型的进展及困境

2015 年大数据被确立为国家战略之后，我国颁布了一系列政策、法律和标准，积极推动国家大数据战略的落地推广。2017 年 10 月，党的十九大报告明确指出，"推动互联网、大数据、人工智能和实体经济深度融合"⑥。2019 年 11 月 5 日，《中共中央关于坚持和完善中国特色社会主义制度 推进国家治理体系和治理能力现代化若干重大问题的决定》提出要"健全劳

---

① 张一：《加拿大图书档案馆战略规划内容及特点》，《中国档案报》2022 年 8 月 25 日第 3 版，http://www.zgdazxw.com.cn/news/2022-08/30/content_336205.htm，2023 年 9 月 10 日。

② 黄蕊：《国外档案部门数字转型举措探析》，《中国档案》2020 年第 4 期。

③ 王海荣、刘美：《德国数字文化资源整合的实践及启示——以 BAM 门户为例》，《图书情报工作》2015 年第 18 期。

④ *Europeana*：*Discover Europea's Digital Cultural Heritage*，September 10，2023，https://www.europeana.eu/en.

⑤ 贺谭涛、周一诺、杨璐羽：《面向文化数字化的档案机构数字转型策略研究——基于 Europeana〈战略 2020—2025：赋能数字变革〉的启示》，《山西档案》2023 年第 2 期。

⑥ 《习近平：决胜全面建成小康社会 夺取新时代中国特色社会主义伟大胜利——在中国共产党第十九次全国代表大会上的报告》，https://www.gov.cn/zhuanti/2017-10/27/content_5234876.htm，2023 年 9 月 20 日。

动、资本、土地、知识、技术、管理、数据等生产要素由市场评价贡献、按贡献决定报酬的机制"，首次将数据增列为生产要素。同时要求"建立健全运用互联网、大数据、人工智能等技术手段进行行政管理的制度规则。推进数字政府建设，加强数据有序共享，依法保护个人信息"。① 2020年4月9日，中共中央、国务院发布《关于构建更加完善的市场要素优化配置体制机制的意见》，明确提出要加快培育数据要素市场，推进政府数据开放共享，提升社会数据资源价值，加强数据资源整合和安全保护②。2021年3月，《中华人民共和国国民经济和社会发展第十四个五年规划和2035年远景目标纲要》指出要"迎接数字时代，激活数据要素潜能，推进网络强国建设，加快建设数字经济、数字社会、数字政府，以数字化转型整体驱动生产方式、生活方式和治理方式变革"③。2022年12月，中共中央、国务院发布《关于构建数据基础制度更好发挥数据要素作用的意见》（简称"数据二十条"），提出要"构建适应数据特征、符合数字经济发展规律、保障国家数据安全、彰显创新引领的数据基础制度，充分实现数据要素价值、促进全体人民共享数字经济发展红利，为深化创新驱动、推动高质量发展、推进国家治理体系和治理能力现代化提供有力支撑"④。2023年2月，中共中央、国务院联合印发《数字中国建设整体布局规划》⑤，明确提出，数字中国建设按照"2522"的整体框架进行布局，即夯实数字基础设施和数据资源体系"两大基础"，推进数字技术与经济、政治、文化、社会、生态文明建设"五位一体"的深度融合，强化数字技术创新体系和数字安全屏障"两大能力"，优化数字化发展国内国际"两个环境"。2023年3月，国家数据局正式组建，其职责集中于数字中国建设

---

① 《中共中央关于坚持和完善中国特色社会主义制度　推进国家治理体系和治理能力现代化若干重大问题的决定》，https://www.gov.cn/zhengce/2019-11/05/content_5449023.htm? eqid=854d25ce00 0245be0000 00066461cec0，2023年9月20日。

② 《中共中央　国务院关于构建更加完善的市场要素优化配置体制机制的意见》，https://www.gov.cn/gongbao/content/2020/content_5503537.htm? ivk_sa=1024320u，2023年9月20日。

③ 《中华人民共和国国民经济和社会发展第十四个五年规划和2035年远景目标纲要》，https://www.gov.cn/xinwen/2021-03/13/content_5592681.htm，2023年9月21日。

④ 《中共中央　国务院关于构建数据基础制度更好发挥数据要素作用的意见》，https://www.gov.cn/zhengce/2022-12/19/content_5732695.htm，2023年11月29日。

⑤ 《中共中央　国务院印发〈数字中国建设整体布局规划〉》，http://www.gov.cn/xinwen/2023-02/27/content_5743484.htm，2023年11月29日。

顶层设计和统筹协调、数字经济发展、数据资源管理等方面，保持现有数据安全、行业数据监管、信息化发展、数字政府建设现行工作格局的总体稳定。

随着国家大数据战略和数字中国建设逐步从战略规划走向落地实施，其所蕴含的推动全社会数字转型内涵既对档案工作提出了新挑战、新要求，也为档案工作和档案事业的数字化转型提供了良好的基础环境和发展空间。2016年4月，国家档案局印发《全国档案事业发展"十三五"规划纲要》①，要求"制订和完善信用、交通、医疗等相关领域的电子数据归档和电子档案管理的标准和规范；在有条件的部门开展电子档案单套制（即电子设备生成的档案仅以电子方式保存）、单轨制（即不再生成纸质档案）管理试点；探索电子档案与大数据行动的融合"。2019年5月，国家档案局在第二届数字中国建设峰会的电子政务分论坛上发布《推进电子档案单套制管理的政策与步骤》，提出将结束传统电子档案"双套制"管理，实行电子档案的单套管理，解决传统电子档案"双套制"管理降低行政效率、抬高管理成本、损失档案资源等问题②。2021年6月，中共中央办公厅、国务院办公厅印发了《"十四五"全国档案事业发展规划》，明确指出，"新一代信息技术广泛应用，档案工作环境、对象、内容发生巨大变化，迫切要求创新档案工作理念、方法、模式，加快全面数字转型和智能升级"，并将"档案工作基本实现数字转型"作为"十四五"时期"档案信息化建设再上新台阶"发展目标的重要内涵之一③。这是"数字转型"首次进入全国档案事业的顶层设计，一方面档案工作要主动融入数字政府、数字经济、数字社会建设，推动档案全面纳入国家大数据战略，另一方面也要在国家相关政策和重大举措中强化电子档案管理要求，通过实施前置管理确保电子档案得到有效管理，从而强调国家大数据战略与档案信息化建设的双向支撑④。刘越男等学者通过考察我国国家及省级地方档案

---

① 《国家档案局印发〈全国档案事业发展"十三五"规划纲要〉》，https://www.saac.gov.cn/daj/xxgk/201604/4596bddd364641129d7c878a80d0f800.shtml，2023年9月20日。
② 《2019年度中国图情档学界十大学术热点》，《情报资料工作》2020年第1期。
③ 《中办国办印发〈"十四五"全国档案事业发展规划〉》，https://www.saac.go v.cn/daj/toutiao/202106/ecca2de5bce44a0eb55c890762868683.shtml，2023年11月29日。
④ 徐拥军、嘎拉森：《"三个走向"：从〈"十四五"全国档案事业发展规划〉看档案工作发展趋势》，《图书情报知识》2021年第6期。

事业"十四五"规划的文本后认为，档案事业的各项工作均以数字转型为发展主线，系统部署和技术升级为档案数字化转型保驾护航，在多地提出档案要融入数字政府、数字经济和数字社会大局并将档案信息化纳入各地、各单位信息化规划的同时，近半数省份提到推动档案全面纳入大数据战略，其中浙江、陕西、新疆等地提出要建设立足档案的数据治理体系，档案数字化转型向数据空间深化发展的趋势明显[①]。这也印证了国家大数据战略与档案信息化和档案工作数字化转型之间的紧密关联和互相支撑机制。

为进一步研究我国档案数字化转型的状况，2022年4月课题组做了两方面的政策文本搜集工作：一是从国家档案局官网和地方档案网站检索到22份中央及省级档案事业发展规划；二是在北大法宝等法律数据库中利用"档案+数字转型/数字化转型"等检索词，截至2022年4月12日，检索到52份政策文本。课题组以其中的档案事业发展规划文本作为分析对象，进行编码分析，共得到175个分析单元。本次分析以人工采集方式为主，且使用"数字""信息"等词语作为关键词，辅助筛选政策文本条目，并通过人工数据清洗，得到最终分析对象，从而根据政策文本内容确定分词标准。具体编码情况与词频分析结果如表3-1、表3-2、表3-3所示。

表3-1　　中央及地方档案事业发展规划政策文本编码示例

政策编号	政策名称	术语	政策文本分析单元	政策文本单元编号
1	《"十四五"全国档案事业发展规划》[②]	数字转型	（二）面临的形势与挑战 新一代信息技术广泛应用，档案工作环境、对象、内容发生巨大变化，迫切要求创新档案工作理念、方法、模式，加快全面数字转型和智能升级。	1-1

---

① 刘越男、周文泓、李雪彤等：《我国档案事业"十四五"发展图景展望——基于国家及省级地方档案事业"十四五"规划的文本分析》，《图书情报知识》2023年第2期。
② 《中办国办印发〈"十四五"全国档案事业发展规划〉》，https://www.saac.gov.cn/daj/toutiao/202106/ecca2de5bce44a0eb55c890762868683.shtml，2023年11月29日。

续表

政策编号	政策名称	术语	政策文本分析单元	政策文本单元编号
……				
11	《浙江省档案事业发展"十四五"规划》①	数字化转型	（三）高能级建设智慧档案 全面融入数字浙江建设，运用人工智能、云计算、区块链等新技术，加快档案资源和档案管理数字化转型，推进档案工作质量、效率、动力变革，努力实现档案工作整体智治。	12-3
……				
22	《"十四五"山东省档案事业发展规划》②	其他	（3）推进数字档案馆（室）建设。加大数字档案馆（室）建设力度，"十四五"末新增4家高水平机关数字档案室、完成4家企业集团数字档案馆（室）建设试点、新增12家高水平数字档案馆。鼓励有条件的乡镇（街道）、村（社区）开展档案数字化，建设数字档案馆（室）。鼓励具备条件的数字档案馆（室）向智慧化发展。	22-7

表3-2 档案事业发展规划政策文本词频分析
（"数字/数字化/信息化/智慧化转型"）

序号	文本	频次	序号	文本	频次
1	档案馆	191	6	归档	99
2	系统	130	7	数据	91
3	安全	117	8	体系	85
4	数字资源	108	9	备份	85
5	电子文件归档	103	10	全面	82

---

① 《省发展改革委 省档案局关于印发〈浙江省档案事业发展"十四五"规划〉的通知》，https://www.zj.gov.cn/art/2021/4/16/art_1229203592_2268782.html，2023年10月20日。

② 《"十四五"山东省档案事业发展规划》，http://dag.shandong.gov.cn/articles/2703894/202204/59ebc41e-af46-44d2-948b-4b72c4d5457f.shtml，2023年10月20日。

续表

序号	文本	频次	序号	文本	频次
11	服务	80	31	政务	52
12	电子文件	79	32	企业	49
13	全省	71	33	水平	48
14	资源	69	34	能力	48
15	共享	69	35	信息	48
16	接收	68	36	转型	44
17	利用	67	37	保障	43
18	档案管理	65	38	档案室	40
19	业务	63	39	电子档案移交	38
20	信息化建设	63	40	馆藏	38
21	规划	61	41	规范	37
22	机制	60	42	基础设施	37
23	档案信息资源	60	43	平台	36
24	应用	60	44	全部	35
25	档案数字化	59	45	制度	35
26	国家	59	46	服务平台	34
27	机关	59	47	信息技术	34
28	数字档案馆（室）	58	48	传统	33
29	数字档案馆	57	49	载体	32
30	单套	57	50	事业单位	31

表3-3　　　　档案事业发展规划政策文本词频分析
（"数字转型"）

序号	文本	频次	序号	文本	频次
1	档案馆	38	7	信息化建设	19
2	信息化	30	8	接收	18
3	资源	26	9	电子文件	15
4	档案数字化	23	10	电子文件归档	15
5	体系	21	11	信息技术	14
6	数字资源	20	12	规划	13

续表

序号	文本	频次	序号	文本	频次
13	机关	13	32	方法	7
14	数字化率	13	33	模式	7
15	数字化档案	13	34	文字识别	7
16	传统载体	13	35	语音识别	7
17	企业	12	36	档案管理	7
18	归档	12	37	信息化发展保障机制	7
19	成果	11	38	档案管理数字化	7
20	系统	11	39	事业单位	6
21	增量电子化	11	40	业务	6
22	单位	10	41	共享	6
23	存量数字化	10	42	内容	5
24	档案资源数字转型	10	43	政务	5
25	智能化	10	44	利用	5
26	数字档案馆（室）	9	45	电子档案移交	5
27	数据	8	46	档案信息资源共享平台	5
28	智能升级	8	47	档案信息资源	5
29	创新	8	48	事业	4
30	馆藏	8	49	机制	4
31	理念	7	50	制度	4

从上述内容来看，对于数字转型工作来说，"档案馆"是工作主体，"企业""机关"等是参与主体，"电子文件""数字资源"和"数字档案馆（室）"是重要工作对象，做好"安全"和"保障"工作、改善"档案管理""业务流程"、做好"利用""服务"环节是普遍认识。但从词频数量及其比例来看，现阶段"数字转型"更加侧重于档案资源体系建设和归档、存档等基础业务。表 3-3 中"档案数字化"等相关术语的比例更高，由此表明，狭义上的"数字转型"更偏向于资源建设及相关工作。而从具体内容来看，各地市的工作任务可以总结为以下三个方面：一是细化工作对象，将档案数据纳入数字转型工作中，建立区域性

档案数据中心①或全省档案数据共享中心②等；二是强调数字赋能，要打造"智慧档案馆"，拓展智慧档案应用场景③；三是优化管理服务，比如"互联网+监管"手段，探索档案数据治理新模式④等。

除"全国档案事业发展规划"外，我国多项政策法规也涉及或保障数字转型工作的开展。比如，《全国档案信息化建设实施纲要》从宏观视角描绘数字转型蓝图，《电子档案管理系统基本功能规定》《数字档案馆建设指南》等文件则对专项工作着墨。2020年修订的《档案法》专门增设了"档案信息化建设"章节，明确了电子档案的法律地位，保障了数字转型工作的开展。各地方也结合自身实际情况对"数字转型"任务提出规划。例如，浙江省立足数字浙江建设中档案信息化发展实际，推出《2021年档案工作数字化转型重点任务清单》，印发《关于新时代全面推进档案工作数字化转型的意见》⑤等政策文本，从档案资源智能转型、档案工作整体智治等角度提出解决之策，其中还提及档案部门参与数字乡村、未来社区建设，引导基层数字建档的工作措施。上海市为全面推进数字转型工作，制定了《上海市档案事业数字化转型工作方案》，从"强化档案治理体系建设""聚焦档案资源体系建设"等角度对数字转型工作进行剖析。值得注意的是，该方案还专门提出建立"互联网+档案"思维，从思维转型角度探索档案事业数据治理新模式⑥。应当来说，这两个地方性档案工作数字化转型政策的出台对国内其他省份和地区转型政策的制定起到了引领示范作用，但却无法有效地带动国家层面的整体战略部署，仍面临转型能力不平衡、转型要素

---

① 《省委办公厅　省政府办公厅关于印发〈"十四五"湖北省档案事业发展规划〉的通知》，https：//www.hbng.gov.cn/web/viewer.html?file=/res/pdfe047ad83cefddd7f.pdf，2023年10月20日。

② 《省发展改革委　省档案局关于印发〈浙江省档案事业发展"十四五"规划〉的通知》，https：//www.zj.gov.cn/art/2021/4/16/art_1229203592_2268782.html，2023年10月20日。

③ 《省发展改革委　省档案局关于印发〈浙江省档案事业发展"十四五"规划〉的通知》，https：//www.zj.gov.cn/art/2021/4/16/art_1229203592_2268782.html，2023年10月20日。

④ 《福建省档案局　福建省发展和改革委员会印发〈福建省"十四五"档案事业发展规划〉》，http：//www.fj-archives.org.cn/dazw/bsdt/202111/t20211103_295443.htm，2023年10月20日。

⑤ 《浙江两办印发〈意见〉全面推进新时代档案工作数字化转型》，https：//www.saac.gov.cn/daj/c100206/202012/402e556e812e489c9dabf6c1698f9b3d.shtml，2023年10月20日。

⑥ 《上海市档案局关于印发〈上海市档案事业数字化转型工作方案〉的通知》，https：//www.archives.sh.cn/dayw/jszj/202301/t20230105_67869.html，2023年10月20日。

供给不匹配等现实困境①。

总之，随着大数据战略在全球的持续、深度推进，世界各国档案部门基于自身的档案信息化实际和可持续发展需要，制定了各具特色的档案工作数字化转型策略，利用数字技术、数字工具与数字思维重塑档案工作范式，主动参与数字时代各项建设工作并积极拓展档案工作的工作边界，实现工作对象、工作内容和工作理念的转型升级，其目标在于促进档案管理与服务能力优化，保障社会公众的数字参与，构建智慧化的档案管理与服务流程，重塑适应大数据时代的档案工作生态体系。

第二节 范式转型：从档案数据管理转向档案数据治理

一 档案数据管理：档案工作的"新版图"

档案数据管理的兴起与发展是数据管理理念在档案领域不断深入的结果。数据管理的概念是伴随着20世纪80年代数据随机存储技术和数据库技术的使用，计算机系统中的数据可以方便地存储和访问而提出的②。如前所述，国内外学界很早就提出了"档案数据"概念并探讨档案数据的管理问题，但一直偏重单一的数据处理与存储等视角。从现代意义上看，档案与数据关系密切，人类在生产、生活中形成的各种原始记录既符合档案的要求，又具有数据的特征，既是档案，也是数据，制作和管理这些原始记录的业务活动既是档案管理，也是数据管理，因此传统环境中的档案管理与数据管理实际上是同根同源的，然而由于两者在管理思路上的差异，加上数据（管理）价值得到社会更广泛的认可，将"数据管理推向更加重要、更为广阔的舞台"③，使得数字环境中的档案管理与数据管理"渐行渐远"，两者在同一个组织内的相对割裂已经成为普遍现象④。但是毕竟两者

---

① 马双双、谢童柱：《数字中国建设背景下档案工作数字化转型：内涵、困境与进路》，《档案学研究》2022年第6期。
② 梅宏主编：《数据治理之论》，中国人民大学出版社2020年版，第60页。
③ 易南冰：《数据管理成为档案服务新领域》，《中国档案》2016年第8期。
④ 何思源、刘越男、祁天娇：《档案与数据协同管理的历史溯源与现实动因》，《北京档案》2023年第1期。

有着千丝万缕的联系，在大数据价值日益重要的当今世界，档案部门不主动接触、研究、保管及利用数据，将数据排除在档案管理体系之外，不仅会使档案工作失去前沿阵地，也会使档案管理面临被边缘化的危险。况且，随着数字技术发展加速数字化转型，数据成为驱动发展的关键要素，如何激活数据要素潜能服务发展目标成为全球关切的重要议题[①]。在此背景下，国内外档案界主要从两个方面展开研究：一是积极探讨档案工作如何引入数据管理的理论与方法；二是档案理念与方法如何嵌入数据管理实践当中。前者被称为"档案数据化"，后者则被视为"数据档案化"。这方面理论与实践的深入探索，使大数据、数据管理成为档案管理领域的热点话题，档案数据作为独立性的话语逐步进入学术界。

国内学术界，档案数据大脑[②]、档案文本结构化[③]、档案领域数据本体[④]、档案数据基因系统[⑤]等术语的先后出现，均可视为对"档案数据化"实践特征的总结，并从本质上揭示了数据与记录因子的内在联系，为推动以档案数据为核心的可信社会记忆基础设施建设提供了重要的理论支撑[⑥]。国外学术界则普遍关注数字政府、电子商务、社交媒体等交互式、体验式、动态性数字环境下文件（Records）、档案（Archives）理念与方法的可用性，以及如何优化以适应更加复杂、多变的大数据生态的关键性基础问题。国外学者们通过案例和实证研究认为，档案部门应系统考察政府、企业和社会组织的数字保存需求[⑦]，将真实性、完整性以及证据、信任等文档管理的核心理念需要嵌入业务数据管理系统当中[⑧]，推动归档流程与

---

① 章燕华：《数据档案化治理研究：一个研究分析框架》，《浙江档案》2022年第11期。

② 刘永、庞宇飞、荆欣：《档案数据化之浅析：档案数据大脑的构建》，《档案管理》2019年第3期。

③ 赵生辉、胡莹：《档案文本结构化：概念、原理与路径》，《浙江档案》2019年第12期。

④ 赵生辉、胡莹：《拥有整体性记忆：档案领域数据本体管理论纲》，《山西档案》2020年第6期。

⑤ 赵生辉、胡莹：《档案数据基因系统：概念、机理与实践》，《档案学研究》2021年第1期。

⑥ 赵生辉、胡莹、黄依涵：《数据、档案及其共生演化的微观机理解析》，《档案学通讯》2022年第2期。

⑦ Emily Larson, "Big Questions: Digital Preservation of Big Data in Government", *The American Archivist*, Vol. 83, No. 1, 2020, pp. 5–20.

⑧ Michael Moss, "Without the data, the Tools are Useless; Without the Software, the Data is Unmanageable", *Journal of the Society of Archivists*, Vol. 31, No. 1, 2010, pp. 1–14.

元数据治理需求纳入数字政府、电子商务的目标体系①,才能提升大数据文件的文档化管理质量和效率,并有助于防范各种数据风险。挪威学者托马斯·瑟德林(Thomas Sødring)等通过研究还发现,通过文件管理原则来管理政府部门的物联网数据资源,比大数据和语义网等方法更具优势②。尽管数字文件和数字档案的"原始记录性""证据价值"等内核的表现形式会发生变化,但其本质(DNA)并没有改变③,文档理念在大数据资源管理与利用方面依然发挥着关键性作用④。

从客观条件来看,大数据环境下互联网平台从 Web 1.0 转变到 Web 3.0、档案馆从数字档案馆发展到智慧档案馆,而电子政务、电子商务、社交媒体的迅猛发展,使得业务管理系统数据、物联网数据资源、社交媒体文件、科学数据等数据类型复杂多样,档案数据的来源越来越复杂,而数据管理和档案管理两种理念、模式的融合、重组,使得传统的档案收集整理、鉴定筛选、存储保管和开发利用等环节逐步向档案数据采集、处理、维护和服务转变⑤,因此在政策话语、实践推广和学术交叉融合(如数据科学⑥)等多方面合力下,数据管理在大数据时代不断融入档案学术话语体系,档案数据管理作为一个新的概念在国内外学术界开始出现⑦。在文件形成领域技术环境快速变迁背景下,模拟态、数字态、数据态并存的档案管理对象,需要建立与其相适应的技术体系、管理环境和适用规范,档案工作者面临着理论、管理与技术等多方面的转型难题,急需新的管理思路与工具⑧,

---

① Ann-Sofie Klareld, Katarina L. Gidlund, "Rethinking Archives as Digital: The Consequences of 'Paper Minds' in Illustrations and Definitions of E-archives", *Archivaria*, Vol. 83, 2017, pp. 81–108.

② Thomas Sødring, Petter Reinholdtsen, David Massey, "A record-keeping approach to managing IoT-data for government agencies", *Records Management Journal*, Vol. 30, No. 2, 2020, pp. 221–239.

③ Julie McLeod, "Record DNA: reconceptualising digital records as the future evidence base", *Archival Science*, Vol. 23, No. 3, 2023, pp. 411–446.

④ Alex H. Poole, "How has your science data grown? Digital curation and human factor: a critical literature review", *Archival Science*, Vol. 15, No. 2, 2015, pp. 101–139.

⑤ 陈雪燕、于英香:《从档案管理走向档案数据管理:大数据时代下的档案管理范式转型》,《山西档案》2019 年第 5 期。

⑥ 王向女、袁倩:《美梦还是陷阱?——论数据科学背景下的档案数据管理》,《档案与建设》2019 年第 9 期。

⑦ 于英香:《大数据视域下档案数据管理研究的兴起:概念、缘由与发展》,《档案学研究》2018 年第 1 期。

⑧ 钱毅:《技术变迁环境下档案对象管理空间演化初探》,《档案学通讯》2018 年第 2 期。

"档案数据管理"这一新的管理模式在一定程度上适应了这一现实需求。

由于数据的庞大性与无限性、数据的"关联"特性、数据管理的"零"边际成本和数据利用的"挖掘"特性,最初关注到数据管理的国内档案学者认为,要在档案文件的数据化基础上,适应数据的特性与档案管理需求,创新数据管理模式与方法,进而主动参与到数据管理之中①。当前,国内对档案数据管理主要有"档案数据+数据管理"和"档案+数据管理"两种理解,前者指的是在数据管理范畴内管理档案数据,后者则指档案部门与数据管理部门协同治理大数据②。相对而言,以"档案数据化"为核心的"档案数据+数据管理"的实践探索在我国更为普遍。随着我国整体型、治理型和服务型政府的进一步打造和"放管服"改革的进一步深化,部门职能的细化和工作标准化、规范化程度的加深,促使各种政务文件的流转及对外服务事项日益增多,传统的档案管理方式难以改变海量数据僵化、检索不力等局面,不少行政机构开始探索以利用为导向的档案数据管理,强化档案数据积累的数量和质量,提升档案数据整体利用效能③。此外,大数据时代的数据管理具有管理空间广阔、数据深度关联与高度共享、管理环境液态化等显著特征,因此呈现出数据化服务、精准式服务、一站式服务、知识化服务和智库型服务等创新趋势,成为档案信息服务的突破口④,因此将数据管理框架引入档案数据的管理活动,成为我国档案工作数字化转型的重要抓手。而从国外的档案数据管理实践来看,档案部门更看重将文件、档案理念应用到科学数据管理⑤、大数据资源管理⑥的可

---

① 易南冰:《数据管理成为档案服务新领域》,《中国档案》2016年第8期。
② 何玲、邢琳悦:《我国档案数据管理研究综述》,《山西档案》2021年第2期。
③ 阮雅:《以利用为导向的档案数据管理实践与思考——以广州市国土规划审批业务管理档案为例》,《中国档案》2021年第4期。
④ 金波、晏秦:《数据管理与档案信息服务创新》,《档案学研究》2017年第6期。
⑤ Dharma Akmon, Ann Zimmerman, Morgan Daniels, et al., "The application of archival concepts to a data-intensive environment: working with scientists to understand data management and preservation needs", Archival Science, Vol. 11, No. 3-4, 2011, pp. 329-348; Jose Gustavo Corrêa, Jamille Abreu Passalini de Sousa, "Archival perspectives in research data management: an analysis from Integrated Archival", Revista Ibero-americana de Ciência da Informacâo, Vol. 15, No. 2, 2022, pp. 436-451.
⑥ Luis Martinez-Uribe, "Digital archives as Big data", Mathematical Population Studies, Vol. 26, No. 2, 2019, pp. 69-79; Nanna Bonde Thylstrup, Daniela Agostinho, Annie Ring, et al., Uncertain Archives: Critical Keywords for Big Data, Cambridge: The MIT Press, 2021.

行性及路径。

总之，档案数据管理作为一种新的范式，一方面反映出档案学从信息管理到数据管理范式的转型，而融合了计算思维和档案思维的"计算档案学"[1]和档案数据范式[2]的兴起充分体现了这一转变，另一方面又反映出档案实践领域对数据管理的积极接纳与推广过程。不过，技术创新是大数据和数据管理的核心要义，因此档案数据管理侧重从技术层面提升档案部门的数据管理能力，并将档案理念推广至更广泛的数据管理活动，这些活动从本质上看属于"技术赋能"的初始形态[3]，其表现为"单项管理""单一主体""自上而下的控制""技术经济维度"[4]等线性维度活动，而随着大数据技术和数据管理理念持续嵌入档案工作，档案机构与社会整体的互动关系将被重塑，这就会与"治理体系和治理能力现代化"的整体社会变革产生深度关联，一种更具张力和包容性的新范式就"呼之欲出"。

二 档案数据治理：档案领域的"新范式"

与国外不同的是，我国档案实践没有经历过电子治理、IT治理、信息治理等理念的洗礼，就同步提出了档案数据治理的概念并迅速获得了较强的话语权[5]，并逐步取代档案数据管理成为国内档案学理论与实践的新范式。从字面意义上看，档案数据治理融合了国家治理现代化与数据转型两大方向，属于档案事业高质量发展的重要议题[6]，因此其在学术上更有可见度。从实践来看，数据推动各类资源高速运转与重组，量大源广、价裕

---

[1] 参见傅天珍、郑江平《计算档案学的兴起、探索与启示》，《档案学通讯》2019年第4期；刘越男、杨建梁、何思源等《计算档案学：档案学科的新发展》，《图书情报知识》2021年第3期。

[2] Devon Mordell, "Critical Questions for Archives as (Big) Data", *Archivaria*, Vol. 87, 2019, pp. 140-161.

[3] 魏楠、刘潇阳、郝伟斌：《档案信息服务中的数智嵌入：过程模型与驱动路径》，《档案学通讯》2023年第4期。

[4] 梅宏主编：《数据治理之论》，中国人民大学出版社2020年版，第65页。

[5] 刘越男：《数据治理：大数据时代档案管理的新视角和新职能》，《档案学研究》2020年第5期。

[6] 赵跃、孙寒晗：《"数据"范式演进中的档案数据治理多维解析》，《档案管理》2021年第3期。

型多的档案数据急剧增长、海量汇聚，成为驱动档案事业数据化转型、档案治理方式变革的战略性信息资源①，而当前，档案数据在安全、质量、开放利用等方面仍面临困境，数据孤岛、数据壁垒、数据异构、隐私泄露等问题普遍存在，如何将档案数据治理融入国家治理现代体系建设，为数字政府、数字经济与数字社会建设提供高质量的可信档案数据，成为档案界共同关注的焦点。国内外档案部门在信息治理、数据治理等框架下，开展了颇具特色的档案数据治理活动，使数据治理成为档案领域的新范式。

（一）英国档案数据治理的实践特色

1. 宏观背景：国家数据治理法规制度体系日趋完备

英国目前虽未颁布专门的档案数据治理法律法规，但在整体数据治理层面已形成"时空扩展，纵横延伸"②的法规制度体系——以《信息自由法》（Freedom of Information Act）、《自由保护法》（Protection of Freedom）、《数据保护法》（Data Protection Act，2018年更新，以下简称DPA 2018）、《通用数据保护条例》（The General Data Protection Regulation，以下简称GDPR）等为核心，涵盖个人数据保护、数据开放利用、电子政务管理与服务、网络与数据安全、数据基础设施建设五大领域（见表3-4）。2020年9月，英国数字、文化、媒体和体育部发布《国家数据战略》（UK National Data Strategy，以下简称NDS），以释放数据价值，使英国成为世界新一轮数据驱动创新浪潮的领导者③。NDS是英国近期一项重要的大数据国家战略，它将数据基础、数据技能、数据可用性与数据安全性作为核心支柱，并规定了政府行动的5项优先领域，包括释放经济中的数据价值、倡导国际数据流动等。NDS致力于发展英国数据经济，确保公众信任数据，为支持英国发展世界领先的数据经济构建了明确的政府行动框架。2022年7月，英国下议院最新提交《数据保护和数字信息法案》（Data Protection

---

① 金波、杨鹏：《"数智"赋能档案治理现代化：话语转向、范式变革与路径构筑》，《档案学研究》2022年第2期。

② 谭必勇、刘芮：《英国政府数据治理体系及其对我国的启示：走向"善治"》，《信息资源管理学报》2020年第5期。

③ Department for Digital, Culture, Media & Sport, *National Data Strategy*, September 20, 2023, https://www.gov.uk/government/publications/uk-national-data-strategy/national-data-strategy.

and Digital Information Bill）①，该法案旨在促进数据驱动创新，鼓励在适当的情况下合理使用个人数据以保护公众利益。由此可见，英国数据治理制度体系既包括具有强制约束力的法律法规，又包括宏观层面的国家战略、操作性强的指南，以及白皮书等"非正式文件"，类型多样，覆盖面极广，且随着技术的发展不断更新。

由表3-4可知，英国数据治理制度体系以大量指导性文件为基础，这些文件既包括具有强制约束力的宏观法律法规，又包括国家战略、指南、白皮书等"非正式规则"，类型多样，覆盖面极广，且随着信息技术的发展不断推陈出新。聚焦档案工作，英国的档案数据治理工作在国家数据治理的宏观背景下施行，现有法律法规对档案数据治理具有重要的导向作用，尤其是GDPR与DPA 2018对档案领域相关制度的发布影响深远。GDPR首次明确提出"为公共利益存档"的概念，出于公共利益而保存或公布含有个人数据的档案可以免受部分GDPR所列规则的管辖，这为个人数据权益"权利束"中基本权利行使的范围和限度带来一定限制，兼顾了个人隐私保护、数据自由流通与国家职能的发挥；DPA 2018同样指出，为了社会的长期利益，允许档案馆永久保存符合公共利益的个人数据，但需采取适当保护措施避免对数据主体造成威胁。两部法规均强调档案数据治理的重要性，为备受关注的个人档案数据处理提供一定责任豁免，并将其纳入立法框架内，为档案馆出于公共利益处理个人档案数据提供了立法支持，拓宽了档案数据治理的发展空间，档案工作者在数据治理工作中更有可为。

表3-4　　　　英国数据治理代表性法律法规与政策文件

核心主线	名称	制定时间	数据治理相关内容
个人数据保护	《数据保护法》（Data Protection Act）	1984年、1998年、2018年先后修订	赋予公民对自身数据的携带权、删除权、反对权等，健全个人隐私数据保护规则，同时积极帮助组织保护并管理数据

---

① UK Parliament, *The Data Protection and Digital Information Bill*, September 20, 2023, https://publications.parliament.uk/pa/bills/c bill/58-03/0143/220143.pdf.

续表

核心主线	名称	制定时间	数据治理相关内容
个人数据保护	《隐私与电子通信条例》（Privacy and Electronic Communications Regulations）	2003 年	要求英国通信服务商必须采取措施保证终端用户数据信息
	《抓住数据机遇：英国数据能力战略》（UK data capability strategy: seizing the data opportunity）	2013 年	英国政府要掌握数据变革的主动权，也要切实保障个人隐私和数据安全
	《英国通用数据保护条例》（The UK General Data Protection Regulation）	2018 年	细化了个人数据的处理规则，并对个人数据自由流动进行规范
	《数据：一个新的方向》（Data: a new direction）	2021 年	国家数据保护法改革咨询方案，为《通用数据保护条例》《隐私和电子通信条例》与 2018 年《数据保护法》征求修改意见
	《数据保护和数字信息法案》（Data Protection and Digital Information Bill）	2022 年	更新了数据保护框架，鼓励在适当的情况下合理使用个人数据，以实现保护公众的目的
数据开放与利用	《政府现代化白皮书》（White Paper: Modernising Government）	1999 年	提出电子政务建设的五点指导方针，英国电子政务建设由此启动
	《信息自由法》（Freedom of Information Act）	2000 年	赋予公民依法获得政府信息的权利，并要求政府主动公布有关政府信息或元数据
	《公共部门信息再利用条例》（The Re-use of Public Sector Information Regulations）	2005 年，2015 年修订	明确公民拥有获取公共部门掌握的信息（除例外信息）的权利，公共部门应以开放的、机器可读格式提供信息及其元数据
	《迈向第一线：更聪明的政府》（Putting the frontline first: smarter government）	2009 年	明确公民拥有免费获得公共数据的权利
	《自由保护法》（Protection of Freedom）	2012 年	基于数据权角度，明确政府与其他公共机构应主动向社会公开数据

续表

核心主线	名称	制定时间	数据治理相关内容
数据开放与利用	《开放数据白皮书：释放潜能》（Unleashing the Potential-the UK Open Data White Paper）	2012年	要求政府各部门增强公共数据可存取性，在规定期限内制定并更新详细的数据开放策略，确保开放政府数据政策落到实处
	《G8开放数据宪章：英国行动计划》（G8 Open Data Charter National Action Plan）	2013年	要求所有数据通过国家数据门户网站发布，并为政府数据建设国家级的信息基础设施
	《英国开放政府国家行动计划2021—2023》（UK National Action Plan for Open Government 2021-2023）	2021年	结合疫情对政府数据开放的影响，侧重政府透明度、问责制与公众参与，提出包括开放司法数据在内的八项开放政府承诺
电子政务管理与服务	《电子政府：信息时代公共服务的战略框架》（E-Government：A Strategic Framework for Public Services in the Information Age）	2000年	强调电子政务发展首要任务是向公众和企业提供更好的服务，高效地运用政务信息资源
	《政府转型战略2017—2020》（Government Transformation Strategy 2017 to 2020）	2017年	将英国政府官网作为线上政务起始端口，对数字政府建设提出具体规划，旨在打造统一的线上政务平台，促进政务数字化转型
	《英国数字化战略》（UK Digital Strategy 2017）	2017年，2022年修订	将跨政府的科技与数字政策加以整合，助力数据推动经济增长与技术创新
	《政府数字服务：2021—2024年战略》（Government Digital Service：Our Strategy for 2021-2024）	2021年	着重解决跨政府部门联合服务问题，建立适用于所有人的单一数字身份认证
网络与数据安全	《电子通信法》（Electronic Communications Act）	2000年	对便利化的电子商务和数据存储提出要求，并在法律上对电子签名的有效性等进行界定
	《电子签名条例》（The Electronic Signatures Regulations 2002）	2002年	将"电子签名"定义为附属于或者在逻辑上与其他电子数据相关联的、作为身份认证方法的电子形式数据，维护数据真实性

续表

核心主线	名称	制定时间	数据治理相关内容
网络与数据安全	《国家网络安全战略》（National Cyber Security Strategy）	2009 年、2011 年、2016 年先后修订	将网络信息安全提高到国家战略层面，强调网络威胁是英国利益最大的风险之一
	《网络和信息系统安全法规》（The Security of Network and Information Systems Regulations）	2018 年	明确网络供应商的法律义务，强调关键网络与信息系统的可用性、关键服务的连续性
	《政府网络安全战略 2022—2030》（Government Cyber Security Strategy：2022 to 2030）	2022 年	阐释了英国政府如何确保公共部门有效应对网络风险，以维护英国网络与数据安全
	《国家网络战略》（Network & Information Systems Regulations）	2022 年	提出到 2030 年，英国要保持全球领先的网络强国地位，维护网络与数据安全
数据基础设施建设	《国家信息基础设施：第一次迭代》（National Information Infrastructure data：first iteration）	2011 年	提出要建设英国政府数据治理基础设施，目标是建设动态更新、重点明确的数据清单
	《国家信息基础设施执行文件：第二次迭代》（National Information Infrastructure implementation document：second iteration）	2015 年	明确国家信息基础设施计划是政府持有的、最具战略意义的数据管理框架

2. 法规制度：档案数据治理有序嵌入国家数据治理

随着国家战略大数据转向、政策制定数字化转型引领英国档案工作向数据单元演进，国家档案馆等机构紧跟国家数据治理发展趋势，陆续颁布了档案数据治理规范性文件，推动英国档案数据治理有计划地融入国家数据治理战略体系。自 2018 年起，英国国家档案馆以 GDPR、DPA 2018 两部法律为准绳，发布《个人数据存档指南》（Guide to Archiving Personal Data）①，并于 2019 年更新《数据保护与个人信息》（Data Protection and

---

① The National Archives, *Guide to archiving personal data*, September 20, 2023, https://cdn.nationalarchives.gov.uk/documents/information-management/guide-to-archiving-personal-data.pdf.

Personal Information)①，对存档中的个人数据处理加以指导。值得一提的是，针对地理空间档案数据的获取，英国地理空间委员会与内阁办公室于2021年发布了《从档案中提取数据：最佳实践指南》（Extracting Data from Archives：Best Practice Guide）②，表明非档案领域的其他机构也正主动参与到特定类型档案数据治理进程中来。

(1)《个人数据存档指南》

2018年，英国国家档案馆发布《个人数据存档指南》。该指南面向英国档案工作者，为出于公共利益的个人数据存档提供了指导。《个人数据存档指南》遵循 GDPR 对"个人信息"的宽泛定义，即"可直接或间接识别自然人（数据主体）的所有信息"，并将业务或法律存证排除在"为公共利益存档"（archiving in the public interest）范围之外，以避免规制范围的无限扩大。

《个人数据存档指南》主要包括三个方面内容：一是明确了个人数据保护与存档之间的关系，它指出个人数据保护不能妨碍存档工作的正常进行，确立了"保护"与"存档"并重的法律地位；二是建立了基于公共利益的个人数据权利豁免规则，为了社会公众的长期利益，档案馆有权永久保存确有价值的个人数据；三是对数据处理"知情—同意"的限制性规定，出于公共利益的存档行为无须获得数据主体同意，但应保留数据主体"权利束"中的部分权利，如访问权、可携权、更正权等，最大限度地减少对个人权利的干预。出于公共利益存档的主要任务在于确保档案所载社会记忆的完整与真实，便于日后查考，在这种环境下，"被遗忘权"并不适用。但这一限制并非绝对，是否删除数据需要档案部门结合个案情况综合考量个人利益与社会公共利益，在损益成比例的情况下做出自由裁量。此外，档案部门还可以通过设置封闭期、增加访问限制等手段实现记忆完整性与个人隐私保护的平衡。

---

① The National Archives, *Data Protection and Personal Information*, September 20, 2023, https://cdn.nationalarchives.gov.uk/documents/information-management/data-protection-and-personalinformation.pdf.

② *Extracting Data from Archives：Best Practice Guide*, September 20, 2023, https://assets.publishing.service.gov.uk/media/5fd8960a8fa8f54d6545dadd/Extracting_Data_from_Archives_-_Best_Practice_Guide.pdf.

《个人数据存档指南》还确立了一系列个人数据存档的基本原则。一是客观性原则，存档后的个人数据不再更新，其内容保持相对稳定，是对存档截止时既有事实的固化。二是人本性原则，数据主体在世时，档案数据管理过程中应当侧重于对个人隐私的保护；一旦数据主体去世，相关个人档案数据失去赖以依存的利益主体，其作为一种公共资源可能面临公开。三是透明度原则，《个人数据存档指南》坚持 GDPR 的透明度原则，要求档案数据控制者在处理个人数据时，必须向数据主体公开，将数据主体作为个人档案数据处理合规性监督的重要力量。

（2）《数据保护与个人信息》

2019 年，英国国家档案馆发布更新后的《数据保护与个人信息》，该文件吸纳了 GDPR 与 DPA 2018 中与档案数据治理相关的核心内容，强调档案馆在进行个人数据存档处理时免受 GDPR 与 DPA 部分原则要求的前提是数据处理行为"出于公共利益"（in the general public interest）且"必要"（necessary）。该条规定对于文件管理者与档案工作者而言极为重要，它明确了个人数据存档免于 GDPR 与 DPA 各项规定要求的两项前提：一是数据处理行为不是为了支持某项个人决定，而是为了满足公共利益；二是个人数据的长期保存不会给数据主体带来负面影响。如果两项前提都适用，那么档案馆可以永久保存个人数据，避免个人数据存档行为过度受到数据保护原则的掣肘，在立法层面确立了"公共利益"的具体裁量基准。而对于此类包含个人数据的档案处理，国家档案馆也会将具体情况登记在移交给信息专员的隐私声明中，载明移交至档案馆的文件中含有个人数据。作为隐私监管者与个人数据保护的独立官员，信息专员依法对档案馆处理个人数据进行监督，基于公共利益维护公众信息获取权利，并保护个人隐私不受侵害。

此外，文件还指出了档案文件封闭的常见原因是包含了依然在世者的个人信息，包括由姓名检索出的种族、民族、政治观点、宗教信仰、遗传生物特征等能够确定此人身份的信息。然而，无法判断数据主体是否在世是档案馆处理个人数据时的常见困难。基于此，英国国家文件与档案咨询委员会（The Advisory Council on National Records and Archives）将人的生命假定为 100 年，用其减去档案中数据主体已知或推测的年龄，即为相应个人档案数据的封闭期。这一规则被称为"生命周期"（Life Cycling）原则，它不仅适用于传统载体档案的开放利用，同样也适用于档案数据的开放利用。此外，英国还采用"滚动十年"（Rolling 10 Years）原则，定期对这些封闭状态的档案数据展开评估，及时解除利用限制。此外，由于个人数据主体生命周期内的全部个人数据并非都应封闭保存，特定的信息内容及其上下文可能在封闭期之前被允许访问，因此，数据主体档案封闭期应基于个案情况灵活运用。

（3）《从档案中提取数据：最佳实践指南》

2021年，英国地理空间委员会出于科研工作需要，与内阁办公室共同发布《从档案中提取数据：最佳实践指南》，用以指导识别档案中的地理空间数据。该指南面向所有使用档案并希望从档案中提取地理空间数据，尤其是首次尝试数据采集的人员，指导其在档案数据管理任意阶段识别并处理档案中的位置数据。该指南所使用数据的主要来源是Geo6合作机构，包括英国地质调查局、煤炭管理局、军械测量局、土地注册处、英国水文局与英国评估办公室机构所拥有的地理空间数据。该指南总结了从档案中提取位置数据时需要注意的要素，包括成本和资金、数据领域专业知识、档案与待提取数据的价值、提取过程中的数据质量保证与控制、提取后的数据质量、数据可用性、数据标准共7项。此外，该指南还提供了从档案中提取数据的最佳实践框架，将数据提取项目分为6个步骤，包括识别用户需求、档案审查、扫描或数据转录、数据提取、数据存储和数据交付，各阶段之间的反馈主要靠专家输入实现（见图3-1）。

3. 实践样例：英国数据档案馆的档案数据治理探索

英国数据档案馆（UK Data Archive）1967年成立于埃塞克斯大学，受经济与社会研究委员会（Economic and Social Research Council，ESRC）资助[①]。作为具有世界影响力的国家级数据档案馆，英国数据档案馆保存着来自英国国家统计局、国家社会研究中心、内政部、卫生部等诸多机构的调查数据，是英国最大的社会科学与人口研究数据集合地，馆藏数据可为

[①] U. K. Data Archive，*About*，September 22，2023，https：//www.data-archive.ac.uk/about/；U. K. Data Archive，*40th UKDA（1967-2007）：Arcoss the Decades*，September 22，2023，https：//dam.dataarchive.ac.uk/reports/corporate/uk da40thanniversary.pdf.

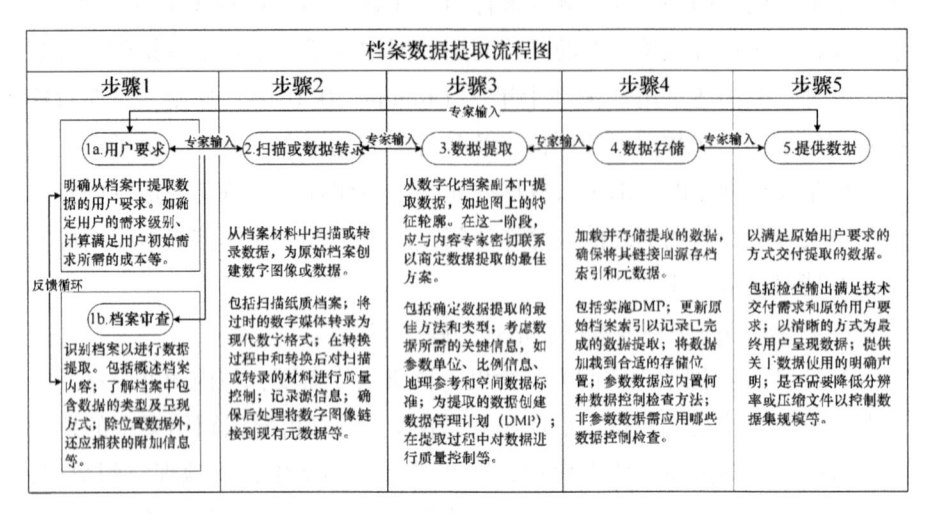

档案数据提取流程图				
步骤1	步骤2	步骤3	步骤4	步骤5
1a.用户要求 → 1b.档案审查（反馈循环）	2.扫描或数据转录	3.数据提取	4.数据存储	5.提供数据
明确从档案中提取数据的用户要求。如确定用户的需求级别、计算满足用户初始需求所需的成本等。 识别档案以进行数据提取。包括概述档案内容；了解档案中包含数据的类型及呈现方式；除位置数据外，还应捕获的附加信息等。	从档案材料中扫描或转录数据，为原始档案创建数字图像或数据。 包括扫描纸质档案；将过时的数字媒体转录为现代数字格式；在转换过程中和转换后对扫描或转录的材料进行质量控制；记录源信息；确保后续处理将数字图像链接到现有元数据等。	从数字化档案副本中提取数据，如地图上的特征轮廓。在这一阶段，应与内容专家密切联系以商定数据提取的最佳方案。 包括确定数据提取的最佳方法和类型；考虑数据所需的关键信息，如参数信息、地理参考和空间数据标准；为提取的数据创建数据管理计划（DMP）；在提取过程中对数据进行质量控制等。	加载并存储提取的数据，确保将其链接回源档案索引和元数据。 包括实施DMP；更新原始档案索引以记录已完成的数据提取；将数据加载到合适的存储位置；参数数据应内置何种数据控制检查方法；非参数数据应用哪些数据控制检查。	以满足原始用户要求的方式交付提取的数据。 包括检查输出满足技术交付需求和原始用户要求；以清晰的方式为最终用户呈现数据；提供关于数据使用的明确声明；是否需要降低分辨率或压缩文件以控制数据集规模等。

图 3-1 档案数据提取流程图

英国乃至世界研究者提供数据访问与支持。需要说明的是，该机构所保存的数据目前尚未为档案机构所保管，但具备长期保存价值，在本书"档案数据"的讨论范围内。自20世纪70年代起，国家统计局开始向英国数据档案馆存放政府调查数据。自2005年起，英国数据档案馆成为英国国家档案馆的指定数据存放地，并于2012年成为英国政府数据服务的主要合作伙伴。当前，英国数据档案馆已成为国家数据资源极为重要的可信存储库，极大地拓展了档案数据治理的领域与行为，并获得 CoreTrustSeal 国际数据知识库认证，在数据汇聚、规范管理、长期保存等数据仓储管理能力及可信任性方面已得到国际认可。作为数据管理的有力倡导者，英国数据档案馆在数据收集、数据组织与存储、数据安全、数据利用等关键环节开展了不同角度的探索，积累了较为丰富的经验。因此，本书以英国数据档案馆为样例，管窥英国数据治理实践工作的特点。

（1）数据收集内容丰富、方式灵活

英国数据档案馆广泛收集以社会与经济数据为主的数据档案，其数据收集工作具有四个方面的特点：第一，数据来源广泛。英国数据档案馆不限制数据来源，无论是小型组织的科研数据，还是来自政府部门和公共机构的大规模数据集，均可存储在英国数据档案馆中，成为开放或受保护的数据。第二，数据内容与形式多样。英国数据档案馆代表英国数据服务（UK Data Service）对全国研究数据进行收集整理，除社会、经济与人文数据外，档案馆还整合了埃塞克斯的定性数据部门和专业的历史数据服务中心，馆藏数据不仅涉及英国社会生活的诸多领域，甚至可能反映了某些国际问题，数据种类也涵盖文本型、图片型或混合方法等多种形式。第三，数据收集方式多样。初次提供数据的主体，可通过免费注册的在线账户提供数据，并对其进行简短说明。英国数据档案馆根据自身收藏开发选择和评估标准对数据进行评估后，决定是否接收数据或建议将其存放于本机构存储库或其他地点。对于经常提供数据的主体，如政府部门、公共机构或大型研究机构，英国数据档案馆将安排专业处理团队对其进行策展，将其数据纳入策划的精选数据存储库，并为数据利用提供线索指引。对于可共享数据的提供方，尤其是 ESRC 的被资助者，英国数据档案馆建议将其研究数据自行存入英国数据服务的在线可共享数据存储库 ReShare 中。第四，数据获取以合作为主。英国数据档案馆扩展了面向数据的合作项目，如农村地区数据库等。此外，英国数据档案馆与英国政府建立了长期合作关系，还同世界银行、国际货币基金组织、国际能源署、能源和工业战略部等重要机构开展合作，确保用户能够及时获取这些重要的、可公开的社会与经济数据资源。

（2）数据组织与存储要求明确、标准规范

在档案数据组织方面，英国数据档案馆积极建立数据词典、编纂主题词表进行数据组织。英国数据档案馆为所有存档过的 SPSS 格式数据文件建立数据词典[1]，并编纂人文与社会科学电子主题词表，该词表涵盖了4000 多个核心社科概念，能够实现数据集的快速索引。在档案数据存储方面，英国数据档案馆发布了专门的《保存政策》（Preservation policy）以规范数据存储行为[2]。该政策遵循开放档案信息系统（Open Archival Information System，OAIS）参考模式要求，定义了预摄取模块、摄取模块、档案存储模块、数据管理模块、存取模块、管理模块六大功能实体，并对

---

[1] 海啸：《英国数据档案馆的发展现状及其借鉴》，《山东档案》2019 年第 6 期。

[2] UK Data Archive, *Preservation policy*, September 20, 2023, https://dam.data-archive.ac.uk/controlled/cd062-preservationpolicy.pdf.

数据存储介质的环境参数进行严格控制。英国数据档案馆通过数据校验实现数据的编辑、清理、验证等。当决定对某份数据建立专门的数据集时，英国数据档案馆将开展数据质量控制检验，对变量个数、文档格式、数据下载格式等进行检查。数据质量控制检验将数据分为 A*、A、B、C 四类标准，不同层次的数据在数据集维度、元数据、数据有效性、数据读取等方面的要求从严到松，并制定《英国数据档案馆数据处理标准》（UK Data Archive Data Processing Standards）加以规范。此外，英国数据档案馆遵循系列标准以规范对馆藏元数据的描述，如《数据文档倡议》（The Data Documentation Initiative），该标准是专为经济与社会科学数据而设计的元数据标准，用以记录研究数据生命周期从概念化、收集、处理到最终存档的不同阶段。

（3）数据安全设施、人员与存储并重

作为受信任的数字存储库，英国数据档案馆的使命是提供对馆藏数字资源的可靠、长期访问。2010 年 6 月，英国数据档案馆通过国际信息安全管理体系标准 ISO/IEC 27001 评审，标志着其已建立起涵盖隐私保护、数据处理、人员管理等领域的数据安全管理体系，致力于维护数据的真实性、完整性与可靠性。

英国数据档案馆从基础设施、人员与存储三个方面维护数据安全。在基础设施安全方面，英国数据档案馆配备了防火系统、防入侵系统、出入管理系统等诸多安防系统。服务器机房的门禁系统能够实现实时报警，并与埃塞克斯大学保卫处直接对接，所有机房的计算机均由密码系统锁定，严防未经授权的访问。在人员安全方面，对于档案馆员工，英国数据档案馆要求所有访问档案馆网络的员工签署保密协议，有权访问敏感档案数据的员工还需接受苏格兰政府执行机构"披露苏格兰"（Disclosure Scotland）的审查；对于外部访问者，英国数据档案馆要求访问数据需经过数据拥有者的授权同意，允许利用者对数据进行安全访问与远程分析，但不得修改、下载或带走数据，以降低档案数据的失效、失密风险。在存储安全方面，英国数据档案馆对访问披露的安全数据有着严格的规定，所有受限的数字化文件必须加密，文件名需包含"RESRICTED"以便于识别，并存储在指定驱动器中的"RESRICTED"目录下，以维护馆藏档案数据的安全。

(4) 数据利用范围广泛、形式多样

英国数据档案馆采用多种形式，为世界范围内用户提供数据访问利用。首先，自 2012 年起，英国数据档案馆开始为所有馆藏数据启动 DataCite 数字对象标识符（DOI）集中注册管理技术作为数据引用方法，极大地拓宽了数据的可共享范围。借助互联网传播方式，英国数据档案馆当前已拥有超过 2.3 万名注册用户，可为他们提供可信的档案数据访问利用服务。英国数据档案馆还拥有 8900 余个数据集，各国的科学研究者、政府部门人员等数据用户均可从中获取数据，支持科研发展与政府决策。其次，英国数据档案馆的检索方式较为便捷，用户可以通过数据日期、主题、数据类型、使用权、国家等要素检索，快速定位所需数据。最后，英国数据档案馆还致力于指导数据利用者提高数据访问分析能力，通过编制用户指南、开展网络研讨会、提供面对面定制化培训服务等，帮助利用者更高效地开展研究工作。当前，英国数据档案馆的培训课程已走出国门，拓展至美国、中国、印度、吉尔吉斯斯坦等国家，极大地扩展了档案数据访问利用的地域范围。

梳理英国档案数据治理的现有举措，不难发现英国的档案数据治理工作产生于国家大数据战略布局对档案资源数据态转型的客观需求，档案数据治理体系正向以基础法规制度为标尺、以个人档案数据保护为特色的方向发展，并围绕数据收集、数据组织与存储、数据安全与数据利用开展实践探索，从制度与实践两个层面着力提升档案数据治理能力。同时，不可否认的是，英国档案数据治理体系建设仍需不断完善，法律法规建设尚未健全，实践工作还未大规模覆盖已移交至档案机构的、具备档案属性的数据。但在当前全球档案数据治理领域理论与实践持续增长与探索的背景之下，英国档案数据治理工作在制度体系建设、协同意识强化与新兴技术运用等方面的经验，仍对我们具有借鉴意义。

(二) 澳大利亚档案数据治理框架及其实践特色

1. 澳大利亚联邦政府数据治理架构

关于档案数据治理的研究范畴包括将档案数据治理归为数据治理的构成部分和将档案数据治理作为档案治理的构成部分的两种取向，由此档案数据治理的功能定位也存在面向总体数据治理和面向档案治理两种视角①。澳大利亚联邦层面的档案数据治理体系融合了以上两种取向和视角，体现了在联邦政府数据治理框架下开展档案数据治理的职能，联邦政府数据治理框架是档案数据治理框架的顶层指引和支撑。

（1）国家数据治理法律法规

作为支撑澳大利亚数据治理的法律保障，澳大利亚国会出台的一系列法律法规均涉及对国家数据进行治理的要求，形成了规范国家数据治理活动的倒伞状法律体系。先前形成的一系列信息相关立法为开展数据治理奠定了重要框架：《信息自由法》（Freedom of Information Act 1982）赋予每位公众查阅澳大利亚联邦政府部长、部门和大多数机构所持有的文件、数据的合法权利②。《隐私法》（Privacy Act 1988）规管在澳大利亚开展业务的组织对个人信息的收集、储存使用和披露，以及个人获取相关信息的权利③；在澳大利亚大数据环境下的数据使用和管理，还需要遵照《公共治理、绩效和问责法》（Public Governance, Performance and Accountability Act 2013）、《档案法》（Archives Act 1983）、《证据法》（Evidence Act 1995）、《电子交易法》（Electronic Transactions Act 1999）等一系列法律管制。为了保障国家公共数据的合理管控、整合和共享服务，澳大利亚新出台了《2022年数据可用性和透明度法案》（Data Availability and Transparency Act 2022），作为授权公共部门数据共享的立法，旨在促进公众获取公共部门数据、服务公众利益，增强公共部门在数据共享方面的诚信和透明度，建立国家公共部门数据共享的体制要求。④ 该法案将国家档案馆（National Archives of Australia，NAA）规定为数据管护者（Data Custodians）之一，具有履行数据保管、管理和治理，以及提供利用服务的相关法定职责；法案还明确了提前移交至国家档案馆的国家数据的开放获取规则以及数

---

① 杨茜茜：《概念、内容与定位：我国档案数据治理研究的理论坐标》，《档案学研究》2021年第6期。

② Freedom of Information Act 1982, September 22, 2023, https://www.legislation.gov.au/Details/C2012C00231.

③ Privacy Act 1988, September 22, 2023, https://www.legislation.gov.au/Details/C2014C00076.

④ Data Availability and Transparency Act 2022, September 20, 2023, https://www.legislation.gov.au/Details/C2022A00011.

据管护主体和相关权限，协调了数据共享与《档案法》对开放性规定的交叉问题，为国家档案馆等数据管理机构提供了治理工作的总体导向。

(2) 数据治理责任主体

从澳大利亚联邦层面来看，国家数据的治理主体并非是集中式管控的责任体系，而是多组织机构交叉协同工作的网状架构。其中，总理与内阁部（Department of the Prime Minister and Cabinet）发挥着统筹联邦公共数据管理的作用，财政部（Department of Finance）及其下属的数字化转型机构（Digital Transformation Agency）和国家数据专员办公室（Office of the National Data Commissioner）、总检察长部（Attorney-General's Department）及其下属的国家信息专员办公室（Office of the Information Commissioner）、国家档案馆（NAA）、澳大利亚统计局（Australian Bureau of Statistics）、澳大利亚信号局（Australian Signals Directorate）等在规划或组织国家数据治理活动、提供相关基础设施或技术保障方面均发挥着重要作用。不同主体机构的责任安排如表3-5所示：

表3-5　　澳大利亚联邦层面国家数据治理主体和责任安排

治理主体	责任安排
总理与内阁部	负责统筹联邦公共数据管理，制定国家数据战略政策，建立跨机构数据协调组织和澳大利亚数据集成合作伙伴关系，统领国家公共部门数据管理项目
财政部	发布国家《数字文件转型计划》等战略政策；提供关于公共部门资源管理、治理和问责的政策和指导，包括信息资产和整个政府的ICT服务等；成立数字化转型机构、国家数据专员办公室等
总检察长部	提供包括信息资产保护和信息安全分类在内的保护性安全政策和指导；负责隐私、信息自由立法
数字化转型机构（财政部）	制定数字政府战略，确定国家政府数字化方向，管理数字和通信技术投入等
国家数据专员办公室（财政部）	支持国家数据专员监督国家数据计划方案的执行，促进公共部门数据更容易获取，使公共部门数据共享符合《1988年隐私法》和适当的安全保障措施要求；在共享公共部门数据方面加强诚信和透明度；建立公共部门数据共享的制度安排等
国家档案馆	制定确保数据可信的信息和文件管理/治理政策和战略；管理和管护联邦档案数据资产；参与国家数据共享和利用以支持公共服务

续表

治理主体	责任安排
澳大利亚统计局	提供高质量、可信、客观的数据统计流程和服务；支持澳大利亚公共服务部门的数据能力改革
国家信息专员办公室（总检察长部）	提供有关隐私和信息自由的指导，包括保护个人信息的监管活动，使公众有权访问澳大利亚政府持有的信息
澳大利亚信号局	向澳大利亚政府、企业等提供关键基础设施，为社区和个人提供网络安全建议和援助

由此可见，不同联邦机构在国家数据治理方面既有不同领域职能的分工，也存在一定的责任交叉甚至重合。例如总理与内阁部、财政部和国家档案馆均在不同程度上参与国家数据战略和政策的制定，总理与内阁部、财政部和总检察长部则分别设立了数据或信息管理、治理的下属机构或协调组织，在职能上具有一定的交叉。

（3）数据治理战略规划和政策体系

在国家层面，澳大利亚制定了指引开展数据治理的一系列战略规划和政策体系，既包括国家对数字化政府转型的战略规划，也包括专门的数据战略和政策。例如，2021 年由数字化转型机构制定发布的《数字化政府战略》（Digital Government Strategy）明确了数据资产对国家的重要性，提出建立国家政府数据资产汇集的行动[1]；财政部 2021 年发布《国家数据战略——澳大利亚政府数据的整体经济愿景》（Australian Data Strategy: The Australian Government's whole-of-economy vision for data），设定了创建可访问、可靠的全国数据生态系统的目标，以及在 2030 年建成一个现代数据驱动的社会的愿景，旨在使数据价值最大化，保护数据并建立数据信任[2]；总理与内阁部 2022 年发布《国家数据安全行动计划》（National Data Security Action Plan），规定了保障国家数据安全的相关措施、保障全面数据安全的方法，以及制定数据安全发展路径的要求[3]；《国家数据专员办公室——四项

---

[1] Digital Government Strategy, October 19, 2023, https://www.dta.gov.au/digital-government-strategy.

[2] Australian Data Strategy: The Australian Government's whole-of-economy vision for data, October 19, 2023, https://www.finance.gov.au/sites/default/files/2022-10/australian-data-strategy.pdf.

[3] National Data Security Action Plan, October 19, 2023, https://homeaffairs.gov.au/reports-and-pubs/files/data-security/nds-action-plan.pdf.

基础原则》（Office of the National Data Commissioner-Foundational Four）规定了信息与数据治理的基本性原则包括领导（力）原则、战略原则、治理原则和资产发现原则①。

在澳大利亚联邦层面的数据和信息战略规划和政策中，多项内容涉及对文件、档案数据管理和治理的规定：第一，在《数字政府战略》有关"保护数据以建立信任"的规划内容中，支持 NAA 引导机构对信息进行良好的管理，通过建立公众档案的信任规范，支持、保护和服务社会。此外，该战略强调使用 NAA 为机构制定的关于获取和保留数据和文件的相关标准②。第二，数字化转型机构制定的《数字文件转型计划》（Digital Records Transformation Initiative），提出政府承诺使用创新方法进行数字文件管理以实现公共部门现代化，支持联邦部门有效运用智能科学技术，使用自动化文件管理系统（Records 365）提高效率，促进政府间信息资产的再利用，强调对澳大利亚政府档案管理法规政策的遵守③。第三，NAA 制定的信息和数据管理顶层政策《建立公共文件信任：为政府和社区管理信息和数据》（Building trust in the public record: managing information and data for government and community）为在国家层面保障公共信息和数据的可信任性、提升政府公信力建立了详细指引，是国家数据治理政策体系的重要构成部分。

2. 澳大利亚联邦层面的档案数据治理体系

在澳大利亚联邦层面，主导档案数据治理的是 NAA，且 NAA 的治理对象涵盖了文件（records）、信息（information）、数据（data）、档案（archives）等多类内容。在国家数据治理框架下，NAA 制定了顶层的信息和数据管理指引政策，发布了信息与数据治理框架，多元主体协同共治，配合相关标准规范和工具方法开展数据治理活动，形成了联邦层面的档案数据治理体系。总体来看，NAA 所主导的档案数据治理是国家数据治理的构成部分，也是对文件、信息、数据、档案等开展资产管理的重要手段。

---

① *Foundational Four*, October 19, 2023, https://www.datacommissioner.gov.au/node/105.

② *Digital Government Strategy*, October 19, 2023, https://www.dta.gov.au/digital-government-strategy.

③ *Digital Records Transformation Initiative*, October 19, 2023, https://www.finance.gov.au/government/digital-records-transform ation-initiative.

(1) 顶层政策引导

2021 年，NAA 发布了其最新的信息管理顶层政策《建立公共文件信任：为政府和社区管理信息和数据》（Building trust in the public record: managing information and data for government and community）[1]，替代了 2015 年发布的《数字连续性 2020》政策。该政策旨在改进澳大利亚政府机构创建、收集、管理和使用信息资产的方式，通过有效的信息管理实现政府服务社会的目标。该政策在 NAA 既有的"信息管理"目标基础上进一步突出"数据管理"的重要性，强调数据管理是文件和档案管理的重要补充领域。NAA 具有与其他联邦政府机构协作制定公共数据政策的责任，以最大限度地共享和发布数据，建立公众对政府数据的信任。该政策为 NAA 开展档案数据治理提供了"战略性管理信息和数据资产、保障信息管理效率、降低信息管理风险、实施合理的信息管理流程"的政策背书和方向指引。

《建立公共文件信任：为政府和社区管理信息和数据》与 NAA 的系列信息管理政策（Information management policies）共同构成了澳大利亚联邦开展档案数据治理的政策保障。以此为基底，NAA 发布《数据和数字化战略方向 2022—2025》（Data and Digital Strategic Direction 2022-2025）[2] 和《2030 战略——转型和可信的国家档案馆》（Strategy 2030: a transformed and trusted National Archives）[3] 等阶段性战略规划，均强调引领 NAA 的信息和数据管理工作向数字化和数据化方向迈进。而《2023—25 年数据战略》（National Archives' Data strategy 2023-25）[4] 着重强调了数据价值最

---

[1] National Archives of Australia, *Building trust in the public record: managing information and data for government and community*, October 20, 2023, https://www.naa.gov.au/information-management/information-management-policies/building-trust-public-record.

[2] National Archives of Australia, *Data and Digital Strategic Direction 2022-2025*, October 22, 2023, https://www.naa.gov.au/sites/default/files/2021-12/data-and-digital-strategic-direction-2022-2025.pdf.

[3] National Archives of Australia, *Strategy 2030: a transformed and trusted National Archives*, October 22, 2023, https://www.naa.gov.au/about-us/who-we-are/accountability-and-reporting/strategy-2030-transformed-and-trusted-national-archives.

[4] National Archives of Australia, *Data strategy 2023-25*, October 23, 2023, https://www.naa.gov.au/sites/default/files/2022-12/naa-data-strategy-2023-to-2025_0.pdf.

大化、数据可信和受保护、保障数据利用和构建数据治理能力四大目标。

（2）信息与数据治理框架

在信息和数据治理的目标下，NAA重视对信息治理框架的制定和对机构信息治理框架设计的指导。2016年，NAA就发布了《信息治理框架》（Information Governance Framework），明确信息治理框架应包含的内容组件；2019年12月，发布《信息和数据治理框架》（Information and Data Governance Framework），明确了信息治理的政策体系。2021年底，NAA在与其他联邦机构的协同修订下，再次发布更新版的《信息与数据治理框架》，涵盖了澳大利亚国家档案馆信息与数据治理的目标、范围、原则、背景、治理要求、角色与责任等多项要素，是澳大利亚国家档案馆信息与数据治理的基本参考性框架（见表3-6）[①]。除了明确NAA的信息与数据治理框架外，NAA还为其他联邦政府机构建立机构内部的信息与数据治理框架提供指南，包括提供信息治理框架模板，提出机构信息治理框架应至少包含概览、目标、范围、对象、原则、组织计划、角色和责任、风险评估和安全管理等核心内容。[②]

表3-6　　NAA《信息与数据治理框架》的结构性要素及内容

结构性要素	核心内容
目标	（1）管理信息和数据资产，采用适当的管理和报告策略，满足政府和社区当前和未来的需求；（2）实施符合目标的信息和数据管理流程、方法和系统；（3）减少信息和数据管理效率低下和风险的领域，确保公共资源的有效管理。
范围	管理和治理对象适用于国家档案馆职权范围内以任何格式和在任何地点创建、管理和使用的所有信息、数据和文件，包括NAA保管的国家档案馆藏和联邦政府文件。
原则	证据原则；管护原则；技术原则；协作原则；可获取原则；资源性原则；治理原则。

[①] National Archives of Australia, *Information and Data Governance Framework*, October 23, 2023, https://www.naa.gov.au/about-us/who-we-are/accountability-and-reporting/information-and-data-governance-framework.

[②] National Archives of Australia, *Establishing an information governance framework*, October 23, 2023, https://www.naa.gov.au/information-management/information-governance/establishing-information-governance-framework.

续表

结构性要素	核心内容
背景	《1983年档案法》；《2030战略——转型和可信的国家档案馆》；《土著和托雷斯海峡岛民协议》；《建立公共文件信任：为政府和社区管理信息和数据》；《国家数据专员办公室——四项基础原则》；信息管理标准；信息安全规定；隐私和信息自由规范等。
治理要求	(1) 系统治理：对NAA独有的文件管理功能系统和行政管理系统进行有效监管和管理。 (2) 风险管理：遵循NAA的风险管理框架和政策，基于《信息风险登记册》采取相应业务措施评估、预防和降低风险。
角色与责任	规定了信息与数据治理委员会（IDGC）、所有NAA工作职员、负责NAA馆藏的职员、首席数据治理官、首席信息官等关键组织和角色在治理中的责任。
附录	NAA对联邦政府文件管理的相关授权规定；NAA对国家档案馆馆藏管理相关规定；相关战略和政策；相关法律授权规定。

(3) 多主体协同治理机制

在NAA的信息与数据治理框架下，其对信息和数据的治理主体机制是内外衔接的多元协同责任机制。

在内部，NAA明确了从信息与数据治理委员会到所有工作职员的责任要求：信息与数据治理委员会（Information and Data Governance Committee, IDGC）是管理所有国家档案馆信息和数据资产的责任主体，负责统筹协调NAA和其他联邦机构的信息和数据管理框架、战略、政策和标准；首席信息治理官负责管理国家档案馆的所有信息数据资产，按照档案主管部门的规定批准和处置国家档案馆的信息和数据资产，并为工作人员提供信息和数据治理方面的咨询、指导和培训；首席信息官则是最高"技术总监"，除了监督NAA的信息和数据管理职能之外，还负责在NAA技术和软件采购过程中将信息和数据管理功能视为关键因素进行决策；NAA的所有工作职员都有了解数据和信息治理要求并基于自身角色开展相关活动的责任，需要按照正规的程序开展信息和数据创建、处理和管理工作，为良好的信息和数据管理实践树立榜样；负责国家档案馆藏管理的工作职员，还需要考虑信息和数据管理的需求和风险，并在进行馆藏管理活动和做出相关决策时维护馆藏的长期完整性。① 在外部，NAA 与多个外部联邦机构实现在信息和数据治理方面的协同，通过协商制定政策、协调工作规划等推进治理工作。相关机构包括澳大利亚司法部，澳大利亚统计局，公务员事务委员会，澳大利亚信号局，财政部，基础设施、交通、区域发展、通信和艺术部，数字化转型机构（财务部）和国家信息专员办公室等，这也体现了NAA 在联邦数据治理的整体框架下开展档案主管部门的信息和数据治理行动。

（4）档案数据治理标准与工具

为了协调和保障档案数据治理政策和框架的实施，NAA 的一系列标准规范和工具方法都能够为 NAA 和联邦政府机构的相关责任者和工作人员提供支持和帮助，为政府机构间的数据互操作能力建设提供支持保障。相关信息管理标准包括：面向联邦政府的信息管理标准、元数据标准、国际文件管理标准等业务性和技术性规范指南；协助机构制定政策和计划的模板框架包括信息治理框架模板（Information governance framework template）和数据管理计划模板（Data management plan template）；提供业务能力建设和评估的工具、模型包括信息管理和数据能力体系（Information management and data capabilities）、数据互操作成熟度模型（Data Interoperability Maturity Model，DIMM）、数据互操作开发阶段（Interoperability development phases）最小元数据集和业务系统评估框架（Business System Assessment Framework，BSAF）等②。此外，NAA 通过《建立互操作性》（Building Interoperability）、《互操作性开发阶段资源》（Interoperability Development Phases Resource）等文件明确了机构间数据互操作能力建构的意义和方法，支持信息资产共享和共同抵御风险，确保数据价值实现③。

---

① National Archives of Australia, *Information and Data Governance Framework*, October 23, 2023, https://www.naa.gov.au/about-us/who-we-are/accountability-and-reporting/information-and-data-governance-framework.

② National Archives of Australia, *Information Management Standards*, October 25, 2023, https://www.naa.gov.au/information-management/standards.

③ 李新功、周文泓：《澳大利亚政府数据治理与管理体系研究》，《浙江档案》2022 年第 11 期。

3. 澳大利亚档案数据治理的特色

（1）融入：档案数据治理融入联邦政府整体数据治理

NAA 是澳大利亚联邦政府数据治理的主体之一，在整体政府改革尤其是数据等信息资源管理战略制定中发挥着关键作用。因此，NAA 的档案数据治理体系也是主动融入联邦政府数据治理体系的重要组成部分，档案数据治理措施和国家数据治理举措具备高度的一致性和衔接性。这其中体现了双向融入的特征：一方面，在澳大利亚的相关国家数据治理的政策、战略和规划中，包含了对文件/档案数据治理和管理的要求，档案数据被视为国家数据资产对象之一，强调档案数据与其他类型公共数据的整合与提供利用；另一方面，NAA 的信息和数据管理和治理政策、框架、工具等，也是站在联邦层面进行专业性建设。NAA 基于自己的职责，一是建立可信数据管控制度体系设计并提供服务，二是对澳大利亚政府前端各机构数据的控制、管理、监督和维护，确定了数据治理与管理的关键活动。① 这也体现了档案主管部门在国家数据治理体系中的主动参与和职能贡献。

（2）融合：信息、数据与档案的融合性治理

作为国家政府信息和数据治理的核心角色之一，NAA 强势发挥专业职能，对文件、信息、数据等对象开展统筹治理。在 NAA 及其他联邦政府机构所制定的信息与数据治理政策中，虽然概念之间边界模糊，常将"信息""数据"与"文件"并行或交叉使用；但从治理对象的视角来理解，实则是体现了信息、数据与档案融合治理的特征。从宏观策略来看，NAA 的信息与数据治理政策并没有对"数据治理"或"档案数据治理"做明确界定，其治理对象既包括联邦政府机构生成的信息/数据，也包括 NAA 馆藏的文件/档案，还包括 NAA 在行政管理活动中形成的数据/信息，治理范围广泛，体现了融合性治理理念。从治理手段的层面来看，NAA 做到了依托档案职能在国家数据治理中贡献专业能力，无论是 2015 年发布的《数字连续性 2020》还是之后发布的新政策，都突出强调了对政府数据治理的规范性要求，如提出构建基于数字连续性目标下的互操作能力，

---

① 贺谭涛、黄小宇、周文泓：《档案馆融入政府数据治理的策略研究——以澳大利亚国家档案馆的政府数据治理政策体系为例》，《档案与建设》2023 年第 2 期。

要求政府机构确保数据的真实性、完整性、准确性和可用性，明确信息和数据的保管期限及处置要求，按规定向 NAA 移交。NAA 提供的互操作成熟度模型、Check-up Plus 年度报告机制等也被用于评估联邦政府数据治理的效果。

（3）协同：治理主体及政策法规的协同关联

澳大利亚在数据的治理机构和政策法规层面体现了较强的协同性和关联性，机构与机构之间并非分别独立执行治理活动，机构内部及跨机构间的政策也具有一定的协调性，为联邦层面协同开展政府数据治理提供了支撑性架构；同时也存在机构之间职责重合交叉、治理边界模糊等弊端。

NAA 的信息与数据治理体系是一系列信息管理政策、战略规划和标准规范的有机组合，成为支撑 NAA 数据治理活动开展的关键框架，呈现出从顶层到中层再到底层的嵌套式和关联性特征。这也说明了 NAA 的档案数据治理政策规范具有充分的协调性和融通性，有助于在 NAA 的整体信息管理框架下开展治理活动，实现工作目标。

（4）风控：资产性风险管理理念

在澳大利亚的档案数据治理体系中，强调将档案数据视为重要的国家资产进行治理和管理，如 2021 年发布的《建立公共文件信任：为政府和社区管理信息和数据》明确提出数据的信息资产地位，将数据、文件和信息统称为"信息资产"。在资产管理的理念下，信息和数据的安全防护和风险控制被视为 NAA 的重要任务，隐私风险也受到高度重视。除了要遵循国家有关信息安全和隐私的立法规定之外，NAA 还确定了一系列风险管理措施，包括通过信息风险评估、登记措施等识别风险，采取一定的业务手段和工具手段减少和降低风险，以帮助提升信息和数据管理效率，促进数据价值的有效实现。

相较而言，虽然我国的数据治理制度建设正处于快速推进阶段，但档案机构却尚未在数据治理制度建设中发挥应有的作用。自 2016 年起，我国陆续颁布了《网络安全法》《数据保护法》《个人信息保护法》等法律，围绕数据治理建立起一系列工作机制，如数据出境安全评估机制、个人数据处理"告知同意"机制等，初步构建起国家数据治理制度体系，有效回应了数据治理中的各类问题。然而，在参与数据治理顶层设计的主体中，鲜见档案部门的身影①。例如，2015 年建立起的"促进大数据发展部际联席会议"中，档案部门并未占据一席之地，2023 年新组建的国家数据局也未见档案部门参与，针对档案数据治理的顶层制度规划也尚未成型。尽管我国《"十四五"全国档案事业发展规划》将"主动融入数字经济、数字社会、数字政府建设，推动档案全面纳入国家大数据战略"列为重要任务之一，新修订的《中华人民共和国档案法》明确"鼓励社会力量参与和支持档案事业的发展"②，为多元主体协同参与档案数据治理提供了根本遵循，且档案事业在地方规划中的公共文化服务、社会治理、数字政府等多领域呈现出多维融入的趋势，档案资源价值的多面性正在实践中广泛展开，但受政策法规、技术运用、组织管理、人员素质等多种因素影响，我国档案数据治理仍普遍面临数据质量参差不齐、数据开放有限、数据价值挖掘不足、档案数据安全风险等困境③，这些均是档案数字化转型过程中难以避免的阵痛及可能面临的深层次挑战。

第三节　档案数据治理的时代挑战

近年来，随着以大数据、人工智能、云计算、物联网等为核心的新一代数字技术的不断发展和广泛应用，以数字技术为媒介的数字经济快速崛起，依靠数字技术驱动的企业，正通过数字化转型迎来突破性发展与创新，由数字化转型引领的产业间相互融合以及产业结构的改变，进一步促进了社会变革的速度在范围和规模上持续增长④，深刻地影响着经济运行、人类社会发展和国家治理。从本质上看，数字技术的发展在今天已经形成了一个相互依赖和相互作用的数字技术生态系统，推动整个经济

---

① 徐拥军、张臻、任琼辉：《国家大数据战略背景下档案部门与数据管理部门的职能关系》，《图书情报工作》2019 年第 18 期。

② 《中华人民共和国档案法》，https://www.gov.cn/xinwen/2020-06/21/content_5520875.htm，2023 年 10 月 26 日。

③ 岳林恒：《大数据时代下档案数据治理的困境与对策探析》，《档案天地》2023 年第 5 期。

④ 严子淳、李欣、王伟楠：《数字化转型研究：演化和未来展望》，《科研管理》2021 年第 4 期。

社会发生深刻变革，尤其对国家治理体系将产生深远的影响①。不断出新的数字技术是档案管理复杂化和智能化的双刃剑，催生出许多新问题与新可能的碰撞，档案数据指数增长与收管不足、形态更新与管理失配、跨界流通与机制失调、体量庞大与价值创升之间的档案数据生态失衡问题，需要从体制、场域、理念等维度去探寻档案数据治理的新概念、逻辑与规则。

一 管理体制：多元共治的协同机制供给不足

档案数据治理的持续、深入发展，需要健康、良好的管理体制支撑。而这里面的管理体制，既包括档案管理体制和数据管理体制，又涉及档案部门和数据部门的协同机制等。

一般认为，档案管理体制是指一个国家管理全部档案和档案工作的方式与组织制度，包括各级各类档案行政、业务机构的设置及其隶属关系、职权的定位和组织管理等的总和②。我国档案管理体制经历了形成期（1949—1959 年）、中共中央领导下的党政档案统一管理时期（1959—1985 年）、国务院领导下的党政档案统一管理时期（1985—1993 年），以及中共中央领导下的党政档案统一管理、局馆合一时期（1993—2018 年）的历史演变③，而自 2018 年以来地方档案机构则采取了"局馆分离"为核心的机构改革思路，继续强化政事分开，在"统一领导、分级管理"的档案管理体制框架下，存在促进档案馆提升公共服务的价值属性和融合国家治理体系和治理能力现代化建设的目标属性的多重功能④。这无疑有利于我国档案数据治理体系的构建与优化。虽然"政事分离"、"局馆分离"的改革破解了档案行政管理职能的体制内循环问题，但现实中凸显的档案局馆分工不明、协调不畅以及档案馆定位不清晰等问题，产生的"局虚馆实""局

---

① 翟云、蒋敏娟、王伟玲：《中国数字化转型的理论阐释与运行机制》，《电子政务》2021 年第 6 期。

② 窦晓光：《转型期的中国档案管理体制改革历程与发展趋势——转型期的档案管理体制研究之一》，《档案学通讯》2005 年第 6 期。

③ 徐拥军、张臻、任琼辉：《我国档案管理体制的演变：历程、特点与方向》，《档案学通讯》2019 年第 1 期。

④ 傅荣校：《当前档案机构改革若干问题探讨》，《档案学通讯》2020 年第 1 期。

小馆大""局低馆高""局弱馆强"等弊端①，往往影响档案局和档案馆处理数据治理工作的效率和质量②。

数据管理是大数据时代的一个全新问题，近年来我国通过"自下而上"的发展模式，初步构建起公共数据治理体系。自 2014 年 2 月广东省大数据管理局成立以来，全国多个省市区纷纷设立了相关的数据行政管理机构（如大数据局、大数据管理服务局、数据资源管理局、政务服务数据管理局等），其中省级大数据局机构设置和职能配置形成了数据综合治理型（贵州、重庆、广西、山东等）、数字政府建设引领型（广东、吉林、安徽、浙江、河南等）、数字经济发展驱动型（福建、北京等）三种主要模式③。尽管地方性大数据管理机构的行政地位不断提升，但国家层面的数据行政管理机构迟迟未能设置，因此国家发展和改革委员会、工业和信息化部、中央网络安全和信息化委员会办公室、国家互联网信息办公室、国务院办公厅、公安部等 10 多个中央部委均承担着不同范围的数据管理权，呈"九龙治水"之势④。2023 年 3 月国家数据局组建后，其主要职责承袭了中央网络安全和信息化委员会办公室、国家发展和改革委员会在数字经济和数据资源整合共享及开发利用等方面的宏观职责，旨在强化对数字中国建设的战略规划及统筹协调⑤。不过，由于国家数据局组建时间尚短，与地方数据行政管理机构之间的隶属关系及协调合作等体制问题还有待进一步磨合；此外，其重点工作在数字经济和公共数据资源共享共建的制度供给等宏观领域，目前尚难以兼顾档案数据治理领域，这些因素都将会在一定程度上影响数据部门与档案部门协同机制的建立与完善。

---

① 徐拥军等：《数智时代档案治理体系建设研究》，武汉大学出版社 2023 年版，第 50—54 页。
② 课题组曾赴北京、天津、浙江、江苏、广东、四川、山东、陕西、江西、湖南、湖北、福建等地实地调研，发现各地不同程度地存在一种现象，即档案馆和档案局协同机制较好的地方，其在处理行政审批类电子文件的归档工作时的效率一般更高些。
③ 张克：《从地方数据局到国家数据局：数据行政管理的职能优化与机构重塑》，《电子政务》2023 年第 4 期。
④ 冉从敬、刘妍：《国家数据局的成立及信息资源管理学科拓展》，《信息资源管理学报》2023 年第 4 期。
⑤ 张克：《从地方数据局到国家数据局：数据行政管理的职能优化与机构重塑》，《电子政务》2023 年第 4 期。

事实上，从国内外的档案数据治理理论与实践成果来看，在管理体制这一领域中，档案部门与数据部门的协同机制颇受业界、学界关注。早在2014年3月，全国人大代表、农工党湖南省委专职副主委蒋秋桃在接受《中国档案报》采访时就表示，"我国目前的档案行政管理体制，使信息资源的管理主体更为集中"，档案部门应在公共数据资源的保存及整合开放工作中"勇担重任"①。2015年国家大数据战略确立后，"档案大数据"概念被率先提出②，湘潭③、石家庄④先后创建了电子档案数据中心和区域性档案数据中心，浙江则开展了"省域档案大数据"的实践⑤。其中，浙江的档案大数据实践成果较为丰硕，在徐拥军、王露露看来，其成功的要义在于档案部门具备了"意识转变、顶层设计、技术支持和协调机制"等必要条件，同时也较为妥善地处理了政务信息资源的归档共享、大数据与档案工作的职责区分等关键问题⑥。山东省政府办公厅、山东省档案馆和山东省大数据局在省档案馆政府信息公开查阅中心的基础上改造建成了山东省数据大厅⑦，表明了地方层面档案部门与数据部门在数据开放共享方面的协同路径较为畅通、可行。从国外实践情况看，档案部门主要以"资源建设者"的角色参与政府数据开放、基于档案部门核心职能参与政府数据的归档保管以及转型为"指导者"规范前端政府数据管理等方式参与政府大数据及治理体系建设⑧。事实上，随着政府部门逐步走向数据驱动，数

---

① 宁宇龙：《"大数据时代，档案部门应勇担重任"——访全国人大代表、农工党湖南省委专职副主委蒋秋桃》，《中国档案报》2014年3月14日第1版。
② 具体参见本书绪论部分"国内学术史梳理"的相关内容。
③ 杜恒琪、易先平、左晶等：《以智慧和勇气迎接人类记录新业态——湖南省湘潭市档案事业现代化探索与实践纪实》，《中国档案报》2015年5月4日第2版。
④ 张建伟、纪雅茹：《以项目促发展 向智慧型档案馆迈进——石家庄市档案局开展区域性数字档案数据中心建设》，《档案天地》2014年第10期。
⑤ 参见林伟宏《省域档案大数据共建共享方法与路径探讨》，《浙江档案》2022年第9期；高乐、季文云《省域档案数据资源归集的思考与实践》，《浙江档案》2023年第7期。
⑥ 徐拥军、王露露：《档案部门参与大数据战略的必备条件和关键问题——以浙江省为例》，《浙江档案》2018年第11期。
⑦ 李相杰、房贤刚：《山东省委书记刘家义到省档案馆省数据大厅调研 数据是国家和社会资源 要实现数据开放共享便民利民》，《山东档案》2019年第1期。
⑧ 贺谭涛、杨璐羽、黄思诗：《战略规划透视下档案部门参与政府数据治理研究》，《浙江档案》2023年第11期。

据已经成为政府文件的新形态①，档案部门基于政府文件、档案管理和提供利用的职责参与政府数据治理是应有之义。由于档案部门在政府治理运行过程中扮演着资源平台、信息服务的重要角色，能够为政府治理提供信息资源、提高治理的精准度和效率效能、实现"善治"②；而在数据治理实践过程中，档案部门和数据部门仍然存在职能交叉的问题，因此有学者建议，可结合档案部门和数据管理部门分别隶属党委系统和政府系统的实际，将档案部门纳入促进大数据发展协调机制、建立适宜的沟通协商机制中，从而加强职责分工和具体工作的协商与协同③。

当前，大数据正深刻地改变着政府活动的治理生态，"社会治理模式正在从单向管理转向双向互动，从线下转向线上线下融合，从单纯的政府监管向更加注重社会协同治理转变"④，这也使得档案管理体制和数据管理体制本身都处于"数据驱动"导向的频繁调适之中，再加上长期存在的"条块分割"的行政管理体制所产生的制度性"内耗"，也使档案管理和数据管理体制一时难以在档案数据治理体系建设方面形成"合力"，这就需要通过政策结构、权力分配和运行机制等方面的变革来获得新的动力。从数据治理的实践情况来看，电子政务和数字政府等数字化改革不仅改变了生产力、治理和政府的协调与合作，也改变了包括档案工作在内的许多公共部门雇员的日常工作实践，档案工作者有限的权力和影响力让他们难以单独履行档案数据治理的技术和战略责任⑤。相对于英国⑥、澳大利亚⑦等国档案部门在国家数据治理和信息治理体系中发挥的重要作用和较为清晰的职责划分，我国的国家档案局尚未被列入"促进大数据发展部际联席会

---

① 刘越男：《数据管理大潮下电子文件管理的挑战与对策》，《北京档案》2021年第6期。

② 金波：《大数据时代政府治理的"档案参与"》，《求索》2021年第3期。

③ 徐拥军、张臻、任琼辉：《国家大数据战略背景下档案部门与数据管理部门的职能关系》，《图书情报工作》2019年第18期。

④ 新华社：《中共中央政治局就实施网络强国战略进行第三十六次集体学习》，http://www.gov.cn/xin wen/2016-10/09/content_5116444.htm，2023年9月15日。

⑤ Mari Runardotter, Christina Mörtberg, Anita Mirijamdotter, "The changing nature of archives: whose responsibility?", *Electronic Journal of e-Government*, Vol. 9, No. 1, 2011, pp. 68-78.

⑥ 王玉、许晓彤：《英国档案数据治理现状与启示》，《档案与建设》2023年第8期。

⑦ 王宁、谭必勇：《澳大利亚联邦档案数据治理体系特色及启示》，《档案与建设》2023年第8期。

议"，在各地有关大数据和政务信息资源管理的协同议事机制中，一般由大数据局等数据资源管理部门主导，除广东、上海、浙江等地外，鲜有档案部门的参与①。从实际情况来看，当前数据部门更多将战略重心置于政务数据的收集、共享、利用与安全保障方面，并没有深入考虑政务数据资源的归档管理问题，这在一定程度上削弱了档案部门在数据管理体系中的职能和定位，忽略了保存业务凭证、维护有机关联等的特殊要求，导致数字环境下的档案专业化管理面临被忽视甚至被取代的风险②。随着国家数据局的组建，我国从中央至地方已经实现了数据管理机构的普遍设置，因此如何利用这一契机，加强在档案管理、数据治理的多元制度供给，推进各级档案行政管理部门与各级数据管理局在数据战略规划、公共数据归档与再利用等领域的深度合作，从而形成多元共治的档案数据治理新格局，是"十四五"期间乃至更长时间段内我国档案数据治理体系建设的一项重要任务。总之，随着档案数字化转型战略的不断推进，档案数据治理的变革更多着眼于制度环境的建设和制度层面的创新，其目的在于探索出新的数据治理模式，建立适应数据治理需求的制度体系。档案数据治理的制度创新，要求在党的领导下，诊断现有制度存在的问题、障碍、矛盾，填补和完善制度空白点，打通制度堵点，从而引领档案治理制度走向多元主体公平配置，实现档案数据高效治理③。

二 治理场域：线上治理空间的经验值和贡献度有待提升

档案数据治理突破了以线下治理和档案馆实体为主的治理场景，治理空间由线下拓展到线上，治理场域从稳定单一走向动态复杂④。数智技术的创新迭代和社会的数字化转型不断拓展和提高着档案数据作为生产要素的采集范围和要素地位，原本的档案治理场域中的资源和权力总量迅速膨

---

① 徐拥军等：《数智时代档案治理体系建设研究》，武汉大学出版社2023年版，第54—57页。

② 史林玉、詹逸珂：《政务数据资源档案化管理：面向传统归档实践的分析和思考》，《浙江档案》2022年第7期。

③ 王英玮、戴柏清：《制度创新视角下档案治理效能提升路径探析》，《档案学通讯》2022年第4期。

④ 金波、杨鹏：《"数智"赋能档案治理现代化：话语转向、范式变革与路径构筑》，《档案学研究》2022年第2期。

胀。2018年，浙江省已经要求全面推行"最多跑一次"事项电子化归档①，2020年浙江杭州"城市大脑"归档完成了社会管控、城市运营、企业复工、健康码等7类共计1.76GB的电子档案收集②。在浙江、广东、福建等多地实施政务服务事项电子文件归档管理试点工作的基础上，2023年7月国务院办公厅正式颁布《政务服务电子文件归档和电子档案管理办法》，明确要求"各级政务服务机构……推动完善政务服务办理系统归档功能"，并将"政务服务办理全过程中形成和调用的证据性材料、程序性材料、结果性材料等应当纳入归档范围"。由此，政务数据归档和管理有了明确的法规依据③。可以预计，档案部门将汇聚日益庞大的具有高度社会治理价值的数据资源，并承担数据合规治理、异议数据处理、数据共享利用等衍生性职责。数智技术不仅带来了权力的数字化延伸，更成为社会分配权力的重要手段，使得其与政治权力迅速"联姻"，因为一方面"推动大数据技术革命以及技术发展的力量永远无法离开政治性的集合（政党、政府、政治性组织等），顺应了政治权力技术的茁壮成长，否则技术的发展将'戛然而止'，因此技术的政治位阶决定着技术的发展命途"④。另一方面档案治理层级以及其他实施治理的政府权力主体也在积极适应数智技术引发的治理环境变化，通过及时介入法律、规范配置和技术、制度创新进行新的权力协商和争夺⑤。档案数据治理的场域空间正是通过这样的技术赋权过程得以产生。泛在化社会的数据技术融合与档案治理权力主体的主动转型，实现了档案业务管理和公共服务活动转向线上空间，推动了档案数据治理从以线下管理为主的传统档案治理中脱域。

新的治理场域和治理场景下，新问题、新风险随之涌现。数据治理对

---

① 《浙江省人民政府办公厅关于印发打破信息孤岛实现数据共享推进"最多跑一次"改革2018年工作要点的通知》，https://www.zj.gov.cn/art/2018/4/16/art_1229019365_61690.html，2023年11月9日。
② 范飞：《档案信息化助推城市治理现代化》，《中国档案报》2020年11月16日第1版。
③ 参见《国务院办公厅关于印发〈政务服务电子文件归档和电子档案管理办法〉的通知》，https://www.gov.cn/zhengce/content/202308/content_6899493.htm，2023年11月10日。
④ 贾秀飞：《技术赋能与治理变革：大数据时代政府治理现代化的内在逻辑及策略回应》，《理论月刊》2021年第6期。
⑤ 章岸婧：《档案数字治理的转型实践、风险解构与路径完善》，硕士学位论文，山东大学，2023年，第31页。

于档案数据而言具有特别的重要性,与图情领域以规范性数据为主不同,由于档案资源自身的原生性与非规范性,形成的场景更为复杂多元,更需要长期、持续的数据治理①。在档案工作融入"互联网+政务服务"工作之前,档案治理行动主体的管理对象主要是实体档案以及封闭的内部档案信息系统,治理的场景依附于实体档案馆,提供的是被动、单一的档案服务。直到依托政务服务改革,档案工作纵深推进至全面数字化转型,档案工作才真正突破了时空限制,逐渐将物理性的治理活动聚合到虚拟化的治理空间中。线上治理空间的形成对于档案治理方式的变革是颠覆性的,它一方面扩大了现实世界档案工作的公共互动,有助于更好地协同和分配权力主体的不同层级以及与社会公众的权力配置;另一方面,由于档案部门长期习惯处于"幕后"的角色,处理动态、复杂的数字空间治理问题经验尚显不足,特别是随着大数据技术和人工智能的广泛应用,如何打通档案数据资源与政务数据资源及社会数据资源的"壁垒",在线上治理空间开展更为精准化、针对性的服务,从而提升档案数据价值的贡献度,也是考验档案部门数据治理能力的重要"验金石"。相信随着场域内的档案工作数字化转型的继续深入,线上线下的治理手段和组织形式将在持续性的权力斗争和妥协中继续螺旋式向前发展。

三 治理理念:公共利益与数据要素化的冲突及协调

档案数据治理的根本目标就是不断沉淀档案数据资源、逐步实现档案数据资产化管理,从而使档案数据作为生产要素快速、持续地释放其潜在应用价值。当前,数据作为生产要素已经成为大数据时代的社会共识,而档案包含大量记录和反映数字活动的数据,在社会各领域的数字化进程中,独立地或与其他类型的数据资源相集成,直接参与和支持各项数字活动,获得更加多元的应用场景和利用形态,形成数字时代特有的数据要素价值②。从现实情况看,数字人文、智慧城市、社会治理、历史研究等领域都需要高质量的档案数据支持,档案部门作为数据资源单位需要用高水

---

① 钱毅、苏依纹:《基于档案的数据基础设施(ABDI)的概念内涵与构建策略》,《档案学通讯》2023年第6期。

② 冯惠玲主编:《档案学概论》(第三版),中国人民大学出版社2023年版,第45页。

平的档案数据服务供给回应这些现实需求，因此，档案数据要素化的实践探索将会成为未来的一种重要趋势。《中共中央 国务院关于构建数据基础制度更好发挥数据要素作用的意见》提出要建立数据产权、数据要素流通和交易、数据要素收益分配、数据要素治理四项制度①。2024年1月4日，国家数据局、中央网信办等17个中央部门联合印发《"数据要素×"三年行动计划（2024—2026年）》，使数据要素在工业制造、现代农业、交通运输、科技创新、文化旅游、城市治理等领域更深入地发挥价值，使"数据要素应用广度和深度大幅拓展"②。然而，当前社会各界在数据资源持有权、数据加工使用权和数据产品经营权等方面并没有形成共识，对于如何在实际运行过程中落实数据产权的结构性分置、有效保障数据各方的权益还处于探索之中，因此在法律机制建设上更面临诸多挑战③。可见，数据要素化涉及产权、交易与收益分配等市场化元素，与公共利益难免存在冲突，需要突破多重理念和"惯习"的束缚。

首先，要确立以公共利益考量为追求的价值理念。善治就是使公共利益最大化的社会管理过程，破除档案数据治理的结构性桎梏以实现档案善治，需要以公共利益为价值取向，创建适应本土实际情况的档案治理组织结构。政府是公共利益天然的提供者和服务者，但这并不意味着政府利益与公共利益是完全一致的，政府也有寻求自身利益的倾向。在积极推进现代化治理时，政府必须落实以公共利益为中心的治理理念，防止在内外部的力量博弈中，有意或无意地损害公共利益与社会公平。聚焦档案数据治理领域，就是要求档案工作者摆脱传统经验式管理、属地固化等部门层面和经济层面的狭义诉求，建立与数据治理场域相适配的，着眼于公共整体利益诉求的价值理念，包括建立开放性档案观、整体性意识和服务性理念，破除科层制下的"条块"思维，将档案工作视野放置到多部门协同的政府系统乃至多层级政府的省级、区域和国家档

---

① 《中共中央 国务院关于构建数据基础制度更好发挥数据要素作用的意见》，https://www.gov.cn/zhengce/2022-12/19/content_5732695.htm，2023年11月29日。
② 《国家数据局等部门关于印发〈"数据要素×"三年行动计划（2024—2026年）〉的通知》，https://mp.weixin.qq.com/s/YyhLQo4lZIFNMiyupdvO1A，2024年1月10日。
③ 张会平、薛玉玉：《公共数据授权运营产权运行机制的理论建构与实施路径》，《电子政务》2023年第11期。

案治理系统中去。

其次，要破除"档案部门和档案工作与数字经济、数据要素没关系"的陈旧理念，将档案视为数据要素的重要组成部分，为档案资源向数据要素转化创造条件[1]。档案数据治理的时代之变、环境之变，要求档案工作者适应管理对象的拓展、主体职能的变革，以包容、开放、创新的档案观念应对新的档案治理环境。近年来，我国推出档案数据开放计划，建成纳入全国一体化政务服务体系的全国档案查询利用服务平台[2]，并要求各地档案部门在"十四五"期间完成档案开放审核鉴定工作。从某种程度上看，档案工作正从长期聚焦内部建设开始向国家、地区等更大范围的馆际服务共享平台转变，从而在整体上回应档案数据的作用与价值如何服务于社会治理[3]。因此，针对档案数据要素化的需求，我们需要制定档案数据开放和要素化开发的数据范围和收益分配规则，探索档案数据授权运营的合理模式，从提供数字（化）档案向提供档案数据转变，遵循公开为常态、不公开为例外的原则，开放可计算、可编辑、可索引的档案数据，从根本上改变单向、低效的档案数据供给格局[4]。在政策框架允许的条件下，档案部门可以利用多源数据的融合开发，向数据要素市场提供可交易的数据产品与服务，开辟档案数据价值实现的更多空间[5]。

除公共利益与数据要素化的理念与利用冲突之外，档案部门和数据部门在处理档案数据治理工作中难免会由于固守自身的工作逻辑而发生冲突，这是管理体制和治理场域所遗留的问题在理念上的投射。例如，在实地调研数据部门和档案部门的过程中，部分受访人在谈及两者机构的使命

---

[1] 章燕华：《以数智化驱动引领档案事业现代化的发展进程与实施路径》，《档案学通讯》2023年第6期。

[2] 陆国强：《全面贯彻落实党的二十大精神 奋力书写档案事业现代化和高质量发展新篇章——在全国档案局长馆长会议上的报告》，https://www.saac.gov.cn/daj/yaow/202302/edef53f544bb4eea8bfacd87fd8a223e.shtml，2023年12月10日。

[3] 钱毅、苏依纹：《基于档案的数据基础设施（ABDI）的概念内涵与构建策略》，《档案学通讯》2023年第6期。

[4] 比如，某地水务部门在公共数据开放平台上提供的"历史降水数据"是Excel或数据库文件等可计算和编辑的文本数据，曾经一度因停更而被企业质问"为何停更？"。可见，"历史降水数据"的稳定供给，对该企业研判生产经营的外来风险有重要价值。该信息来源于对某地水务部门的实地调研。

[5] 周毅：《档案数据治理的认识维度及其价值》，《档案与建设》2023年第2期。

之际，会有"档案馆的使命是保存政府数据资产，数据资源管理局的使命是消除数据壁垒、促进数据利用"的说法，因此，有些机构常常会面临"国家档案局规定数据不能上'云'，大数据部门要求上'云'"①的两难境地。档案部门重"保存"的观念与数据部门重"利用"的做法的冲突，是档案数据治理困境的重要缩影。

除上述三个方面的挑战之外，档案数据治理仍普遍面临数据质量参差不齐、数据价值挖掘不足、档案数据安全风险等困境②，数据涌现与治理滞后、海量数据与价值实现之间的矛盾广泛存在。不过在实地调研中，我们也发现一些地方的档案数据治理有了可喜的变化，比如档案部门与数据部门的协作开始增多，一些地方档案馆的数据管理与治理项目受到了地方大数据局的支持，有的地方大数据局相关负责人表示期待档案部门"能够提供历史数据支持"，部分地方"有关政务数据资源归档、监管方面的法规条款，是来自档案馆的建议"③。有的企业档案部门正积极探索如何将分散、异构的档案数据从档案视角的"证据资产"转化为法律认可的"数字资产"，将档案与企业主营业务深度融合，促进了档案数据价值的充分发挥④。从国际环境来看，除很多机构开始对业务数据进行归档管理外，一些著名的预印本平台 arXiv、全球互联网档案平台 Internet Archive 等数据项目都在借鉴档案管理的理念与方法，全球数据管理领域呈现出"档案主义"的变革趋势⑤。可以说，当前我国档案数据治理体系建设实践面临的是一个既富挑战又充满机遇的社会生态。

---

① 这些表述均为现场调研所记录。
② 岳林恒：《大数据时代下档案数据治理的困境与对策探析》，《档案天地》2023 年第 5 期。
③ 来自山东、浙江、江苏、江西等地的实地调研。
④ 来自山东省青岛市某国有企业档案部门的数据治理实地调研。
⑤ 冯惠玲：《面向数字中国战略的档案数据产教融合》，《档案与建设》2023 年第 10 期。

第四章

国内档案数据治理的社会生态

大数据时代，数据的价值早已深入社会各个领域，人类进入了个体化全量本数据分析、发现与预测的时代。在此背景下，档案事业也需要顺应档案客体在形态、数量、管理生态等方面的变化，及档案工作面临的外部发展环境和政策导向的变化，档案数据治理应运而生。为了构建起契合实践发展需求的档案数据治理体系，首先需要考察当前国内档案数据治理的整体社会生态，对国内档案数据治理现状进行系统性的分析和理解，全面解构大数据背景下档案数据治理系统面临的各种显露及潜伏的风险要素，客观评估当前国内档案数据治理体系的建设及运行的社会认同度和满意度、社会环境基础及现实驱动力，以便准确把握我国档案数据治理的现实处境，为科学建设档案数据治理体系提供有力依据。

第一节　档案数据治理实践的基础

一　资源基础

档案信息化建设在推动传统档案管理走向现代档案治理的过程中，为档案数据治理打下了丰富多元的资源基础。20世纪90年代至21世纪的前10年，数字化代表了信息化发展趋势，实现了档案模拟态向数字态的转换，而大数据等智能技术的发展则促使档案管理工作从信息化向数据化转型，档案数据治理成为了档案信息化的新的发展方向。[1] 但不能忽视的是，

---

[1] 赵跃：《大数据时代档案数据化的前景展望：意义与困境》，《档案学研究》2019年第5期。

传统的档案信息化工作取得一系列重要成果，包括档案数字资源体系、档案基础数据库和管理设施以及多元参与力量的建设，为我们当下实现档案数据治理的目标提供了坚实的资源财富与基础保障。

第一，档案领域多年开展的信息化建设，基本形成了以档案数字资源为主导的档案资源体系。随着计算机和互联网在档案管理领域的逐步推进，我国档案管理工作在经历了计算机辅助档案管理阶段、档案信息化准备阶段后，于2000年左右开始进入了信息化发展阶段。[①] 档案资源数字化建设是档案工作信息化的核心和前提，要实现档案数字化管理，建立高水平的数字档案馆，首先需要具备足够的数字档案资源，因此全国范围内的档案馆纷纷开展馆藏档案的数字化工作。2014年12月，在全国档案局长馆长会议上，时任国家档案局局长的杨冬权正式提出"要继续实施'存量数字化、增量电子化'战略"。"存量数字化、增量电子化"战略以"推动各级档案馆（室）实现由传统管理向现代管理转型升级"为目标[②]，此后该项战略一直延续至今。档案机构多年来积累、管理和规划形成的丰厚的档案数字信息资源，为档案数据治理打下了坚实的数字资源基础。

第二，档案信息化基础性、关键性软硬件设施的长期建设，形成了丰富的档案资源库和系统化的管理设施。随着社会信息化速度不断加快，为了有效应对电子文件、数字化档案和数据档案的有效管理与长期利用问题，档案机构一直致力于构建起系统完备、高效实用、安全可靠的档案信息化基础设施。首先，系统的普及与应用为档案数据管理工作带来了很大的帮助。通过普及性地建立OA系统、电子文件管理系统和档案管理系统，档案信息的管理质量和利用效率都得到了提高，档案系统使档案资源与信息技术实现了真正意义上的结合，为后续档案数据深度开发、关联共享、开发利用做好了准备。其次，档案数据资源库的普遍建立，推动档案信息资源体系建设迈上新台阶。在档案信息化建设的推进过程中，档案机构广泛建立了分布式综合性数据库，这些数据库经过组织和加工，能够形成各式各样的档案数据资源主题库、档案数据资源共享库、档案数据资源开放

[①] 邱晓威：《我国档案信息化的发展与问题对策》，《档案学研究》2006年第1期。
[②] 朱文：《论档案存量数字化增量电子化战略》，http://www.fj-archives.org.cn/daxh/xsyj/201710/t20171027_234479.htm，2023年11月20日。

库等。通过建立档案数据库，档案数据资产得以保存，为后续的价值发挥奠定了基础。最后，数字档案馆（室）的建设与升级，为档案数据治理提供了系统化的基础设施。据统计，截至2022年底，通过省级及以上档案主管部门认证的数字档案馆已经达到328个[①]。符合标准要求的数字档案馆（室），均具备了完善的设施设备和管理网络，为后续提升档案数据治理能力和治理水平预留了拓展空间。

第三，社会力量参与和支持档案事业发展，为档案数据治理注入了人力、财力、技术等力量。新时代档案开放工作的法治化、规范化、常态化，社会公众对于开放档案数据的利用需求日益高涨，都使得档案工作更加贴近社会，档案馆的科学文化属性更加凸显。公众、企业、高校等社会力量开始有序参与到档案事业建设中去，推动了传统档案管理加速走向现代档案治理。虽然档案机构拥有丰富的档案资源、专业的管理理念和服务渠道，但也存在管理资金和人力资源不足、技术转化能力差等劣势，社会力量的注入有助于档案机构能够有效地拓宽合作性资源，弥补自身存在的不足。例如，上海市图书馆在搭建"历史文献众包平台"时采取了众包模式，赋予用户档案数据的上传权与编辑权，以完成原始手稿、抄本手稿的全文抄录、元数据标引及著录工作[②]。浙江省档案局为深入推动档案数据治理，与阿里云计算有限公司开展战略合作，签订智慧档案研究合作框架协议，借助阿里的技术支持攻克档案开放鉴定、档案数据治理、档案深度利用等难题，推动浙江档案数据治理工作走向整体智治。[③]

二 制度基础

国家关于大数据、数字政府建设以及档案治理的一系列战略要求、政策文本和指导文件是引导我国档案数据治理实践的重要准绳，为档案数据治理工作提供了根本的价值指引。只有在准确把握大数据时代档案治理相

[①] 国家档案局政策法规司：《2022年度全国档案主管部门和档案馆基本情况摘要（二）》，https://www.saac.gov.cn/daj/zhdt/202308/0396ea569aa648f1befd5c49bac87e6f.shtml，2023年11月20日。

[②] 《历史文献众包平台》，http://zb.library.sh.cn/，2023年9月20日。

[③] 《浙江省档案馆与阿里云计算有限公司签订智慧档案研究合作框架协议》，http://www.zjda.gov.cn/art/2020/9/4/art_1378521_56303452.html，2023年9月20日。

关制度的演进方向和发展规律的基础上，集中促进档案制度的系统化转型，才能更好地适应档案治理水平和治理能力现代化的发展需求。

第一，国家大数据发展战略推动档案数据治理纵深化发展。2012年以来，越来越多的国家启动了以"数据"为核心的国家战略，数据治理日渐成为全球互联网治理领域对话博弈的核心命题之一。例如，美国早在2012年就发布了《大数据研究和发展计划》，此后围绕大数据研究和开发的关键领域提出了多部细化战略；欧盟于2014年发布了《数据驱动经济战略》，聚焦大数据价值链计划，资助"大数据"与"开放数据"领域的研究活动。① 大数据对于我国的战略意义同样毋庸置疑。我国于2014年将"大数据"首次写入国务院政府工作报告，之后"大数据"连续七年成为国务院工作报告引人关注的关键词。② 2015年，国务院颁布了《促进大数据发展行动纲要》，赋予大数据作为建设数据强国、提升政府治理能力、推动经济转型升级的战略地位。③ 此后，国内行业部门与地方大数据政策如雨后春笋般推出。就时代发展需求而言，国家大数据战略的政策导向要求档案数据治理随之深入，档案工作迎来新时代的重大机遇。例如，国务院《促进大数据发展行动纲要》明确指出要构建电子健康档案和终身电子学籍档案，加强包括档案馆在内的公益设施建设，构建文化传播大数据综合服务平台。④《广东省促进大数据发展行动计划》也指出要推动社会治理精准化，加快实现存量档案数字化和增量档案电子化，充分发挥档案资政的参考作用。⑤

第二，我国数字政府战略对档案工作提出了治理新需求。当下，数字化转型已经成为时代发展势不可当的行进走向，在数字化转型的时代洪流下，全球范围的数据治理呈现出百舸争流的蓬勃态势，国际社会纷纷将数字化转型视为提升综合国力的重大战略，以应对未来的全球竞争。习近平

---

① 李后卿、樊津妍、印翠群：《中国大数据战略发展状况探析》，《图书馆》2019年第12期。
② 贾秀飞：《技术赋能与治理变革：大数据时代政府治理现代化的内在逻辑及策略回应》，《理论月刊》2021年第6期。
③ 金波、杨鹏：《大数据时代档案数据治理研究》，《档案学研究》2020年第4期。
④ 《国务院印发〈促进大数据发展行动纲要〉》，http://www.gov.cn/xinwen/2015-09/05/content_2925284.htm，2023年11月29日。
⑤ 《广东省人民政府办公厅关于印发广东省促进大数据发展行动计划（2016—2020年）的通知》，http://www.gd.gov.cn/gkmlpt/content/0/144/post_144888.html#7，2023年9月25日。

总书记在主持中央全面深化改革委员会第二十五次会议时强调，要全面贯彻网络强国战略，把数字技术广泛应用于政府管理服务，推动政府数字化、智能化运行，为推进国家治理体系和治理能力现代化提供有力支撑。①我国政府围绕信息化建设、数字政府、数字中国等数据治理命题已经出台了一系列重大政策文本，例如《"十四五"数字经济发展规划》（2021年）②、《关于加强数字政府建设的指导意见》（2022年）③等。2023年8月，国务院办公厅印发《政务服务电子文件归档和电子档案管理办法》，要求推进各行业、各领域政务服务电子文件从形成办理到归档管理全流程电子化管理，有力支撑政务服务"一网通办"④。由此可见，当下"最多跑一次"等政府数字化转型理念与实践的持续深入，已经将档案和档案工作推到政府治理和公共服务的重要位置，以数据治理为核心的国家治理模式的深刻变革对档案事业的长远发展有着深刻影响。档案部门是政府数据资源的聚集池，面对数据治理问题首当其冲，在此背景下，档案工作更需要主动对接数字中国和数字政府建设的重大战略，自觉融入经济社会发展大局，适应政府治理变革。

第三，档案行业政策强调深化档案信息化战略转型，以进一步提升档案治理效能为发展目标。国家层面，2016年颁布的《全国档案事业发展"十三五"规划纲要》首次出现了"治理"与"大数据"，明确提出要"探索电子档案与大数据行动的融合"，"加快完善档案治理体系、提升档案治理能力"⑤，2021年颁布的《"十四五"全国档案事业发展规划》则指出，要以"全面推进档案治理体系建设，提升档案治理效能"作为主要任务，"完善档案信息化发展保障机制。主动融入数字经济、数字社会、数字政府建设，推动档案全面纳入国家大数据战略"，"建立档案数据治理新

---

① 艾梧：《人民网评：数字政府建设要满足人民对美好生活向往》，http://opinion.people.com.cn/n1/2022/0421/c223228-32405123.html，2023年9月27日。
② 《国务院关于印发"十四五"数字经济发展规划的通知》，http://www.gov.cn/zhengce/zhengceku/2022-01/12/content_5667817.htm，2023年9月27日。
③ 刘艳：《打牢支撑根基 释放数字政府建设红利》，《科技日报》2022年4月21日第1版。
④ 《国务院办公厅关于印发〈政务服务电子文件归档和电子档案管理办法〉的通知》，https://www.gov.cn/zhengce/content/202308/content_6899493.htm，2023年11月10日。
⑤ 《国家档案局印发〈全国档案事业发展"十三五"规划纲要〉》，https://www.saac.gov.cn/daj/xxgk/201604/4596bddd364641129d7c878a80d0f800.shtml，2023年9月20日。

模式","档案工作基本实现数字转型"。① 从中我们不难发现,从"十二五"重在档案资源与设施的数字化,"十三五"强调技术赋能智慧服务,到"十四五"时期突出治理的数字转型,21世纪以来档案事业五年规划基本遵循着"管理—服务—治理"的发展主线,走出了"数字—数智—数治"的演进之路。② 地方层面,上海③、浙江④、江苏⑤等省市纷纷出台了针对地方档案工作现状的数字化转型政策和档案事业规划,将档案数据治理放在了档案工作数字化变革的重要位置,积极探索档案事业数据治理新模式。总体而言,推动档案信息化建设实现管理迈向治理的整体跃升,构建顺应大数据时代、适合我国国情的档案数据治理体系及其推广机制,已经成为当前档案行业重要的政策议题。

三 技术基础

大数据时代引领社会生态整体的"数据化转向",为档案数据治理打下了良好的技术基础。以大数据、人工智能、区块链等为代表的新一代大数据技术迅速扩展,推动着数据要素的深度解读、数据智慧的应用转化和数据生产力的加速释放,引领着人类社会快步迈向大数据智慧化的时代。随着"数智"环境的不断完善,数字经济、数字文化、数字生态等新业态、新模式蓬勃发展,经济生产方式、社会运行方式和国家治理方式均在发生结构性变革⑥,数据技术的逻辑已经拓展并深入到社会各个领域。"数智"技术赋能时代发展的重大变化,将对档案工作带来不可估量的影响。

---

① 《中办国办印发〈"十四五"全国档案事业发展规划〉》,https://www.saac.gov.cn/daj/toutiao/202106/ecca2de5bce44a0eb55c890762868683.shtml,2023年11月29日。

② 杨智勇、谢雨欣:《数字档案馆的"数字—数智—数治"演进之路——基于〈"十四五"全国档案事业发展规划〉的分析》,《档案与建设》2021年第8期。

③ 《上海市档案局关于印发〈上海市档案事业数字化转型工作方案〉的通知》,https://www.archives.sh.cn/dayw/jszj/202301/t20230105_67869.html,2023年10月20日。

④ 《省发展改革委 省档案局关于印发〈浙江省档案事业发展"十四五"规划〉的通知》,https://www.zj.gov.cn/art/2021/4/16/art_1229203592_2268782.html,2023年10月20日。

⑤ 《江苏省"十四五"档案事业发展规划》,http://www.dajs.gov.cn/art/2021/9/10/art_16_57693.html,2023年10月20日。

⑥ 金波、杨鹏:《"数智"赋能档案治理现代化:话语转向、范式变革与路径构筑》,《档案学研究》2022年第2期。

第一，作为大数据的重要组成部分，档案行业理应在数据治理领域主动发声。随着人类从传统的书卷时代进入大数据时代，信息资源的空间结构也发生着颠覆性的改变。① 新的应用场景、服务形态和变革需求催生了格式更加复杂、类型更加丰富、体量更加庞大的档案数据。从时间维度上看，档案数据不仅包括了传统档案数据资源，还囊括了不断产生的实时数据；从空间维度上看，原有较为单一的档案生成环境发生了改变，档案数据资源的生成方式高度分散，数据产生的边界不断拓展。② 除了传统意义上的档案内容、结构、背景数据外，政府管理的过程数据、数字档案馆运维数据、社交媒体上具有保存价值的数据都应被纳入档案数据范畴中来。大数据环境下档案工作管理对象相比过去发生了翻天覆地的时空变化，社会公众从过去档案的主要用户逐渐成为档案数据的生成主体，档案工作从数据管理走向数据治理成为时代必然，档案界需要主动提高业务能力，运用数据科学的理论与方法，探索出适应大数据时代的档案利用需求的治理道路，并在数据治理实践中取得新时代的话语权。

第二，大数据技术为档案数据治理实践提供了有力的技术支撑。以大数据为代表的智能技术体系已经嵌入我们的思维方式、生活方式、工作方式以及组织方式中，在社会经济发展、政府数据治理、国家文化民生等领域中应用广泛。在档案领域，数智技术是档案数据治理主体新格局建立、治理过程现代化科学化透明化、治理效能不断优化与提升的重要引擎。技术工具作为档案数据治理从理论走向实践的重要媒介，在档案数据治理过程中不可或缺，离开了人工智能、语义化技术、可视化技术等新一代大数据技术的应用，档案数据治理实践就如空中楼阁一样，难以落地。具体而言，数据挖掘、智能技术、区块链技术、时间戳技术、数据分析技术等为档案数据的治理方法和服务模式迈向智慧化、普惠化提供了强大动力。例如，综合运用大数据技术，能对档案数据资源进行智慧化整理、深度性挖掘；能对档案数据开展实时监督、精准监督，并最终实现档案数据流的全过程指数化管控；能面向用户提供智能化、知识化的针对性档案信息服务，提高档案公共服务的质量和效率；能有效把握社会公众的数据利用需

---

① 金波、晏秦：《从档案管理走向档案治理》，《档案学研究》2019 年第 1 期。
② 于英香：《从数据与信息关系演化看档案数据概念的发展》，《情报杂志》2018 年第 11 期。

求，辅助领导决策、制度制定等。

第三，大数据环境为档案数据资源开放共享和深度利用开辟了崭新的空间。低价值的大量数据的相关关系组合能挖掘出低成本高价值的商业信息①——正如维克托·迈尔-舍恩伯格（Viktor Mayer-Schönberger）所言，大数据的特点是要提供透明、公开、可操作的数据。大数据时代，物联网、云计算、人工智能、移动互联的组合共同构筑了全新的数据生态环境，数据处理技术飞速发展，数据流动快捷便利，数据开放的技术条件和社会条件趋向成熟，档案数据的开放共享和深度利用已然成为治理的目标性价值之一。当档案数据融合和交汇成为常态化，加快特色应用场景创新，推动档案数据跨业务集成、跨系统利用、跨业态共享便被提上了治理的日程表。当下，全球开放数据运动兴起，法国、德国、新西兰等国已经通过立法的方式将开放政府数据纳入本国的法律系统框架之内。中共中央、国务院也强调"加快培育数据要素市场""推进政府数据开放共享""提升社会数据资源价值""加强数据资源整合和安全保护"②。档案数据资源是政府数据资源的重要组成部分，积极探索知识管理、人工智能等技术在档案数据开放共享和利用中的应用已经成为档案部门需要思考的重要课题。

第二节　档案数据治理实践的现状与特征

党的十九大以来，党中央对推进国家治理体系和治理能力现代化作出了战略部署，加之新一轮党和国家机构改革带动政府职能体系转变，很大程度上推进了我国数字政府的治理进程。进入大数据时代，档案事业发展面临着数字化转型和智慧业态发展、机构改革后档案部门核心职能的有效履行与相互协作等新问题，这就要求档案信息化建设必须进入数字赋能档案工作"系统性变革"以驱动转型升级进而推进档案治理现

---

① ［英］维克托·迈尔-舍恩伯格、肯尼思·库克耶：《大数据时代：生活、工作与思维的大变革》，盛杨燕、周涛译，浙江人民出版社2012年版，第11—25页。

② 《中共中央　国务院关于构建更加完善的要素市场化配置体制机制的意见》，http://www.gov.cn/zhengce/2020-04/09/content_5500622.htm，2023年11月17日。

代化的新发展阶段①。为应对新形势的档案治理数字化转型需求，全国各地纷纷开始探索基于社会发展需要和当地档案工作实际的档案数据治理道路。本课题组于2020—2022年先后对长沙、杭州、苏州、南昌、济南、青岛等地档案数据治理现状进行了文献、网络调研和实地考察，在综合考量这些城市档案数据治理体系建设现状的前提下，基于档案数据治理实践的突出典型性，本节选择了长沙市档案馆、青岛市档案馆与浙江省档案馆三地作为主要分析对象（见表4-1），从治理模式、现实特征、治理成效三个维度对这三家机构的档案数据治理实践进行梳理和分析②，以更好地把握我国档案数据治理的现实进展。

表4-1　长沙、青岛、浙江三地"全国示范数字档案馆"评定信息

机构名称	评定时间	突出优势
长沙市档案馆	2020年11月2日	湖南省首家市级"全国示范数字档案馆"
青岛市档案馆	2015年6月5日	全国首家"全国示范数字档案馆"
浙江省档案馆	2019年9月18日	全国首家省级"全国示范数字档案馆"

一　治理模式

（一）长沙市档案数据治理模式

长沙市档案馆档案数据治理工作成效显著。该馆自2005年开始档案数字化工作，2008年被国家档案局评为国家一级档案馆，之后不断加强档案数据治理实践，在2020年11月以95.79分的高分通过"全国示范数字档案馆"测试，被国家档案局批准为"全国示范数字档案馆"，成为湖南省首家评选成功的市级综合档案馆。长沙市档案馆档案数据治理成效与长沙市政府"智慧城市""人工智能""数字经济"等新型城市发展业态及战略布局密切相关，本节将从治理理念、治理主体与治理内容一体化建设三方面阐述长沙市档案数据治理体系建设模式。

---

① 章燕华、王力平：《数字化转型背景下的档案信息化发展战略：英国探索、经验与启示》，《档案学通讯》2021年第4期。

② 除特殊说明外，这部分内容所涉及的资料和相关数据均为现场调研所得。

1. 治理理念：智慧城市建设催化数据赋能

长沙市人民政府高度重视智慧城市发展新机遇，在政策制定、执行与落实方面为全市智慧产业的建设与落地提供了充分的政策便利。长沙市政府先后制定了《长沙市新型智慧城市建设管理应用办法》《长沙市人民政府关于加快建设新型智慧城市示范城市的决定》《长沙市人民政府办公厅关于印发长沙市新型智慧城市示范城市顶层设计（2021—2025年）纲要》和《长沙市新型智慧城市示范城市建设三年（2021—2023年）行动计划纲要的通知》，为全市开展新型智慧城市建设提供了顶层设计与行动指南。在长沙市政策文件引领下，智慧城市的战略地位被提上各部门工作进程计划中，为推动政府部门业务形态重塑、实现政府智慧智能服务提供导向作用。

长沙市政府出台的多项推动智慧城市发展的政策文件体现出政府部门治理理念的转型。这些理念本质上具备共性，包括以下四个方面。第一，从治理原则看，突出"创新、协调、绿色、开放、共享"新治理观在智慧城市建设中的引领作用。第二，从治理目的看，坚持以人为本、为民服务的基本原则，贯彻问题导向的治理思路，以解决社会经济发展难点、痛点与堵点为重要目标，以打造智慧化应用场景为建设路径。第三，从治理格局看，强化市场主导的多元协作建设运营模式，发挥政府引导、公众参与的积极价值，提升智慧城市建设的吸引力与持续性。第四，从治理方向看，强调智慧治理在民生服务、政府管理、科技创新、数据市场、智慧交通、安保防护方面的有效应用。在智慧城市建设环境浸染下，长沙市政府治理理念的变革进一步推动政府各部门业务形态智慧化升级，实现数智技术在基础设施建设、支撑平台与应用窗口的深度应用，极大提高了政府数据治理水平。

从档案数据治理工作动因看，前端智慧政务发展对后端档案数据治理工作提出更高层面的要求。由于智慧城市与智慧政务不断推进，长沙市政府各部门产生的数据内容形态复杂多样，政务办公基础设施、软硬件水平也得到极大提高，从而对政务数据保存提出了更高要求。这一背景之下，传统意义上的档案基础设施、平台条件、保管手段已无法有效满足数据层面的要求。因此，在长沙市智慧政务发展的前端驱力下，长沙市档案馆积极开展档案数据治理工作，优化升级档案基础设施条件，完善档案数据管理平台功能，提升档案数据管控能力，积极开发档案数据应用场景，为政务数据保管利用提供全方位保驾护航。

2. 治理主体：打造纵横联动的数据治理结构

长沙市政府部门间形成了有效联动治理机制，通过明确各部门在政务数据治理过程中的职责分工，为数据全生命周期运转流程提供坚实保障。2019年11月20日，长沙市人民政府办公厅印发《长沙市政务数据资源管理暂行办法》，确定市数据资源局、各级政务部门、市档案局、市委网信办、市保密局、市公安局、市国安局等机构在内的政务数据治理主体范围（见表4-2）。[①]

表4-2　　政务数据全生命周期流程中治理主体的职责权限划分

治理主体	负责流程	具体职责
市数据资源局	政务数据顶层设计及落实工作	行政管理方面，负责全市政务数据的统筹规划、职责确认、协调推进、指导监督及考核评价工作；具体实施方面，负责全市政务数据的归集整合、平台搭建、质效管控、共享开放、开发利用等工作。
各级政务部门	政务数据采集存储、汇聚整合、质效治理、开放共享、开发应用	行政管理方面，明确专门领导、主管部门、专门人员的数据治理职责任务，系统负责数据资源管理工作；具体业务方面，政务数据提供部门应定期维护、更新数据；政务部门数据使用方应强化全过程、全流程管理；制订本单位数据资源管理工作规划与实施计划；起草本部门相关数据标准；参与市数据资源管理平台建设，提供政务数据资源、开放目录等工作；强化数据创新应用，打造多元化实施场景与通用应用模型；积极参与数字经济与数据产业的发展建设。
市档案局	数据归档移交、保存利用	市数据资源局会同市档案局负责本行政区域内政务数据与电子文件的归档移交工作，制定政务数据与电子文件归档移交、保存利用等流程的具体管理规定。各业务部门应按照相关规定，积极配合开展政务数据与电子文件的规定移交、登记备份工作。

---

① 《长沙市政务数据资源管理暂行办法》，http://www.changsha.gov.cn/zfxxgk/zfwjk/szfbgt/202003/t20200310_6841070.html，2023年10月20日。

续表

治理主体	负责流程	具体职责
市委网信办	数据安全管理	作为政务数据安全工作的牵头部门，主要负责统筹组织实施全市政务数据安全保障工作。
市保密局、公安局、国安局	数据安全管理、指导监督	在各自职责范围内，做好政务数据安全指导监督工作，协调处理重大突发政务数据安全事件，防范政务数据泄露风险。

在长沙市政务数据治理主体结构中，不同治理主体间建立起相互联系、指导及监督的治理环境。各机构各部门均承担政务数据治理过程中的不同责任与义务，在职能赋予上交叉重复问题较低，职责划分清晰，构建较为全面完善的全市数据资源管理责任体系，为长沙市数据治理工作有序推进提供了良好的生态环境。政务数据治理环境将极大影响档案数据治理实践，不仅对档案数据治理工作起倒逼与促进作用，同时有助于降低档案数据治理难度，加快档案数据治理进程。长沙市政府建立的纵横联动数据治理结构为长沙市档案馆开展档案数据治理工作提供了良好的政务数据治理环境，进一步加快了长沙市档案数据治理智慧化发展的步伐。

3. 治理内容：依托智慧基础设施建设系统

在全市智慧城市与智慧政务建设环境浸染下，长沙市档案馆基于档案数字化项目、数字档案库房建设项目，逐步开展了馆内档案数据治理活动，推动长沙市档案馆向智慧档案馆方向迈进。长沙市档案馆围绕基础设施、系统功能、数据资源三方面开展档案数据治理实践，成效显著，为长沙市档案工作融入全市智慧城市建设及对接智慧政务工作提供了重要保障。

一是搭建完善的数据基础设施。在开展档案数据治理实践过程中，长沙市档案馆优化升级基础设施建设，提升基础设施智能化水平，为档案管理系统稳定运行、档案数据管理平台功能完善提供强大硬件支撑。主机房建设方面，长沙市档案馆对原有机房进行全面智能化改造，围绕互联网运行核心——"动力机房"（网络心脏）进行优化建设，通过引进新一代一体化网络能源通信机房，为档案管理系统运行提供高运转、高效率、高可用保障。在网络拓扑结构建设中，长沙市档案馆构建局域网、政务网、因特网三网并存的网络结构，确定分级管理网络安全保障体系。长沙市档案馆基于档案馆、立档单位、社会公众三大服务对象，建立模块化网络安全域，各网络之间相互独立，有效避免档案数据泄露安全风险。此外，长沙市档案馆采取在线备份、双机热备、离线备份多重备份方式，为档案数据资源安全管护提供重要保障。

二是研发数字档案管理一体化平台。长沙市档案馆依托强大智能化基础设施建设，采取技术自主研制与技术外包服务相结合的方式，与甲骨文股份有限公司（Oracle）、东方通科技（TongTech）等国内外知名软硬件企业合作，开发集局域网平台、政务网平台、因特网平台、机密网平台、离线平台于一体的数字档案馆平台系统。在政务电子文件在线归档方面，长沙市档案馆在政府部门设立立档单位数字档案室，利用数据资源采集库对各立档单位形成的数字档案、电子文件、在线数据进行接收，建立文件中心进行保存，该阶段数据资源存储在预归档库中，这一做法在全国档案数据治理实践中具有典型性。在电子档案存储管理与检索查询方面，长沙市档案馆采取"弱化管理与强化检索"原则，没有过分追求电子档案分类管理，使该部分电子档案存储处于离散状态，而是在检索利用时强化智能工具开发，便于档案工作人员通过页面检索便能实现档案数据精准检索。在电子档案开放利用方面，长沙市档案馆通过馆藏系统自动识别到期鉴定档案数据，由鉴定小组对其进行开放鉴定工作，而后系统通过将该部分数据进行归集，形成待开放数据包，开放委员会确认通过后提交领导进行签字审核，最终传输至开放档案查询系统中提供利用。

（二）青岛市档案数据治理模式

青岛市档案馆档案数据治理实践在全国开展较早。2003年，青岛市档案馆率先建成全国首家数字档案馆，依托"三网四库"，搭建起数字档案管理服务体系。2015年，青岛市档案馆开展智慧档案馆建设项目，将云计算、物联网、移动互联等新兴信息技术与档案业务融合，实现档案管理流程再造，推进智慧档案馆完善落地，当年青岛市档案馆便通过了国家档案局的"数字档案馆系统测试"，以96.98分成为首家"全国示范数字档案馆"[①]。青岛市档案馆在档案数据治理实践方面的探索具备深厚积淀与有效

---

① 《青岛市数字档案馆首家通过"全国示范数字档案馆"测试》，http://www.qingdao.gov.cn/n172/n24624151/n24631595/n24631609/n24631637/150605161323585035.html，2023年11月19日。

经验，在此从治理理念、治理过程与治理应用三个方面进行深入分析。

1. 治理理念：数据赋能服务民生发展

为深入贯彻国家网络强国、数字中国、智慧社会战略，青岛市政府相继发布《数字青岛2021年行动方案》《青岛市"为民服务数据赋能"攻坚行动方案》等政策文件，以建立互联互通、优质高效、安全可靠的数据资源体系为目标，提升数据赋能实效，持续优化为民服务质量①。在此背景下，青岛市深入开展数据治理实践，实现治理理念转型，包括数据内容、数据共享、数据应用和数据安全四个方面。

数据内容方面，开展"数据质量提升"专项活动，搭建数据质量治理体系。该体系由数据质量自查自纠、数据质量抽查评估及数据质量优化机制三部分组成。首先，市政府各部门根据自身分工，开展数据自查工作并上报，及时整改问题或通过建立台账的方式明确整改时限。其次，市大数据局牵头建立数据质量抽查机制，对数据质量规范进行针对性检查，建立《数据质量抽查问题清单》，对被抽查部门的数据质量层次总体评价。最后，市政府建立数据质量提升机制，明确各环节应提出的相应措施与具体职责，强化数据源头管理、多源校对与有效监控，实现数据闭环流程管理，有效提升数据质量。

数据共享方面，开展"数据壁垒清零"专项活动。首先，市政府以政务服务、政府管理与社会治理数据壁垒为征集对象，开展问题摸排，建立"壁垒"问题清单，确定数据壁垒具体内容。其次，市政府根据收集的清单数据，指定市大数据局牵头对问题解决进行责任分解，将工作目标与内容压实压细，明确解决时间、方式与人员。最后，市政府依据"数据共享是原则，不共享是例外"基本原则，破除区市间、部门间数据共享思维、管理与技术障碍，完成问题清零。在此基础上，以社会公众高频使用数据为优先共享重点，强化数据共享技术应用，建立常态化数据共享机制。

数据应用方面，开展"数据应用提质"专项行动，强化数据应用服务社会发展与民生服务的质量效果。青岛市政府从建立应用试点、拓展应用场景、推进融合应用、建立数字实验室等方面出发，制定了《青岛市公共

---

① 《关于印发青岛市"为民服务数据赋能"攻坚行动方案的通知》，http://www.qingdao.gov.cn/zwgk/xxgk/bgt/gkml/gwfg/202106/t20210621_3119937.shtml，2023年11月15日。

数据资源开发利用试点实施方案》；实现了公共数据服务平台与工业互联网企业综合服务平台对接，强化政企数据融合应用，培育数据赋能经济发展新模式；搭建了汇集数据（应用）提供商、需求商等主体在内的公共数据服务平台。此外，青岛市政府依托公共数据服务平台，搭建数据实验室，吸引企业机构、科研院所、高等院校深入参与，实现产学研一体化建设，搭建公共数据科研应用场景。

数据安全方面，开展"数据安全保护"专项行动。根据《公共数据分类分级指南》要求，青岛市推进开放场景范围内公共数据分级分类（数据类别与安全等级），明确相应保护技术与管理措施。同时，由市大数据局进行牵头，建立数据安全管理制度，实现对数据全生命周期的流程管控，化解数据安全风险。最后，青岛市政府各部门对各单位数据安全问题进行深入调查，将调查结果反馈至大数据局，由其研讨解决方案。

2. 治理过程：数智技术辅助档案管理

档案管理业务与新型数智技术融合是青岛市档案馆档案数据治理工作的主要特色。青岛市档案馆通过与中国知网开展战略合作，深入推动数据挖掘、知识管理与人工智能等新一代信息技术在档案业务工作中的应用，进一步实现青岛市档案数据治理工作转型，取得显著成绩。青岛市档案馆数智技术应用范畴已不止于档案数字化层面，基于内容分析的档案数据化工程成为全馆档案工作的重心。

青岛市档案馆通过数智技术在档案业务工作中的有效应用，开发了一批档案数据内容分析工具组件，包括12种类型。一是质量控制工具，为了保障进馆数据的质量，避免数据错误、数据重复等问题，提升档案数据的准确率；二是涉密文件检查工具，根据国家保密法等相关规定，设置语义识别规则，实现敏感词汇的检测与识别，确定档案数据的保密程度；三是开放鉴定控制工具，将档案开放鉴定前置到业务工作中，基于敏感词、开放划控办法、开放鉴定案例三个方面，确定档案数据开放范畴；四是四性要求检测工具，针对电子档案进行质量控制，完善档案数据"四性"检测功能；五是保管期限设置工具，根据档案保管期限表设置规则库，实现档案数据与既定规则的匹配，解决人工鉴定确定保管期限工作量太大的问题；六是全文智能检索工具，在档案数据化的基础上，利用自然语言处理技术，实现档案数据库资源主题、内容、元数据的智能查询；七是辅助检索推荐工具，通过将专家检索模式推荐给档案用户，实现因果关系检索，提高档案用户检索质量与效果；八是档案辅助识读工具，通过将词语数据库与档案用户阅读结合起来，建立档案知识库，为档案用户查阅档案内容提供辅助；九是图片辅助发现工具，通过图像识别技术的应用，解决以往档案数字化过程中忽视图像著录这一问题，同时也可有效识别档案数据库中的图片信息；十是以图识图工具，通过以图识图技术，实现档案数据库中重要领导人、重要事件等珍贵照片的查询；十一是大事记编纂工具，通过数据组织技术，以主题、内容为关键要素，实现档案数据的归并、存储与处理，形成档案数据集，辅以人工处理，建立档案大事记数据库；十二是人物事件挖掘工具，利用相关技术，实现档案数据中人物关系、事件发展的可视化展现，揭示档案数据之间的内在关联。

智慧化档案数据治理实践离不开大量可被计算机分析处理的数据化资源沉淀。青岛市档案馆在档案数据治理实践进程中，将治理范围深入内容层，通过OCR识别技术实现部分档案资源数据化，为档案数据治理实践深入开展提供基础与前提。青岛市档案馆通过数智技术在档案管理工作中的有效应用，实现档案管理流程再造优化，推动档案移交、归档、保管、利用、开发、开放等核心业务细致化、自动化与智能化，推动了档案管理工作由人工管理模式向人机共存模式转变。

3. 治理应用：档案数据开放共享服务

青岛市档案馆在档案数据治理实践基础上，深化拓展后端应用，包括网站升级改版与政务系统数据共享两个方面。青岛市档案信息网秉持档案数据资源服务城市历史文化传承、发展与研究的顶层设计理念，面向社会建设集"档案资源服务窗口""城市历史文化研究基地"和"青岛历史故事传播平台"于一体的功能性平台。同时，在青岛市政务数据开放背景下，青岛市档案馆实现部分档案数据与青岛市公共数据服务平台数据对接，深化扩展档案数据利用场景。

一是对青岛市档案信息网进行升级改版。首先，青岛市档案信息网基于数据化档案资源，建设了青岛城市历史数据化资源库。该资源库主要以馆藏胶澳商埠专题档案信息为数据来源，构建以青岛商会史料社会事务类、青岛解放史料、胶澳商埠时期文化和教育类史料等专题数据库①，反映青岛市1924—1949年期间商会发展的政治、经济和文化等历史信息。其次，青岛市档案馆在档案数据知识化组织方面开展了相应探索，形成了青岛历史知识库、青岛历史大事记、城市历史基础信息三大主要成果。青岛历史知识库通过呈现不同词条关联性，为档案用户提供新知识，能够激发用户探索词条背后档案数据资源的猎奇心。青岛历史大事记以编年体形式呈现青岛150余年的历史事件数据，并通过数据分析技术系统抽取历史上同一天的事件，形成"历史上的今天"功能模块。城市历史基础信息以"机构沿革、区划沿革和青岛基础数据"作为数据集成维度，发布大量青岛历史基本统计数据，其蕴含青岛市开埠百年来政治、经济、文化历史知识。最后，青岛市档案信息网采取"众包"理念，提升档案网站信息服务交互水平。通过引入"众包"，青岛市档案馆实现了网站平台与档案用户泛在互联与深度交流，形成完整有序服务闭环。青岛市档案信息网在青岛历史知识库等功能板块中提供用户参与贡献内容线上渠道。档案用户可通过对知识库词条进行评价与留言方式，补充知识库内容的准确性、丰富性与完整性。

二是对接政务数据开放共享。2020年9月1日，青岛市政府印发《青岛市公共数据开放管理办法》，要求青岛市政府各级部门加强公共数据开放利用，并在此基础上搭建面向社会公众的青岛公共数据开放网②。该网站汇集了包括市档案局在内的42个市直部门公共数据，提供了数据目录、数据服务、数据应用、地图服务、数据统计、互动交流、开放生态一体化公共数据开放服务功能模块。截至目前，青岛市档案馆在数据服务板块中提供8项数据服务，并建立相应数据接口。通过青岛市公共数据开放网这一加工厂，青岛市档案馆开放的档案数据能够释放更深层面的数据价值。青岛市公共数据开放网构建了开放有序的数据生态，通过提供数字实验室这一数据价值孵化平台，为用户提供数据沙箱、供需对接和创新平台等工

---

① 《数据化资源库》，http://www.qdda.gov.cn/qddaxxw/qddaxxw/cdfw/zyk/index.html，2023年11月10日。

② 《青岛市人民政府办公厅关于印发青岛市公共数据开放管理办法的通知》，http://www.qingdao.gov.cn/zwgk/xxgk/bgt/gkml/gwfg/202010/t20201016_350116.shtml，2023年11月15日。

具服务。该平台为用户建立了覆盖数据需求、数据服务需求和数据应用需求的完整数据供应链,数据需求端主要由用户发布数据需求申请,而拥有该数据的用户可进行需求响应,通过数据接口上传相应数据。数据服务需求端口则是企事业单位根据自身业务需求和既有开放数据,发布自身所需数据服务,具备孵化该数据应用场景的企业或团队则可进行需求响应,提供相应的数据服务。应用需求则是由需求方提供完整业务系统或者 APP 建设需求,由具备满足需求能力的团体或企事业单位进行响应,提供相应产品开发服务。这条集获取、加工、服务工序一体化的数据生态链在很大程度上激活了数据价值,并在这一过程中形成了新的数据产业链,实现数据赋能新型产业发展,推进高质量数据产业模式形成。档案馆参与到这一数据产业生态中来,能够有效利用自身档案数据资源,满足政府公共数据开放和提高公共服务水平这一目标,同时也有助于实现自身数据资产沉淀,为机构带来更多有效价值,实现数据资源管理模式优化。

(三) 浙江省档案数据治理模式

浙江省档案数据治理工作是在浙江省整体推进数字化转型改革背景下较早开展且取得显著成效的。2018 年 12 月,浙江省人民政府印发《浙江省深化"最多跑一次"改革 推进政府数字化转型总体方案的通知》,要求"数字技术与政府履职全面深度融合","形成纵横贯通、横向协同、上接国家、覆盖全省的数字政府体系","通过数据共享促进业务协同,提升政府治理体系和治理能力现代化的进程"。在这份总体方案中,内容涉及电子公文、电子证照、信用档案、电子健康档案、污染源数字化档案库等档案数据质量治理等领域,并要求浙江省档案局"建设统一的数字档案系统","打破档案数据孤岛",从而"实现对归档公共数据和电子文件的统一接收、集中保存、规范管理和提供利用"。[①] 2021 年 2 月,浙江省召开全省数字化改革大会,随后由中共浙江省委全面深化改革委员会颁布《浙江省数字化改革总体方案》,围绕数字政府、数字经济、数字社会、数字法治等开展全方面改革,实现全省"整体智治、高效协同"的目标。在数据治理方面,该方案要求"扩大公共数据按需归集和管理范围","实现全领

---

① 《浙江省人民政府关于印发〈浙江省深化"最多跑一次"改革 推进政府数字化转型总体方案的通知〉》,《浙江省人民政府公报》2019 年第 2 期。

域数据高质量供给","建设省域治理专题库",从而推进一体化智能公共数据平台建设、提升公共数据共享治理水平。① 作为浙江省数字化改革的重要参与者,浙江省档案馆顺时而动,以"智慧档案"建设为目标,积极融入智慧城市建设、数据治理工作和政府数据治理格局中,推动本馆档案数据治理实践与电子政务接轨,实现开放互联、共享利用的智慧档案服务体系。

1. 治理理念:集约化一体化顶层设计思维

在全省"一朵云""一张网"改革理念指引下,浙江省政府以统一平台、汇聚资源、一站服务为顶层设计思想,遵循"整体智治"的理念,先后颁布了《关于新时代全面推进档案工作数字化转型的意见》《2021年档案工作数字化转型重点任务清单》《浙江省档案工作数字化改革方案》②,积极开展全省数据治理一体化工作,为建立上下贯通、左右联动、内外互补的治理格局奠定重要基础。

浙江省数据治理的治理理念核心在于确立集约化、一体化建设理念,打造"省—市—县"三级统一系统平台,强化"省域档案大数据"理念③,实现省市县数据资源要素关联、过程监测、闭环管理。浙江省以集约化、一体化为顶层设计原则,能够有效降低跨系统跨平台数据互通障碍,为推动数据开放共享提供重要基础。借助一体化数据治理实践,全省各地区数据治理创新性实践具备易推广、可借鉴价值,有助于形成"一地创新、全省受益"的治理效果。在顶层设计原则指导下,浙江省数据治理理念体现为四个方面:第一,坚持需求导向治理原则。数据治理工作涉及政治、经济、民生、文化、安全等各领域,是一项工作量大、耗时较长、任务较重的大型工程。根据经济节约原则,政府应以社会紧缺数据服务为重点治理对象,优先展开涉及公共安全、民生、就业、社保、自然资源等关键领域数据治理实践。第二,以业务协同支撑为治理导向。实现数据治理工作与政府服务数字化改革相融,创新数据开放共享应用模式,将数据

---

① 《中共浙江省委全面深化改革委员会关于印发〈浙江省数字化改革总体方案〉的通知》,https://zjjcms.public.oss-cn-hangzhou-zwynet-d01a.internet.cloud.zj.gov.cn/jcms_files/jcms1/web3250/site/attach/0/206e984f912642cab536f6983b3d85eb.pdf,2023年12月10日。
② 相关政策文件是课题组实地调研所了解。
③ 林伟宏:《省域档案大数据共建共享方法与路径探讨》,《浙江档案》2022年第9期。

治理工作与党政机关业务流程、民生服务综合应用等模块相联系，提高数据治理辐射效果。第三，坚持包容审慎治理原则。在数据治理过程中，建立政府、企业、行业、市场在内的四位一体主体治理格局，保障数据治理的科学性与全面性。在数据开放时遵循安全第一的原则，经过脱敏清洗技术处理后的数据才可向社会公众开放。第四，强化数据赋能价值。通过公共数据开放，实现数据要素服务化应用，建立完善的数据要素配置流通机制，发挥数据作为新生产要素的潜在价值。

2. 治理主体：构建内外联动多元治理机制

浙江省在数据治理实践中，构建了多级部门联动、政企结合的数据治理主体结构，充分挖掘政府部门数据资源及企业单位技术力量，整合各界优势资源，形成政企结合的治理格局。

从政府部门内部看，浙江省数据治理工作呈现省级政府部门牵头，市、县级政府部门配合的主体治理结构。在这一主体治理结构中，浙江省政府以加快实现"最多跑一次"改革纵向发展为工作主线，梳理出数据共享、数据应用、数据服务、数据基础设施、数据安全五大事项，将其实现措施与具体责任分配至各级政府部门，形成跨部门、跨层级多元共治体系。浙江省数据治理实践推行责任清单制，有效避免了政府各部门互相推诿与职责混乱的弊端，有助于塑造多元共治的科学治理格局。浙江省通过搭建统一政务办事咨询、预约、评价、快递等服务应用，将其向市、县级范围推广，实现浙江政务数据治理工作向基层扩展延伸。在这一过程中，浙江省档案局负责制定《政务服务事项电子出证文件归档规范》[①]，统筹市、县级档案数据归档工作，完成各级办事系统电子档案统一管理平台建设，实现各项"最多跑一次"办事电子文件应归尽归。浙江省政务系统平台一体化建设为各级档案部门前置归档工作、设置归档接口提供了便利，降低了政务系统与档案管理系统的对接难度，加快了全省数据共享工作的开展。

从政府部门外部看，浙江省数据治理主体呈现出政企结合的特点。浙江省政府各部门通过开展与先进科技企业战略合作，有效推动了数据治理

[①] 《政务服务事项电子出证文件归档规范》，《浙江档案》2020年第5期。

战略落地。作为浙江省杭州市互联网行业头部企业，阿里巴巴是浙江省政府实现数字化转型的重要战略伙伴。此外浙江省政府还积极开展与华为、中国电子科技集团等科技公司的战略合作，将优质企业投资对象落地浙江，塑造蓬勃发展、积极向上、人才汇聚的营商环境，助力浙江加快实现政务数字化转型步伐。档案数据治理实践层面，浙江省档案局为深入推动档案数据治理，开展与阿里云计算有限公司的战略合作，推动浙江档案数据治理工作走向整体智治。2020年9月2日，浙江省档案馆与阿里云计算有限公司签订智慧档案研究合作框架协议，由后者为攻克档案开放鉴定、档案数据治理、档案深度利用等难题提供技术支撑①。通过构建内外联动机制，浙江省数据治理工作充分整合政府系统内部资源优势与外部企业先进技术支撑，构建了多元协同的数据治理生态，有效推动了数据赋能价值转化与实现。

3. 治理过程：搭建全省档案数据共享中心

浙江省档案数据治理工作开展较早，积累了充分的实践经验，其过程包括三个阶段。第一阶段为数字档案馆建设阶段。2006年，浙江省档案馆申请省数字档案馆建设项目，主要目的在于建成档案信息网络平台，实现网络电子文件归档采集、档案文献资源发布查询等功能，进一步建成全省档案信息网络，为实现档案信息资源共享奠定基础。第二阶段为2016年至2019年，全国示范数字档案馆建设阶段。第一代数字档案馆系统建设完成后，浙江省档案馆发布《浙江省档案事业发展"十三五"规划》，并于2019年成功获批全国首家省级全国示范数字档案馆。第三阶段为省级档案数据共享中心建设阶段。2020年7月，浙江省档案馆启动省档案数据中心建设项目，依托大数据、人工智能、区块链等技术，打造涵盖档案目录、开放档案内容、档案核心业务的全省档案数据总库，实现全省档案数据互联互通②。2022年8月，浙江省档案馆先后下发《关于开展档案数据资源归集共享试点工作的通知》《关于开展档案数据资源归集共享提质扩面工

---

① 《浙江省档案馆与阿里云计算有限公司签订智慧档案研究合作框架协议》，http://www.zjda.gov.cn/art/2020/9/4/art_1378521_56303452.html，2023年9月20日。

② 《浙江省档案馆 启动省档案数据中心建设》，https://www.saac.gov.cn/daj/c100206/202007/7dcd942d610c40a78a2ebe7d2c7e82bc.shtml，2023年12月18日。

作的通知》，要求全省各级各地档案馆严格按照统一标准和流程上传和共享各类档案数据资源，从而打破了各级各地档案馆的数据壁垒。截至2023年3月，已汇集各类数据909万条、全文数据621万件[①]。省档案数据共享中心建设项目的开展，体现了浙江省档案数据治理工作逐步向智慧化发展阶段迈进。

省档案数据共享中心建设项目由浙江省档案馆牵头，负责项目招标、资金投入和项目开展工作，各市、县级档案馆作为重要参与主体，负责档案数据资源体系建设。该项目总体包括内网与外网系统建设两部分。内网覆盖浙江省档案馆智慧档案系统，采用网络为局域网模式，要求内网进行物理隔离，保障馆内系统档案数据安全。外网覆盖政务云平台，将档案数据总库建立在云端，汇集来自全省各级档案馆的数据资源，档案数据总库中存储数据资源为拷贝复制件，原件依旧保存在各档案馆内网系统中。内网平台建设方面，浙江省档案馆负责省档案馆智慧档案系统、馆际一体化系统、馆室一体化系统、档案利用服务系统一体化平台的建设工作，实现档案数据全生命周期流程管护，开辟AI智能辅助档案业务流程、档案数据专题库建设、档案数据资源共享等功能模块。业务支撑层面，该项目构建AI中心、协同中心、业务中心与创新中心四个中心，有效支撑一体化平台运转，推动档案业务范围扩展与数据价值充分实现。外网平台建设方面，浙江省档案馆依托政务云平台，通过数据汇集、特征构建、算法模型、应用模型、能力输出等系列流程，构建档案数据总库，用以存储全省档案目录、开放档案全文及档案业务数据等资源。档案数据总库打通了与省直单位政务系统、省直单位数字档案室系统、市县数字档案馆系统等平台数据接口，实现全省档案数据资源的充分汇集。

浙江省档案馆通过与浙江政务服务网平台有效对接，实现政务数据在线归档。为有效实现政务数据在线归档，浙江省档案馆要求浙江政务服务网在原有业务环节中增设归档这一环节，政务系统后台在原有基础上扩展既有功能，能够自动完成行政审批数据归档，并以数据包格式进行自动归

---

① 李玉娥、赵诣：《数字赋能档案治理体系和治理能力现代化——浙江省档案馆推动档案工作数字化转型纪实》，《中国档案报》2023年3月20日第3版，http://www.zgdazxw.com.cn/news/2023-03/22/con tent_340015.htm，2023年12月16日。

档。浙江省档案馆对各省级单位形成的归档数据包进行审核，确认无误后方可进入馆内系统。浙江省档案馆通过数据包形式进行归档具备两方面价值。第一，在数据包移交过程中，通过加盖时间戳方式，有效证明数据真实性，解决数据管理碎片化问题。第二，通过数据包形式实现归档数据模块化管理，存储容量相对零散化状态更小，有效缓解系统存储压力，提高系统运行处理速率。

4. 治理应用：数据赋能推进多跨协同发展

借助新一代智能技术与档案业务工作深度融合，浙江省档案馆档案数据治理实践取得两大成效：一是部署全省各级公共数据和电子文件归档统一平台建设，实现全省档案数据互联互通，形成以"一网查档、百馆联动"为标志的全省档案数据线上利用治理应用。二是积极融入政府数字建设大潮，扎实部署政府"最多跑一次"重大战略改革，主动对接浙江省政务服务网，力争实现智慧档案与电子政务协同发展部署，推动数据多跨协同，赋能社会服务工作智能化转型。

一是打造"一网查档、百馆联动"治理应用。浙江省档案馆以局域网数字档案管理系统和电子档案长久保存系统、政务网电子文件归档接收系统和档案利用馆际共享服务系统为基础，以两网（浙江档案网、浙江档案服务网）和两端（浙里办APP、掌上查档小程序）为依托，在全国率先实现"一网查档、百馆联动"，不断提升档案馆公共服务均等化水平[1]。浙江档案网是浙江省档案馆官方门户网站，浙江省通过建成并运行浙江档案服务网，实现省、市、县一百多家综合档案馆线上查档服务，同时为社会公众提供档案职称、科技项目申报、信用等级申报、档案证明文件验证等多项服务，省政府集约化网站将浙江省档案服务网纳入其中，实现了网站统一化管理。浙江省档案馆还积极参与长三角区域民生档案"跨馆查档、便民服务"，接入长三角"一网通办"平台，为沪苏皖地区社会公众提供长三角地区民生档案异地查阅服务[2]。

---

[1] 王肖波：《数字档案馆建设的创新与发展——以浙江省档案馆创建全国示范数字档案馆为例》，《档案学研究》2021年第1期。

[2] 《浙江省档案馆：建设融入数字政府大格局的新一代数字档案馆——浙江省档案馆创建全国示范数字档案馆工作综述》，https://www.zjda.gov.cn/art/2020/4/23/art_1229005493_42662582.html，2023年12月19日。

两端建设主要包括"浙里办"APP和掌上查档小程序。浙江省除打造档案服务网站外，还积极开拓移动端应用程序，开发设计"浙里办"APP和掌上查档小程序两款手机端便民服务应用。浙江省档案馆依托"浙里办"APP，提供掌上查档服务。档案用户可输入自身个人信息，通过该APP向浙江省档案馆发出查询申请，由浙江省档案馆进行响应并提供档案材料。为了破解海量档案分散、群众查档利用困难等难题，实现跨地区汇集档案资源、跨部门打通在线档案数据、跨时空电子出证，浙江省档案馆于2022年10月在"浙里办"APP上架了"浙里档案"应用场景，打通了省人社、民政、教育等12个部门28个涉及民生档案的数据接口，汇集各类数据6000余万条，实现出生医学证明档案、职称考试资格证书档案等各类民生档案数据"一屏查阅"，截至2023年8月底，注册用户20.5万余人，数据调用985万人次[1]。该案例先后获评"2022年度浙江省改革突破奖"[2]、中国人民大学档案事业发展研究中心的"2023年度档案事业发展十佳利用创新案例"[3]。掌上查档小程序则为微信用户提供在线查档途径。通过微信账号身份识别绑定，用户能够享受查档指引、开放档案、网上咨询及电子档案等服务，进一步扩宽社会公众查档途径。此外，浙江省档案馆还开创了无缝集成邮政EMS系统档案证明寄递服务新模式。浙江省档案网通过集成中国邮政快递服务接口，将用户快递信息发送至邮政EMS系统中，由邮递工作人员打印快递单号并上门揽件[4]，这种寄递服务新模式简

---

[1] 参见浙江省档案馆数字化改革攻坚专班《建设"浙里档案"全省性应用 打造浙江档案标志性成果——"浙里档案"数字应用建设综述》，《浙江档案》2023年第1期；李玉娥、赵诣《数字赋能档案治理体系和治理能力现代化——浙江省档案馆推动档案工作数字化转型纪实》，《中国档案报》2023年3月20日第3版，http://www.zgdazxw.com.cn/news/2023-03/22/content_340015.htm，2023年12月16日；浙江省档案馆办公室：《〈构建档案资源高效共享和便民服务新模式〉获评2023年度档案事业发展十佳案例》，《浙江档案》2023年第8期。

[2] 浙江省档案馆电子档案管理处：《浙江省档案馆荣获2022年度浙江省改革突破奖》，《浙江档案》2023年第2期。

[3] 李玉娥、赵诣：《数字赋能档案治理体系和治理能力现代化——浙江省档案馆推动档案工作数字化转型纪实》，《中国档案报》2023年3月20日第3版，http://www.zgdazxw.com.cn/news/2023-03/22/content_340015.htm，2023年12月16日；浙江省档案馆办公室：《〈构建档案资源高效共享和便民服务新模式〉获评2023年度档案事业发展十佳案例》，《浙江档案》2023年第8期。

[4] 胡雅洁、方夏：《浙江档案服务网无缝集成邮政EMS系统》，《中国档案报》2018年4月23日第1版，http://www.zgdazxw.com.cn/news/2018-04/25/content_233000.html，2023年12月10日。

化了档案部门工作人员填单的繁琐程序，极大程度地提高了档案服务便捷化和智慧化水平。

二是主动融入浙江政务一体化服务。浙江省档案馆以"五档共建"为抓手，以"智慧档案"为建设目标，自觉融入浙江省"最多跑一次"及数字政府转型浪潮中，实现与浙江政务服务网主动对接。一方面，浙江省不仅通过在浙江政务服务网设置归档模块，实现了政府各部门政务文件或数据办结后即可自动归档，还通过浙江政务服务网，完成与省住建厅、民政厅、人社厅、交通厅等12个自建业务系统的对接[1]。另外，无纸化电子文件归档工作的迅速开展，有力倒逼了政府加快数字化改革步伐，充分实现业务流程、业务工作、业务数据线上流转与归集。另一方面，浙江省档案馆积极响应政府数据开放要求，实现了部分档案数据开放服务。浙江省档案馆向浙江省大数据发展管理局归集开放25个数据集，共计170多万条数据（截至2021年10月10日），产生了较高数据查询访问量。这批数据集以专题档案数据库为主，包括自清至现代的政治、经济、文化等各门类历史数据，如浙江清代官员履历信息、浙江大学校友录信息、黄埔军校通讯录信息、浙江历史名人信息、革命英烈英名录、之江大学校友录等文本数据集，还有清代人物图库、民国历史事件图库等图片数据集[2]，其蕴含丰富的历史信息可供公众挖掘与利用。

二 现实特征

通过分析梳理长沙、青岛与浙江三地档案数据治理实践模式，可以发现，由于各地省市数据治理理念、政策、技术与基础设施条件存在差异，导致不同地区档案数据治理体系建设模式发展各异，呈现多方向发展态势（见表4-3）。

---

[1] 王肖波：《数字档案馆建设的创新与发展——以浙江省档案馆创建全国示范数字档案馆为例》，《档案学研究》2021年第1期。

[2] 具体参见浙江省人民政府的数据开放平台，https://data.zjzwfw.gov.cn/。

表 4-3　　长沙市、青岛市和浙江省档案数据治理模式的比较分析

地区	建设模式	主要特征	治理优势	治理劣势
长沙市档案馆	基础设施智能化发展	1. 优化"动力机房"（网络心脏），实现智慧机房建设； 2. 建设"三网并存"网络结构，实现档案数据安全治理； 3. 实现档案数据归档标准前置，简化业务部门归档难度。	通过搭建强大档案数据治理基础设施，有效应对政府部门智慧政务发展对后端档案数据治理能力要求，提升档案部门参与智慧政务建设范畴。	1. 档案利用主要以馆内借阅与到馆查询为主，数据开放互联程度不足； 2. 档案数据应用场景开拓能力不足，尚未形成广泛应用的数据服务产品。
青岛市档案馆	数智技术辅助内容挖掘	1. 数智技术有效嵌入档案管理流程，实现档案业务工作智慧化； 2. 开展档案数据化实践，建立存量与增量数据化并存体系，实现档案数据全文检索与深度挖掘； 3. 注重历史档案数据深入挖掘与知识集成，建立内容丰富、历史悠久专题档案数据库。	1. 数智技术与档案业务流程的深度结合推动档案馆工作重心转移，促使工作重点由业务管理向内容治理方向转变； 2. 扩展档案数据治理的深度与广度，实现档案数字化向档案数据化工作方向拓展，为数据内容挖掘、知识集成、有效利用提供了基础。	1. 档案一体化平台建设程度有待提升，业务部门与档案部门数据互联互通程度有待优化； 2. 尚未建立与政府部门 OA 的数据接口，政务数据归档处理能力有待提升。
浙江省档案馆	一体化平台服务数据开放	1. 实现全省系统平台集约化一体化顶层设计，打通业务平台与档案管理平台的数据壁垒，实现数据互联互通； 2. 积极融入政府数字化改革大潮，实现档案数据治理与政务数据治理有效接轨； 3. 实现全省档案数据互联互通，打造多端共存数据治理应用，建立开放互联的档案数据利用服务。	1. 一体化集约化顶层设计降低了系统平台的异构性，能够有效打通各平台间数据的壁垒，实现数据互联互通； 2. 档案数据治理融入政府"最多跑一次"改革背景，提升档案利用服务的智能化和便捷化水平； 3. 档案数据资源有效汇集为深入挖掘数据资源内容、释放数据潜在价值提供了基础。	1. 档案数据治理应用开发"供需"匹配能力有待提高，亟待建立健全需求获取机制； 2. 档案数据应用范围有待深入拓展，数据内容挖掘与价值释放能力有待提升。

长沙市档案馆主要采取基础设施智能化发展模式推进档案数据治理实

践，主要特征是依托智慧化机房建设，实现动力机房、三网并存、归档标准前置等工作，不断提升档案馆软硬件设施智慧化水平，有效应对政务智慧化发展对后端保存机构的基础设施要求，提升档案部门融入智慧政府建设能力。虽然长沙市档案馆在基础设施搭建与系统平台建设方面向智慧化态势逐步迈进，但在终端档案数据应用服务方面开拓程度仍有待提升，档案数据价值挖掘应用亟待扩展。青岛市档案馆主要采取数智技术辅助内容挖掘发展模式开展档案数据治理实践，主要特征是通过数智技术与档案业务深度结合，实现机器辅助档案业务管理开展，通过 OCR 识别技术应用，开展档案数据化工作，实现档案数据深度挖掘与知识组织，推动档案数据治理由管理重心向内容重心转移，开拓档案数据内容管理新领域。但在联通档案管理系统与电子政务系统、实现业务数据与档案数据互联互通和泛在互联的一体化平台建设程度方面，青岛市档案馆的步伐稍显滞后[1]。浙江省档案馆主要采取一体化平台服务数据开放发展模式开展档案数据治理实践，主要特征是通过全省集约化一体化顶层设计，实现全省系统平台建设标准统一化，有效打通了业务平台与档案管理平台的数据壁垒，为电子文件在线归档提供基础条件。积极融入全省"最多跑一次"、数字政府建设浪潮，实现全省档案数据互通共享，提升档案利用服务便捷性、智慧性。但是，浙江省档案馆供需匹配能力仍有待加强，社会公众档案数据利用需求获取机制亟待进一步提高，从而为档案数据应用场景搭建提供原料与动力。

由此可见，当前档案事业发展面临着数字化转型和智慧业态发展、机构改革后档案部门核心职能的有效履行与相互协作等新问题，这要求档案信息化建设必须进入数字赋能档案工作"系统性变革"以驱动转型升级进而推进档案治理现代化的新发展阶段。面对数据赋能档案工作转型升级、档案治理现代化驶入快车道等新的发展形势，全国各地政府陆续开始探索基于社会发展需要和当地政务工作实际的档案数据治理道路。档案数据治

---

[1] 根据青岛档案信息网 2023 年 11 月 17 日的消息，青岛市档案馆建设的与全市电子政务办公系统和审批系统无缝衔接的青岛市智慧档案馆系统软件项目通过验收。参见《青岛市智慧档案馆系统软件项目顺利通过验收》，青岛档案信息网，http://www.qdda.gov.cn/qddaxxw/qddaxxw/jctj/2023/11/17/40281a6287 8cadeb018bdc665a0d5fb4.html，2023 年 10 月 20 日。

理作为创新政府治理的一种探索性实践，是治理模式转向整体化、政府部门趋向协同化、档案公共服务便捷化的过程。纵观我国档案数据治理时间轴，可以分析出档案数据治理具有的阶段性治理特征。从以档案机构为代表的政府治理视角出发，档案数据治理的发展阶段可以划分为"内部—系统性治理""跨部门—平台治理""跨区域—整体智治"三个阶段（见表4-4）。

表4-4　　　　　　　　　档案数据治理的阶段性特征

档案数据治理阶段	治理特征
内部—系统性治理	组织方式：基于科层制的档案部门层级结构 治理手段：集中统一开发、推广档案管理系统 治理目标：提高档案治理机构内部的工作效率
跨部门—平台治理	组织方式：出现平台化组织形式，破除部门约束，推动流程再造 治理手段：联立政务系统、端口接入和建设档案利用服务平台 治理目标：实现政府数据共享与档案服务供给的双重优化
跨区域—整体智治	组织方式：利用技术逻辑与制度、行动者的能动性之间的互动 治理手段：打造智慧化治理空间，提供一体化、跨区域的服务供给 治理目标：实现档案工作"整体智治"，使档案服务满足人民对美好生活的向往

首先，在"内部—系统性治理"阶段，主要通过技术的应用使档案治理机构内部的档案数据得以链接，通过集中统一地开发、推广档案管理系统，实现档案治理内部工作效率的提高。"内部—系统性治理"仍然依附于传统科层制的层级结构，技术的力量尚未触及档案规制和治理组织模式的转变，而是作为直接的效率手段应用于档案工作的内部治理中。"内部—系统性治理"阶段是档案数据治理的起步阶段，也是目前我国档案事业发展更为普遍的现状。其次，在"跨部门—平台治理"阶段，档案数据的业务协同和资源共享打破了档案治理的部门束缚，通过政务系统联立、端口接入和档案利用服务平台建设等技术网络支撑，推动着档案数据从形成到归档的集中性流程再造。这一阶段的档案数据治理重视政府数据共享与公共服务供给的双重优化，档案工作的组织关系和服务形式伴随着转型

意识、服务意识的提高，得到突破性的跃升。目前，我国北京、广东、浙江、上海、江苏、山东等地政府、档案部门共建的诸多"一站式"、区域性档案信息资源共享平台等，就是这一阶段的发展标志。最后，在"跨区域—整体智治"阶段，公众对于档案服务的治理需求和体验感知被提至档案数字化治理行为的核心位置，为满足公众的一体化服务需求，档案治理工作需要实现"整体智治"。整体智治是一种技术导向社会治理的复合治理，本质上是技术所蕴含的内在逻辑与制度、行动者的能动性之间的互动，利用智能化的技术工具提供智能化的应用场景，打造智慧化的治理空间，满足人民对美好生活的向往。档案的整体智治需要跨越简单的行政区分，真正让公众体验到无障碍的档案服务。目前不断推进的长三角地区沪苏浙皖档案工作一体化发展体现的正是档案数据治理走向整体发展的大势，而在我国政府数字化改革先锋地——浙江，档案整体智治已经成为档案治理数字化转型的指导理念。

三 治理成效

大数据时代背景下，档案数据治理推动档案工作实现现代化转向的深刻实践已经初显成效。结合实地调查和立体化的观察分析，当下我国档案数据治理实践取得的治理成效可以归纳总结为以下三个方面：

（一）档案数据的资产化积累

大数据时代，数据化的社会催生出新的资产形式，数据作为资产的价值性日益得到重视，对于数据资产的规范化控制和合法化占有，成为许多部门、组织和企业提升综合竞争力，追求经济、社会和文化利益的重要手段。一方面，数据作为生产要素的地位确立。党的十九届四中全会首次将数据作为生产要素提出，要求健全其作为生产要素由市场评价贡献、按贡献决定报酬的机制[①]，2020年4月发布的《中共中央 国务院关于构建更加完善的要素市场化配置体制机制的意见》明确指出要加快培育数据要素市场，推进政府数据开放共享，提升社会数据资源价值，加强数据资源整

---

① 《中共中央关于坚持和完善中国特色社会主义制度 推进国家治理体系和治理能力现代化若干重大问题的决定》，https://www.gov.cn/zhengce/2019-11/05/content_5449023.htm?eqid=854d25ce000245be000000066461cec0，2023年9月20日。

合和安全保护①。另一方面，数据价值在生产实践中不断得到融合培育。政府、企业、组织、个人作为大数据时代的数据创造者借助不断普及和发展的数智技术，基于数据资源这一要素，推动着业务开展、经济发展、管理创新和消费升级。档案数据是大数据的重要来源，档案数据也具有资产性价值。从宏观层面而言，档案对于国家而言是一类核心信息资产，是支持国家治理的可信凭证，也是传承历史文化的社会记忆；从微观层面而言，档案是机构宝贵的信息资产，是机构业务活动的客观凭证，是机构法规遵从的证明，更是机构集体记忆的有效载体②。不难看出，档案数据资产管理是大数据时代档案管理实现数字转型的关键，是打通档案数据与企业其他数据之间的隔阂、促进企业数据资产保值增值的必要途径③。

当下，各地档案机构纷纷开展的档案资源数字化工程，在主体观念、客体形式、管理活动等多个方面保障并积累了丰富的资产化档案数据，加速形成了我国以数据形式为主导的档案资产体系。

首先，档案数据的资产性价值日益得到重视。2000年以来，"档案资产"概念就开始被人们默认使用，无论是实际从业者还是理论研究者都呼吁建立"档案资产观"。而随着数据经济的飞速发展，资产主体迅速数据化，信息、知识、数据在市场中的重要性日益突出，档案大数据受到档案工作者的广泛关注，档案数据的资产价值得到广泛重视，成为档案资产管理的热点内容④。例如，2021年我国颁布的新标准《信息与文献 文件（档案）管理 概念与原则》（GB/T 26162—2021）明确指出"文件既是业务活动的证据又是信息资产"，直接从资产的角度认知文件，强化了文件的资产属性，这种对资产价值的强化也体现在对文件可用性的高度重视，包括从元数据角度阐释了增强文件的可用性路径等。浙江省人民政府国有资产监督管理委员会和省档案局在《关于贯彻实施〈企业文件材料归档范围和

---

① 《中共中央 国务院关于构建更加完善的要素市场化配置体制机制的意见》，http://www.gov.cn/zhengce/2020-04/09/content_5500622.htm，2023年11月17日。
② 刘越男：《数据治理：大数据时代档案管理的新视角和新职能》，《档案学研究》2020年第5期。
③ 张宁：《主数据驱动视角下的企业档案数据资产管理》，《档案学研究》2019年第6期。
④ 陈建、谢鹏鑫：《档案资产理论核心概念转变的原因阐释及现实启示》，《档案学研究》2022年第1期。

档案保管期限规定〉的通知》中也直接使用了档案资产的概念。① 江苏档案信息网在其业务和新知栏目也多次介绍了档案数据的资产价值。

其次，档案资源的数字化建设日趋规范化和可处理。数据要转化为资产，其中一项重要条件就在于数据形式的规范性能被理解和处理，具有先验性的知识。自档案信息化建设工作开展至今，档案数字化具有两种形成模式：一是将传统以纸质、胶片等载体形式的档案通过数字化手段转化成数字化的档案；二是档案直接产生于数字化环境，并以数据的形式保存下来。进入大数据时代，数字化环境基本普及，档案数据治理机构都在加快档案资源向数字化、数据化转型，强调对档案数据形成格式、标准、结构以及元数据的统一管理。此外，对于传统档案的数字化转化技术也在朝着内容可识别、可提取、可分析的方向升级。据国家档案局统计，截至2022年底，全国综合档案馆已形成馆藏电子档案2372.9TB，馆藏档案数字化成果达到28069.0TB。② 浙江省《浙江省档案工作数字化改革方案》更是要求馆（室）藏传统载体档案实现电子目录全覆盖，保管期限30年（长期）以上档案100%数字化、50%数据化。只有具有足够的数据规模，才能够支撑技术挖掘和分析，发现档案作为资产的隐匿价值。这些体量庞大的档案数据资源涵盖政治、经济、文化、民生的方方面面，在社会管理、生产活动中发挥着重要作用，是档案数据治理最基础也是最宝贵的财富。

最后，档案管理加速"单套制"转向，资产化的档案数据不断积累。档案的未来管理向单轨制方式转变是时代的必然，单套制管理要求档案生产、办理、归档、移交、保管、利用等全流程生命周期仅在数字环境中完成流转，这一转变直接推动了档案内容数据与管理数据的大量生成以及档案管理活动的日趋规范。同时，在"数据社会化"实践不断推进的当下，电子档案"单套制"改革已经不再局限于归档层面，更深度嵌入档案现代化管理的方方面面，成为探索档案数据资产管理的行动引擎。例如，2022

---

① 陈建、谢鹏鑫：《档案资产理论核心概念转变的原因阐释及现实启示》，《档案学研究》2022年第1期。
② 国家档案局政策法规司：《2022年度全国档案主管部门和档案馆基本情况摘要（二）》，https://www.saac.gov.cn/daj/zhdt/202308/0396ea569aa648f1befd5c49bac87e6f.shtml，2023年11月20日。

年以来，上海市浦东新区政府档案局与电子政务办、区大数据中心、区企业服务中心等部门联手，创新了政务区块链+在线政务服务电子文件归档管理。在此基础上，浦东新区政府积极开展档案数据资产管理，探索对档案馆存量的档案数据在区块链背景下的利用开发，对各类增量电子档案加强集中统一管理，形成数据资产。①

（二）基础设施的整体化链接

随着以大数据、云计算、人工智能等为代表的新一代信息技术推动我国加快向数字社会转型，健全我国数字化新型基础设施，充分发挥数据作为新生产要素的"基座"价值成为提高政府治理水平与治理能力的动力引擎。新型基础设施这一概念早在2018年12月召开的中央经济工作会议上便被提出②，2020年3月，中共中央政治局常委会上强调加快5G和数据中心等新型基础设施建设进度③，2020年4月，国家发展和改革委员会在例行新闻发布会上首次就"新基建"概念和内涵作出正式解释，明确了新基建包括信息基础设施、融合基础设施和创新基础设施三大内容④。新基建的浪潮在国家顶层设计的引领下席卷而来，深刻说明了要实现数字化、智慧化的治理新格局，离不开基础设施和平台的关键性作用。若没有支撑数据治理的各种数字化基础设施，不仅各行各业的数字化发展难以为继，档案工作更难以承担起大数据时代对社会发展变化的记录和服务责任。在档案领域，走在档案数据治理前列的档案机构，已经意识到了良好的数字基础设施建设是提高大数据时代档案工作治理效能的基础性前提，纷纷将自身发展融入数据治理大局，积极推动档案数据管理的设施设备转型升级，构筑了以实现档案数据治理现代化为目标导向，以数据收集、存储、监管和利用为功能导向的硬件设施和软件设施，以提升档案工作在推进国家治理体系和治理能力现代化中的基础性、支撑性作用。

---

① 秦滔：《浦东新区档案局探索区块链赋能在线政务服务电子文件智能归档应用》，http://www.dajs.gov.cn/art/2022/4/8/art_789_61075.html，2023年11月20日。

② 刘艳红、黄雪涛、石博涵：《中国"新基建"：概念、现状与问题》，《北京工业大学学报》（社会科学版）2020年第6期。

③ 陈振凯：《中国加快"新基建"进度》，http://paper.people.com.cn/rmrbhwb/html/2020-03/11/content_1975709.htm，2021年12月10日。

④ 陈宇：《以"新基建"为着力点推动经济社会高质量发展》，http://www.chinajsb.cn/html/202005/29/10603.html，2021年12月15日。

首先，集成化的数据治理基础架构不断被构建，档案管理设施建设的系统化和一体化转向速度加快。一是档案数据仓储、档案数据中心等集成性的数据管理环境和技术载体设施的建设不断得到完善。以档案数据中心建设为例，2012年湘潭市档案局已经率先在全国建立电子档案数据中心①，2014年石家庄市档案局建设了面向单位内网的区域性档案数据中心②，早期的档案数据中心主要是一些地级市区档案部门为开展档案数据汇集和管理而尝试设置的系统内部性档案数据管理系统或机构，随着数字化转型的不断深入，档案数据中心已经成为泛在融合高新技术，承载社会档案数据自由流动和应用承载的整体性数据基础保障设施。如浙江省正在建设的全省档案数据共享中心，引入了"中台"的数据处理架构，以期实现高效的数据分析和应用服务。③ 二是区域性的一体化档案管理与服务平台在当下数据治理实践中被广泛建立，推动了区域范围内的档案数据整体治理。目前，各省（自治区、直辖市）均在加快档案数据系统的迭代升级与联通，通过建立数字化平台的方式，实现本区域档案数字资源馆际、馆室共建互通。如江西省建立了全省区域性数字档案馆应用平台、安徽省建立了数字档案资源共享平台等。三是云端化的档案基础设施建设得到进一步规范。云计算正在逐渐成为"数字政府"基础设施的关键组成④，国家档案局出台的《关于档案部门使用政务云平台过程中加强档案信息安全管理的意见》，为档案部门使用政务云平台的安全管理提供了行动指南⑤，许多档案部门已经通过参与政务云的建设和使用，实现了档案数据整合和实时管理。

其次，档案业务与技术相结合的能力不断提高，智治技术加速嵌入了

---

① 杜恒琪、易先平、左晶等：《以智慧和勇气迎接人类记录新业态——湖南省湘潭市档案事业现代化探索与实践纪实》，《中国档案报》2015年5月4日第2版。

② 张建伟、纪雅茹：《以项目促发展 向智慧型档案馆迈进——石家庄市档案局开展区域性数字档案数据中心建设》，《档案天地》2014年第10期。

③ 谭必勇、章岸婧：《全国一体化大数据中心背景下档案数据中心的功能架构与推进策略》，《档案学通讯》2022年第3期。

④ 何思源、刘越男：《档案上云安全吗？——政务云环境中的档案安全风险分析》，《档案学研究》2021年第3期。

⑤ 《国家档案局办公室关于档案部门使用政务云平台过程中加强档案信息安全管理的意见》，《中国档案》2020年第6期。

档案数据全域治理中。在当下我国档案数据治理实践中，通过广泛吸纳、推进人工智能、区块链、云计算、大数据等技术应用，来提高档案数据化治理水平是各大档案治理机构的基本操作。一方面，档案馆（室）的智能化升级、智慧化建设成为最主要的特征。大量高水平的数字档案馆（室）建立起来，推动了档案数据的精细化管理。仅"十三五"时期，全国共建成41家全国示范数字档案馆和89家国家级数字档案馆，全国数字档案馆基础设施更加完备，数字档案馆系统功能日趋丰富，有效解决了档案业务工作中的痛点、难点问题。① 另一方面，档案科技项目研究不断加大创新力度，极大推动了新兴技术与档案治理的深度融合，加快了档案行业关键核心技术攻关，促进了档案科技成果的实践转化和产品开发。以2022年度国家档案局科技项目拟立项的141个项目为例，便能发现，AI技术、DNA数据存储技术、光谱成像技术、NLP技术、虚拟现实技术、区块链技术等新一代数智技术在档案管理中的应用研究是当前档案实践部门科研任务的重点攻关领域。②

（三）档案服务的数智化升级

激活档案数据的价值潜能，提升档案服务的力度和水平，是开展档案数据治理的意义所在，更是提升档案治理效能和现代化程度的重要内容。进入新时代，一方面，以人民为中心的档案服务理念愈发深入人心，档案工作以提供资政服务、公共服务、文化教育作为发展目标③，具有中国特色的档案利用服务体系建设不断得到牢固确立和持续推进④。另一方面，在大数据治理的转型背景下，大数据思维与理念、技术与战略等的快速发展，档案服务模式的数智化发展态势日趋显现。在此背景下，档案数据治理机构重点围绕服务主线，依托数智技术工具，在档案服务创新升级方面不断探索前进，取得了积极成效，可以归纳为以下三个方面：

---

① 《全国数字档案馆建设推进会要求全方位高质量加速推进数字档案馆建设》，https://www.saac.gov.cn/daj/yaow/202112/9208e8951b444af2a1989b32efa8aaae.shtml，2022年4月10日。

② 《2022年度国家档案局科技项目拟立项项目公示》，http://www.dajs.gov.cn/art/2022/5/13/art_1084_61432.html，2022年5月20日。

③ 《中办国办印发〈"十四五"全国档案事业发展规划〉》，https://www.saac.gov.cn/daj/toutiao/202106/ecca2de5bce44a0eb55c890762868683.shtml，2023年11月29日。

④ 丁华东、黄琳：《中国特色档案利用服务体系的建设与完善》，《档案学研究》2022年第1期。

首先，档案数据治理嵌入政务服务一体化，形成了一批示范性的服务成果。当下，加快构建一体化的"互联网+政务服务"技术和服务体系是数字政府建设的重中之重。一些走在前列的档案治理机构已经意识到档案数据赋能政府行政管理和政务服务的重要性，主动要求将档案数据治理嵌入政务服务，通过平台化建设和移动应用衔接，实现了档案服务体系与政务服务体系建设相对接，取得了阶段性成效。例如，在平台化建设方面，河南省人民政府印发的《河南省数字政府建设总体规划（2020—2022年）》中，通过在全省建立电子档案管理系统，实现电子档案管理系统与省政务协同办公平台对接的方式，推动跨层级、跨地区、跨部门档案数据共享利用，以提升政府行政效率和服务能力。[1] 苏州市也在建设全市民生档案数据交互服务平台，在建设过程中，该平台已能为退役军人事务局、公证处、民政局、卫健委等其他政府部门提供重要的档案数据服务支撑。在移动应用建设方面，江西省开展了档案查阅利用"省内通办"工作，实现了全省共113家国家综合档案馆民生档案资源与省级政务APP"赣服通"对接。[2] 浙江省也实现了查档服务向移动端延伸，档案利用者只要通过微信小程序和浙江政务服务网移动客户端"浙里办"APP就可以开通全省"掌上查档"服务功能。[3] 通过推动档案服务体系与政务服务体系建设相对接，档案数据治理机构既实现了档案工作转型与政府数字化转型总体部署同步推进，又利用档案数据服务为政府数字化转型提供了内容支撑。

其次，档案数据服务的应用场景建设按下快进键，档案公共服务效能不断提高。随着数字政府转型，档案工作愈发将档案的开放共享和档案公共服务价值的实现视为衡量档案治理水平的重要标准，这也是回应数据治理的时代诉求的必然选择。随着地方政府公共职能的深度拓展与社会结构系统的开放协同，政府数据治理的绩效实质性地受到数字公共服务与智能

---

[1] 武亚楠、唐长乐：《面向数字政府的数字档案精准化服务研究》，《山西档案》2022年第2期。

[2] 《江西省档案馆"掌上查档"初见成效》，https://www.saac.gov.cn/daj/xwdt/202202/14b26d3284704b8c8468af81fa0fedcf.shtml，2022年5月10日。

[3] 《坚持为民导向 用数字技术赋能查档服务——浙江省档案馆创建全国示范数字档案馆掠影》，https://www.saac.gov.cn/daj/c100206/202006/3b575f94a0dc4e99949377bc8b951217.shtml，2022年4月10日。

产品供给状况的影响①，而数字公共服务与产品的有效供给则离不开场景，有了场景，才能使数据资产真正流动起来。在此前提下，国内档案数据治理部门加快推动档案工作与智治技术深度融合，通过挖掘和建设档案数据服务的应用场景，实现了档案数据治理功能的有效落地。例如，"一网通办"和"掌上查档"是当下国内治理实践中最为普遍的民生档案应用场景，沪苏浙皖三省一市探索了基于政务服务"一网通办"的区域性档案服务，将民生档案远程服务上升到一个新的格局。② 山东省档案馆牵头打造的全省档案信息"一网查、掌上查"应用场景被评为2021年度山东省省级大数据创新应用成果。③ 山西省档案馆抓住山西省全面开展"数字政府"建设的有利契机，积极打造"互联网+档案"信息服务平台，在山西政务服务平台上线"民生档案异地查阅"服务事项，完成民生档案异地查阅服务功能的上线运行，实现档案服务从查阅大厅向互联网延伸。④ 此外，档案数据治理机构还在探索更加多元开放、智能高效的档案数据服务场景。例如，上海市档案馆正在加大"一屏观全馆""一屏管全馆"等场景应用建设，积极探索虚拟现实、增强现实等现代科技在档案展览展示中的应用。⑤

最后，档案服务加速重构，从粗放式、普适性服务迈向精准化、针对性服务。传统的档案服务以线下服务为主，档案机构基于相同的档案资源体系被动地为利用者查询档案内容，难以达到"方便人民群众""使人民满意"的目标，档案服务重构已经是大势所趋。服务重构是指档案利用服务工作在数字化转型过程中需要围绕以利用者为中心重新进行构建，提供更加便捷的服务渠道、更加高效的反应速度、更加精准的档案信息⑥。只

---

① 许峰：《地方政府数字化转型机理阐释——基于政务改革"浙江经验"的分析》，《电子政务》2020年第10期。
② 张林华、蔡莉霞：《长三角"一网通办"档案服务：民生档案远程服务的新格局》，《浙江档案》2020年第2期。
③ 《山东"一网查、掌上查"获评省级大数据创新应用成果》，https://www.saac.gov.cn/daj/c100222/202201/402644f409c34b20ab2a9590d4a27be3.shtml，2022年4月20日。
④ 《山西省档案馆 档案服务事项上线政务服务平台》，https://www.saac.gov.cn/daj/c100178/202105/a0b582b450df49d1847057420ed90b49.shtml，2022年3月20日。
⑤ 上海市档案局：《上海市档案事业发展"十四五"规划》，http://www.chinaarchives.cn/mobile/category/detail/id/36247.html，2022年4月15日。
⑥ 赵屹：《上海城市数字化转型背景下档案事业发展研究》，《档案学研究》2022年第1期。

有让档案数据能自动精准地匹配利用者需求，才能发挥其要素价值从而为数字政府建设和数据治理提供智慧。针对日趋个性化和多样化的档案利用服务需求，当下档案数据治理机构纷纷致力于依托数据的颗粒质性与数智技术的分析、关联功能，探索抵达微观个体的个性化、针对性的服务方式，推动了档案数据治理迈向精准化。例如，杭州市富阳区"最多跑一次"改革工作深入到以"一件事"为标准，不断形成公民个人全生命周期数据库，为其建立人生档案，实现一站式办理、一体化服务，一生一档案，终生可享用。①

第三节 档案数据治理实践的风险要素

在史无前例的大数据智慧化的时代背景下，我国档案工作的治理转型已然开启并在实践领域多个方面展开了创新性探索并取得了一定的治理成效，但也需要清楚地意识到，"当数字技术成为一种常备的治理工具，数字技术本身并不足以保证善治，社会治理的数字化转型可能会带来全新的挑战和风险"②。在档案数据治理转型不断与传统管理模式进行碰撞、迭代的过程中，档案工作数字化变革与档案场域的虚拟化转移加剧了内外部风险的危害性和可能性。风险源自实践的本性，是社会变迁的普遍特征。"风险社会"强调科学技术的过快发展，改变了群体状态的社会博弈模式，社会治理的结构调整和转型更扩大了风险的涟漪，人们需要对现代性建设与风险关系展开研究，在应对风险上形成整体性认同、反思性认识和前置性预警，这对更好地认识和推进档案数据治理实践具有指导意义。只有对档案数据治理生态面临的风险因素进行系统性识别和归类，在此基础上，解构治理风险形成背后的深层次逻辑，积极进行防范，才能确保档案数据治理的转型实践沿着正确方向行进，更好地满足国家治理体系和治理能力现代化的现实需求。

---

① 《"人生一件事"改革"最多跑一次"向纵深推进》，http://www.fuyang.gov.cn/art/2020/1/19/art_1566600_41753258.html，2022年3月20日。
② 郁建兴、樊靓：《数字技术赋能社会治理及其限度——以杭州城市大脑为分析对象》，《经济社会体制比较》2022年第1期。

一 档案数据治理的风险识别

从风险视角出发,档案数据治理的现代风险具有明显的双重来源,一方面,现代风险存在于环节众多、结构紧密、要素关联的整体性治理生态中,政治、经济、社会等外部系统环境的运行均会影响和制约档案系统的发展变革;另一方面,在风险社会中,现代风险的内生特点更加明显,档案系统内部的结构关系是形成风险的直接性来源。这种风险因素的来源划归也可以在场域意义上得到对应。场域围绕"他律级"和"自主级"进行斗争和发展,"他律级"意味着政治、经济等外部权力场在档案数据治理的场域转型中发挥着作用,也意味着存在外部因素的控制和干扰,造成他律性的风险压力;"自主级"是场域特有的发展动力,场域在动态发展中也会产生直接性的风险,引发自主性的风险压力。

基于此,本书依据内外部风险来源划分在理论上的契合性优势,从外在性和内部性两大视角出发,针对实地调研和访谈过程中发现的档案数据治理风险内容和治理难点进行了归纳整理,得出档案数据治理的外在性风险因素可以概括为政治权力因素、经济权力因素、社会权力因素,内部性因素可以概括为档案数据管控因素、档案技术应用因素、档案人员特质因素、档案管理活动因素。

(一)外在性的风险因素

1. 政治权力因素

政府部门是公共数据资源最大的生产者、拥有者,这些数据经过价值沉淀后,都将成为我国重要的档案治理资源。政府部门在档案数据资源的形成、占有、分配上处于支配地位,档案数据治理活动最终都可以被归入一种政府治理行为或者受到国家顶层设计的引导,这就说明其不可避免地会受政治权力场的影响。

广泛存在于我国政府治理环境中的府际竞争与学习、上级政府施加的政策和项目压力、全局与区域间政府能力不平等是影响包括档案数据治理在内的政府数字化转型的重要政治因素。政治权力在与技术理性的转型思路结合并贯彻到数字政府建设的扩散性实践的过程中引发的风险,通过一些政府部门在落实相关转型政策和建设项目中出现的问题具体表现出来。

例如，面对治理转型所带来的巨大资源，各个级别、区域的政府之间会由于考核性的驱动性压力而陷入数字化"内卷"，但各地政府的经济实力、技术水平、行政能力差异较大，仓促进行转型可能达不到承诺的效果，反而会增加执行风险、违背数字减负的本意，造成"数字形象工程"。曾有学者对地方政府治理创新进行持续跟踪，发现流于形式、人走政息、孤单效应等现象较为普遍[1]。在深度访谈中，我们也发现有些政府部门申请的档案技术应用类课题项目，最终能够完全落地并发挥长久效用的并不多，更多是停留在纯理论层面的探讨或是用于宣传的新闻介绍。

当政府治理走向数字场景，虚拟空间会使政府治理以特定的数据视角观察和解决社会图像及其存在的社会问题，这孕育着走向数字民主的巨大机会，也潜伏着滑向"数字利维坦"的现实风险[2]。当权力的视角狂热地追逐着技术在治理中的效用发挥和流程的严谨性，就可能会失去本应该具备的人文本位，而实质上其治理方向与行动规则并未摆脱自身的主观意志，忽略了公众需求与内容价值，更不能完全规避权力结构的价值制约，导致政府治理的可能性也被无形地制约了。作为掌握数据治理权力的政治机构，如果陷入"数字利维坦"唯数据主义、数据垄断主义以及集权主义的泥沼，引发的治理风险是难以预料的。在当下的档案数据治理实践中，部分地方或机构已经存在技术形式主义的倾向，即使不具备使用新兴技术的条件以及应用的必然需要，也急于引入新兴技术，一哄而上地跟风建设，结果往往造成资源浪费、治理效能却没有得到显著提高。比如"中国开放档案共享平台"是"十二五"时期档案工作的标志性建设工程，但如今该平台已经无法访问[3]。

2. 经济权力因素

"政府权能作用的发挥离不开一定的社会条件和经济条件。"[4] 经济资本的正统性和支配性对于治理空间内的权力运作往往起到决定性的作用。

---

[1] 王谦、何晓婷：《场域拓展、资源整合与平台实践：信息社会政府治理创新的认知维度》，《中国行政管理》2019年第12期。

[2] 肖滨：《信息技术在国家治理中的双面性与非均衡性》，《学术研究》2009年第11期。

[3] 中国人民大学档案事业发展研究中心：《2022年中国档案事业发展报告》，中国人民大学出版社2022年版，第44页。

[4] 崔浩：《政府权能场域论》，浙江大学出版社2008年版，第95页。

现代市场经济体制的形成，赋予了经济资本更强有力的主导地位，经济权力因素导致的治理风险对于包括档案数据治理在内的政府数据治理来说，具有直接性的冲击和深层次的影响。

经济权力因素可能引发的治理风险表现在数据治理成本限制下的发展平衡性问题。公益性、免费性是公共数据治理和开放共享的特性之一，而数据的生产、加工、管理和存储，治理设施的建设、运营和维护，提供数据化服务需要付出的人力、物力等均需要较高的经济成本支撑，这意味着各层级政府需要从税收收入中划出一大笔费用用于新增的数字建设的支出。例如"十三五"期间，江西省数字档案馆建设、档案开发利用和"一站式"查档服务等多项档案工作被列入江西省"十三五"信息化发展规划①，江西省财政仅用于建设政务专网全省区域性数字档案馆应用平台和县级档案馆纸质档案数字化建设计划投入的专项经费便达到了 1 亿元②。新增的数据治理支出离不开经济上的持续性供给，这不仅对治理区域的财政实力提出了较高要求，制约着数据治理的能力与水平，而且也增大了治理部门需要面对的经济风险，因此实现专项资金科学管理、达到使用的最佳成本效益、治理成本投入与效益取得的相对均衡、避免治理主体之间的利益纠葛等都是档案机构需要面对的治理挑战。目前，我国东南沿海的发达省份的档案资源建设数字转型明显快于和优于西北地区，成为档案数据治理实践的基本事实。③ 江西省作为欠发达省份，其省档案馆工作人员就明确表示，在进行推动档案数据治理实践时，他们不得不考虑到经费投入与实际绩效的问题，投入的经费一定要确保用在"刀刃"上。

经济权力因素可能引发的治理风险还表现在数据治理经济效益的显现上。随着政府决策和服务日益依赖于数据的整理利用，数据治理的成效越来越成为绩效评价的重要依据。但客观事实告诉我们，政府数据治理更多地立足长远经济效益而不是直接或者眼前经济收入，档案数据治理更是如

---

① 省档案局综合调研处：《江西数字档案馆建设列入全省"十三五"信息化发展规划》，http://www.jxdag.gov.cn/id_2c908198589a590e0158b46626b43499/news.shtml，2023 年 9 月 15 日。

② 省档案局综调处：《档案信息资源库共建共享纳入"十三五"规划》，http://www.jxdag.gov.cn/id_2c9 0819853f39d820153f3a90f800012/news.shtml，2023 年 9 月 20 日。

③ 中国人民大学档案事业发展研究中心：《2022 年中国档案事业发展报告》，中国人民大学出版社 2022 年版，第 161 页。

此。档案数据治理的经济价值建立在其可以挖掘潜在的经济价值的基础之上，但是这些价值往往难以用具体的数字衡量，可能会令政府数据治理陷入成本和收益的矛盾之中。随着我国财政支出的愈加透明，用于政府数据治理的税收支出存在着令人质疑其投入必要性的风险。实地调研中发现，一些单位的 OA 系统由于开发较早，缺少对接省级治理平台需要的归档功能，需要单位自行申请经费进行改造，但在实践中，相关的财政预算下拨却很困难。

3. 社会权力因素

社会权力是政治、经济之后又一个对档案数据治理具有惯习性、外生性影响的重要因素。数据治理的转型风险具有更强的社会建构性，当现代社会的权力从集中走向分散，政府部分权能让渡于社会，社会权力日益多元化，社会力量对于档案数据治理的价值判断、行动逻辑等介入到档案数据治理场域中，档案数据治理也更容易引发涉及伦理和文化的治理性风险。

从总体上看，我国社会缺少参与治理的历史积淀和文化环境，使得数据治理缺乏牢固的社会基础。中国社会长期依托国家权威的中轴结构发展着，尽管社会自治与公民力量一直不断增进，但尚未完成从威权社会向人民社会的转变，社会参与治理的文化意识较为欠缺。其中，档案工作长期以来处在"后端管理"的工作传统，社会对于档案服务"重保管，轻利用"的"刻板印象"更未消除，使得社会的档案数据利用意识不强，参与档案数据治理的热情更低。此外，社会公众的技术能力不齐、数据修养不一，只有少量的社会主体能熟练地掌握参与数据治理所需的能力，这种社会权力的不平衡性也增加了数据暴露给技术道德不完善者的社会风险。

社会治理所要达成的公共利益最大化与治理共同体形成的诸多目标需要建立在社会黏性、共同经验与规则共识的基础之上，如果无法在数字化的动态场景中平衡社会主体的利益与情绪价值等问题①，一旦数字空间中风险事件爆发，极容易诱发不安全感、不公平感等负面的群体性社会心理的产生，进一步引发社会分化和社会冲突的风险。当下，数据获取存在的

---

① 徐顽强：《数字化转型嵌入社会治理的场景重塑与价值边界》，《求索》2022 年第 2 期。

鸿沟、数据资源的分配不均、数据服务普及不均、对于网络信息安全的担忧等问题均加深了社会群体对不公平的感知。例如，参与档案数据管控与服务需要有相应的数据素养和基础设施，虽然档案数据治理的服务对象面向全体公众，但不同社会群体之间获取服务的不公平现象依然存在。不具备利用数字基础服务设施优势和技术素养的老年群体、低文化群体就面临着被服务边缘化的风险，这些社会群体即可能形成反对政府数据治理的群体性风险。在知乎关于"怎么评价浙江的数字化改革建设"的问答下，在肯定改革意义的同时，也有许多社会公众指出存在的改革性问题，其中就谈到"数字化面对的群众应该是无差别的，办事的老百姓有青年中年老年，文化程度各异，以人为本的数字化才能体现数字化改革的优势，而不是让一部分人便利，让一部分人增加难度，甚至搞一刀切，根本没有其他脱离数字化的选项"①。

（二）内部性的风险因素

1. 数据管控因素

档案数据是档案数据治理的核心资本，档案数据可以带来的潜在经济价值和社会效益是促使相关治理机构实施档案数据治理的元动力，但如若档案数据的保存状态不能满足可用性、及时性、完整性、安全性等数据质量指标要求，档案数据的流通、共享不能满足服务于数据治理的安全性、效用性需求，即会引发档案数据治理机构对于档案数据驾驭能力不足的风险。

保证档案数据质量是推进档案数据治理的关键，因为档案数据治理的成果依赖于档案数据的决策，而不是治理主体的主观判断。档案数据质量的良莠不齐，会造成数据的精准度失真、数据的错误呈现和解读、可视化信息图表偏离实际，直接影响到档案数据治理的进程。过去很长一段时间里直到现在，档案数据有赖于人工手段分类分级、著录标引，容易产生数据标注错误，降低了数据识别的准确率与效率。浙江省档案数据库建设调查组曾对省内综合档案馆的数据库建设进行调查，发现数据库质量情况较好的档案馆数据误差率在12%左右，有的档案馆本次抽查的差错率达50%

---

① 匿名：《怎么评价浙江的数字化改革建设》，https://www.zhihu.com/question/461240463，2022年9月30日。

以上，总平均差错率达29%，错误率相当高。① 大数据环境扩大了档案数据来源，持续性的档案数据分类分级的强度和难度很大，容易导致档案数据格式不一、标准不一的质量困境。当下档案部门所收集的数据既包括传统数据资源，也包括大数据环境下产生的新型数据资源；既有原生数据也有衍生数据，以及大量结构化、半结构化和非结构化档案数据。调研中，有工作人员表示"我们现在不同层级的档案馆只有业务指导关系，加上业务标准理解深浅不同，因此档案馆的内部数据质量是千差万别的"。此外，数据治理环境下被频繁利用的互联网政务服务数据组合，也存在无法通过固化、关联整理及可视呈现等方式将这些价值密度低的数据记录作为不可分割的整体来发挥档案的价值等数据问题。②

档案数据在流动共享中引发的数据风险是导致档案数据的效用发挥受到阻碍的另一大因素。档案数据流动共享的实现首先以档案数据的内容审核为前提。对档案数据内容的审核不力，会导致与国家安全、政治机密、商业秘密以及个人隐私等有关的敏感数据公开，有可能引发国家安全隐患、政治事件，导致商业泄密和隐私泄露风险的发生。档案数据流动共享还离不开档案数据传输，在数据传输方面，"档案数据的传输需要各种网络协议，而部分专为档案数据处理设计的传输协议仅关注于性能方面，缺乏专业的档案数据安全保护，在传播过程中可能会面临泄露、丢失、破坏或拦截等问题"。③ 最后，缺乏整体的数据共享规划会直接影响档案数据流动共享的共通性，导致暗藏的数字鸿沟、数据垄断以及风险预警滞后等问题。调研可知，即使是走在治理前列的浙江省档案数据治理机构，也存在对自身数据资产地图刻画不清、对可共享数据条目清单界定不明等问题，尚难实现区域可共享数据资源的全盘管控。

2. 技术应用因素

档案技术的应用发展和平台架构的快速嬗变，扩展了基于技术理性的档案数据治理空间，同时也加速构建了档案数据治理的虚拟风险环境，技

---

① 浙江省档案数据库建设调查组、韩李敏：《档案信息化建设 数据质量是关键——浙江省综合档案馆信息数据库建设调查报告》，《档案学研究》2002年第3期。
② 陈明洁：《大数据时代对档案现代化影响和要求》，《档案管理》2013年第6期。
③ 金波、杨鹏：《大数据时代档案数据安全治理策略探析》，《情报科学》2020年第9期。

术应用因素引发的设施安全风险和系统应用风险成为当前档案数据治理风险话语的重要内容。

从设施安全视角出发，档案数据治理面临着一系列风险。首先，确保治理设施的网络安全已经成为虚拟空间中档案数据治理的关键性技术问题。档案数据网络容易受到网络窃取、非法接入、网络故障、网络 ARP 攻击和 DDOS 攻击等，严重的会造成设备无法使用和数据外泄。① 档案数据访问权限的网络通道也潜藏着风险。风险基础安全（Risk Based Security）的数据显示，2020 年全球数据泄露达到 360 亿条，集中在弱口令、特权账号访问、非法访问、越权访问等领域②。其次，网络环境日新月异的变化和计算机技术的更新换代，加上运行、存储设备等硬件设施不可避免的老化、换代迟缓等问题，使许多正在普遍使用的档案数据设施设备已经不能很好地完成保护数据安全的任务。例如，2017 年亚马逊公共储存服务器泄露了隶属美国国家安全局的陆军情报与安全司令部至少 100GB 的"军事机密"档案文件，其硬盘中还包含了"绝密"和"外籍禁阅"的文件③。最后，新兴技术应用不当也可能引发档案数据治理风险。一是新兴技术发展不够完备。在加拿大、英国、美国三国的国家网络战略中都强调了物联网技术、互联网连接技术、区块链所潜藏的风险，而这些新兴技术已经在当下的档案数据治理实践中得到尝试和推广。二是新型档案数据治理设施的建设，可能会产生负外部效应。例如，档案数据存储机房、档案数据中心等治理设施的建造和运行过程中可能带来环境破坏、耗能巨大、噪声污染、电磁辐射等不良影响。

从系统应用视角出发，档案数据治理相关的操作系统、应用软件系统以及整合性数据平台等，由于自身存在漏洞和缺陷以及在系统与系统、系统与平台之间的对接过程中存在的隐患，极有可能引发风险事件。一方面，由于早期的业务部门建设的信息系统主要出于自身的业务需要，缺乏整体建设的规划指导，在数据存储形式、调用方式、业务系统接口等方面

---

① 毕朋营：《网络环境下机关数字档案安全管理研究》，《兰台世界》2022 年第 5 期。
② 中国（中关村）网络安全与信息化产业联盟数据安全治理专业委员会：《数据安全治理白皮书 4.0》，https://www.digitalelite.cn/h-nd-4217.html，2022 年 9 月 30 日。
③ 《又泄密了！美国防部 100GB 顶级机密在 AWS 上曝光》，https://www.sohu.com/a/207567757_257305，2022 年 9 月 30 日。

都存在一定的差异，造成平台之间的互联共享推进困难，引发碎片化的治理风险。① 调研发现，一是各个业务单位的信息化水平参差不齐，其 OA 系统在建设过程中针对性地考虑到档案归档和利用的并不多，到了数据的统一归档时期，就必然面临着一定的改造压力；二是统一建设的 OA 里还未实现一些个性化的审批，加上不同来源文件版式不同、红头印章呈现等问题，所有这些情况导致了目前实现在线归档仍然存在难度，跨系统、跨平台的实时档案数据归档共享尚难实现。另一方面，系统林立、异构、老化等系统建设问题造成的"信息孤岛"和数据壁垒普遍存在，我国档案系统集成仍主要停留在档案部门系统内的归档接收和馆际互联②。此外，很多机构的电子文件归档模块或接口以及电子档案管理系统存在安全隐患，安全系数很低，一旦遭遇非法入侵，严重的会使整个信息体系面临崩溃风险。③

3. 人员特质因素

现代社会的风险结构与人为活动密切相关，参与档案数据治理的人员特质是需要考虑的风险因素之一。个体的安全意识缺乏、受到利益驱使等原因会造成有意无意的风险事件，根据威瑞森公司 2018 年的数据泄露调查报告，除了外部人员，28%的数据泄露风险事件的发生涉及内部参与者④。但人员意识和工作道德是每个行业都避免不了的风险因素，因此，更值得注意的是档案数据治理转型在人员特质方面可能引发的风险。

档案数据治理对人力资源有高度的依赖性，但现有的人员结构和素质并不能满足档案数据治理的要求。一是在人员分配上存在结构性压力，有调研发现，机构改革实现档案局馆分治后，档案局仅保留了较少的工作人员，很多档案局的一般业务工作因为人数不足而无法按时开展⑤。二是在

---

① 徐晓林、明承瀚、陈涛：《数字政府环境下政务服务数据共享研究》，《行政论坛》2018 年第 1 期。

② 谭必勇、章岸婧：《全国一体化大数据中心背景下档案数据中心的功能架构与推进策略》，《档案学通讯》2022 年第 3 期。

③ 中国人民大学档案事业发展研究中心：《2022 年中国档案事业发展报告》，中国人民大学出版社 2022 年版，第 207 页。

④ Verizon, *2018 Data Breach Investigations Report*, October 25, 2023, https://enterprise.verizon.com/resources/reports/DBIR_2018_Report_execsummary.pdf.

⑤ 中国人民大学档案事业发展研究中心：《2022 年中国档案事业发展报告》，中国人民大学出版社 2022 年版，第 120 页。

意识与技能层面上，档案工作者面临着职能转型的压力，过去强调"官本位"的职业传统不断被打破，虽然维护行政连续性和权力结构合法性仍然是重要任务，但主动为民服务、满足公众多元需求构成了新的挑战。面对数字转型的冲击，档案工作者对自己的服务身份和专业职能认识不清，缺乏职业信心和高效运作的驱动力，职业认同感和职业满足感低于预期，即会引发专业伦理风险。① 同时，档案治理的数字化转型对档案工作人员与其他治理人员的沟通、合作能力提出了更高的要求，而调研发现，新加入档案数据治理工作的信息技术人员存在脱离档案专业知识的倾向，档案工作人员与其他专业技术人员的协同发展意愿也不高。

此外，档案数据治理的服务对象本身也是人员特质风险的来源之一。当下，社会公众的档案利用需求和传统档案服务模式之间的矛盾越来越尖锐。信息技术的应用，使记录的权力得到普及，社会公众既是档案数据治理的直接服务对象，也可以成为档案数据价值的挖掘者和加工者。在数字技术逐步普及的现实条件下，利用主体的档案需求已不仅着眼于身份合法性凭证，他们对服务的便捷性，提供内容的可挖掘、可利用性等诸多方面提出了更高要求。如果档案数据治理机构没有满足用户的新需求，就很可能使服务对象降低对档案服务的信任度和行政评价，进而降低对政府公共政策和公共服务的理性期望，这意味着信任挑战。

4. 管理活动因素

管理风险伴随数据治理活动的产生而出现，客观地存在于档案数据治理的每个环节。管理风险是存在于档案数据治理实践的微观风险因素，如果不及时对管理问题和管理风险进行控制，容易导致档案数据管理风险陷入恶性循环。

首先，档案数据的管理流程在物理和虚拟空间中不统一，导致档案数据治理转型存在业务性困境。在实际的档案数据管理中，一些试点单位无法脱离对纸质保存的依赖，业务流程再造不到位，平台建设与线下管理不紧密，导致同一个事务活动中电子数据和实体档案相交

---

① 章岸婧：《后真相时代数字档案信息信任链构建探究》，《档案学研究》2021年第3期。

叉，造成数据链断裂，无法实现对业务活动的数据追踪、网络化控制和智能关联。[①] 这也成为"多数机构均认同未来管理应该向数字管理单轨制方式转变，但仍然采用双套制管理模式"[②] 的原因之一，因为治理单位无法把握和衡量电子归档和电子档案管理的风险，电子归档范围确立困难，线上线下管理秩序混乱，新旧管理体制难以很好交替。实地调研中，就有档案工作人员表示，"现在的困难是怎么认定目前管理制度、手段是满足单套制管理要求的？目前缺少明确的对于数据价值的认定过程与认定部门，还有现有管理模式对单套制的适应问题。所以我们还是将实体档案与电子数据分开管理，但分开管理也有分开管理的问题，即打乱了档案之间的有机联系"。

其次，档案数据的生命周期包括档案数据从产生、流转、组织、存储、分析和利用的全过程，整个管理过程涉及业务数据形成部门、档案数据管理部门、档案数据利用部门和外包服务供应商、企业用户、个人用户等多个主体。档案数据管理活动涉及的主体众多，他们之间的工作任务、治理目的不同，利益需求不一致，管理风险发生前该如何协调好他们之间的关系？风险发生时该如何使其配合风险控制工作？全景式的时时监督、事事监督能否实现？服务的价值性、均等性如何保证？这些问题都是可能决定档案数据管理风险事件是否发生和决定损失是否进一步扩大的因素。例如，在推进"一窗受理"的当下，出于办理事项的实际需要，前端业务数据的形成部门常常允许为公众容缺办理事务，这导致流程链上的业务环节存在缺失，给处于后端的档案治理部门留下了难题。又如，档案数据治理的技术性趋向，使得管理活动对技术与技术专家越发依赖，极有可能挤压公众参与档案数据治理的路径与渠道，造成的结果便是，管理的设备、技术已然完备，但却对接不了社会公众的根本需求，找不到数据应用的特色场景。再如，部分档案数据作为一些单位或者组织的核心数据资产，是其在合作中保持地位与优势的重要来源，这些单位就可能出现选择性开

---

① 谭必勇、章岸婧：《全国一体化大数据中心背景下档案数据中心的功能架构与推进策略》，《档案学通讯》2022 年第 3 期。

② 安小米、白文琳：《云治理时代的政务数据管理转型——当前我国档案事业发展的问题与建议》，《人民论坛·学术前沿》2015 年第 16 期。

放、有限开放或者不愿进行开放。

二 档案数据治理风险的逻辑探源

档案数据治理在转型过程中面临着的内外部风险因素,有的风险是偶发性和直接性的,而具有全局性、深层次负面影响的风险则是系统性、结构性的。通过风险因素识别不难发现,虽然技术资本能够赋能档案数据治理的空间结构重塑,但治理的变革从规划、实施到效用呈现并不能由技术直接决定,而是通过技术逻辑延伸至治理逻辑而展开的,治理转型过程中形成的深层次风险,是在技术关联治理而催发的一系列"化学反应"中形成的。治理的运行系统是治理结构及其治理机制的有机统一,风险便产生于治理运行过程之中(见图4-1)。治理结构是治理的组织结构以及关于权力与利益分配、制衡的主体权责关系;治理机制是治理结构产生的功能与权益关系、决策运作的机理①,包括法律、标准等制度性正式规制和灵活性的非正式管理保障机制。因此,要研究档案数据治理风险背后的成因,需要深入到治理维度,从治理结构与治理机制出发,来探究系统性、结构性风险形成的深层次逻辑。

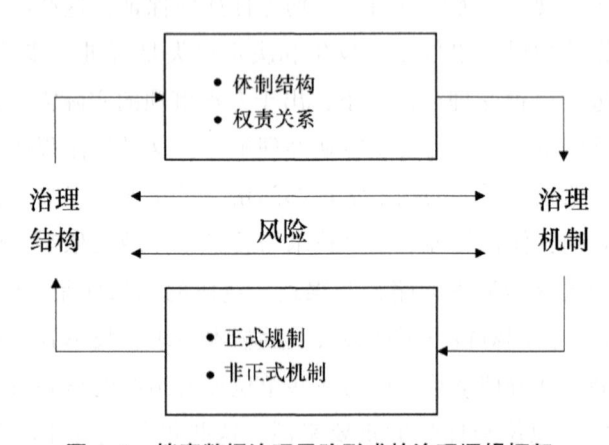

图4-1 档案数据治理风险形成的治理逻辑框架

---

① 张成福、杨兴坤:《借鉴现代公司治理模式,构建大部制的治理结构与治理机制》,《福建论坛》(人文社会科学版)2010年第1期。

(一) 治理体制存在结构性桎梏

长期以来,我国政府坚持以管理为导向的传统体制、权力结构中存在的治理惯性、行政壁垒、技术隔阂等,使得数字化政府的协同整合受到深沟阻碍,形成了档案数据治理转型的结构性桎梏。

首先,传统管理体制的普遍性内在认同形成治理惯性,制约着数字化改革。从管理体制的演进来看,统一管理的思维植根于我国行政传统,过去中国政府长期处于的全能政府角色助长了经验式管理思维。从管理体制的现状来看,我国行政管理体制以属地管理为基本特征之一,实行"条块结合,以块为主,分级管理"的管理模式,属地管理的原则把行政区域划分为"块",政府职能的行使以辖区为边界,形成了地方政府只对自身属地发展负责的固化思维。经验式管理思维使得部分政府机构对于数据治理变革引领下的治理手段理念革新、治理模式创新重视程度和理解程度不足,而数字政府建设提速和数据治理转型加快下的复杂多变的资源流动和组织结构变革也致使经验式管理思维难以满足快速变化的治理需求和及时应对突发的不确定性风险。属地管理的固化意识则容易造成不同层次的政府机构在档案数据治理禀赋和治理方式上的认知差异。上下级政府、同级政府、中央和地方之间的档案数据治理目标均着眼于各自的管理区域,由于管理视野、权力角色的不同,容易引发治理规则规范上的矛盾,特别是从实现区域内档案数据治理服务一体化到实现跨区域一体化阶段,这种单边治理的管理要求最终会加剧区域性档案治理协同发展的隔膜。

其次,科层逻辑阻碍数据权力的部门交互,削弱了档案工作的转型能力。科层制是我国政府的基本形态,这是一种依据职能权力进行分工和分层、以规则为核心的管理方式和组织体系。科层制通过横向的职能部门设置和纵向的行政层级划分,完成权力、资源的横纵向分配[1],体现出我国政府条块分割的典型关系,也造成了组织架构的弹性不足、部门分治等问题。由于档案工作在行政封闭上一直更为敏感,条块管理的规制与档案协同共治需求之间存在的张力在很大程度上导致了档案治理能力不足的结构性症结。横向上受到权责边界的行政约束或部门利益格局的影响,档案部

---

[1] 陈鹏:《人工智能时代的政府治理:适应与转变》,《电子政务》2019年第3期。

门与其他政务部门各自为政,导致"左右分治";纵向上不同级别的档案部门在治理要素上存在较大差距,自上而下单一推动的分段式档案管理导致了"上下分治"①。特别是机构改革后,档案行政管理的综合职能更被弱化,档案部门与大数据管理局等新兴管理部门之间的职能关系尚待厘清和统筹,实质上削弱了档案工作参与数据治理的能力。②

最后,技术运行与政府组织结构存在适配风险,阻碍着档案数字化转型。基于政府组织架构而引发的转型问题会导致技术嵌入档案数据治理产生排异效应。一方面,虽然平台、系统等数据治理设施建设得到了重视,单独"条"和"块"的政务信息系统整合共享已取得了成效,但"各自为政、条块分割、烟囱林立、信息孤岛"还是当前困扰我国政务信息化建设的难题③。由于分治的内在缺陷,在政务系统中的档案数据链总是处于"断裂"状态,档案数据交换基于政令变化而显示出临时性特征,跨府际、跨地域、跨行业的深层次档案数据共享仍然存在诸多困难,只依靠技术并不能破解体制桎梏下的档案数据共享难题。另一方面,技术被认为是"被执行的技术",技术嵌入档案治理的数字化转型遵循的是科层体制下的政治逻辑。部分地方政府自上而下地驱动档案数字场景和应用的开发,也许是出于应对上层压力和政绩指向的需要,最后可能不能带来档案数据的赋能效用,反而陷入技术悬浮于档案实际利用需求的困境,这也是造成数字利维坦、技术形式主义的根本导因。

(二)治理主体之间的权责博弈

进入档案数据治理的发展阶段,档案治理实践的数字化探索主要围绕创新合作项目展开,此时政府权力逐渐让渡,参与主体范围扩大,单一主体已经难以独自承担治理风险。但在实践中,档案数据治理主体之间关于权责关系的分配尚不明确,权责博弈现象屡发,造成了治理主体的效能偏低、发育不全、多元治理存在主体缺位等,致使了社会风险、人员风险的产生。

---

① 谭必勇、章岸婧:《全国一体化大数据中心背景下档案数据中心的功能架构与推进策略》,《档案学通讯》2022年第3期。

② 徐拥军、张臻、任琼辉:《国家大数据战略背景下档案部门与数据管理部门的职能关系》,《图书情报工作》2019年第18期。

③ 《国务院办公厅关于印发政务信息系统整合共享实施方案的通知》,http://www.gov.cn/zhengce/content/2017-05/18/content_5194971.htm,2022年9月30日。

多元主体参与档案数据治理不是简单的扩充，背后连带着主体行为、主体间关系、治理职责、治理权利等深层次变化尚待厘清。一方面，治理场景化和虚拟化使许多治理主体不再局限于某一限定身份，而可能拥有多重角色。比如社会公众既是档案数据服务的主要对象，也开始成为档案数据的价值加工者、保障档案数字服务公平公正的监督者等。主体行为的虚拟化、主体的角色叠加、网络治理规则不完善等导致了权力愈加分散，治理关系更加复杂，权责聚焦更加困难。① 另一方面，档案治理数字化转型的主导者、档案数据治理设施的建设者、档案数字服务利用者在档案数据治理实践中承担着不同的治理职责，涉及不同的治理目的与治理需求，协调统一、步伐一致的治理期望并非都能实现。忽视主体差异，只是简单肢解和分派治理责任，会阻碍档案数据治理乃至数字政府转型进程。

从主要参与主体的权责分配视角出发，在档案数据治理过程中，政府、公众和以技术企业为代表的市场主体之间权责并不明晰，导致了档案数据治理主体之间的博弈困局。首先，对于政府主体来说，完善的职责体系尚未在数字政府和档案工作变革中建立起来，不同层级、部门、区域之间的政府机构对于数据监管、处置、审批、开放、流通等涉及权属的业务活动没有形成完善的权责清单，档案部门在承担档案数据流通、隐私和产权保护等责任时亦存在权责不明的挑战。由于掌握主要经济、民生、政务数据的政府部门，会在社会治理之中占据更大的优势和话语权，因此，实践中甚至于存在强势单位会把包括档案在内的政务数据资源当作部门"财富"与权力载体，而采取消极性的治理合作，这也是数据权责不明的后果展现。此外，数据治理创新合作项目总是采用分部门进行模块化建设的方式，对接不完善就容易造成多头管理、管理职责划分不清等问题，影响风险责任的承担。其次，对于公众来说，虽然档案治理趋向平台化、数字化的态势对原有档案管理结构和社会服务秩序产生了冲击，改变了以档案部门为首的政府机构作为绝对治理主体的状况，但是公众作为最广泛的参与群体，仍然处在非对称的弱势权力地位，其参与档案数据治理的路径是狭窄的或者说是可有可无的，这也是造成社会参与力量发育不全、数据信任

---

① 徐顽强：《数字化转型嵌入社会治理的场景重塑与价值边界》，《求索》2022 年第 2 期。

关系脆弱的根本原因。公众在档案公共服务平台上发布的评判性或极端性意见，固然有非组织参与治理的混乱性、不可控因素，但也反映出公民对于档案数据公开服务需求和政府占据数据信息威权而产生的冲突，这实质上是一场民众权益诉求与政治权责控制之间在治理平台上展开的非合作弈局。最后，对于以技术企业为代表的市场主体来说，实现政府数字化治理转型离不开庞大的技术专家团体的支撑，档案数据治理的核心技术掌握在科技企业和市场技术主体手中，政府在解决数字化转型面临的数据、管理技术需求上总是寻找技术企业合作或托管，容易形成对市场主体的技术性依赖，技术专家无形中被赋予了优先性的话语权力。而市场主体依靠数据和技术上的优势参与到档案数据治理中，还容易导致数据价值的体制外循环，市场主体争夺经济资本和数据管理、使用等权力以及侵蚀到公共利益的问题。[1]

（三）治理规制的有效供给不足

数智技术的形成发展，伴随着新的治理空间、公共权力的产生，但技术推进政府治理转型的效能发挥则取决于其被规制的接纳程度——只有嵌入正式的制度规范体系，技术才能完成"治理化"的过程，整合到当下的公共治理结构和治理秩序中，实现合理、合规、合法的运用。制度转型是社会面临的诸多风险中更核心的来源[2]，数智技术推动的生产生活方式演进与档案治理制度规范的转向应当是协调一致的，否则就会导致实践行动中多方面的治理失灵。政府依靠技术推进档案数据治理转型面临的最大挑战在于如何使制度规制适应新兴的技术治理环境，能支撑起档案治理体系。从这个意义上来说，目前档案数据治理存在的许多结构性风险与治理规制的有效供给不足有着密切关系。档案数据治理规制的有效供给不足主要表现在三个方面：

首先，档案治理制度体系存在滞后性，不适应治理转型的需求。现有制度的滞后性突出体现在档案制度规范的时效性上。例如，在国家档案局部门规章库中发布的 21 部部门规章中，2000 年之前发布且现行有效的就有 7 部，占总数的三分之一。最早的《档案馆工作通则》发布于 1983 年，

---

[1] 王广辉、郭文博：《数字政府建设面临的多重风险及其规避策略》，《改革》2022 年第 3 期。
[2] 杨雪冬：《风险社会与秩序重建》，社会科学文献出版社 2006 年版，第 5 页。

其中的内容39年没有进行更新，对于档案接收征集、管理、利用的要求仍然停留在传统的集中化管理环境下，这与现实的档案服务环境强调的便民化、高效化要求是不相匹配的。此外，当前国内对于档案工作嵌入数字政府的发展大势仍然以战略性的号召为主，而与数字化、智慧化、整体化转型相适应的顶层设计、行动计划和通用标准等并未在宏观层面的制度设计和政策供给上得到统一和落实。"根深蒂固的制度像一张质地优良、密密麻麻、相互交织的网，包容和创造了大型组织中结构的惰性"①，档案治理制度建设的滞后，意味着档案事业的组织结构尚未适应数字化治理的现实需求。

其次，档案数据治理制度内容不健全，存在制度真空。制度真空是指制度体系中存在漏洞，对于某些重要的治理风险内容没有对应的制度设计。从上到下审视现行档案法律法规、部门规章和规范性文件，可以发现档案正式规制侧重于概念性、原则性的指导，如果档案数据治理的政策体系都"上下一般粗"，那就极容易出现治理漏洞。目前，我国法律规范尚待补足数字档案管理工作中各业务环节对应的具体规范和准则。② 比如，在数据交换方面，缺少档案机构与其他部门、平台企业之间的数据交换共享制度；在数据开发方面，档案数据信息开放标准、档案数据开发挖掘的准入许可缺少规范；在权益保障方面，档案数据产权保护和利益保障制度没有建立起来；在数据安全方面，关于档案数据资产安全法律法规尚未出台，档案数据安全分级、监管控制和问责制度体系均没有完备；在技术管理方面，还欠缺档案数据归档格式、档案政务服务平台建设、智慧档案馆运营等方面的规范性标准。

最后，数字规制之间衔接欠缺，存在制度冲突。从目前档案数字规制的协调性来看，档案制度与政府数字连续性管理计划缺少政策性对接，领导层的重视更大程度上决定了档案部门嵌入数字政府建设的参与度。档案数字规范与公共服务、司法认证、社会信用规范之间的关联度也比较低。制度之间协调性差，即容易造成制度冲突。制度冲突是指制度系统中存在

---

① ［美］简·芳汀：《构建虚拟政府：信息技术与制度创新》，邵国松译，中国人民大学出版社2010年版，第102页。

② 章岸婧：《后真相时代数字档案信息信任链构建探究》，《档案学研究》2021年第3期。

对同一行为规范作用方向上的矛盾和抵触，使得制度不能发挥其应有的规范行为和传递信息的作用，造成人们的行为紊乱和无所适从。① 比如，《政府信息公开条例》与新修订的《中华人民共和国档案法》之间对于"政府信息公开"和"档案开放"存在概念上的差异与冲突，导致了系列性的批判和误读，档案开放制度中公众知情权与隐私信息保护之间存在冲突，引发了关于档案封闭期的争议等②。

（四）治理安全机制保障不健全

档案数据治理空间的形成是技术环境下治理主体遵循整体性、智慧性治理行为规则的结果。在档案治理的数字化转型过程中，法律法规、制度规范等塑造了推进数字化改革以及评价治理效力的正式规则。但落实到行动层面，却不能将政府治理的各项方案规划和规范性文件简单地叠加起来进行操作，而要充分考虑治理有机整体的相互关系、运行程序、管理规则等，通过一系列相适应的治理安全保障机制落实治理秩序，实现对治理生态环境和主体行为规范的监管。相对于传统的档案治理安全保障机制，数字环境在一定程度上提高了档案主管部门对档案资源的监管能力，但更多的是带来了管理模式、治理流程和主体协同的治理挑战，显示出目前档案数据治理监管的力不从心。

首先，随着档案数据治理线上空间的不断拓展，面对档案资源的数字性创新生产、公共管理服务手段的技术革新等新的治理情境和治理场景，传统的监管模式已经难以应对现代治理中的诸多问题。多资源整合、多系统交互、多应用服务的档案治理转型风险对过去静态化、点对点的监管方式提出了挑战，而数智技术合理嵌入档案监管方式还有待档案数据治理机构展开进一步摸索。新《档案法》虽然新增了"监督检查"一章，但仍然只强调了传统档案监管方式，而没有对数字监管进行表述。同时，对档案监管机制进行数字化改造中，也不排除形成重技术轻管理的片面监管模式的可能性。有些档案数据治理机构很重视运用先进性和工具性的治理监管技术开展监管。比如，有的地方政府已经打造了依靠人工智能、大数据挖

---

① 李志强：《制度配置状态：制度耦合、制度冲突与制度真空》，《经济师》2002 年第 4 期。
② 张博闻：《我国档案开放制度的法律困局与出路》，《郑州航空工业管理学院学报》（社会科学版）2021 年第 5 期。

掘和分析技术的掌上监管、平台监管的机制方法。但这也容易出现技术监管偏向管理的某一方面而出现"选择性执行"问题，因为在档案监管的社会情境中，技术的有限性不能协调所有的管理元素，如果过于依赖冰冷的数据进行监管，可能造成工具监管与现实监管的剥离。

其次，在传统档案管理服务规则面临颠覆性趋势下，数字档案治理规则未实现对完整业务处理流程的监管。过去，档案进入电子档案管理系统之后，即遵守严格的查询利用审批模块的设计，按照传统环境下较为繁琐的借阅和审批流程提供利用，而在数据治理空间中的政务服务数据作为监管客体有着不同于传统处理程序的流动规则，客观上是可以通过细粒度的权限控制等方式实现安全性约束的。① 但由于数字环境中的政务服务数据等数字档案资源的生成，往往跨越了多个职能部门的边界，其治理过程不以标准化的处理程序进行固定的审查，许多地方政府的"一网通办"事项的业务流程还没有实现完整性对接。传统数据访问控制技术也无法解决跨组织的数据授权管理和数据流向追踪问题，不能对档案数据管理和利用活动进行实时监控和审计。② 在政府治理流程离散化的趋势下，数字档案管理步骤不确定、程序指向不清晰、技术控制不成熟，缺少完整的调控、激励、约束机制，难以实现对业务处理完整流程的追踪、反馈和监管。

最后，传统档案安全监管机制和治理效能评估不能有效覆盖数据治理环境中的社会关系，影响了档案数据治理的监管效能提升。一是随着档案事业的"社会模式"愈加明显，档案数据治理参与主体越来越多，档案监管涉及的对象日益增加，安全治理领域更加广泛，档案安全监管的压力也日趋繁重。③ 二是档案行政监管面临人才队伍建设问题。一方面是档案行政监管人才力量严重不足，机构改革后档案行政监督人员普遍很少，且往往身兼数职，监督检查任务压力更大。④ 另一方面，档案数据治理转型带

---

① 陈永生、王沐晖、苏焕宁等：《基于互联网政务服务平台的文件归档与管理：治理观》，《档案学研究》2019年第6期。
② 金波、杨鹏：《大数据时代档案数据安全治理策略探析》，《情报科学》2020年第9期。
③ 徐拥军、张臻、牟建闽：《治理现代化视域下我国档案行政监管的问题与对策》，《中国档案》2022年第8期。
④ 黄宏达：《机构改革后加强和改进档案管理工作专题调研报告》，《中国档案》2020年第1期。

来的诸多新的监管场景，需要提高档案行政管理人才队伍的数字素养和专业能力。三是档案监管机制要实现的保障档案数据治理安全的诸多目标需要建立在多主体的监管共识之上，而目前政府内部以及社会、市场力量如何科学开展档案监管活动尚未形成完善的协同方案和对接机制。

第五章

档案数据治理体系的结构框架与运行模型

大数据时代，档案在国家大数据战略、文化生产和经济生产中成为独具特色的数据要素，直接参与社会生产和社会治理过程，形成了新的价值形态。将档案数据治理放在国家数字化战略和数据治理体系中来谋划发展，进一步明确档案数据治理在数据治理体系中的功能，有助于增强数字化发展中档案机构的话语权，避免档案机构被边缘化[①]。相对数据治理场域来说，档案数据治理实践开展的时间短、应用场景有限、社会辐射面较窄，目前主要处于地方和组织层面的自发性探索阶段，较少有国家、行业层面的宏观性、前瞻性和整体性布局，因此，本章根据对国内档案数据治理实践的实地调研和网络分析，借鉴数据治理体系构建的研究成果和具体经验，确定档案数据治理体系构建的价值导向，提炼档案数据治理体系的基本框架及构成要素，构建档案数据治理体系的运行模型，并以"苏州市民生档案数据交互服务平台"为案例开展实证研究，从而为档案数据治理体系构建提供科学、合理的方案和路径。

第一节 档案数据治理体系构建的价值导向

作为一种核心的方法、原则和理念，价值导向的核心作用在于指导决策、行动和规划，是确保所有行为和决策与所设定的价值和目标保持一致

---

① 周毅：《档案数据治理的认识维度及其价值》，《档案与建设》2023年第2期。

的重要方式。档案数据治理体系的价值导向是档案治理领域中的重要原则，旨在确保档案数据的有效治理以及体系的长效向善运转，以实现最大的公共价值和社会效益，不仅关乎数据合规与安全性，还包括数据战略性、可持续性和可利用性等等方面，归结起来突出以下几个关键方面：以技术提效率、以服务促治理、以法制保合规、多维度防风险。

一 以技术提效率

信息技术是当代公共服务系统理性和现代化变革的中心[①]。20世纪90年代以来，数字技术高速发展，而当前以互联网、大数据、云计算、人工智能为代表的新兴技术，正颠覆着人类社会的生产方式和生活方式。2021年6月，国家统计局发布了《数字经济及其核心产业统计分类（2021）》，从"数字产业化"和"产业数字化"两个维度，清晰地界定了数字经济的基本范畴[②]，凸显了数字经济在中国社会运行发展中的核心地位，预示着中国正在全面迈向数字时代。不久，中共中央、国务院相继出台《国务院关于加强数字政府建设的指导意见》（2022年）、《数字中国建设整体布局规划》（2023年）等数据发展规划，以及组建国家数据局等改革之举，更是推动整体中国社会加速迈向数字时代、技术时代。涵纳其中并致力推动其发展的档案数据，及因之转向形成的治理方式与体系，高度依赖于数字技术的持续进步与广泛应用。同样，数字技术作为新时代最先进的第一生产力，亦将推动档案行业行以致远，并深刻改变档案数据的治理体系、治理模式和治理能力。

纵观技术在整体性治理中的演进历程，其无疑"为整体性治理提供了广阔的前景"[③]。特别是在我国，2004年来中央政府积极转变治理理念，以公共服务为核心，同时聚焦于技术化和规范化等核心议题，不断凸显技术在治理中的核心地位。具体至档案领域，情况亦然，且表现得更为直接和具体。比如，我国从"十五"期间开始，几乎在每个五年档案事业发展

[①] 竺乾威主编：《公共行政理论》，复旦大学出版社2008年版，第479页。
[②] 《〈数字经济及其核心产业统计分类（2021）〉（国家统计局令第33号）》，https://www.stats.gov.cn/sj/tjbz/gjtjbz/202302/t20230213_1902784.html，2023年12月10日。
[③] 竺乾威主编：《公共行政理论》，复旦大学出版社2008年版，第474页。

规划中，都将"档案数字化"置于信息化工作资源建设的首要位置。据不完全统计，多年来，在公开的档案信息化项目招投标中，数字化项目占据了高达七成的比例，显示出档案信息化建设的强劲势头①。在档案信息化投资长期快速增长的背景下，2015年开始国家启动以创建国家示范性数字档案馆（室）为核心的新一轮档案信息化建设。目前，建成运行全国档案查询利用服务平台，接入近1200家档案馆，并纳入全国一体化政务服务体系②。数据治理作为技术治理的具体模式，从技术治理的工具理性出发，以效率提升为导向，无可争议。在体系建构的基础上，技术将不断牵引、简化复杂的档案数据治理议题，包括将复杂的治理场景具体化、模块化与体系化，并深刻解析与推动档案数据治理体系朝规范化、理性化、制度化方向发展。

然而，"技术发展每前进一小步，治理难度就增加一大步"③，在依托技术实现数据治理的过程中，技术本身逐渐成为治理之治理的重点关注对象。从日趋复杂的内部管理生态来看，一方面，原生数字档案和次生数字档案体量不断膨胀。截至2022年底，全国各级国家综合档案馆馆藏电子档案2372.9TB，涵盖数码照片220.0TB，数字录音、数字录像1040.0TB；馆藏档案数字化成果28069.0TB④。这些档案资源生态的变化，不可避免会带来收集、鉴定、存储、利用等传统档案管理流程、环节之中的技术使用与更替危机。论及档案数字资源类型、格式则更为复杂，照片、音频、视频，急需不同的技术手段进行整理、保存与利用。另一方面，在传统的档案管理模式中，档案部门由于自身势单力薄，人力、物力和财力资源都十分有限，并且各个部门之间合作与联系较少，导致档案事务管理的效率不高⑤。

---

① 钱毅：《技术变迁环境下档案对象管理空间演化初探》，《档案学通讯》2018年第2期。
② 陆国强：《全面贯彻落实党的二十大精神 奋力书写档案事业现代化和高质量发展新篇章——在全国档案局长馆长会议上的报告》，https://www.saac.gov.cn/daj/yaow/202302/edef53f544bb4eea8bfacd87fd8a223e.shtml，2023年12月10日。
③ 《〈中国网信〉杂志发表〈习近平总书记指引我国网络安全工作纪实〉》，https://politics.gmw.cn/2022-09/28/content_36061684.htm，2023年12月19日。
④ 国家档案局政策法规司：《2022年度全国档案主管部门和档案馆基本情况摘要（二）》，https://www.saac.gov.cn/daj/zhdt/202308/0396ea569aa648f1befd5c49bac87e6f.shtml，2023年11月20日。
⑤ 晏秦：《论档案治理的内涵、特征和功能》，《档案管理》2017年第4期。

而且，在长期纸质档案管理环境中形成的先入为主的观念、规范和做法，以及"最初以纸质后来以电子为基础的信息系统在建构作为社会—技术系统的现代官僚组织中"长期发挥着相当重要的作用①，不断影响和限制档案工作者对数字档案的认识②。不仅如此，在数字档案管理转型过程中，存在大量概念失真、技术失效、版本更迭与方法失灵现象，也往往使得档案工作者疲于应付③。从快速发展的外部技术环境来看，病毒、知识产权保护、黑客等由技术发展衍生的风险、伦理与职业道德问题，将治理技术的暗面充分暴露。上层算法的价值遮蔽和垄断问题，也成为社会广泛关注的焦点议题。

在此背景下，档案数据治理体系的技术效能，强调以人为本位的价值导向，牵引技术经验积累、技术有效应用并有效服务治理。但技术植入作为一个历时性的具有很强实践情境特征的"连续谱"，其阶段性明显且前后影响，在此过程中既有组织结构的制度逻辑与新技术暗含的制度逻辑始终都处于微妙的互动中，如需更为贴切地理解现代技术治理的运作机制，就应当建立起更为精致的研究模型④。为更深入地理解现代技术治理的运作机制，档案数据治理体系的建构，不仅要积极发挥人类智慧，更需要强调经验知识的存取，这主要体现在横向跨学科合作以及纵向历史经验的提取借鉴两个方面。一方面，横向跨学科合作在档案数据治理体系建构中扮演了重要的角色，计算档案学概念的出现及传播便是例证⑤。档案数据治

---

① 马克斯·韦伯认为，官僚组织只有在一个系统化的组织中的素质精良的、以非人格化方式产生的官员与处理事务所需的书面文件和规则结合在一起时才能存在。书面文件及其规则的重要性表现为：（1）官方文件和档案对于支撑现代行政的非人格化和连续性起到了重要的作用；（2）发达的有系统的档案登记提供了一种"纸上记忆"，这是一种比个人能力强许多倍的集体能力；（3）档案登记和非人格化的官场以及官僚训练和社会化的强化给官僚组织提供了一种实质性的永续运作的能力。参见竺乾威主编《公共行政理论》，复旦大学出版社 2008 年版，第 479 页。

② Jason R. Baron, Bennett B. Borden, "Opening Up Dark Digital Archives through the Use of Analytics to Identify Sensitive Content", In *Proceedings of the 2016 IEEE International Conference on Big Data (Big Data)*, IEEE, 2016, pp. 3224-3229. DOI: 10.1109/BigData.2016.7840978.

③ 钱毅：《技术变迁环境下档案对象管理空间演化初探》，《档案学通讯》2018 年第 2 期。

④ 黄晓春：《技术治理的运作机制研究——以上海市 L 街道一门式电子政务中心为案例》，《社会》2010 年第 4 期。

⑤ Lise Jaillant, "More Data, Less Process: A User-Centered Approach to Email and Born-Digital Archives", *The American Archivist*, Vol. 85, No. 2, 2022, pp. 533-555.

理涉及档案学、计算机科学、数据管理、法律、伦理、信息安全等学科知识和技能,特别是在数字时代,实现电子档案管理并确保其未来可用性,不再是档案学者和档案工作者所能单独应对的[①]。要建构综合而完善的档案数据治理体系,要求不同领域的专家和从业者通过跨学科合作,为档案数据治理提供多元化的视角和全面性的解决方案。例如,在处理档案数据的隐私和安全问题时,法律专家可以提供法律法规方面的指导,计算机科学家可以提供技术方面的支持,档案学家则可以提供数据管理和保管方面的专业知识。这种跨学科合作有助于确保档案数据治理体系具备全面性、多维度的优势。另一方面,纵向历史经验的提取、借鉴,对于档案数据治理体系建构同样至关重要。相比其他类型数据,档案数据的纵向性历史特征尤其突出,历史记录一直以来都是档案数据的基础,基于档案数据建构呈现出具有历史厚度、时间跨度的过程性体系,应为档案数据治理体系建构的目标之一。不仅如此,既往档案管理经验和实践,也为档案数据治理体系建构提供了宝贵的教训和指导,帮助档案数据治理新阶段避免重复犯过去的错误,并制定更有效的档案数据治理策略,以节省时间和资源,加速档案数据治理体系的建构过程。此外,历史经验也可以帮助我们更好地理解和保护文化遗产和历史资料,促进文化传承和研究。总之,档案数据治理体系的建构强调知识存取的重要性,既包括横向跨学科合作,也包括历史经验的提取借鉴。横向跨学科合作能够提供多元化的专业知识和技能支持,而纵向历史经验的提取、借鉴则有助于我们建构一个具有深度和扎实基础的档案数据治理体系,助力形成一个强大、可持续的档案数据治理体系,支持文化遗产的保护、历史研究的发展和社会决策的制定。

档案数据治理体系建构讲求扬长避短。如何正确把握、有效协调技术与档案数据治理体系等之间各要素的关系,发挥技术的积极面向,成为档案数据治理体系的主要价值导向。首先,技术在档案数据治理中发挥着不可或缺的作用,如提高数据的安全性、可访问性和可管理性。通过使用先进的技术,组织可以更有效地收集、存储和管理大量的档案数据,并在此基础上,进行数据分析和挖掘,帮助组织更好地理解和利用档案数据,以

---

① Julie McLeod, "Record DNA: reconceptualising digital records as the future evidence base", *Archival Science*, Vol. 23, No. 3, 2023, pp. 411-446.

支持决策制定和问题解决。例如，大数据中枢、智慧大脑、档案大数据中心等技术的推动建设，正是技术优势的集中体现。然而，技术只是档案数据治理体系中的一个组成部分，而非全部。在利用技术的同时，必须将其与法律法规、政策指导、组织架构和人员培训等要素协调一致。例如，研究显示，区块链上记录的信息的不变性是区块链技术的一个与众不同的积极特征，但如果个人身份信息不符合《通用数据保护条例》（GDPR）的规定，则有可能使组织面临不合规的风险。且如果无法删除个人身份信息，则可能使组织面临不遵守《通用数据保护条例》的风险[1]。因此，建构档案数据治理体系时，必须确保技术与其他要素之间的协调和一致性。其次，技术在档案数据治理中虽具诸多积极方面，但也在不断破坏、加速迟滞化既有的制度性、框架性成果，甚至产生冲突，突出体现在数据共享、道德伦理和法律政策等治理基础方面。改革开放以来，尽管我国《档案法》的制定和修订工作未曾间断，但应对技术发展带来的新型问题仍是捉襟见肘，即便是2020年6月颁布的最新版《档案法》，对于技术的规约仍相对不足。因此，建构档案数据治理体系时，必须扬长避短，充分认识到技术的潜在风险，并采取适当的措施来应对这些风险，包括制定严格的数据隐私和安全政策，确保数据的合规性和安全性。最后，档案数据治理的主要价值在于提供可信、可靠和可用的档案数据，以支持政府决策和社会发展。技术是实现这些价值的工具之一，而非唯一性工具。爱沙尼亚的整体数据治理经验表明，技术单项的突出优势不足以解决数据治理体系出现的硬性制度性、软性意识性困局，在实现整体提升之前，电子文件和记录管理系统中应用人工智能尚不可能[2]。因此，建构档案数据治理体系时，不能仅仅追求技术的先进性，而忽视了档案数据治理的本质目标，必须确保技术的使用是为了实现这些主要价值，而不是为了技术自身而存在。

---

[1] Darra Hofman, Victoria Louise Lemieux, Alysha Joo, et al., "'The margin between the edge of the world and infinite possibility': Blockchain, GDPR and information governance", *Records Management Journal*, Vol. 29, No. 1/2, 2019, pp. 240-257.

[2] Teona Gelashvili, Ingrid Pappel, "Challenges of Transition to Paperless Management: Readiness of Incorporating AI in Decision-making Processes", *2021 Eighth International Conference on eDemocracy & eGovernment (ICEDEG)*, Quito, Ecuador, 2021, pp. 41-46, DOI: 10.1109/ICEDEG52154.2021.9530905.

档案数据治理体系建构讲求"数实"结合,即在追求技术发展的同时,紧密结合现实问题和需求。运用技术进行治理在国家治理已经成为一种不可避免的趋势,但自下而上社会压力不足的现实导致技术治理逻辑在深层次上并不关注社会自我协调能力建设和"社会本位"的价值导向[①]。因此,在构建档案数据治理体系时,必须对过度技术化所带来的潜在问题保持高度警惕,并清醒地认识到在包含大量敏感信息的档案数据治理领域,技术所带来的影响尤为复杂、深远。一方面,技术虽然提供了更高效的工具和方法,但过度依赖技术可能导致档案工作者忽视与档案实体问题、档案治理复杂场景的直接联系。这种依赖可能使治理过程陷入技术算法形成的方法怪圈,丧失相应的灵活性和创新性,削弱整体行动体系的感受力和应变力,进而影响治理效能。另一方面,过度依赖技术也可能导致数据隐私和安全方面的风险。在档案数据治理中,大量的数据收集和处理是不可避免的,但这也可能引发个人隐私权的问题。如果数据被滥用或泄露,将对公众信任和社会稳定产生负面影响。因此,在建构档案数据治理体系时,必须审慎地权衡技术治理的利与弊,确保将技术治理与现实问题紧密结合,以此提升档案治理的质量和效果。例如,从国际视野来看,美国国家档案与文件管理署、美国教育基金会、美国哈特福德金融服务公司等行政机构和企业组织,已经通过设立首席档案官或首席信息官等职位[②],实现了技术治理与档案管理的深度融合,在提高了数据治理的专业性和系统性的同时,也有效应对了技术带来的挑战。同样,广州市在 2023 年 9 月发布的《广州市全面推行首席数据官制度工作方案》[③] 中,也明确了实行首席数据官制度作为推动数字化改革的关键步骤,旨在通过加强数据治理的专业性和系统性,促进数据、业务、技术的深度融合,为数字政府和数据要素市场体系建设提供有力支撑。这些实例都表明,技术治理与现实问题的融合、衔接是加强档案数据治理的必由之路。

[①] 单勇:《犯罪之技术治理的价值权衡:以数据正义为视角》,《法制与社会发展》2020 年第 5 期。
[②] 王广宇:《档案规划师:档案职业细分与岗位创设之探索》,《浙江档案》2021 年第 11 期。
[③] 《广州市全面推行首席数据官制度》,https://www.gz.gov.cn/zwfw/zxfw/ggfw/content/mpost_9217167.html,2023 年 10 月 20 日。

二 以服务促治理

价值导向是档案数据治理体系建构、运行的自主逻辑体现，回答了该体系治理的基本目标和最佳状态。档案数据治理体系建构紧密依托并根植于外部发展环境和数据治理土壤。而数据治理本身，也并不是政府部门自发性、因果性选择，而是政府数据管理的历史演变与数字化时代政府行政改革的紧密结合①。在执行党和国家各项决策部署中，我国政府通过调整结构关系、运行机制和管理方式，实现信息资源控制，将单纯的管理责任控制扩展到国家治理控制，打造能与人民需求相匹配、能被人民感知的效能型内部控制，使其保障供给公共产品和公共服务的能力得到最大限度的发挥②。在"国家—社会"的演进历程中，中国国家治理促成国家与社会的上下联通、融合一体的历史诉求，政府以数据控制形式实现，围绕行政目标不断衍化，回应了现代社会对更加高效、透明和负责的服务型政府的需求。档案数据治理于其之下，从整体到局部都存在明确的价值导向，与其工作常言的神圣职责"为党管档、为国守史、为民服务"依然适用，且与政府服务、数据治理改革目标密切结合，展现出以公共服务为导向的发展观点。

在政府服务转向数据背景下，以服务为导向建构互动性的档案治理体系，关注体系建构与人民群众诉求的匹配性，成为题中之义。自上而下，党的十八大以来，以习近平同志为核心的党中央提出并始终坚持以人民为中心的发展思想并贯穿深入国家治理的各个方面。政府数据服务、档案数据治理也应坚持一切为了人民、一切依靠人民的价值观点，在治理体系建构、治理活动实施过程中，充分尊重人民的主体地位，保持同人民群众的血肉联系，设计拓展相应互动机制、沟通渠道，聚集非中心主体广大的治理、服务意见。自下而上，世界政府建设导向"小政府大社会"的主流渠道，问政于民、问计于民、问需于民，关注甚至建构以人民群众的服务诉求为导向的治理体系结构，在促进档案机构、政府部门组织网络的优化甚

---

① 夏义堃：《政府数据治理的维度解析与路径优化》，《电子政务》2020年第7期。
② 戴琦、闫天池、于洪鉴：《国家治理视域下政府内部控制理论框架研究》，《社会科学辑刊》2023年第5期。

至进化方面具有突出的协调、引导意义,在不断提升治理的合理性、合法性的同时,有效培养公众的权利主体意识,改变传统社会熟人共同体式微导致的治理参与精神不足等现象,有效激活参与治理主体的能动性。不仅如此,从数据生产、流转的密切关系来看,服务作为数据下游,与数据生产、管理不仅是服务和被服务、竞争和合作的关系,也是支撑和被支撑的"共生演化"关系。从治理主体的服务需求出发,处理好主体间关系实现共生同路,能够为档案数据治理赢得更加广阔的发展空间①。随着超级智能社会和大数据时代的到来,企业、社会组织和公众对数字化、智能化的需求不断提升。这就要求政府必须加快数字化转型,提升服务效能。为了实现这一目标,政府需要适应开放、共享、融合的超级智能社会要求,加强数据治理,建立以公共服务为中心的大数据治理体系,并完善无缝隙的整体政府体制机制②。在这一过程中,档案数据开放与政府数据开放密切相连,政府应抓住机遇,积极参与并推动政府数据开放,以满足人民群众日益增长的信息需求。

在政府数据服务趋于细化的行动中,以服务为导向促进档案治理体系整体性建设,应为核心目标。服务细化是现代社会治理中的一项重要趋势,它以更加精细、个性化的方式提供服务,带来了服务质量的提升、人文关切的加强,以及部门机构分工的专业化纵深发展。然而,与之相对应的对立面是治理领域的碎片化扩张带来的资源重复浪费,政策决策的参差不齐、服务端口不清等诸多问题。从肯尼亚数据治理管理实践来看,在没有信息共享与管理政策支撑下的档案数据交叉共享,将面临工作重复、公众成本高昂、数据质量差异明显以及各部委决策差异等问题③。因此,在数据治理的具体对象、形式、方法甚至载体皆趋于多元的背景下,在共存中出现交流、冲突等现象时,需要通过合理的协调和整合来解决,以确保治理的有效性和稳定性,才能达到高效与人本的"善治"目标。整体性治

---

① 刘力:《数字时代政府数据治理的法律隐忧与规制》,《湘潭大学学报》(哲学社会科学版)2023年第4期。

② 李军鹏:《面向基本现代化的数字政府建设方略》,《改革》2020年第12期。

③ Cleophas Mutundu Ambira, Henry Nyabuto Kemoni, Patrick Ngulube, "A framework for electronic records management in support of e-government in Kenya", *Records Management Journal*, Vol. 29, No. 3, 2019, pp. 305-319.

理调和了工具理性与价值理性的关系①，使档案数据治理体系运转回归公众服务，从而"更有效地处理公众最关心的一些问题，而不是在部门和机构之间疲于奔命"②。档案数据治理体系也意在包容多元、有序的治理主体和运转通畅的治理结构，实现数据管理保存、价值发挥。一方面，面对数据治理中层出不穷的问题，从结构出发，不断梳理整合内容、权利等多重碎片化、分散化的组织结构和治理模块，关注"条块分割"体系内部信息的对称、政策制度的协调以及合作的开展，关注政策法律模块间的互动适配，强化档案数据治理体系自身的整体性，避免类似欧盟《数据治理法》因与个人数据立法缺乏互动而被广泛诟病的窘境再现，是推动档案治理持续发展的前提和基础。另一方面，根据组织边界理论，政府数据治理中的各本体组织的数据治理实践高度依赖"体制内"其他政府部门的活动时，组织的核心任务就是加强其自身与其他组织之间的"界面"互动③。在档案数据治理跟随数字政府、数字社会、数字中国整体建设由内向外的发展进程之中，档案治理体系与整体数据治理体系内部的整体性，将影响档案数据治理体系的坚韧性与贡献力。统筹档案事业发展的大局，推动档案治理的现代化，完善档案治理体系，加强档案治理能力建设，需要对档案治理的对象、方法、依据等进行系统审视和综合考虑④。

在政府数据服务关注实效化趋势下，以服务为导向促进档案治理体系和治理能力建设，是档案数据治理体系的重要价值导向。传统档案管理模式由于资源分散和部门间合作不足，长期以来面临着管理效能较低、服务能级不高以及社会影响力有限的困境⑤。为了打破这一局面，档案数据治理体系作为现代社会信息管理系统的关键组成部分，需要紧密扎根整体治理土壤，通过优化资源配置和强化部门间合作，推动档案数据治理体系与治理能力的现代化提升。这一过程的核心在于关注资源的有效输入与高效

---

① 胡佳：《迈向整体性治理：政府改革的整体性策略及在中国的适用性》，《南京社会科学》2010 年第 5 期。
② 竺乾威主编：《公共行政理论》，复旦大学出版社 2008 年版，第 472—473 页。
③ 胡峰、王秉、张思芊：《从边界分野到跨界共轭：政府数据协同治理交互困境扫描与纾困路径探赜》，《电子政务》2023 年第 4 期。
④ 常大伟：《档案治理的内涵解析与理论框架构建》，《档案学研究》2018 年第 5 期。
⑤ 金波、晏秦：《从档案管理走向档案治理》，《档案学研究》2019 年第 1 期。

利用,以实现档案数据治理体系的持续发展和价值最大化。其中,整体治理土壤是指在国家治理体系中,各种治理机构和力量相互协调、支持形成合力,实现国家治理体系和治理能力现代化的统一情境与过程。其核心治理对象——档案数据作为信息资源的一部分,是国家治理体系的重要组成部分,包含了政府机关、企业、学术机构等各类组织的信息,涵盖了经济、文化、社会等多个领域。档案数据不仅是一种内部资源,还可以被共享、交换和利用,从而在促进社会进步和经济发展中发挥更大的价值。因此,档案数据治理体系的建立和健全,对于整体治理土壤的改善和升级至关重要。档案数据的合理治理和有效利用,有助于各级政府更好地了解社会状况和制定政策,有助于企业更好地管理业务和风险,有助于学术机构更好地开展研究和教育。这种资源的输入溢出不仅能够提高档案数据的价值,还能够促进不同组织和领域之间的合作和交流,推动档案数据治理体系与治理能力的现代化。因此,应以服务为导向,持续加大投入以提升档案数据治理的技术水平和专业化程度。同时,强化部门间的紧密合作与协调,凝聚治理合力,并特别关注资源的优化配置与高效利用,从而提升档案数据的利用效率和价值,使其在社会和经济发展中发挥更大的作用。

三 以法制保合规

档案数据治理体系建构的价值导向之一是"以法制保合规",这意味着在建构档案数据治理体系时,要确保所有操作都符合法律法规,以维护档案数据治理的权威性和有效性。这一原则的重要性不容忽视,因为档案数据往往涉及敏感信息和关键记录,其安全性和可靠性对于组织和社会至关重要。"以法制保合规"不仅有助于确保数据的完整性和可靠性,还能有效防止数据的篡改、丢失或滥用,保障数据的真实性和准确性。同时,合规性也是降低风险和减少潜在法律纠纷的重要保障,确保档案数据在后续流通中能够充分发挥其价值。在建构一个公平、公正和透明的档案数据治理体系过程中,"以法制保合规"应该被视为档案数据治理的核心原则并贯穿全程。通过实施严格的数据控制、权利控制和个体控制策略,有效保护数据的完整性和隐私,防止数据被非法获取、滥用或泄露,为数据的合法使用提供了坚实的保障。

首先,数据控制方面。从历史与现实看,对数据的治理在数据治理中长期占据核心地位①。数据治理在全球范围内被认为是保证数据质量的必要手段,它的核心价值在于确保数据的准确性、可获取性、安全性、适度分享和合规使用②。在档案数据治理领域,数据治理的价值体现为维护档案数据的证据性,贯穿整个数据生命周期。因此,档案数据治理的关键是规定如何收集、使用、存储和管理档案数据,以保证数据在各个环节都处于合规状态。尽管目前国内尚未出台专门的数据合规法律或法规③,但国际上出现了一些数据治理模型,如 ISACA、HESA 等,以及档案馆对数据治理成熟度④、数据质量⑤的评估方法,国内学界开始倡导设立数据合规官⑥,国家标准化管理委员会还发布了《信息技术服务—治理 第 5 部分:数据治理规范》(GB/T 34960.5—2018),为档案数据治理体系的完善提供了启示。深入细究各类政策底层意图,我们发现存在一种较为明显的"由后端倒逼前端"的思维,即通过评价体系的建构完善倒逼数据内容、格式等技术性指标合规,是一种后置介入的以追溯、处理、修正为核心的数据管理模式,虽然效果较为明显、直接,但易导致错失、放任甚至失灵的风险。因此,在建构数据治理体系时,需充分牵引档案数据合规能力前置,建立合规性审计流程和全面的监管体系,以确保数据流动的合规性,包括定期审计数据流动过程,检查合规性政策的实施情况,并确保有适当的记录和报告机制,以便向监管机构提供必要的信息。随着数字经济的发展,在国家数据要素市场化的建设背景下,如何促进数据的横向与纵向高效流通交易,同时又保障数据的合规性,成为一个重要的挑战。这就要求:首

---

① 梅宏主编:《数据治理之论》,中国人民大学出版社 2020 年版,第 188—189 页。
② 张宁、袁勤俭:《数据治理研究述评》,《情报杂志》2017 年第 5 期。
③ 胡玲、马忠法:《论我国企业数据合规体系的构建及其法律障碍》,《科技与法律》(中英文) 2023 年第 2 期。
④ Sari Agustin Wulandari, Yova Ruldeviyani, Viktor Suwiyanto, et al. ,"Data Governance Maturity Level at the National Archives of the Republic of Indonesia", *Jurnal Penelitian Pos dan Informatika*, Vol.10, No.1, 2020, pp.27-40.
⑤ Basma Makhlouf Shabou, "Digital diplomatics and measurement of electronic public data qualities: what lessons should be learned?", *Records Management Journal*, Vol.25, No.1, 2015, pp.56-77.
⑥ 齐鹏云:《企业数据合规官的治理边界及其规范体系》,《信息资源管理学报》2023 年第 6 期。

先，制定合理的政策和标准，建立数据治理框架和技术体系，有效覆盖数据交易、准入等传统管理外部环节，保护数据的动态性合规，同时促进数据的有效流通和交易；其次，完善相关的数据法律体系，包括制定国家、地区或行业特定的档案数据保护法律、法规等，并将其纳入政府、企业和社会组织的数据与业务流程中；最后，构建涵盖数据审查、审核和监控、惩罚纠正等环节的科学合理的数据合规管理程序，保证档案数据的合规性。

其次，权利控制方面。档案数据治理体系的建构必须关注权利的保障和权力的合规。以法制保合规鼓励建构档案数据治理体系时，给予个体更多的控制权和选择权，比如通过透明的数据使用政策和知情同意机制，让个体能够自主管理自己的数据，确保个体了解数据的处理方式，并自主选择，做出决策来决定数据的使用方式和分享方式。但几乎在所有的地方实践中，数据治理背后的技术支持几乎依赖于国内外高新企业，政府并不处于可以随时掌握最前沿的技术和把握技术方向的地位，其自身基本上没有技术能力来完成数据治理，主要是通过购买服务的方式来实现[①]。在此背景下，欧洲将算法权力治理内嵌于数据治理体系中，采取个体赋权模式，相继颁布《欧盟通用数据保护条例》《数字市场法》《数据治理法案》《数字服务法》，针对非个人数据流动和使用、数据共享和再利用、不同类型数字平台服务企业以及数据泄露等重要细分领域或主体的数据伦理问题提出了具体的监管措施[②]，避免网络平台构成实质性的"算法垄断"，启发档案数据治理关注个体权利保障，通过有效划定数据权利的边界，将数据权利条块标准化为数据权利模块，从而有序协调数据之上的多重利益主张，构建一套富有描述力、解释力和秩序感的数据权利体系、规则秩序以及保障机制[③]，不仅可以增强数据主体的信任，更能提高数据的质量和可信度，使得数据主体更愿意积极参与数据管理，保障数据要素价值的充分发挥。相较于落点于个体的权利保障，权力制衡则关乎整体架构的合规运行。一

---

① 刘力：《数字时代政府数据治理的法律隐忧与规制》，《湘潭大学学报》（哲学社会科学版）2023年第4期。
② 肖红军、张丽丽、阳镇：《欧盟数字科技伦理监管：进展及启示》，《改革》2023年第7期。
③ 熊丙万：《论数据权利的标准化》，《中外法学》2023年第5期。

方面，数字时代引发以新兴权利和权力新形态为主要标志的社会变革，具有高度私人化、高度弥散性与监管脆弱性的数字权力①，引发国家、社会、个体三个层面的危机，亦有赖于通过体系建构，整体确立适当的权力控制机制，进行有效治理，从而保护数据主体的权益。另一方面，数据治理体系作为鼓励"价值创造"和"风险管控"这种期望行为而建立的权利和责任的制衡体系②，保证其权力合规，不产生模糊、叠合、混同或越界等情况的重要性已在他国数据治理体系建设中得到有效确证。例如，2019年8月，俄罗斯颁布了《联邦国家数据治理体系法（草案）》③，明确规定国家数据治理体系建设及运行的基本法律概念，划定了联邦政府、联邦权力机关及地方权力机关等机构推进数据安全及共享协同治理的责任义务，在规避数据治理主体不明、监管制度模糊、制度整体架构混乱等方面均具有关键意义。

最后，个体控制方面。在数据正成为交易和决策过程的关键部分，提醒档案管理人员要承担更大的责任，认识到数据中的权力动态，就需要对数据本身以及政府和公司使用这些数据的方式进行有效控制④。档案数据治理体系对人的控制主要从职业入手，关注职业规范和业务规范的建构与完善。一方面，在职业内部以法制规范每一个负责、参与档案数据治理的个体，不仅有利于增强员工的守法意识，培育出具有单位特色的数据合规文化，还能提升档案机构内部的数据治理效率，及时发现内部违法犯罪的诱因，并控制相关犯罪的发生率⑤。另一方面，在职业之间，数据治理、档案数据治理的深入开展催发诸多新型职业、岗位，为避免如数字资产管理者和档案保管员因定位不清、认识分歧形成的职业竞争关系的情况⑥阻碍档案数据治理能力的长足发展，档案数据治理体系建构有必要对人这一

---

① 李红权、赵忠璐：《数字权力的兴起、扩张及治理》，《江汉论坛》2023年第9期。
② 郑大庆、黄丽华、张成洪等：《大数据治理的概念及其参考架构》，《研究与发展管理》2017年第4期。
③ 刘刚：《俄罗斯国家数据治理体系建设及启示》，《情报杂志》2021年第11期。
④ Emily Larson, "Big Questions: Digital Preservation of Big Data in Government", *The American Archivist*, Vol. 83, No. 1, 2020, pp. 5-20.
⑤ 欧阳心仪、丰霏：《大数据时代档案数据处理风险的合规纾解》，《中国档案》2023年第5期。
⑥ Anthony, Cocciolo, "When Archivists and Digital Asset Managers Collide: Tensions and Ways Forward", *The American Archivist*, Vol. 79, No. 1, 2016, pp. 121-136.

执行者予以规范控制。此外，以法制手段开展的被动合规，仍有待探索主动合规手段加以补充。在数据要素市场环境不断建立与完善的背景下，以非强制性手段调控相关主体主动开展档案数据合规治理模块将逐步显现并在未来纳入档案数据治理体系之中①。

四 多维度防风险

数据安全在现代社会中具有至关重要的作用，正如习近平总书记所强调的，"网络安全和信息化是相辅相成的。安全是发展的前提，发展是安全的保障，安全和发展要同步推进"②。档案数据安全是档案工作的第一要务和生命底线，更是档案数据治理行动开展的前提与保障。大数据时代的档案数据来源广泛、结构复杂、形式多样、数量庞大，涵盖各类机构和组织的重要信息和记录，在组织的日常运营中扮演着重要角色，档案数据的不可用性或丧失可能会导致业务中断，影响机构运营效率和客户服务，档案数据的采集、管理、存储和利用过程中存在隐私泄露、财务损失、声誉损害等方面的巨大风险，严重的甚至会威胁到国家安全。因此，《"十四五"全国档案事业发展规划》把"坚持安全底线"作为"十四五"时期国家档案事业发展的五大工作原则之一，明确提出要"贯彻总体国家安全观，统筹发展和安全，坚持底线思维，强化风险防控，加强应急管理，压实安全责任，确保档案安全"③。

数据安全是档案数据安全治理的"生命线"，档案数据安全治理的目标就是要确保档案数据真实完整、可用可控、保密保全、安全利用。档案数据安全治理贯穿于档案数据收集、管理、存储、利用的全过程，需要坚持自主可控、合法便民、分级分类、全程监控、风险防范等原则，促进档案数据安全风险预测化、管控精准化、防御纵深化、应对即时化。档案数据安全治理通过利用各种安全技术、严密有效的管理制度，保障档案数据

---

① 岳家斌、李银兵：《要素市场化改革下弹性包容的政府数据治理机制构建》，《学术探索》2023年第8期。

② 《习近平：安全和发展要同步推进》，http://www.cac.gov.cn/2016-04/20/c_1118679422.htm，2023年10月20日。

③ 《中办国办印发〈"十四五"全国档案事业发展规划〉》，https://www.saac.gov.cn/daj/toutiao/202106/ecca2de5bce44a0eb55c890762868683.shtml，2023年11月29日。

安全，形成协同共治、精准治理的档案数据安全治理新架构，构建以档案部门为主导，融合制度、管理、技术于一体的安全保障动态体系①。建构档案数据治理体系视数据安全、体系安全等为重中之重，从思维到行动全方位进行数据安全防范措施，遵循以下基本价值导向：

第一，从重要性资产安全角度出发，多路径动态维护档案数据安全。尽管档案能否作为资产以及如何作为资产来进行管理有着长期的争议②，但档案的资产价值在企业管理领域日渐受到重视并被视为"能够为企业未来发展提供信息支持并产生效益的企业核心数据资源"③，且由于档案与数据、信用（信任）的密切关系，档案部门在发展数据驱动的数字经济新业态中应有"一席之地"④，因此视档案数据为重要资产进行治理体系建构，成为世界各国的必然选择。例如，澳大利亚在 2021 年发布的《建立公共文件信任：为政府和社区管理信息和数据》中明确提出数据的信息资产地位，将数据、文件和信息统称为"信息资产"，其档案数据治理体系，也强调将档案数据视为重要的国家资产进行治理和管理⑤。大数据时代，在各方需求和内部变革的推动下，被视为后端"冷数据"的档案数据在生成速度体量、价值活性、互联互通等方面都更为活跃，亦更难驾驭。中共中央、国务院和财政部先后印发《关于构建数据基础制度更好发挥数据要素作用的意见》⑥和《企业数据资源相关会计处理暂行规定》⑦，尝试通过"培育数据要素流通和交易服务生态"、将数据作为"无形资产"入表等新模式等达到资产增值、增效的目的，更是持续将档案数据的流动性安全问题推至前台。为有效应对设备设施、文件损坏丢失、信息泄露等风险，档

---

① 金波、杨鹏：《大数据时代档案数据安全治理策略探析》，《情报科学》2020 年第 9 期。
② 王小云：《档案资产论》，《档案学通讯》2016 年第 4 期。
③ 张宁、宫晓东：《企业档案数据资产概念的辨析与确立》，《档案学研究》2017 年第 6 期。
④ 章燕华：《以数智化驱动引领档案事业现代化的发展进程与实施路径》，《档案学通讯》2023 年第 6 期。
⑤ National Archives of Australia, Building trust in the public record: managing information and data for government and community, October 20, 2023, https://www.naa.gov.au/information-management/information-management-policies/building-trust-public-record.
⑥ 《中共中央 国务院关于构建数据基础制度更好发挥数据要素作用的意见》，https://www.gov.cn/zhengce/2022-12/19/content_5732695.htm，2023 年 11 月 29 日。
⑦ 《财政部关于印发〈企业数据资源相关会计处理暂行规定〉的通知》，https://www.gov.cn/gongbao/2023/issue_10746/202310/content_6907744.html，2023 年 12 月 1 日。

案数据治理体系建构需深刻汲取资产性风险管理理念，从资产角度积极防范各类数据风险，确保其在传输、保存、开发、交易等过程中的安全性，防范黑客攻击、病毒传播、管理漏洞等来自系统内外的安全问题，设计包括物理安全、网络安全、访问控制、数据备份和恢复、数据分类和分级以及安全意识培训等多个方面的安全措施，依照统筹协调原则，处理档案数据治理体系内部蕴含的安全与风险、机遇与威胁、目标与任务，持续动态推进档案数据安全领域法律规范、制度体系建设，促进档案领域各项数据工作有序开展。

第二，在总体国家安全观指导下，全方位防范档案数据风险。党的十八大以来，以习近平同志为核心的党中央顺应时代发展大势，对国家安全问题进行了更加全面、深入的系统考量，创造性地提出了总体国家安全观这一重大战略思想[1]，全面覆盖经济、社会、文化、数据等诸多领域，并通过《国家安全法》这一基本法律形式确立成为新时代国家安全工作的根本遵循和行动指南。数据安全作为数据治理的红线和底线，被纳入总体国家安全观的视域。从 2016 年起，我国陆续颁布了《中华人民共和国网络安全法》（2017 年）、《中华人民共和国密码法》（2020 年）、《中华人民共和国数据安全法》（2020 年）、《中华人民共和国个人信息保护法》（2021 年）等，围绕数据治理建立起一系列安全机制，有效回应数据治理中的各类安全保护问题。其中，《中华人民共和国数据安全法》（2020 年）更是在第一章总则第四条明确提出，"维护数据安全，应当坚持总体国家安全观，建立健全数据安全治理体系，提高数据安全保障能力"[2]。在总体国家安全观的指导下，我国新修订的《档案法》倡导了一种基于档案资源观、资产观和遗产观等多种观念之上的档案安全观[3]，并在《"十四五"全国档案事业发展规划》中明确提出"贯彻总体国家安全观，统筹发展和安全，坚持底线思维，强化风险防控，加强应急管理，压实安全责任，确保档案

---

[1] 张然、许苏明：《习近平总体国家安全观战略思想探析》，《思想理论教育导刊》2017 年第 1 期。

[2] 《中华人民共和国数据安全法》（2021 年 6 月 10 日第十三届全国人民代表大会常务委员会第二十九次会议通过），http://www.npc.gov.cn/npc/c2/c30834/202106/t20210610_311888.html，2023 年 12 月 1 日。

[3] 赵跃、杨鑫：《新修订〈档案法〉档案安全内容解读》，《山西档案》2021 年第 6 期。

安全",这对于全方位防范档案数据风险至关重要。档案数据承载着国家、组织和个人的重要信息,涉及国家安全、社会稳定和个人隐私等多个方面,是关系国家安全、国民经济命脉、重要民生、重大公共利益的国家核心数据,但在快速发展的数字网络空间,新的记录形式和应用工具层出不穷、迭代频繁,大量珍贵电子档案和数据资源还未被准确识别和捕获便面临着消亡的威胁[1],确保档案数据的安全、完整、准确、可用更是成为维护国家安全的关键方面。总体国家安全观强调全局性、系统性、战略性思维,蕴含兼顾内与外、传统与非传统、自身与共同安全等的系统辩证思维逻辑,对档案数据治理具有重要的启示作用。首先,在该观念指导下,档案数据治理要求兼顾内外安全,在关注来自网络攻击、情报渗透等外部威胁的同时,还需警惕数据泄露、滥用权限等内部风险,积极采取相应的网络安全措施,确保档案数据安全。其次,总体国家安全观强调传统与非传统安全,要求档案数据安全维护兼顾传统的信息安全与非传统的隐私保护、数据伦理等方面,从多个层次、角度来分析考虑档案数据风险防护问题。最后,总体国家安全观要求数据治理在维护自身信息安全的同时,协同保障共同安全。自身安全是国家安全的基础,但共同安全也是国际社会的责任。档案数据的安全不仅关系到国家自身利益,还关系到国际合作和数据流通、共享。在总体国家安全观的框架下,需要积极参与国际合作,共同应对全球性的数据安全挑战,建立国际规则和标准,促进数字领域的共同安全。综上所述,在总体国家安全观的指导下,档案数据的安全管理应该坚持全局、系统、战略思维,兼顾内外安全、传统与非传统安全、自身与共同安全,要求档案数据治理体系建构时进行全方位考量,采取综合性的安全措施,强化内部管理和外部监管,积极参与国际合作,使档案数据安全融入国家数据安全体系当中,并正向作用于国家数据安全。只有在这一观念指导下,档案数据治理才能更好地应对数字时代的安全挑战,实现数据的安全管理和利用。

第三,在开放创新思维指导下,深入研究档案数据新风险。社会的数字化转型不仅将以往实体可感的传统档案转移到了虚拟数字空间,并在这

---

[1] 王英玮、杨千:《总体国家安全观视角下〈中华人民共和国档案法〉的安全理念》,《山西档案》2020年第6期。

个空间形成了由计算机和网络所构成的文件处理系统和档案保管系统，这些系统平台为档案的管理、处理与利用提供了诸多便捷，但也面临着大量难以预知的新型安全风险①。首先，开放创新思维强调不断调适、应对新技术及其衍生的各种数据风险。如前所述，国外档案学者和档案机构积极应对区块链、云存储技术带来的数据安全及隐私泄露风险。国内各地档案部门将数字技术积极引入档案数据化处理与安全治理应用领域，如浙江省"档案AI辅助开放审核"组件建设完成并在浙江省一体化数字资源系统（IRS）中编目上架②；福建省档案馆研发的"基于数字档案的人工智能辅助档案开放审核系统"将开放审核从"半自动模式"升级为"全智能模式"③；江西省档案馆承担的"基于结构化和文本数据的辅助开放鉴定模型"项目成功应用于档案纵向业务网和数字档案集成管理系统等档案系统等④。不难看出，大数据、人工智能等新一代数字技术正加速与档案行业的深度融合，驱动档案管理向数字化、智能化转型升级，提升了档案工作的效率与水平，但伴随期间的制度、技术、监管和伦理风险不可忽视。⑤ 以ChatGPT为代表的生成式人工智能存在的多种数据质量、伦理与安全风险⑥，也是档案部门不可忽视的问题。其次，开放创新思维在档案数据管理领域中强调不仅要积极抵御，还要主动反击不断演化和改进的网络攻击。这种思维方式要求深入研究新风险，以识别和理解这些攻击的新形式，需要综合考虑技术、培训、策略，制定更有效的防御策略和建立更强大的网络安全基础，从而确保档案数据的安全性和完整性。由于

---

① 王英玮、杨千：《总体国家安全观视角下〈中华人民共和国档案法〉的安全理念》，《山西档案》2020年第6期。

② 周友泉、连波、曹军：《"浙里数字档案"重大应用场景实践——"档案AI辅助开放审核"组件的性能与应用》，《浙江档案》2022年第11期。

③ 福建省档案局、档案馆项目组：《基于数字档案的人工智能辅助档案开放审核系统实现研究》，《浙江档案》2022年第10期。

④ 毛海帆、李鹏达、傅培超等：《基于数据挖掘技术构建辅助档案开放鉴定模型》，《中国档案》2022年第12期。

⑤ 岳幸晖、杨智勇：《人工智能在档案管理中的应用图景与风险防范》，《档案与建设》2023年第10期。

⑥ 孙露、刘健男：《ChatGPT场景下数据安全风险与法律应对》，《中国广播电视学刊》2023年第9期；张欣：《生成式人工智能的数据风险与治理路径》，《法律科学》（西北政法大学学报）2023年第5期。

网络攻击持续演化和改进，攻击者不断寻找新的方法来获取未经授权的访问和盗取敏感档案数据，产生了诸如零日漏洞利用、高级持续性威胁（APT）、勒索软件等在内的全新威胁安全形式，要求维护档案数据安全必须时刻警惕新风险，了解攻击者采用的最新技术和策略，强化先进安全技术投资。档案部门应当建立由政府机关、行业组织和研究机构紧密的合作网络，持续关注、跟踪研究已知漏洞和攻击技巧的工作原理，理解潜在威胁如何在系统中利用，以助于组织制定更有效的漏洞修复策略，并定期开展渗透测试、漏洞扫描等模拟攻击、测试行动，持续评估自身的弱点，制定应急响应计划方案，不断改进安全措施。

第二节　档案数据治理体系的结构框架

随着档案数据治理理论研究和相关实践的深入推进，档案数据治理的构成要素及其体系建设开始引起学者们的关注。陈艳基于浙江实践，构建了由治理内容、治理目标、治理过程和治理效果四个要素所构成的档案数据治理体系[1]。金波、杨鹏建议从档案数据的质量控制、整合集成、共享利用、安全保障和运行机制等方面建立科学、合理的档案数据治理体系，从而实现档案数据"善治"[2]。李宗富、董晨雪认为档案数据治理要素包括治理主体、治理客体、治理目标、治理手段、治理过程和治理内容，并认为宏观层面的档案数据治理是对档案数据生态的治理，中观层面是对档案数据管理的治理，微观层面是对档案数据的管理[3]。楼蔚文、赵爱国从高校档案部门的视角出发，建议对档案体制、制度、规范、方式方法的重建与创新来构建适应数据治理的档案治理体系[4]。周毅认为，档案部门应基于"对档案数据开展治理""依靠档案数据开展治理"和"围绕档案数据

---

[1] 陈艳：《我国省级档案数据治理体系框架构建研究——基于浙江省实践的研究》，硕士学位论文，山东大学，2020年，第22—46页。
[2] 金波、杨鹏：《大数据时代档案数据治理研究》，《档案学研究》2020年第4期。
[3] 李宗富、董晨雪：《档案数据治理：概念解析、三重逻辑与行动路向》，《档案管理》2022年第5期。
[4] 楼蔚文、赵爱国：《数据治理的系统性探索——以高校档案治理体系构建为例》，《档案管理》2023年第2期。

实施治理"三个维度，以系统思维开展档案数据治理体系建设，主动参与和推动国家数据治理体系的构建①。金波、王洁菲等则提出由治理对象、治理主体、治理工具、治理过程、治理目标五大关键要素构成的档案数据治理体系②。由此不难看出，学者们对档案数据治理体系及其建构路径的认识日渐深入，因此，借鉴政府大数据治理体系的构成要素③，结合实地调研和网络分析，本书认为档案数据治理体系就是依据一定的治理目标、围绕档案数据治理活动而形成的系列要素（治理主体、治理客体、治理方式）及其相互关系（治理机制）所构成的有机整体。因此，本书提出，档案数据治理体系应由治理目标、治理主体、治理客体、治理方式四大部分构成。

一 治理目标

治理目标是档案数据治理的价值追求，是治理活动的战略方向、活动指南和控制标准④，档案数据治理的目标旨在回答"为谁治理""为何治理"的问题。档案数据治理的目标体现价值理念和价值导向，会在国家治理体系和治理能力现代化建设和档案事业高质量发展的不同时段而呈现出阶段性特征，并在组织机构、行业和国家等层面表现为不同的目标任务。

在不同发展阶段，档案数据治理的重点目标和任务会有所不同。"十五"规划以来，在国家档案事业顶层设计体系中，我国档案数据工作的对象逐步由数据库、档案数据推广到档案大数据、数据治理，并在信息化、治理体系、资源体系、科技创新和国家记忆工程等领域不断拓展⑤。具体来说，在数字化转型和电子档案单套制管理起步阶段，理念、体制、制度、规范、标准、业务系统和相关数字基础设施均在转型期，此阶段档

---

① 周毅:《档案数据治理的认识维度及其价值》，《档案与建设》2023年第2期。
② 金波、王洁菲、添志鹏等:《档案数据治理运行机制探究》，《档案学通讯》2023年第4期。
③ 夏义堃:《试论数据开放环境下的政府数据治理：概念框架与主要问题》，《图书情报知识》2018年第1期；安小米、郭明军、魏玮等:《大数据治理体系：核心概念、动议及其实现路径分析》，《情报资料工作》2018年第1期；谭必勇、刘芮:《英国政府数据治理体系及其对我国的启示：走向"善治"》，《信息资源管理学报》2020年第5期。
④ 安小米、白献阳、洪学海:《政府大数据治理体系构建要素研究——基于贵州省的案例分析》，《电子政务》2019年第2期；金波、王洁菲、添志鹏等:《档案数据治理运行机制探究》，《档案学通讯》2023年第4期。
⑤ 刘志岩:《"十五"以来档案数据工作目标任务及演进》，《档案与建设》2022年第6期。

案数据治理的主要任务是做好档案数据的归集、质量控制、安全存储与长期保存等基础性数据管理工作，属于"对档案数据进行治理"的目标范畴，具体表现为档案数字化、电子文件单套归档、网络信息存档等任务。随着档案数据要素价值的明确、档案数据资源数量及结构的丰富多元，档案数据治理基础设施和治理能力建设的短板效应开始显现，因此解决档案数据开放利用、开发应用及其对数字政府、数字经济和数字社会的赋能问题就成为这一阶段的关键任务，浙江省档案馆建设面向浙江省"数字政府"服务的省、市、县三级联动的档案数据共享中心，以及苏州市档案馆通过整合苏州市辖区内各市、区档案馆的 2500 余万条、51TB 的民生档案数据资源打造的"苏州市民生档案数据交互服务平台"[1]，均属于"依靠档案数据开展治理"的典型案例，其重点是开辟档案数据价值实现的更多空间。随着社会整体数字化转型的加快，"一网通办""一网统管"等公共服务平台和"网上办""掌上办"等多元数字应用场景项目的开发应用，这些平台和系统流转的海量数据归档问题对档案数据治理提出了新的要求[2]。因此，如何将电子文件自动归档与档案接收系统、电子档案数据存储中心等档案数据治理设施融入城市数据治理体系、公共数据平台建设、绿色数据中心与算力规划等数字化体系中，这属于"围绕档案数据实施治理"的目标范畴，旨在防止档案机构成为"数据孤岛"以及在数字政府、智慧城市建设和公共数据治理中被边缘化。[3]

从治理的层次看，档案数据治理在宏观、中观和微观方面的目标任务和侧重点也不一样。从宏观层面看，档案数据治理的目标是通过制定相关法律法规和指导性政策等方式，对事关档案数据治理的全局性、基础性问

---

[1] 数据和案例，均为课题组 2021—2023 年数次赴苏州实地调研所得。
[2] 课题组曾在多家国家综合档案馆、企业档案馆和高校档案馆就业务系统数据归档和政务服务事项电子归档问题进行调研，发现因为理念、技术、制度规范、系统设置等诸多原因（比如线上提交、线下处理导致数据不完整，缺元数据、缺电子签章）造成全档案要素的数据难以完整归集的情况较为普遍，部分机构单位因为接收了大量没有电子签章的电子文件而采取了折中的处理办法，即档案馆开发元数据管理平台工具，可将业务事项名称、编号、所属单位等元数据"植入"电子文件中，使这些不完整电子文件与相关行政事务之间创建的有效链接，实现对电子文件的质量和版本控制，他们自称从事这些工作的团队为"数据治理中心"。但从长远的角度看，这些数据治理工作显然无法适应大数据平台业务数据资源的归档要求，只能是权宜之计。
[3] 周毅：《档案数据治理的认识维度及其价值》，《档案与建设》2023 年第 2 期。

题进行指导和监督，从战略上确定档案数据治理的整体方向，为档案数据治理提供政策、法制、市场、社会和文化空间。从中观层面看，档案数据治理是指从档案行业层面解决档案数据的流通、共享及开放利用的技术性、制度性障碍的工作，是针对档案数据主体互动协同组织关系的治理，一方面向国家反映组织在档案数据治理方面的诉求，规避"数据孤岛""数据垄断"等数据生态失衡，支撑国家宏观政策与战略的落实；另一方面则向相关组织提供服务和监督，在体制机制允许范围内为档案数据治理主体留够充分的施展空间。从微观层面看，档案数据治理主要是指组织机构在国家和行业的指导、监督下开展档案数据资源本体的治理，即通过数据质量、数据安全、数据关联、数据可访问性、隐私控制等常态化治理工具与手段强化档案数据管理功能，实现对档案数据资源本体的科学管理，保障档案数据的真实、完整、安全、可用，创建档案数据治理的良性"微生态"，并向行业贡献组织化的、富有特色的治理应用实践模式。①

总之，"以人民为中心"理念在档案领域的深入推广和档案事业由"国家模式"向"社会模式"的深度转型，一方面促使档案数据资源突破档案机构内部局限，实现跨部门、跨层级、跨区域的开放共享，另一方面又推动"为民建档""由民管档""档为民用"的档案资源体系和利用体系进一步优化②，由此档案工作的社会参与度和档案服务的社会互动显著提升，这也使"治理"概念中的多元、参与、协商、互动等特征在档案数据治理中得到体现。从表象看，档案数据治理表现为对档案数据资源进行管理和利用的过程，而从深层次看，档案数据治理是回应社会档案数据需求、优化档案数据产品与服务供给、提升档案治理能力的公共价值创造过程，即实现档案数据"善治"，这是档案数据治理的根本目标。

---

① 金波、王洁菲、添志鹏等：《档案数据治理运行机制探究》，《档案学通讯》2023年第4期；金波、添志鹏、杨鹏：《大数据时代档案数据治理运行机制建构》，《档案学研究》2023年第4期；李宗富、董晨雪：《档案数据治理：概念解析、三重逻辑与行动路向》，《档案管理》2022年第5期。

② 徐拥军等：《数智时代档案治理体系建设研究》，武汉大学出版社2023年版，第112—137页。

二 治理主体

治理主体是档案数据治理的责任主体和具体实施者，包括档案数据治理的领导者、管理者、合作者、参与者，是在治理过程中发挥主观能动性的治理要素，也是档案数据治理体系中最活跃的治理要素。治理主体重在回答"由谁治理"的问题，就治理主体而言，"善治"是"善者治理"[①]。美国政治学者詹姆斯·N. 罗西瑙（James N. Rosenau）认为，"与统治相比，治理是一种内涵更为丰富的现象。它既包括政府机制，同时也包含非正式、非政府的机制。随着治理范围的扩大，各色人等和各类组织得以借助这些机制满足各自的需要，并实现各自的愿望"[②]。由于治理是一种多元利益相关者共同参与、协商的活动，强调"去中心化"，而由于档案数据来源于不同机构及多元的业务数据系统，需要依托不同主体力量加以整合、共享与利用，而档案数据所具备的层次性和关联性使得人人成为档案数据的制造者和需求者，改变了以往仅有少数机构和人员参与档案数据治理的格局，使得多元主体参与档案数据治理成为可能。因此档案部门与党政机关、企业事业单位、社会组织、数据管理部门、社会公众等多元主体可通过权威治理、契约式治理、协同治理、参与式治理等不同合作关系[③]，建立多元共治、协同联动的档案数据治理主体生态格局，发挥档案数据治理主体的决策者、调配者和行动者作用，从而营造共商共策、共建共享、群防群治、群策群力的共治生态[④]。

值得注意的是，档案数据治理是致力于建立适应国家治理要求和满足社会公共服务需求的现代化档案治理体系、治理结构和治理范式，关注的是以政府为代表的国家公共管理部门在档案治理现代化背景下的整体数字化转向，即技术逻辑向治理逻辑延伸引发的变革过程中，档案部

---

① 陈广胜：《走向善治——中国地方政府的模式创新》，浙江大学出版社 2007 年版，第 2 页。
② ［美］詹姆斯·N. 罗西瑙主编：《没有政府的治理——世界政治中的秩序与变革》，张胜军、刘小林等译，江西人民出版社 2001 年版，第 5 页。
③ 徐拥军等：《数智时代档案治理体系建设研究》，武汉大学出版社 2023 年版，第 179—182 页。
④ 金波、杨鹏：《档案数据治理生态运行演化与平衡调控》，《信息资源管理学报》2023 年第 6 期。

门与其他政府组织、社会公众、企业组织之间的互动关系和权责关系、档案管理体制机制再造、实现档案善治使命和公共服务路径等一系列抽象性、结构性治理问题，因此，会逐渐形成以中心治理主体为核心、多元治理主体参与的多向度互动型关系网络。[①] 比如，浙江省在开展档案数据治理体系构建过程中，就形成了以浙江省档案局和浙江省档案馆为中心、多元主体共同参与的治理主体结构（见图5-1）。可见，在浙江省档案数据治理工作中，浙江省不仅充分发挥了浙江省档案局和浙江省档案馆的中心主体作用，突出各市、县（区）档案局的核心主体价值和动员各级政府部门的参与积极性，还不断扩大治理主体，吸纳省外的档案治理主体力量，形成了以浙江省档案局为中心，各种档案治理主体参与的多元档案治理组织结构。

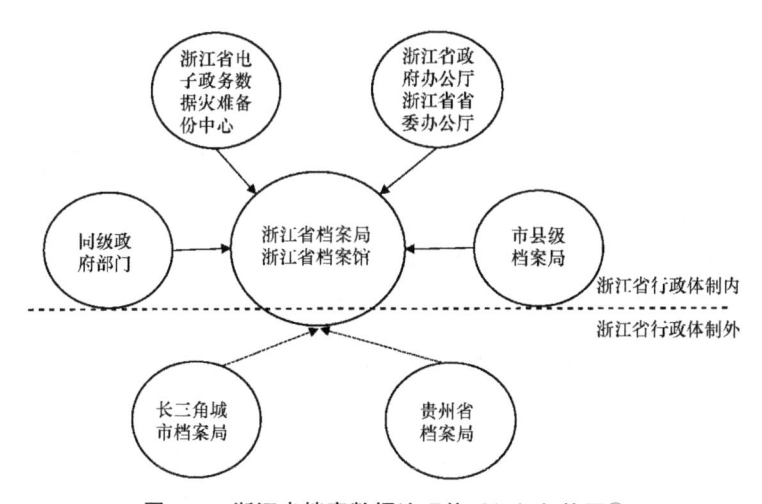

图5-1 浙江省档案数据治理体系组织架构图[②]

近年来，我国档案数据治理主体建设的生态环境进一步优化。2020年我国新修订的《中华人民共和国档案法》第一章第七条明确指出，"国家

---

① 章岸婧：《档案数字治理的转型实践、风险解构与路径完善》，硕士学位论文，山东大学，2023年，第18页。
② 陈艳：《我国省级档案数据治理体系框架构建研究——基于浙江省实践的研究》，硕士学位论文，山东大学，2020年，第25页。

鼓励社会力量参与和支持档案事业的发展"①，这为多元主体协同参与档案数据治理提供了根本遵循②。在档案数据治理体系建设过程中，我国同样应着力强化档案部门与政府、社会力量的协同合作，激发社会参与热情，形成多元主体共同参与的档案数据治理协同机制，共同"办好一件事"。

具体而言，档案馆可与图书馆、博物馆、美术馆等文化遗产机构合作，共谋档案文化数据的治理；可与大数据局、民政局、财政局等政府部门合作，共商档案数据惠民。如山东省档案馆与省民政厅、大数据局寻求合作，共同发文督办省内婚姻登记历史档案数据补录，为促进婚姻登记数据共享提供强有力的档案数据支撑③，为其他地区档案数据多元共治提供有益借鉴。当然，培育立足信任生态的多元主体治理格局就显得尤为重要：一方面，档案数据治理的参与主体拓展带来数据风险的扩张，相应地使主体的数据治理权责也发生了变化，因此需要在各主体间重新合理分配其数字权责，才能促进新框架内的协同治理与友好合作；另一方面，档案数据治理的效能发掘，需要多元主体的共同参与，其中的关键在于发挥不同行动者的档案数据治理能力，提高多元主体之间的协同合作能力，即建立起档案数据治理共同体。要完全建立起档案数据资源共建共治共享的组织网络，仅依靠技术力量是很困难的，因为多元治理主体有其不同的运转秩序和发展状况，建构档案数据治理共同体就是为了平衡多方的利益关系，激发多元主体的治理自觉与行动力，培育当下治理中缺少的资源与主

---

① 《中华人民共和国档案法》，https://www.gov.cn/xinwen/2020-06/21/content_5520875.htm，2023年10月26日。

② 例如，英国档案数据治理实践就秉承多元共治理念，强调档案部门要与政府、社会、公众等多主体合作互动。在制度层面，英国档案数据治理制度体系的构建主体并非仅有国家档案馆，以英国内阁办公室、英国地理空间委员会等为代表的非档案机构也纷纷立足各自领域，发布档案数据治理标准或指南等规范性文件以指导工作。在实践层面，英国数据档案馆作为国家数据资源的可信存储库，与国家统计局、国家社会研究中心、内政部、卫生部等开展合作，积极面向不同机构广泛收集以社会与经济数据为主的档案数据，并将公众纳入档案数据的重要来源，以实现社会范畴内的数据共享。此外，英国数据档案馆主动开展面向公众的档案数据能力培训，实现档案馆与公众之间的良性互动，强化多元主体数据治理意识与能力，构建起以档案馆为主导、多元主体协同治理的良好格局。具体参见王玉、许晓彤《英国档案数据治理现状与启示》，《档案与建设》2023年第8期。

③ 《发力档案信息数字化 促进数据共享惠民生》，http://jnmz.jinan.gov.cn/art/2021/9/7/art_8396_4766389.html，2023年11月20日。

体力量，并通过对话来使多方建立相对一致的治理目标，以人文尺度来衡量治理民主，共同完善治理，共同承担风险，建立起基于信任的治理生态体系。

总之，在大数据时代，档案数据来源广泛、业务需求多元、技术赋能需要多方保障，档案部门一方面要明确自身在数据治理中的职责、义务和工作角色，另一方面要提升档案工作者的数字素养和数据技能，从而提升中心治理主体的档案数据治理能力。同时，档案部门也需要加强与政府机构、企事业单位、第三方服务机构和社会公众的协调互动和配合，打破部门间的数据壁垒，促进档案数据资源与社会数据资源的融合开发，积极贡献在档案可信保障和长期保存方面的核心能力，提升数据档案化管理能力，在档案数据收集、管理、利用、增值和服务等多个业务环节发挥协同作用，促进档案数据"善治"目标的实现。

三 治理客体

治理客体是档案数据治理的对象，是档案数据资源及其档案数据治理活动及空间的集合，它既包括档案数据资源本体，又包括由于档案数据要素价值实现过程中所衍生的档案数据业态，以及档案数据环境[①]，其回答的是"治理什么"的问题。大数据时代，档案数据资源本体、档案数据业态和档案数据环境均发生了重大变化，档案数据治理的思路也需要发生相应的改变。

第一，档案数据资源本体包括档案数据资源和档案数据平台及业务系统。档案数据资源本体的数量、来源、形态、结构日益复杂多元，因此将哪些档案数据资源纳入数据治理体系范围，是梳理治理客体要素的核心问题。首先，从资源视角上看，数据形态的档案和具有档案属性的数据均可纳入档案数据治理范畴[②]。在具体实践中，"数据形态的档案"一般都被纳入档案部门的管理范畴并形成了较为规范的流程，而"具有档案属性的数据"则有所不同。例如，对于在规范化业务系统中形成的数据如电子公文

[①] 金波、王洁菲、添志鹏等：《档案数据治理运行机制探究》，《档案学通讯》2023年第4期。
[②] 周毅：《档案数据治理的认识维度及其价值》，《档案与建设》2023年第2期。

和政府网页①、企事业单位内部业务系统产生的数据②等，国家和行业部门给予了充分的重视，比如出台相关的政策和标准、推进数字档案馆（室）建设等，极大地提升了这类数据的归档数量和质量。但对于社交媒体文件以及近年来激增的物联网数据、政务大模型数据等大数据文件，尽管社会各界认识到这些数据资源的重要性，但由于具体实施的时间较短、缺乏有效的治理手段，效果不显著。其次，要加大数据平台和应用系统的技术治理。数据平台和应用系统是产生档案数据的"管道"，要使档案数据（"水"）更为畅通、有效地流转，"管道"的治理就必不可少。比如，江苏省苏州市工业园区"一网通办"平台上可以办理1242项业务，涉及88个上级系统和52个本级自建业务系统，可实现全程网办事项130项③，这意味着如果不能在省级或更高层面上通过系统功能更新与改造、制度与技术保障等措施来解决垂直业务系统的档案数据"回流"归档问题，那么以"项目或事由"共同性为中心所形成的档案数据的完整性均不能得到基本保证④。因此，通过平台集成提升"全程网办"率，坚持体系化的实施理念，从管理和技术层面丰富完善了事项同源、用户认证、电子印章、数据接口、档号编制等标准，实现前端业务系统与电子文件归档系统、档案管理系统的无缝衔接，为部门业务系统中海量原生数据的资源化、资产化管

---

① 国家档案局颁布《电子公文归档管理暂行办法》（2003年颁布、2018年修改）规定："符合国家有关规定要求的电子公文可以仅以电子形式归档。电子公文归档应当符合电子文件归档和电子档案管理的要求。"国务院颁布《国务院关于在线政务服务的若干规定》（2019年4月），以行政法规形式为政务服务电子文件单套归档管理提供重要遵循，从政策层面有效解决了电子文件法律效力问题，加速了全程网办、电子文件单套归档进程。近年来我国先后推出了《政务服务事项电子文件归档规范》（DA/T 85—2019）、《政务服务事项电子文件归档规范》（DA/T 85—2019）、《党政机关电子公文归档规范》（GB/T 39362—2020）、《政府网站网页电子文件管理系统建设要求》（GB/T 42145—2022）、《政府网站网页电子文件封装要求》（GB/T 42146—2022）、《政府网站网页电子文件元数据》（GB/T 42147—2022）。具体参见 RUC 电子文件管理《行业动态｜政务电子文件归档政策与标准调研汇总》，https://mp.weixin.qq.com/s/CxY3R_S_HMyzZCKIZycfXw，2024年1月10日。

② 根据课题组对企业事单位的数字档案馆（室）建设情况的实地调研，大部分机构开展了除组织、人事数据系统以外的数据集成与归档工作，且业务数据归档后在生产经营、业务创新、人员培训、企业文化建设等方面产生了积极效应。

③ 吉祥：《政务服务平台电子文件单套归档实践与启示——以苏州工业园区"一网通办"为例》，《档案与建设》2022年第3期。

④ 周毅：《档案数据治理的认识维度及其价值》，《档案与建设》2023年第2期。

理提供支撑。浙江省嘉兴市档案馆通过充分调研市级机关各业务系统的流程、系统特征、数据类型等,形成了较为完备的原生数据档案管理通用标准和特定业务归档专用标准,建立了原生数据档案治理新机制①。通过全要素统筹、多系统对接等来促进以"项目"为中心的城建档案数据治理的浙江经验值得总结和借鉴②。

第二,档案数据业态是指大数据时代衍生出的关于档案数据管控的新业务形态,包括档案数据管理业务、数据中心、数据运营商、档案数据软件公司、档案数据保全公司等③。面对数字经济的创新与升级的需求,作为重要的生产要素,档案数据必须突破旧有业务活动后端记录的价值定位,通过档案数据与相关数据的融合开发应用,可以创新数据产品与数据服务,加速培育壮大一批数字经济的新业态、新模式,从而使档案数据与社会数据的融合开发应用成为数字经济发展的重要增量。为此,一方面要促进新业态成长,另一方面要加强监管,保障新业态合法合规运行。

第三,档案数据环境是指档案数据"建""管""用"的外部环境,是档案数据治理的空间对象,包括档案数据的政策环境、法制环境、市场环境、社会环境、文化环境等外部环境。尽管近年来国家档案局积极推进档案信息资源共享服务平台、启动重特大事件档案专题数据库建设,当前我国各级人民政府的大数据主管部门和档案主管部门仍尚未充分认知到档案数据是公共数据的重要组成部分这一价值定位,档案数据治理还是不同程度地游离在公共数据治理体系之外。其中一个突出表现就是在有关公共数据立法或规范性文件中普遍未对档案数据及其治理给予应有观照。④ 因此,有必要加强对档案数据环境的空间治理和生态治理,使档案数据治理

---

① 《浙江嘉兴 破解"数据孤岛"难题实现原生数据归档管理》,《中国档案报》2023 年 10 月 23 日第 2 版,https://www.saac.gov.cn/daj/c100206/202310/d30a38be6cc84b31950490e5b154d898.shtml,2023 年 11 月 15 日。

② 浙江省住房和城乡建设厅:《浙江省全面开展工程建设全过程图纸数字化管理改革》,中华人民共和国住房和城乡建设部网站(https://www.mohurd.gov.cn/xinwen/dfxx/202206/20220613_766635.html)。

③ 金波、王洁菲、添志鹏等:《档案数据治理运行机制探究》,《档案学通讯》2023 年第 4 期。

④ 周毅:《档案数据治理的认识维度及其价值》,《档案与建设》2023 年第 2 期。

快速、高效地融入国家数据治理体系中。

四　治理方式

治理方式是指档案数据治理实践中使用的技术工具和运用的规则等，即回答"如何治理"的问题。

治理工具是档案数据治理不可或缺的要素，主要是指应用于档案管理领域的数据技术工具和数据基础设施，是档案数据治理的物质基础和技术支撑。数据技术工具主要包括大数据采集与挖掘技术（智能 OCR 等）、数据分析处理技术（NLP、数据脱敏、开放划控）、数据安全技术等。数据基础设施包括设施设备、互联网、移动通信网络、应用系统、公共（通用）数据服务平台等。根据课题组的实地调研发现，当前档案部门除了开发数字档案管理系统等大型应用软件外，其研制的小型治理工具颇有特色：如前所述（第四章第二节），青岛市档案馆开发了数据质量控制工具、涉密文件检查工具、档案辅助识读工具、大事记编纂工具等 12 个治理工具，旨在解决档案数据内容控制和深度开发两个关键问题；此外，一些国有大型企业档案部门由于服务企业集团决策和"盈利压力"，对企业级重大历史数据资源（比如合同、招投标文件等）开展主题汇集和细粒度挖掘等治理活动，研发出"管理驾驶舱""知识管理平台"等小型系统，在服务企业决策方面发挥了关键作用[①]。

治理规则是指档案数据治理主体间互动所认可、接受并遵循的一系列制度准则和行为规范[②]，包括法律制度、政策方针、战略规划、标准规范、正式约定等，它"通过建立起外部的客观规则网络和内在的主观价值观念来约束和引导治理主体的行为边界及方式，使各主体能各司其职、各尽其能、各担其责"[③]。如前所述，当前档案数据治理在国家法律制度、政策方针和战略规划体系中基本还处于"缺位"和"空白"状态，且改变这一格局所需时间较长，因此比较现实的做法是在制定档案行业的数据治理政策

---

① 这些案例和数据来自青岛、西安、成都、武汉、郑州等地的实地调研。
② 金波、王洁菲、添志鹏等：《档案数据治理运行机制探究》，《档案学通讯》2023 年第 4 期。
③ 姜晓萍、阿海曲洛：《社会治理体系的要素构成与治理效能转化》，《理论探讨》2020 年第 3 期。

与战略规划的同时，进一步加强数据治理的标准规范建设（档案数据采集标准、数据管理标准、数据服务标准等），积极引入奖惩机制、监督机制、资源配置机制、利益分配机制等，照顾决策层、管理层和执行层的档案数据利益相关者，形成科学合理的治理职责分工格局。近年来，长三角、粤港澳大湾区等区域一体化发展战略中，档案数据服务平台也积极切入政务一体化服务平台开展工作，但由于档案数据共享利用的准入条件、服务流程、权益分配等服务规则没有系统地建立起来，平台的数据量不多、应用场景有限，导致实际效果不佳。因此档案部门应积极探索和总结不同时期的档案数据治理方式，将蕴含其中的实践经验和理论问题规则化、标准化和制度化，并争取在国家顶层数据治理体系中获得更大的话语权，为治理工具的研制和治理规则的重构提供基础和保障。

总之，治理目标、治理主体、治理客体和治理方式这四个要素分别从价值维度、主体维度、资源维度和机制维度揭示了档案数据治理体系和治理能力现代化建设的提升路径和测量维度，分别回答了"为何治理""由谁治理""治理什么""如何治理"的问题。各要素之间存在严密的内在逻辑，其中治理目标是档案数据治理体系的价值问题，它既是档案数据治理体系的目标要素，也是衡量治理效能的准则；治理主体是体系中最活跃的要素，能够统筹、协调各治理要素开展档案数据治理实践；治理客体是治理活动的实施对象，所有档案数据治理措施都会直接或间接地作用于治理客体；治理方式是治理主体的行为方式和协同机理，是治理体系的处理策略，能为档案数据治理持续赋能。四大要素相互关联、耦合，共同组成了档案数据治理体系的结构性框架，而通过一定的运作方式，能够使档案数据治理构成要素互相协调与融合，使之独立又共同发挥作用，构成了档案数据治理的运行机制[①]。

第三节　档案数据治理体系的运行模型

档案数据治理涉及国际、国家、行业和组织机构等多层面的实践运作

[①] 金波、王洁菲、添志鹏等：《档案数据治理运行机制探究》，《档案学通讯》2023年第4期。

和推广，因此在明晰档案数据治理体系的结构框架的基础上，构建通用的档案数据治理运行模型，有利于把握档案数据治理的运行机制。在公共数据治理体系模型构建方面，国际经济与合作组织（Organization for Economic Co-operation and Development，OECD）明确提出公共数据治理框架应包括战略层（领导与愿景）、战术层（执行能力、管理规范）和实施层（数据架构、执行基础设施、数据价值周期）①；基于社会数据基础设施的视角，孟小峰等构建了数据层、算法层、应用层、生态系统四个层级的数据治理体系框架②；王翔、郑磊则构建了由价值层、利用层、数据层、制度层和环境层构成的公共数据治理内容框架③。在档案数据治理模型构建方面，陈艳构建了由生态层、数据层、基础层、应用层组成的档案数据治理体系模型④；金波等构建了由宏观治理维、中观治理维、微观治理维和治理对象轴、治理向度轴、治理方略轴和治理效能轴组成的"三维四轴"档案数据治理运行机制模型⑤。本书结合档案数据治理实践和前人理论成果，提出档案数据治理体系的通用运行模型应当由生态环境层、数据基础层、应用服务层三部分构成。

一　生态环境层：营建档案数据治理环境

生态环境层是指为保障档案数据治理活动正常运转而形成、发展起来的内外部支撑条件，主要包括法律法规、政策标准、数据产业、组织架构、治理理念、数据文化等，其作用在于创造良好的档案数据治理环境。

从外部生态构建的角度看，数据公平事关档案数据治理的社会参与，市场培育关系档案数据资产的开发水平和档案数据价值要素的实现，安全与保护事关档案数据治理的社会信任⑥，因此需要通过法治、行政、市场

---

① 转引自夏义堃《政府数据治理的维度解析与路径优化》，《电子政务》2020年第7期。
② 孟小峰等编著：《数据隐私与数据治理：概念与技术》，机械工业出版社2023年版，第38—39页。
③ 王翔、郑磊：《"公共的"数据治理：公共数据治理的范围、目标与内容框架》，《电子政务》2024年第1期。
④ 陈艳：《我国省级档案数据治理体系框架构建研究——基于浙江省实践的研究》，硕士学位论文，山东大学，2020年，第49—62页。
⑤ 金波、王洁菲、添志鹏等：《档案数据治理运行机制探究》，《档案学通讯》2023年第4期。
⑥ 夏义堃：《政府数据治理的维度解析与路径优化》，《电子政务》2020年第7期。

和公益等多种机制妥善处理档案数据治理利益相关者的权责关系，从而营造公平、活跃、安全的档案数据治理空间环境。作为大数据时代档案事业高质量发展的一项新任务、新挑战，档案数据治理的主体多元性、关系多向度、过程复杂性等诸多内容潜藏着对法治的强烈需求[1]。然而，当前档案立法与数据立法存在较大壁垒甚至冲突之处，档案法律对档案数据治理等现象的解释力和应对力严重不足，导致在档案数据管理实践中存在模糊地带[2]。这就需要发挥法治引领、行政支撑、市场助力、社会推动的合力，并从以下三个方面做好外部生态环境优化工作：一是构建开放、公平的档案数据治理生态，保证治理主体的权利公平、机会公平，保证治理程序的合法公正，从而吸引社会主体积极参与档案数据活动；二是创建兼顾公平与效率的档案数据开发利用机制，在积极培育市场主体、推动档案数据要素化的同时，加强数据市场监管，规避开发利用风险；三是建立公平、安全、可信的档案数据治理实施框架，完善数据开放、共享与服务的标准规范，确定市场和社会力量参与档案数据开发与治理活动的边界与尺度，避免出现"形式参与""无效治理"甚至"负面治理"的乱象。

从内部生态构建的视角看，"政府机构以及公职人员等行政主体对数据治理的认知意愿、组织架构、数据能力等内驱要素的激发决定了数据融合如何从部门小数据走向社会大数据，数据开发如何从价值洼地走向价值源泉，数据管理如何从行政边缘走向行政中心的转变"[3]，因此需要从治理理念、组织体制架构、数据能力建设等方面入手，催生并提升档案数据治理组织机构与相关人员的内动力，增强档案数据治理效能。然而，当前政府部门的数据治理规划较少考虑档案数据的参与及融合，档案数据在社会治理、公共文化服务等领域的应用场景较少，档案部门参与政务数据治理的意识、能力及水平仍存在明显不足，档案数据统筹管理能力不强，跨部门、跨层级、跨区域的业务数据协同困难，这些问题均显示档案数据治理的内部生态亟待改善。就治理理念而言，档案作为数据资产及数据要素的

---

[1] 金波、添志鹏、杨鹏：《大数据时代档案数据治理运行机制建构》，《档案学研究》2023年第4期。

[2] 王玉珏、吴一诺：《档案法律融入数据法律体系的内在逻辑、问题与路径》，《档案学研究》2022年第3期。

[3] 夏义堃：《政府数据治理的维度解析与路径优化》，《电子政务》2020年第7期。

共识基本达成，但在数据思维运用及其转化为数据资产效益方面还存在短板，因此要破除部门数据利益格局的影响和责权边界的行政约束，采用系统性、全面性和前瞻性思维整合和共享档案数据，使其成为档案工作的核心业务，驱动档案业务创新发展。就组织体制而言，针对条款分割、各自为政、封闭分散的体制惯性，需要从高位理顺体制，探索档案数据授权运营模式，建立跨部门、跨层级的协同工作机制，在组织层面解决好档案数据治理的领导权、决策权、执行权和监管权的分配问题，从而明晰档案数据治理的战略定位、提升治理效能。就数据能力而言，文化的治理即构建档案数据治理新文化，从而发挥价值导向、行为导向、情感激励[①]、评价监督等功能，使基于数据思维和数据知识的数据素养和数据文化一方面作用于领导、决策层，推动档案数据治理理念、档案数据管理制度及顶层设计、标准规范等发生积极改变，另一方面可直接作用于执行层，并内化为具体的档案数据治理意图和治理行为。可以通过数据治理培训、数据开放利用大赛等形式，加大档案数据新业态、新模式的培育，并最终形成支撑档案数据治理高效运转的开放、协作的数据文化。

二 数据基础层：创建数据治理基础设施

随着档案数据化和数据档案化的深入发展，档案数据的涵盖范围不断扩大、档案数据获取的领域和边界日趋开放融合，档案数据内容形态日益多元丰富，不仅包括档案数据自身的内容信息、语义结构和元数据等本体数据和档案部门在传统管理业务活动中形成的各类档案管理业务数据，还包括那些具有长久保存价值但尚未被纳入档案部门保管的社会档案数据[②]。数据基础层就是围绕这些档案数据的生成、捕获、集成、存储、整合等管理活动而提供的基础性保障功能模块，其主要处理具体的档案数据管理问题，包括档案数据的处理流程控制、数据质量控制、隐私与开发控制、安

[①] 课题组在实地调研中多次与主管档案信息化、档案数据治理的部门负责人座谈，发现他们大多喜欢用"情怀""不服输""为年轻人打造发展空间"等简单的话语表达自己对档案数据化、档案数据治理工作的热爱，在这个过程中，创造了对缺元数据电子文件的版本控制与质量控制的"数据治理中心"、企业级重大历史档案数据治理等治理模式，或许这就是内在情感激励的成果。

[②] 倪代川、金波：《论数字档案资源数据化发展》，《档案学研究》2021年第5期。

全控制、资产化处理等。数据基础层是档案数据治理的资源基础，其数据具有证（凭证价值）用（信息价值）兼顾的价值特征、多模态覆盖的体系性、关联完整性、细颗粒度、计算活性等鲜明的资源特性，而数据管理的发展使得档案数据资源的独立性逐渐增强，开始从系统后台的"隐形数据库"逐渐走向凸显档案特色的相对独立的资源平台，比如2013年国家档案局科研所启动的"国家开放档案信息资源管理与共享利用综合系统建设"项目，能够实现50家副省级以上国家综合档案馆开放档案信息资源规范化处理、安全传输、在线管理、分布式存储等服务，提供170万条开放档案数据的互联网共享服务[1]。2022年7月，统筹了全国1200余家档案馆的数据资源的"全国档案查询利用平台"正式上线[2]，这为未来档案数据治理基础设施的构建与优化提供了丰富的数据资源基础。

目前，档案资源观已经从基于馆藏服务政府的国家馆藏观发展到超越馆藏走向大众的社会档案观和立足数据面向开放利用的档案数据观[3]。数据基础层的档案资源既有传统档案的数据化资源，也有原生档案数据资源，随着政府数字化转型和国家大数据战略的推进，数据基础层可通过预制的原生数据的归档范围、保管期限、编码规则、采集标准、数据获取、保存频率等业务数据归档标准[4]，借助电子文件预归档系统、数字档案室系统和数字档案馆系统等完整的数据归档体系，打破各部门间的档案数据壁垒，创建原生数据档案全流程在线归档管理通用流程，从而实现海量原始数据的高水准、智能化汇集。汇聚之后的档案数据在共享或开放之前，经过开放鉴定、数据脱敏、一致性和规范性检测等系列程序后，不同保密和共享程度的档案数据就被分别存入政务网、局域网和互联网平台。经过数据汇聚和数据过滤等处理程序的档案数据资源就成为数据基础层的档案

---

[1] 钱毅、苏依纹：《基于档案的数据基础设施（ABDI）的概念内涵与构建策略》，《档案学通讯》2023年第6期。

[2] 陆国强：《全面贯彻落实党的二十大精神 奋力书写档案事业现代化和高质量发展新篇章——在全国档案局长馆长会议上的报告》，https://www.saac.gov.cn/daj/yaow/202302/edef53f544bb4eea8bfacd87fd8a223e.shtml，2023年12月10日。

[3] 钱毅：《在"三态两化"视角下重构档案资源观》，《中国档案》2020年第8期。

[4] 《浙江嘉兴 破解"数据孤岛"难题实现原生数据归档管理》，《中国档案报》2023年10月23日第2版，https://www.saac.gov.cn/daj/c100206/202310/d30a38be6cc84b31950490e5b154d898.shtml，2023年11月15日。

数据资产，包括档案数据资源总库、档案数据资源共享库、档案数据资源开放库、档案数据资源保密库等。档案数据资源总库是纸质档案数据和原生电子档案数据的全部集合，是档案数据的总资产；档案数据资源共享库是指在通过档案数据过滤后适合在政务系统内部共享的档案数据资产的总和；档案数据资源开放库是指不存在档案数据信息安全问题、适合为社会公众提供档案数据服务的档案数据的集合；档案数据资源保密库则是涉及档案数据安全问题，不适合内部共享，更不适宜外部开放的档案数据的集合。档案数据资产的形成为档案数据服务提供了基础。

当然，除了公共部门形成的档案数据资源外，企业和社会组织还掌握着大量高密度价值的档案数据，应在确保安全、公平的前提下，对公共部门的档案数据资源和社会档案数据资源进行融合、集成治理，应用语义网、机器学习等人工智能技术和文本挖掘、文本可视化等技术，对档案数据资源进行智能标引、关联挖掘，构建起富含语义与语义关系的领域数据网络，以支持未来更多元技术背景下的档案数据细颗粒开发与智能化应用[①]，从而促进档案数据公共价值和要素价值的实现。同时，档案数据治理还应切实保护各方利益，注重隐私保护和数据确权，防止算法歧视、算法杀熟、算法滥用等技术风险。总之，数据基础层是数据管理向数据服务的过渡，通过对档案数据的汇聚、数据分级、脱敏清洗、安全控制、语义关联等处理，形成档案数据资产，为应用服务层的治理提供基础。

三 应用服务层：构建档案数据服务平台

档案数据治理的最终效果体现在档案数据服务上，档案数据治理的效应主要体现在三个方面：一是打破政务系统内各部门的档案数据壁垒，实现档案数据的共享应用；二是扩大档案数据供给，促进档案数据开发利用，实现档案数据的对外开放；三是优化档案数据治理的媒介功能，促进档案数据服务双向互动，实现档案数据的服务增值。打造共享平台、开放平台和媒体平台这三类应用平台，从而全方位推进档案数据服务效能。不论是档案数据内部共享服务，还是档案数据外部开放服务，抑或是档案数

[①] 祁天娇、冯惠玲：《档案数据化过程中语义组织的内涵、特点与原理解析》，《图书情报工作》2021年第9期。

据公众信息服务,档案数据治理的效果都体现出从被动服务向主动服务、由粗放服务向精细服务的转变。

档案数据共享平台是通过档案数据治理工作所开发的能实现档案数据在政务系统内部(即政府局域网、政务网)各部门间共享的平台,是档案数据治理在提供档案服务工作和提高政务行政效率方面价值的综合体现。数字档案馆系统是档案数据共享平台的一种形式,政府各部门可通过该平台提交调阅其他部门的档案数据的申请,通过档案部门的审核后,可直接在系统上查阅所申请的档案数据。但档案数据共享平台的功能不局限于此,还应该具备作为档案数据治理政策和最佳实践"蓄水池"的功能,从而推动公共部门数据跨部门、跨层级共享。实际上,跨部门、跨层级数据共享能够提高公共数据的利用效率,推动部门间业务协同,打造整体性政府,是公共数据治理的重要目标[①]。例如,2020年建成的"苏州市民生档案数据交互服务平台"汇集了该市9个市区档案馆共约2500万条、51TB民生档案数据资源,截至2023年4月26日,该平台已为苏州各市区档案馆、公证处、婚姻处、卫健委等机关提供档案数据协同共享服务9974次[②]。因此,通过建立档案数据共享平台,一方面有利于促进各部门间档案数据的共享、提高公共部门的行政效率,另一方面有利于交流共享档案治理经验,提升档案数据治理水平。此外,档案数据治理平台所累积的查档申请、利用需求等数据,又可以成为档案数据治理主体评估治理需求、服务效果的依据,并能为个性化、定制化、精准化数据服务的开展提供基础。

档案数据开放平台作为面向社会公众提供档案数据利用服务的平台,是档案数据治理社会效益的体现。档案数据治理工作的开展实现了本级党政系统内部档案数据的汇集与过滤,奠定了档案数据开放平台的数据资产基础。社会公众在档案数据开放平台上通过提交查档申请,查阅本级党政系统内任意综合档案馆的档案数据,真正实现"异地查档"功能,达到数

[①] 王芳、储君、张琪敏等:《跨部门政府数据共享:问题、原因与对策》,《图书与情报》2017年第5期。

[②] 案例和数据均来自课题组于2021年10月—2023年4月间对苏州市档案馆的多次实地及线上调研。

据"最多跑一次"的服务效果。浙江省所开通的浙江档案服务网以及微信小程序"掌上查档"APP是档案数据开放平台的典例。社会公众通过该平台可以向浙江省100家综合档案馆以及与其签订异地查档合作协议的外省综合档案馆申请查阅其馆藏范围内的档案数据。2022年开通的"全国档案查询利用服务平台"（见图5-2）是依托互联网，为社会公众提供档案查询利用的跨区域、跨层级的公共服务平台，将提升档案数据开放服务的能力和范围。此外，相关档案数据内容的推荐可以作为档案数据开放的特色服务内容，档案数据治理主体除了可以被动接收档案数据查阅需求外，还可以根据用户所需档案数据的类型，主动为用户提供相关档案数据，实现档案数据服务的主动性和个性化。

图5-2 "全国档案查询利用服务平台"界面

档案数据共享平台打破了档案系统内部的"数据孤岛"，档案数据开放平台则突破了档案系统界限的限制，而档案数据媒体平台旨在促进档案系统内外之间的互动交流。档案数据媒体平台的功能有两个方面：

一是宣传推广功能，以树立和优化档案部门的外部形象；二是互动反馈功能，以维护档案数据服务的用户利用，增强用户黏性。从档案部门的数据实践来看，网站、微博、微信公众号、App 等均属于档案数据媒体平台。一方面，档案部门在这类平台上发布最新服务项目或方案、更新活动动态、公布数据治理进展等，这类公开发布的信息建构了档案部门的媒体形象；另一方面，有档案数据服务需求的用户主动关注这类平台，积极参与公开活动，同时档案部门也应及时和用户交流互动，这批活跃的用户逐步被培育成档案部门的核心用户群，即网络社群[1]。因此，在这类公开的平台上，档案部门的公众形象是可塑造的，亲切、亲近的公众形象更能符合档案机构公共文化单位的定位，也易于吸引更多的档案核心用户。

共享平台、开放平台和媒体平台的打造实现了档案数据资源与服务在政务网、局域网和互联网之间的互联互通，提升了档案数据服务的品质和质量。但需要注意的是，应用服务层是档案部门向社会提供档案数据服务的重要窗口，也是展示档案部门服务成效的关键场域，因此要做好统筹规划和需求调研，用标准、规范、通用、易于迭代的平台建设方案，来规避服务平台的"孤立异构"及其衍生的"数据孤岛"等风险。

总之，档案数据治理体系的运转需要在生态环境层、数据基础层和应用服务层三个维度进行协同、合作。生态环境层以"善治"和公共价值为出发点，运用法治、行政、市场、社会、文化等多种机制，营造档案数据治理的良好生态环境，为档案数据治理提供可持续的支撑。数据基础层是档案数据治理体系的基础和核心，主要是围绕档案数据要素价值和资产属性而开展的一系列数据汇集、质量控制、安全控制和开发控制等活动，它既需要借助生态环境层提供的规范和指南开展工作，又要遵循生态环境层的制度规则，才能实现档案数据基础设施的良性建设。应用服务层是档案数据治理的最终目标，需要以数据基础层为基础，以生态环境层为保障，通过平台的互联互通、协同配合，深化档案数据共享应用，提升档案数据服务品质，拓展档案数据服务空间。

---

[1] 陈艳：《基于网络社群视角的档案微信公众号运营策略探究——以十个省级微信公众号平台为研究对象》，《档案与建设》2019 年第 2 期。

第四节 实证分析：苏州市民生档案数据交互服务平台

档案数据治理体系的结构框架和运行模型揭示了大数据时代档案数据治理的功能模块、结构体系和运行逻辑，但这些功能与机制如何在档案数据应用场景中落地却较少受到关注。根据档案部门开展的政府服务电子文件在线归档、民生档案数据跨部门跨区域协同共享和"互联网+档案行政监管"等常见应用场景，本书选择"苏州市民生档案数据交互服务平台"建设案例作为分析对象，探索其档案数据治理体系构建的路径及策略。

一 苏州市民生档案数据交互服务平台建设和运行现状

2020年苏州市档案馆在苏州市财政资金的支持下基本建成了"苏州市民生档案数据交互服务平台"，现已投入使用。该平台层级完备、安全可靠，凝聚了苏州市辖区内各市、区档案馆的协同力量，汇集了苏州市辖区内各市、区档案馆的海量民生档案数据资源，实现了民生档案数据资源的一站式服务，现面向苏州各市区档案馆、公证处、婚姻处等内部机关使用。工作人员可根据公众需求提供民生档案利用服务，实现民众查档"最多跑一次"，并根据智能检索、数据挖掘、智能推荐等技术提高服务水平。苏州市民生档案数据交互服务平台的建成回应了公众便捷查档需求，体现了档案部门公共服务水平，推进了数字政府建设进程。

（一）平台架构：具备层级完备的平台基础

苏州市民生档案数据交互服务平台的基本架构包含"一网、一云、一平台、两体系、N个应用"（见图5-3）。其中，"一网"指民生服务档案数据局域网，平台利用防火墙IPsec VPN技术透传政务外网搭建民生服务档案数据局域网，为平台安全性提供了保证；"一云"指民生档案数据私有云，采用分布式的可扩展云平台架构，建设可横向互联、可纵向贯通、安全可靠的民生档案数据私有云，以满足新增业务应用部署和现有的业务应用系统迁移部署需要；"一平台"指民生服务档案数据协同集成平台，依托协同集成平台，打破数据库对上层业务的接口差异性，提升了应用开发效率，能够支持业务快速部署，适应民生服务档案数据的多样性；"两体系"指全面安全管控体系和运营运维管理体系，在安全管控方面按照等保三级的要求建设，在运营运维管理方面利用云平台管理和网络管理节点提供高效的运维服务；"N 个应用"指在证件查验、信息登记、检索提档、阅览摘录、复制证明、还档反馈等多方面的应用。该平台目前已较为完备，为后期数据整合、数据利用打下了坚实基础。

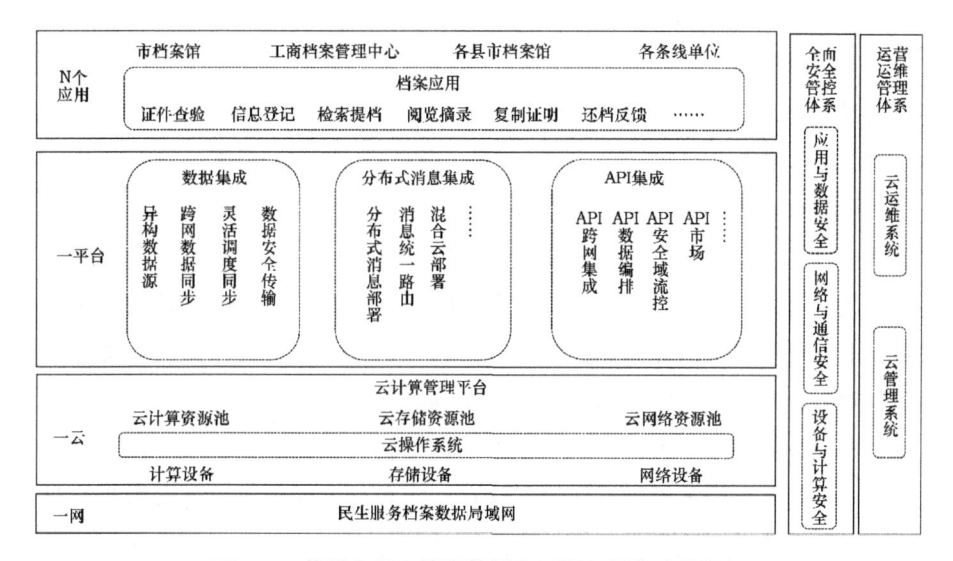

图 5-3 苏州市民生档案数据交互服务平台建设框架

（二）技术保障：构建了安全可靠的防护体系

苏州市民生档案数据交互服务平台采用了 SSL VPN 技术建立终端到平台的可信网络通道，这一技术运用 SSL 协议来保证数据安全，SSL 协议从使用上可分为两层：一是 SSL 记录协议，为数据的传输提供基本的数据压缩、加密等功能；二是 SSL 握手协议，主要用于检测用户的账号密码，进行身份验证登录。此外，该平台采用数字证书对用户身份的可信认证实现精准匹配。通过数字证书，CA 中心可以对互联网上传输的信息进行加密、解密、数字签名和签名认证等操作，还能够防止非法入侵，并在受到入侵时保护内容的机密性。在此基础上，平台还采用区块链技术对民生档案目录信息进行保真。基于区块链中数据难以篡改、去中心化这两个核心特点，平台中的信息更加真实可靠。

(三) 数据资源：统筹海量丰富的资源建设

苏州市档案局牵头签订了民生档案资源共享公约以确保平台建设的有序推进。基于该公约，2020年苏州市档案馆发放通知，并线下收取了苏州市档案馆、苏州市工商档案管理中心、常熟市、太仓市、昆山市、张家港、相城区、姑苏区、吴江区、高新区（虎丘区）的民生档案数据，截至2024年10月，收取数据共计约2500万条、52TB，数据类型如表5-1所示。苏州市民生档案数据交互服务平台突破了馆际数据隔离限制，实现了跨区域部分民生档案数据的集成。平台汇集的数据目前根据来源被存储在不同数据库中，并已采用华为国产芯片存储。各单位在根据公众利用需求查询档案时也产生了大量数据，包括查阅单位、最后修改人、利用者基本数据（姓名、证件类型、性别、地址、单位）、利用目的、查档内容、复制页数、附件个数、添加日期、调卷时间、办结时间等，可为政府了解公众需求、发现城市治理痛点提供决策支持。由此，平台数据质量及数据安全得到了保障，为便捷普惠的民生档案利用服务的提供打下了基础。该平台汇聚的数据为苏州市各辖区档案馆的民生档案数据，档案数据的数据质量相较于其他数据来说更有保障，这在一定程度上保证了该部分数据属性的完整性和数据格式的规范性。除此之外，苏州市档案馆还制定了民生档案数据的保密和备份标准，以保障平台数据的安全。

表 5-1　　　　　　　苏州市民生档案数据交互服务平台
数据类型统计表

数据来源	数据类型
苏州市档案馆	特殊载体档案、实物档案、会计档案、专门档案、业务档案、科技档案、照片档案
苏州市工商档案管理中心	退休人员档案
常熟市档案馆	婚姻档案
相城区档案馆	婚姻档案
高新区档案馆	出生证明档案、婚姻档案、计生档案

续表

数据来源	数据类型
姑苏区档案馆	知青档案、改制企业档案、退休档案、婚姻档案
张家港档案馆	知青档案、退伍档案、工商登记档案、独生子女档案、村镇建设档案、婚姻档案、土地证档案、林权档案
太仓市档案馆	独生子女档案、二胎生育档案、婚姻档案、建房批复档案、退伍档案
昆山市档案馆	残疾档案、退伍档案、招工档案、调资档案、独生子女档案、退休档案、职工档案、婚姻档案、公证档案、出生证明档案
吴江区档案馆	录音录像档案、会计档案、专题档案、科技档案、婚姻档案、民生档案、照片档案、宣传专门档案

注：此处档案类型为目前平台内部的各档案馆民生档案数据类型，本书并未进行任何处理。

二 苏州市民生档案数据交互服务平台现存问题

苏州市民生档案数据交互服务平台的建立有利于更好地开发苏州市民生档案数据资源，提升民生档案利用服务能力。基于信息生态理论和信息生命周期理论，本书分别从宏观的数据生态层面和微观的数据全生命周期管理层面对该案例进行分析，深入探讨该民生档案数据平台现存的管理问题及其原因，并以此为依托提出解决对策。

（一）宏观层面：基于信息生态理论的平台问题分析

信息生态系统是由信息本体、信息主体和信息环境所组成的具有一定自我调节功能的人工系统。[①] 苏州市民生档案数据交互服务平台是大数据时代档案部门提升民生服务智能化水平的产物，其建设和运行需涉及多元要素和复杂的相互关系。利用信息生态理论对其进行系统的分析，可为民生档案数据治理提供一定的理论支撑。从信息生态理论的视角来看，苏州市民生档案数据交互服务平台是以民生档案数据为中心，以民生档案数据治理主体、治理技术、治理制度以及民生档案数据利用主体等为要素的数据生态系统。因此基于信息生态理论，在宏观层面将苏州市民生档案数据交互服务平台案例的信息生态系统解析为：信息本体即苏州市民生档案数

---

① 丁波涛：《基于信息生态理论的数据要素市场研究》，《情报理论与实践》2022年第12期。

据交互服务平台数据；信息主体即平台管理主体和利用主体；信息环境即平台运行所处的制度环境和技术环境。

1. 信息本体：平台数据层面问题分析

苏州市民生档案数据交互服务平台的信息本体就是该平台所汇聚的由各市区综合档案馆移交的民生档案数据。在数据质量方面，由于未提前制定收集清单和著录规则等相关标准，该部分数据在数据格式和数据属性的统一性方面存在一定问题。在数据量方面，苏州市民生档案数据交互服务平台汇聚了9个市区档案馆共约2500万条、52TB民生档案数据部分含全文数据，但该平台民生档案数据大部分由2020年平台试运营期间统一收集，此后出于避免数据格式不统一而造成数据混乱的考虑，仅有苏州市工商档案管理中心保管的退休人员档案数据定期进行更新。在数据类型方面，该平台民生档案数据类型涉及婚姻档案、知青档案、出生证明档案等20余种，但各市区档案馆所提交的民生档案数据类型和格式并不统一，仅实现了跨区域部分民生档案数据的集成，但并未实现数据的互通，无法进行数据的跨区域检索。

2. 信息主体：平台管理和利用主体层面问题分析

苏州市民生档案数据交互服务平台的信息主体涉及管理主体和利用主体。在长三角地区"一网通办"一体化平台利用率不高、未取得良好利用效果的背景下，苏州市积极建设苏州市民生档案数据交互服务平台。在管理主体方面，苏州市民生档案数据交互服务平台由苏州市档案馆统一管理，各市区档案馆在苏州市档案局的牵头下签订民生档案资源共享公约；在具体管理上由档案资源提供单位对档案真实性负责，由档案资源输出单位对查档人查阅权限进行审核。目前该平台管理体制较为健全，管理主体职能划分较为明确，但由于缺乏考核机制且该平台未取得良好的利用效果，各区县管理主体未形成积极落实工作内容、合力推进民生档案数据汇集共享的局面。在利用主体方面，该平台现面向苏州各市区档案馆、公证处、婚姻处等内部机关使用，公众可提出查询需求后由工作人员提供民生档案利用服务。该案例的民生档案数据治理主体涉及档案主管部门、档案馆、档案生成机构，公众并未有效参与。

3. 信息环境：制度和技术环境层面问题分析

信息环境是苏州市民生档案数据交互服务平台存在和正常运行的外部因素，包括制度环境和技术环境。在制度环境方面，苏州市档案局制定了民生档案资源共享公约以确保平台建设的有序推进；此外，为保证平台民生档案数据安全，现已制定民生档案数据的保密和备份标准。但总体来看，缺乏平台运行管理办法、数据质量管理等制度标准以规范平台管理主体行为，从而难以提升平台民生档案数据的质量管控和开发利用等管理能力。在技术环境方面，该平台利用防火墙 IPsec VPN 技术透传政务外网，采用了 SSL VPN 技术建立终端到平台的可信网络通道以防止平台民生档案数据泄露，并引进区块链技术对平台民生档案目录信息进行保真。此外，平台还采用数字证书对用户身份进行可信认证实现精准匹配；用户通过 CA 登录利用所需数据，以保证用户在权限范围内查询平台民生档案数据。

(二) 微观层面：基于信息生命周期理论的平台问题分析

1. 民生档案数据采集

民生档案数据采集是苏州市民生档案数据交互服务平台运行的首要环节。目前数据采集主要依靠线下，以通知形式联系苏州市各综合档案馆汇总收集民生档案数据；该平台与各市区档案系统未建立统一的接口，无法实现各市区民生档案数据的实时汇集。各市区档案馆根据自身馆藏情况提交数据，并非在统计公众民生档案数据需求的基础上设定明确的收集范围；因此各馆提交数据情况差异较大（见图 5-4），其中昆山市档案馆将馆藏全部民生档案数据提交，常熟市档案馆和相城区档案馆仅提交了其馆藏婚姻档案数据。该平台尽管突破了馆际限制，但由于未制定民生档案数据采集规范或标准，来源于各市区档案系统的民生档案数据格式和类型不统一，存在无法实现档案数据的互通与深度融合的问题。

2. 民生档案数据组织

民生档案数据类型多样，通常具有多源异构的特征；因此需对其进行科学的数据组织，以提升其有序化程度。民生档案数据组织主要关注的是其管理问题，包括制定从民生档案数据采集、处理、存储与共享利用整个生命周期的数据管理计划；明确平台民生档案数据类型和格式、民生档案

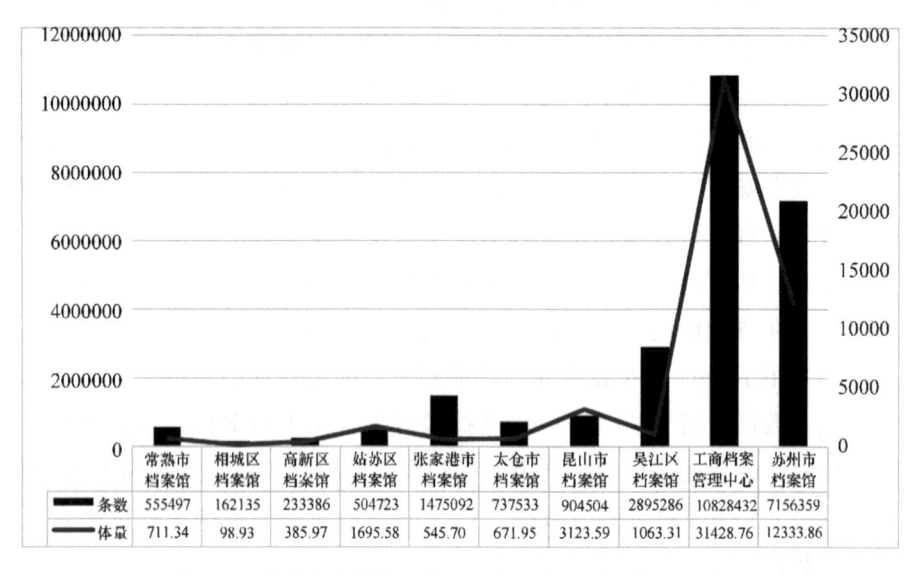

	常熟市档案馆	相城区档案馆	高新区档案馆	姑苏区档案馆	张家港市档案馆	太仓市档案馆	昆山市档案馆	吴江区档案馆	工商档案管理中心	苏州市档案馆
条数	555497	162135	233386	504723	1475092	737533	904504	2895286	10828432	7156359
体量	711.34	98.93	385.97	1695.58	545.70	671.95	3123.59	1063.31	31428.76	12333.86

图 5-4　苏州各市区档案馆民生档案数据移交情况示意图

元数据标准与规范以及民生档案数据组织标准。苏州市民生档案数据交互服务平台在民生档案数据组织方面仅制定了部分民生档案数据的元数据方案，缺乏其他相应措施，应当进一步加强对民生档案数据的有效管理和组织。

3. 民生档案数据处理和存储

在档案数据采集之后，需要对采集到的民生档案数据进行处理，从而选取出价值密度高的档案数据。但目前苏州市民生档案数据交互服务平台还不具备对粗糙数据进行清洗、对隐私数据进行变形脱敏以及对异构数据进行格式转化，以及开展民生档案数据的关联分析等数据处理功能，需在加强民生档案数据采集和组织的基础上，提升数据处理能力，保证平台民生档案数据的净化，实现多源异构数据的整合和相互关联。此外，目前苏州市民生档案数据交互服务平台数据存储在不同的数据库中，并已采用华为国产芯片存储，但各市区民生档案数据仍分区域存储。

4. 民生档案数据共享与利用

苏州市民生档案数据交互服务平台的搭建实现了不同市区民生档案数据资源的内部共享，现面向各市区档案馆、公证处等内部机关使用以满足公众跨市区查询民生档案数据的需求,在一定程度上实现了民众查档"最多跑一次"。但是该平台在建设之初仅以提供民生服务为目标,未考虑进一步与"一网通办"政务服务平台进行对接的问题。根据查阅记录,截至2024年10月26日,该平台共提供利用19270次,其中苏州市工商档案管理中心和苏州市公证部门提供利用次数最多;为公众提供利用档案类型大多为退休档案、婚姻档案、公证档案、退伍档案、独生子女档案等。这也与苏州市工商档案管理中心接收人社厅档案数据和破产企业档案数据等与民众密切相关的档案数据有关。当前,苏州市民生档案数据交互服务平台没有实现面向公众开放,虽有一定的利用率,但利用效果远低于投入成本。

基于上述分析,苏州市民生档案数据交互服务平台存在以下问题。首先,在制度环境方面:第一,苏州市民生档案数据交互服务平台在管理方面尚未建成完备的制度框架,缺乏民生档案数据质量标准和管理制度,包括民生档案数据采集、组织、处理、共享以及元数据管理等相关制度标准以及民生档案数据安全分级和隐私保护等相关政策;第二,苏州市民生档案数据交互服务平台管理主体之间缺乏有效的考核机制,各市区档案馆仅凭意愿进行民生档案数据的移交和管理;第三,公众作为民生档案数据治理主体,缺乏有效的参与机制。其次,在平台民生档案数据治理过程中:第一,该平台与各市区档案馆信息系统未建立数据接口,且缺乏统一的接入标准,目前仅通过离线方式进行数据移交,无法实现民生档案数据实时高效共享;第二,民生档案数据采集前期未充分考虑用户需求,没有调研公众民生档案数据利用需求形成明确的收集范围;第三,未对民生档案数据类型和格式进行统一梳理,各市区民生档案数据在平台内分区域存储,无法实现平台内跨库检索与进一步关联整合;第四,该平台缺乏民生档案数据处理的相关功能,未实现数据的关联分析和挖掘。最后,在平台民生档案数据服务方面,该平台仅面向内部机关进行使用,未面向公众开放,且未实现该平台与城市生活服务App等移动端平台的对接,无法实现民众"足不出户"查阅民生档案数据。

三 苏州市民生档案数据交互服务平台的治理路径

顾名思义,"苏州市民生档案数据交互服务平台"蕴含着苏州市档案馆的"善治"愿景和公共服务理念,并为此在数据基础层、应用服务层方面构建了一个要素较为齐全的数据治理体系架构,且具备一定的档案数据服务能力。但从整体上看,档案数据治理的生态环境尚未营建起来,数据采集、质量控制等治理工具与规则还有待细化,档案数据服务体系还需进一步规划、落地。

(一)加强平台民生档案数据治理制度环境建设

建立健全苏州市民生档案数据交互服务平台民生档案数据治理框架,可以为平台民生档案数据治理提供制度依据,能够确保该平台民生档案数据治理在既定制度框架内有效推进。因此,苏州市民生档案数据交互服务平台民生档案数据治理应从三方面入手,建立健全平台民生档案数据治理制度框架。首先是平台的运行管理制度建设,例如从宏观层面,制定《苏州市民生档案数据交互服务平台运行管理办法》,为平台的有效运行提供完善的制度保障。其次是平台民生档案数据治理过程相关制度建设,制定平台民生档案数据采集、处理、存储相关制度;档案数据汇集开放共享工作方案,档案数据安全分级、保密、备份、应急、监控等安全管理制度以及民生档案数据权利归属、隐私保护等系列制度规范,并制定面向机构、公众的民生档案数据利用制度。最后是治理主体行为相关制度建设,在现有民生档案数据资源共享制度的基础上,进一步制定平台管理主体行为监督与考核制度以及公众参与机制,激励各行为主体积极承担治理职责,保障治理过程稳步推进。

(二)推行平台民生档案数据全生命周期质量治理

针对平台现存问题,实施民生档案数据的采集、处理、存储、共享利用全生命周期质量治理,提高平台民生档案数据质量,为其有效利用与共建共享奠定基础,是苏州市民生档案数据交互服务平台治理主体的当务之急。首先,在民生档案数据采集阶段,应进行充分的前期调研以明确民生档案数据采集范围,并制定民生档案数据资源汇集标准,通过建立统一的接入标准和各级民生档案系统与平台的数据接口或提供统一的接口协议和可复用的标准化适配器等方式,实现各级档案馆民生档案数据的实时或定时自动归集;此外,还可以提供统计分析功能实现归集资源的汇总统计与分析。其次,在民生档案数据处理阶段,应制定民生档案数据清洗规则，选择合适的清洗算法，解决原始数据源中存在的质量问题；制定民生档案数据脱敏处理标准进行数据变形，实现对隐私数据的保护；明确民生档案数据格式和类型，并构建元数据标准与规范，实现民生档案数据格式转换，切实推进平台民生档案数据的深度融合与共享；在此基础上，采用关联规则技术进行平台民生档案数据的关联分析，实现其数据价值的深度挖掘。再次，在民生档案数据存储方面，制定档案存储数据库结构标准，可根据民生档案数据类型将其分别存储于不同的数据库，也可将档案数据按规则进行切片后存储于数据库，以提高民生档案数据的检索效率和安全性。最后，在全面分析平台民生档案数据全生命周期流程的基础上，结合实际平台运行过程中的相关要素，构建平台民生档案数据质量控制规范体系，以为民生档案数据的有效利用奠定基础。

（三）搭建多平台、一网通的民生档案服务体系

可以参考全国一体化大数据中心背景下档案数据中心的功能架构[①]（见图5-5），进行平台的技术升级和业务创新，解决区域一体化档案数据融合存储、挖掘分析和智慧应用问题，以及隐匿其中的档案数据全生命周期管控，统筹档案内外系统的档案数据资源体系、组织体系和服务体系建设等深层次治理问题，从而实现苏州市民生档案数据服务体系的提质、增效。

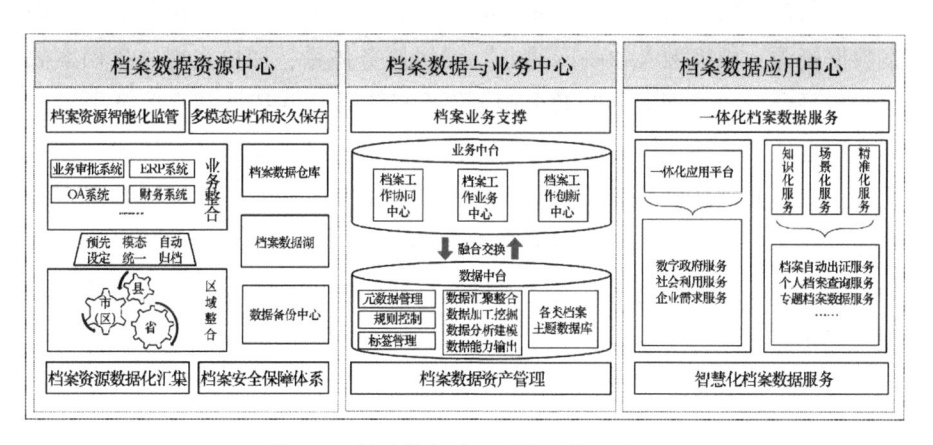

图 5-5　档案数据中心功能架构示意图

[①] 谭必勇、章岸婧：《全国一体化大数据中心背景下档案数据中心的功能架构与推进策略》，《档案学通讯》2022 年第 3 期。

具体来说，可以依托苏州市民生档案数据交互服务平台，在苏州市城市生活服务 App 上线"个人档案查询""档案查询出证"两个子应用。通过该平台与手机应用的对接，使公众可通过身份证号和人脸识别等精准匹配，通过"个人档案查询"服务，查阅与自身相关联的各类民生档案数据，这些数据涵盖从出生、入学、就业、婚育到退休等各个生命阶段的重要信息；并通过"档案查询出证"的应用确保在线获得的档案数据具有凭证效力。此外，无论是在平台端还是移动端，均可利用大数据分析工具，对公众利用数据进行挖掘，从而为持续提升苏州市民生档案数据治理能力提供决策支持；还可充分运用机器学习、自然语言处理等相关领域的技术，根据不同用户的喜好挖掘生成用户画像，为每位用户提供个性化推荐内容，帮助用户发现对自己有价值的档案数据资源。苏州市民生档案数据交互服务平台与城市生活服务 App 的对接，可实现多平台、一网通的民生档案服务模式，有效提高民生档案数据的利用率，充分发挥其价值；通过民生档案数据的汇集进一步完善公众个人数据资产的组成部分，可切实推进"一人一码一库"构建，从而实现民生档案数据善治。

为统筹推进数字政府建设和数字化转型，多省市持续深入推进"一网通办"改革，不断完善政务服务平台，旨在依托基础平台加强数据汇聚共享，不断提高服务水平。档案部门应主动响应政策，加速共建共享民生档案数据资源，积极融入"一网通办"便民服务体系，加快实现民生档案数据服务平台与"一网通办"政务服务平台的对接，并拓展共享服务渠道向移动端延伸。此外，档案部门应聚焦民众需求，推进应用场景探索，深化民生档案服务创新；并推动民生档案查询利用服务向农村、社区基层一线延伸。在实现民生档案"零距离"查询的基础上，全方位适应政务服务体系，加快与其他政务应用系统集约建设、互联互通，实现民生档案数据治理现代化。

第六章

国家大数据战略背景下档案数据治理体系的推进策略

国家大数据战略的深入布局与数据智能技术在经济社会中的深度应用引发数据资源迅猛增长，数据逐渐成为国家基础性战略资源，大数据在推动经济发展、完善社会治理、提升政府服务和监管能力等方面的影响程度日益加深。大数据技术的突破与应用导致数据流成为社会生产、生活、流通、分配及消费活动的基础，进而推动经济运行机制、生产生活方式与国家治理模式转型。国家大数据战略的推行对我国档案数据治理体系构建提出迫切需求。档案数据治理是大数据技术发展过程中社会转型阶段的时代要求。如何开展档案数据治理实践，推动我国档案工作迈向智能化发展阶段，成为当前亟须研究的时代课题。合理定位档案部门在大数据战略背景下的角色身份，明确档案数据治理的核心目的，推动档案工作有效回应国家大数据战略需求，提升机构数据治理能力与水平，成为档案数据治理的关键。在国家大数据战略推动下，我国档案工作从数字化逐步迈向数据化发展阶段，国家综合档案馆也由数字档案馆逐步向智慧档案馆转型。档案数据治理通过搭建宏观战略背景、中观行业需求与微观社会服务"三位一体"治理策略，有效回应国家大数据战略的核心需求。

第一节 宏观治理：回应国家大数据战略背景

自国务院颁布《促进大数据发展行动纲要》通知以来，我国各级档案行政主管部门制发了一系列政策文件，在一定程度上回应了国家大数据战略的政策要求。早在 2016 年 4 月国家档案局印发的《全国档案事业发展"十三五"规划纲要》就敏锐地观察到"开放政府和信息技术发展将档案推到政府治理和公共服务的重要位置",因此明确提出要"探索电子档案与大数据行动的融合"[①]。经过数年的发展,特别是"数字中国"建设战略的深化发展,档案工作的环境、对象、内容均发生了巨大变化,全面数字化和智能化升级趋势明显,因此 2021 年 6 月中共中央办公厅、国务院办公厅联合印发的《"十四五"全国档案事业发展规划》明确要求,档案工作要"主动融入数字经济、数字社会、数字政府建设",推动档案全面纳入国家大数据战略,在国家相关政策和重大举措中强化电子档案管理要求,实现对国家和社会具有长久保存价值的数据归口各级各类档案馆集中管理[②]。这些国家级的发展规划作为档案行业对国家大数据战略需求的有效回应,为我国档案部门开展档案数据治理实践提供了权威的政策依据。从宏观治理层来看,档案数据治理核心策略应包括政策体系、制度规范、顶层设计、政务治理、社会服务多个层面。立足国家大数据战略的核心需求,本书从完善我国档案数据治理政策体系、优化我国档案数据治理制度标准、明确我国档案数据治理顶层设计、融入我国数字政府建设时代浪潮与提升我国智慧城市建设支撑能力五个维度展开具体阐述,以构建科学完善的宏观治理体系为目标,实现我国档案数据治理在数字经济、数字社会与数字政府建设中影响力的不断递增。

一 完善我国档案数据治理政策体系

国家大数据战略背景下,保障我国档案数据治理实践科学、平稳、有序与安全发展的重要前提是持续完善档案数据治理政策体系。本书认为,应通过构建以基础设施建设、科研技术创新、数据产业应用及专业人才培育为重点的政策发展机制,破除档案数据治理实践的现实掣肘,为我国档案数据治理实践深入发展提供优越的政策环境,加快建立良好的档案数据

[①]《国家档案局印发〈全国档案事业发展"十三五"规划纲要〉》,https://www.saac.gov.cn/daj/xxgk/201604/4596bddd364641129d7c878a80d0f800.shtml,2023 年 9 月 20 日。

[②]《中办国办印发〈"十四五"全国档案事业发展规划〉》,https://www.saac.gov.cn/daj/toutiao/202106/ecca2de5bce44a0eb55c890762868683.shtml,2023 年 11 月 29 日。

治理生态。

（一）数据基础设施是档案数据治理实践落地的硬件前提

在技术环境剧烈变迁的数字转型期，档案数据作为重要的数据生产要素，有必要加强数据汇集，开发基于档案的数据基础设施型服务，这是档案部门对数据时代的整体回应[①]。构建完善的档案数据基础设施建设政策支持体系，有助于加快推动我国档案行业数据治理实践的步伐。社会数字化与智能化带来数据生态的不断发展，对档案数据治理提出了更高要求。在当前社会发展转型过程中，决定数据治理成效的关键之一是新型数据基础设施的建设。中国信息通信研究院《数据基础设施白皮书2019》认为，数据基础设施范围应涵盖接入、存储、计算、管理和数据使能五个领域，通过各方数据汇集，提供"采—存—算—管—用"全生命周期支撑能力，构建全方位数据安全体系，打造开放的数据生态环境，让数据存得了、流得动、用得好，将数据资源转变为数据资产[②]。总体而言，档案数据基础设施建设政策支持体系包括基础硬件层、数据管理层与数据应用层三方面。相异于以往传统IT硬件设施，面向数据治理的基础硬件层除满足存储、计算、网络等基本要求外，更强调数据多样性计算。大数据环境下，档案数据呈现出多元异构、结构复杂、内容丰富的特征，而数据基础设施由单一算力向多样算力的转变更加符合档案数据归档与管理需求，能更加高效便捷地实现档案数据融合计算、处理与存储需求。数据管理层注重面向数据全生命周期管控的操作系统、数据库系统及大数据系统的建设。数据全生命周期管控过程中，数据管理层强调融合、协同、智能、安全与开放性，通过不断提升多源档案数据的融合处理与智能协同能力，实现档案数据的简易管理，解放档案工作人员的手动劳动力。数据应用层强调解开数据价值密码，通过打通数据与场景间的通道，实现数据要素价值激活。数据应用层更加注重数据利用多样性，通过数智技术在数据治理中的有效应用，推动实现数据需求实时响应的智能服务，加速档案数据价值呈现。

[①] 钱毅、苏依纹：《基于档案的数据基础设施（ABDI）的概念内涵与构建策略》，《档案学通讯》2023年第6期。
[②] 中国信息通信研究院、华为技术有限公司：《数据基础设施白皮书2019》，http://www.caict.ac.cn/kxyj/qwfb/bps/201911/t20191118_269749.htm，2023年12月20日。

通过完善面向基础硬件层、数据管理层与数据应用层的档案数据基础设施建设政策支持体系，弥补我国在档案数据治理政策领域层面的缺陷，加快实现档案数据治理智能化。

（二）科研技术创新是档案数据治理实践深入发展的核心因素

档案数据治理技术政策激励机制的创建，关键在于科研技术创新供给侧平衡与科研技术创新环境支撑两方面。一是科研技术创新的供给侧平衡。科技创新的供给侧失衡导致的科研投入浪费与科研产出低下等问题，一直以来阻碍了我国科研水平的深度提升。档案数据治理是大数据发展环境下的时代新需求，它依靠前沿软硬件系统的支撑，离不开智能技术的更新与发展。我国档案部门应鼓励面向社会应用的档案数据治理科研技术创新，强化符合社会需求的研究新趋向，弱化唯成果与唯论文的价值取向，鼓励科研人员围绕大数据环境下数字社会发展的痛点问题提供高质量解决方案，打造创新性与前沿性的技术成果体系，为我国档案数据治理实践深入推进提供深厚的智慧基础。我国档案主管部门还需持续优化科研成果评价体系，为科研人员提供多元化评价标准，杜绝简单以论文作为单一评价准则，鼓励科研人员创新科研成果表现形式，从而反哺科研评价体系的建立。这一措施能够弥补科研创新供给侧差距，优化我国科研创新结构，提升科研创新成果质量。二是科研创新环境的不断优化。我国档案主管部门应为科研人员提供完善的科技创新交流平台，推动科研人员与实践部门深入交流与广泛合作，打造"点对点式"的科研服务机制，降低科研人员熟悉业界实际需求的成本与难度，畅通科研成果向现实转化的具体路径，拓宽科研人员与业界人员交流途径。此外，我国应加快建立健康生态的科研创新文化，鼓励科研人员开展面向重大社会需求的高质量研究，积极营造促进科技创新的文化环境，树立质量至上的科研文化理念，引导我国档案领域科研创新迈向高质量发展阶段。通过搭建符合大数据发展战略核心需求的科研技术创新政策支撑体系，能够为我国档案数据治理长远性发展提供原生动力，推动我国档案领域科研创新体系高质量发展及现代化转型。我国国家档案局近年来加大科研项目投入，先后推出国家档案局科技立项重点项目和国家档案局重点实验室建设等举措，充分反映了国家档案行政主管部门在科研政策方面的政策供给更为多元。

(三) 数据产业应用是档案数据治理价值实现的重要途径

2020年4月，国务院发布《关于构建更加完善的要素市场化配置体制机制的意见》，进一步强调数据资源作为新型生产要素的作用，提出我国应当加快推进政府数据开放共享、提升社会数据资源价值、加强数据资源整合及数据安全保护等建议，有效实现数据要素市场培育[1]。2023年10月，在宁波召开的2023年档案数据产教融合大会上，来自档案局（馆）、企业和高校的产教融合共同体，积极对接产业升级和技术变革趋势，探索实现档案领域教育链、产业链、供应链、人才链、价值链的有机衔接，反映出数据产业链及其应用问题正成为国内档案界关注的重点议题[2]。不过，在当前环境下，我国数据产业政策尚未有效适应国内现实环境需求，相关政策对数据产业的形成、开拓与应用的支持力度有待进一步加大。推动档案数据产业应用有效形成的关键在于搭建完善的要素市场运行机制，打造完整有序的数据产业价值链，实现档案数据治理与数字经济发展齐头并进。一是健全档案数据要素市场化交易平台。我国应进一步推动公共数据资源交易平台功能拓展与健全，深入推动数据资源交易市场发展，激活交易平台数据价值"蓄水池"作用。此外，我国应进一步培育积极健康的数据产业生态，依法推进档案数据合规交易，预防数据信息泄露等安全风险。二是完善数据要素交易规则。强化数据银行理念在数据产业生态培育中的重要作用，激活数据要素其本身自然属性之外的社会属性。数据银行作为数据经济时代数据资产管理、运营、增值及流通的新业态与新模式[3]，为数据交易规制提供了理论指导。我国应进一步推动档案数据汇集开放、规范确权、资产交易与场景应用等系统化程序的确立，强化数据全流程电子化交易，健全数据交易机制的科学性、透明性与有效性，搭建健康有序的数据行业自律生态。我国还应构建多主体参与数据交易的合作生态，加强数据管理机构、金融管理机构、数据中介机构等单位跨领域合作，

---

[1] 《中共中央 国务院关于构建更加完善的要素市场化配置体制机制的意见》，http://www.gov.cn/zhengce/2020-04/09/content_5500622.htm，2023年11月17日。

[2] 王俊：《2023档案数据产教融合大会暨第十三届中国电子文件管理论坛在浙举办》，《中国档案报》2023年10月19日第1版。

[3] 尹西明、林镇阳、陈劲等：《数据要素价值化动态过程机制研究》，《科学学研究》2022年第2期。

形成数据产权确认、价格评估分析、数据流转交易、数据保险服务等综合服务体系。三是提升数据交易流程监管质量。我国应健全档案数据违规交易惩处机制，搭建畅通有序的数据交易投诉举报查处渠道，防止数据交易过程中发生损害国家安全与社会公众利益的消极行为。另外，我国应进一步强化数据交易信用体系建设，进一步完善数据交易失信行为评定、失信结果惩戒、信用恢复渠道等程序机制，提升数据交易的抗风险能力。

（四）加大档案数据专业人才培育的政策支持

国家大数据战略背景下的档案数据治理具备技术含量高、理念价值新、附加效益大等时代特点。数据形态的细粒化、数据管理的复杂性及数据应用的高难度驱动我国数据治理专业人才培育政策改革。为推进我国专业人才数据素养整体能力与大数据市场环境适配，我国亟须搭建科学的专业人才数据素养能力培育政策支持体系，具体可从长远战略实施、高校课程改革与培育结构优化三方面入手。首先，我国应制定专业人才数据素养培育长远战略规划，明确数据素养培育重点、方式与要求。为有效应对未来大数据人才的缺乏，自2012年美国启动"大数据研究与开发计划"（Big Data Research and Development Initiative）以来，美国国家科学基金便开始实施一项全面的战略规划，主要内容涵盖数据知识挖掘、数据基础设施、高校教育变革及人才队伍建设多个方面[1]。在借鉴国外相关先进经验的基础上，结合我国数据治理人才能力需求重点，我国应当制定符合实际国情的战略规划，为我国数据素养培育提供宏观政策指导。其次，我国应推动高校教育内容体系变革，有效适应数据市场环境的现实需要。数据素养教育与高校层面的教学制度设计、基础服务支持、人才资源建设及数字人文设计等维度存在密切联系，关乎数据素养教育发展的前进方向[2]。立足我国数据素养培育的主阵地（高校），围绕数据意识、数据知识、数据技能与数据伦理四大核心要素，开展科学数据素养课程体系搭建工作。例

---

[1] 何海地：《美国大数据专业硕士研究生教育的背景、现状、特色与启示——全美23所知名大学数据分析硕士课程网站及相关信息分析研究》，《图书与情报》2014年第2期。

[2] 欧阳玲琳：《大数据背景下的医科院校数据素养教育》，《中华医学图书情报杂志》2017年第6期。

如，围绕数据素养结构及核心要求展开课程体系设计，建立数据思维培育驱动的"理念教育课程群"、数据技术应用驱动的"技能教育课程群"以及数据治理实战水平驱动的"实践教育课程群"等多元化的课程类型体系[1]。最后，我国应建立科学的数据专业人才培育结构体系，扭转庞大人才培育体量与社会实际人才需求脱节的不利局面。由此，我国高校应构建开放化数据行业引入与衔接机制，加强高校专业人员与数据市场行业联动能力，建立面向社会实际的数据素养培育实训基地，有效回应社会环境对数据人才的实际需求。中国人民大学信息资源管理学院从2022年开始在图情专硕下开设数据管理方向，面向社会招收非全日制专业学位研究生，采用校内导师和行业导师联合培育的方式，"重点培养精通大数据时代商业和政务等数据的生产、采集、清洗、加工、深度挖掘、可视化、长期保存、资产管理、增值等管理工作"的"创新型、应用型数据精英"[2]，应当是一个较好的探索和实践。通过搭建高校组织、商业机构与社会公众产学研一体化合作机制，增强高校培育数据专业人才的总体能力。

总之，档案部门应主动参与国家数据治理的整体部署与具体工作，同时积极制定全国性档案数据治理顶层规划，并将其融入国家数据治理的总体发展浪潮中，与国家数据治理工作同频共振。一方面，基于当前政府信息资源开放与共享、个人数据保护、数据安全维护等重点领域对数据治理的迫切需求，档案部门可优先开展上述领域档案数据治理的探索，强化相关制度的制定与贯彻，形成覆盖全面、权责明晰、监督有力的档案数据治理制度体系与实践落实。另一方面，档案部门也应重视档案管理基础环节的数据化转型，加快档案数据安全管理、档案数据质量控制等制度推进，从传统粗放式的管理向更细颗粒度的数据化治理转变转型，提供更高质量的原生档案数据并推进档案数据流动，切实提升档案数据治理效能。

---

[1] 张明海、周艳红：《大数据时代大学生数据素养教育的目标定位及体系构建》，《图书馆》2016年第10期。

[2] 《信息资源管理学院2022年图书情报（数据管理方向）专业学位研究生招生简章》，https://irm.ruc.edu.cn/xydt/tzgg/f2e67ca37a43449e86e3fbfc7f3d73c3.htm，2023年12月10日。

二 优化我国档案数据治理制度标准

良好的制度与良好的政策相匹配，才能产出最佳治理效能①。2015年12月17日国务院办公厅发布的《国家标准化体系建设发展规划（2016—2020年）》明确指出："加强标准与法律法规政策措施的衔接配套，发挥标准对法律法规的技术支撑和必要补充作用。"② 2021年是我国标准化事业发生转变的关键之年，中共中央、国务院印发《国家标准化发展纲要》一文，要求标准化工作向经济社会市场全域转变、向国内国际互促转变、向质量效益类型转变，对我国标准化事业发展具有里程碑意义③。发挥标准化在档案数据治理中的基础性作用、推进国家治理体系与治理能力现代化、促进社会经济高质量发展以及构建新发展格局将是档案数据治理标准化工作的核心要义。澳大利亚发布的《知识管理指南》标准将组织管理视角划分为规划（Mapping）、构建（Building）和实施（Operating/Implementing）三个方面④。本书以实践性、前沿性、技术性、透明性、安全性及兼容性等特征为前提，围绕宏观治理层（标准规划视角）、中观治理层（标准构建视角）与微观治理层（标准实施视角）三个层面，提出搭建我国档案数据治理制度标准协同化治理的现实路径。

（一）标准规划

宏观治理层即立足标准规划视角，通过多元主体协同实现档案数据治理标准化的顶层设计工作。该层级主要目的在于明确档案数据治理标准化的战略目标、价值意义、责任体系、协同能力、组织构建等内容，实现档案数据治理科学规划与统筹管理。《信息技术—大数据参考架构—第三部分：参考架构》（ISO/IEC 20547-3:2020）认为，数据治理应具备多用户视角，综合考量大数据治理生态体系中利益相关的自然人、法人等主体，

---

① 燕继荣：《制度、政策与效能：国家治理探源——兼论中国制度优势及效能转化》，《政治学研究》2020年第2期。
② 《国务院办公厅关于印发国家标准化体系建设发展规划（2016—2020年）的通知》，http://www.gov.cn/zhengce/content/2015-12/30/content_10523.htm，2023年12月10日。
③ 《中共中央 国务院印发〈国家标准化发展纲要〉》，http://www.news.cn/politics/zywj/2021-10/10/c_1127943309.htm，2023年12月20日。
④ CSA, *Knowledge management-a guide*, AS 5037:2005, Sydney: Standards Australia, 2005.

为其划分主角色与子角色，并在数据治理过程阶段建立"三跨"（跨层级、跨领域及跨部门）的多维协同框架，实现数据治理体系的多样功能需求[①]。宏观规划层旨在构建一个协同化的多元主体治理生态圈，立足档案数据治理主体范畴，以档案数据要素价值激活为目标，完成标准化顶层设计等相关工作。《信息技术—IT规制—数据治理 第1部分：ISO/IEC 38505数据治理应用》（ISO/IEC 38505-1：2017）标准明确提出数据治理规划的建设原则，内容包括责任构建、战略规划、数据接受、绩效测评、协同管理及组织行为管理六大模块，表6-1为本书梳理的六大模块内容[②]。该标准对我国档案数据治理标准化规划工作具有指导意义。我国可从战略目标愿景设计、多主体协同管理、责任体系机制构建以及绩效结果评估体系四个方面入手，搭建科学化标准规划设计体系，推动我国档案数据治理标准化顶层设计工作与国际化水平接轨。通过激发多元主体参与的治理优势，为档案数据治理标准化顶层设计理念、目的、原则与方法的确立提供科学化组织基础，最大限度地发挥多元治理主体在标准化构建生态中的智慧赋能作用，为规划构建层和规划实施层提供明确价值导向。

表6-1　　　　　　　　　数据治理规划的建设原则

主要模块	具体原则
责任构建	数据治理主体应对组织中的数据利用流程负责，需要搭建跨部门协同责任体系，构建完善的数据治理标准化管理责任机制。
战略规划	根据组织目前和将来战略目标，负责制定数据利用战略规划，同时应当兼顾技术进步趋势与市场主体需求，实时根据预期价值、潜在风险和约束条件调整组织数据治理战略方针。
数据接受	根据组织内部数据需求及组织外部数据服务需要，应当确定数据接受原则，确立数据资产管理意识，根据数据资产价值、风险和约束条件有选择性地接受相关数据集或数据流。

[①] 安小米、许济沧、王丽丽等：《国际标准中的数据治理：概念、视角及其标准化协同路径》，《中国图书馆学报》2021年第5期。

[②] ISO, IEC, *Information technology - governance of it-governance of data-part 1: application of ISO/IEC 38500 to the governance of data*；ISO/IEC 38505-1：2017，Geneva：ISO Copyright Office，2017.

续表

主要模块	具体原则
绩效测评	数据治理主体应开发相关绩效量表，监控数据支撑辅助决策的有效程度，数据集或数据流接受率的变化发展趋势，数据治理投入产出效率的实际情况以及数据治理释放的数据价值在大数据市场环境下的大小程度。
协同管理	数据治理主体应当确保组织成员了解并遵循数据治理方针，确保数据治理战略在部署实施阶段前后协调一致，例如组织成员中数据治理法律责任和基本常识的普及程度。
组织行为管理	数据治理主体应当营造积极向上、价值正确的数据文化，鼓励治理主体开展数据共享、保护及分析等有益行为，同时应明确对利益相关方所有数据操作行为的具体要求与相关限制。

（二）标准构建

中观治理层即立足标准构建视角，实现档案数据全生命周期活动过程的资产化管理。这一层级的主要目标在于明确档案数据资产管理方案设计、实施与监督等活动的具体要求。《技术规范 D2.1 物联网和智慧城市及社区数据处理和管理框架》（ITU-TFG-DPM D2.1）明确提出数据过程管理模型制定的五大维度：数据生命周期维度、数据可信维度、数据商业化维度、生态系统维度、组织治理维度，对档案数据治理标准构建而言具备启示意义[①]。参考上述标准，档案数据治理标准构建活动应考量档案数据生命周期、真实可信、产业发展、生态系统与组织优化五个层面，提升档案数据治理过程的标准化程度。

第一，生命周期层要求档案数据治理活动覆盖数据从生成到归档的全流程，基于数据真实、可信、完整、可靠等前提，实现档案数据资产分级与分类管理。档案数据生命周期管理过程中，相关部门应明确涉密档案数据、限制开放数据及完全开放数据等不同类型数据的差异化管理策略，考虑档案数据实际权属及牵涉主体的核心利益需求，实现档案数据价值释放与安全风险管理的有效平衡。第二，真实可信层要求管理部门保障档案数

---

① ITU-T, *Technical specification D2.1 data processing and management framework for IoT and smart cities and communities*：ITU-T FG-DPM *technical specification D2.1*：2019，Geneva：Telecommunication Standardization Sector of ITU，2019.

据治理活动中的数据安全，防止数据泄密造成巨大损失。该层级要求保障档案数据整个生命周期过程中的质量，维护数据的真实完整性，确保档案数据利用者能够正常获取使用相关数据资源，防止档案数据因数据关联等技术被非法获取。同时，该层级要求实现档案数据处理过程全透明化，优化档案数据处理监管过程，保证档案数据处理的可追溯性，确保档案数据治理主体能有效干预不当处理流程，减少因操作失误带来的损失。第三，产业发展层要求治理主体有效推动档案数据治理产业集聚与发展，激活档案数据本身具备的数据要素价值，实现档案数据要素价值化。为此，管理部门应有效设计、实施与监管档案数据资产化管理流程，明确数据价值评估、数据交易授权、数据交易监管等实施过程。第四，生态系统层要求组织机构为档案数据所有活动制定制度标准，借助标准化手段统一组织机构内部的档案数据管理认知程度。此外，档案部门应进一步推动多元治理主体参与档案数据治理产学研合作过程，实现数据驱动思维在组织机构中的有效渗透。管理部门还应对数据经济活动给予一定的物质激励，树立组织机构内部积极主动的数据经济发展和参与态度。第五，组织优化层强调档案数据治理活动是一个整体性过程，需在组织机构内部营造出数据驱动的治理文化氛围，推动数据治理活动公平化、公正化及公开化。组织机构还应明确档案数据治理全过程的远景战略规划，制定相应原则与标准，实现档案数据治理全过程监管。

（三）标准实施

微观治理层即立足标准实施视角，其治理对象包含对数据管理所有内容的操作实施，涉及数据质量、数据所有权、数据管理责任等领域[①]。该层级要求组织机构利用数字连续性理论解决档案数据管理的具体操作问题，围绕档案数据质量、数据权属及数据责任三方面展开详细部署。

首先，数据质量层强调从数据采集、组织、表示和应用四方面明确数据质量要求。《可信数据的技术赋能因素概述》（ITU-TFG-DPM D4.3）标准根据数据收集、组织、展示、应用顺序归纳了数据各种质量要求，建立

---

① 安小米、许济沧、王丽丽等：《国际标准中的数据治理：概念、视角及其标准化协同路径》，《中国图书馆学报》2021年第5期。

了数据可信的治理观①。数据采集要求档案数据本体具备真实性、一致性与无歧义性,要求采集过程客观化,即全程采用同一原则与标准,实现数据采集过程透明化与公开化。数据组织要求档案元数据具备可靠性,档案数据库中的数据应具备同一性。同时,档案部门应进一步优化数据检索方式,减少数据存储空间需求,提升数据利用效率。数据展示要求档案数据在不同情境场合下具备语义稳定性,档案数据语义在全过程中不被篡改,体现数据展示的中立性。数据展示内容还应清晰明确,具备较强可解释性。数据应用要求档案数据具备易操作、及时更新、维护隐私、适应场景等不同特征,有效体现档案数据与多元应用场景间的关联性。其次,数据权属层要求明确档案数据处理过程中不同主体的权限大小。该层级强调档案数据的机密性,涉密档案数据不应向未获得授权的主体(组织或个体)披露,数据在传输、处理、管理、利用等活动过程中均具备明确的可操作主体与可操作程度。该层级还强调隐私保护优化原则,通过树立以用户为中心原则、最小处理原则、知情同意原则等核心思想,保护相关利益主体的个人隐私。最后,数据责任层要求明确档案数据治理相关利益主体的数据保护责任。该层级强调,档案数据治理过程应明确数据泄密、损毁、丢失等安全事故的责任体系,明确数据采集人员、数据处理人员、数据管理人员及数据利用人员分别承担的数据保护义务及数据事故责任,推动责任意识在档案数据全生命周期过程的有效渗透,提升组织机构的档案数据保护意识。

三 明确我国档案数据治理顶层设计

顶层设计是系统思维在实现环节中的重要体现。顶层设计概念最初源自系统工程学。1969 年,瑞士学者尼克劳斯·沃斯(Niklaus Wirth)提出顶层设计的概念,认为该概念应遵循"自顶向下、逐步求精、分而治之"的设计原则②。当前,我国档案数据治理实践仍处于初步探索阶段,需要

---

① ITU-T. *Overview of technical enablers for trusted data*;*ITU-T FG-DPM. Technical Report D4. 3*;2019,Geneva:Telecommunication Standardization Sector of ITU,2019.

② Niklaus Wirth,"Program development by stepwise refinement",*Communications of the ACM*,Vol. 14,No. 4,1971,pp. 221-227.

行之有效的顶层设计予以指引，保障档案数据治理深入推进。根据我国国家大数据战略发展的政策导向、档案数据治理的实践进展及数据基础设施建设的基础条件，结合地区经济发展规模、基础设施条件、信息化应用现状与城乡社会发展需求，科学制定档案数据治理顶层设计规划，合理构建治理目标、运行框架、核心要素、应用场景与实现路径，避免档案数据治理项目盲目投资。明确我国档案数据治理顶层设计，关键在于从治理理念变革、基础设施升级、智能平台优化与运行模式转型四方面发力，从而实现我国档案工作网络化、数字化和智能化的新型顶层设计之变。

（一）治理理念变革

数据驱动应成为档案数据治理实践持续发展的核心支柱性理念。大数据环境下，全球公共文化机构都面临着数据的海量甄别、完整采集、高效整序与深度挖掘困难，数据智能帮助我们实现对大量文化资源数据库、物联设备反馈数据、多媒体/流媒体数据、用户行为数据、管理运行数据、开放获取数据进行高效、综合的预测分析、机器学习和流统计分析，通过知识图谱、用户画像、知识融合等技术揭示并呈现结构化和非结构化数据的内在价值，实现公共文化服务领域对数据资产的统筹管理[1]。档案数据治理实践应当以数据主导为特征，充分发挥数据赋能档案工作朝向现代化转型的要素价值。

首先，实现档案数据赋能业务流程智能化改革。通过有效嵌入人工智能等新一代信息技术，推动数据支撑档案业务流程科学运作，实现档案各项业务流程均有数可依、有据可查，并在业务流程结项后及时留痕，以备后期复查工作顺利开展。例如，在档案数据使用过程中，任何针对该项数据的操作行为都将被系统自动记录，即一切过程皆被留痕，为档案行政监督体系的搭建提供可靠数据支撑。其次，实现档案数据支撑知识服务创新性发展。一方面，综合利用档案部门的馆藏资源数据、网络开放获取数据、用户行为数据，为档案部门提供更具决策支撑能力、洞察发现能力、流程优化能力的知识服务，实现数据优化服务的预期效果。另一方面，在档案数据治理过程中，对海量档案资源数据进行统筹分析与深度挖掘，加

---

[1] 韦景竹、王政：《智慧公共文化服务的概念表达与特征分析》，《情报资料工作》2020年第4期。

强用户反馈数据的全面管理与知识挖掘，探寻档案数据内在关联的信息价值、文化价值、记忆价值等，从而为智慧国家、智慧社会建设提供公共文化服务领域的数据支撑与决策支持。最后，实现档案数据驱动公共文化服务效能提升。在智慧社会发展环境下，档案数据治理的一个重要目标在于充分融入全国公共文化服务建设，助力公共文化服务效能提升。具体而言，结合推动我国国家治理体系与治理能力现代化的政策导向要求，档案文化数据应当作为公共文化服务体系的重要资源构成，并且其战略资源价值属性凸显，应当对其进行高度重视。大数据、云存储、人工智能等智慧技术的应用诱发了档案数据治理模式转型。智慧技术发展背景下，档案文化服务具备独特的数据治理框架与准则，便于对公共文化数据进行采集、治理与管控，不断强化公共文化数据治理的技术标准、政策调整与资源融合。通过将数据驱动理念嵌入档案数据治理实践的全过程，推动档案数据治理主体自上而下实现理念全面重塑改革，从而不断推进档案数据治理的效率与质量，为实现档案数据治理的社会价值提供顶层思维支撑。

（二）基础设施升级

提升基础设施建设的全局性与前瞻性是档案数据治理深入推进与扎实落地的先决条件。党的十九大会议中，习近平总书记指出要"推动互联网、大数据、人工智能和实体经济深度融合"[①]。2019 年，中央经济工作会议强调通过新型基础设施建设驱动我国经济新一轮的内生性增长[②]。新型基础设施的建设承载了网络化、智能化与协同化等适应大数据战略发展需求的新型特点，这与档案数据治理的核心目标存在深度契合。推进传统基础设施向智能基础设施转型是档案数据治理实践深度服务数字政府、数字经济、数字社会的重要前提。基础设施网络化是实现数据资源充分汇聚的重要条件。加快档案资源获取工具网络化，强化传感器技术、数据捕获技术、网络爬虫技术、物联网技术在基础设施建设中的广泛应用，提升档案部门网络数据资源捕获与归档能力，实现数据资源充分汇聚。聚焦国家

---

① 习近平：《决胜全面建成小康社会 夺取新时代中国特色社会主义伟大胜利——在中国共产党第十九次全国代表大会上的报告（2017 年 10 月 18 日）》，人民出版社 2017 年版，第 30 页。

② 《学习贯彻 2019 年中央经济工作会议精神》，https://topics.gmw.cn/node_124848.htm，2023 年 12 月 20 日。

数字政府、数字乡村、数字社区建设发展需求，推进政务资源、网页信息、社交媒体、新闻报道等数据资源采集，实现档案部门资源体系结构化转型。

庞大的数据资源离不开高性能基础设施的支撑。档案部门应有效推动档案部门网络基础设施升级扩容，提高基础设施数据承载能力、数据管理能力和数据应用能力。基础设施智能化是实现档案工作整体智治的必要前提。智能化数据基础设施建设要求在系统平台、数据模式以及交互界面的运营结构上进行智能化嵌入，其内部支撑系统和外延辅助控制都具有标准化和专业化的要求，以达到信息交互和科技智能的集成效果[①]。人工智能等新一代信息技术与档案业务深度结合是新型基础设施建设重要的发展趋势。综合运用人工智能、大数据挖掘分析等技术，推动档案工作核心业务数字化、自动化与智能化，实现数据归档、数据管理与数据利用自动运行的流程闭环，夯实档案部门业务工作整体智治的基础应用支撑，构建面向广泛应用场景的档案数据智慧应用格局。基础设施协同化是实现档案工作高效运行的重要基础。数据基础设施建设需打破平台和数字技术精英对数据使用的控制，发挥数据的公共性，让公众和其他组织机构能够共同使用大数据，维护社会共同利益[②]。档案部门应进一步推动公共数据平台建设，激活多元主体共同参与数据治理实践的潜在能力，实现政府部门、企业机构、社会公众智能联动，确保档案数据治理实践一体化协同运行。

（三）智能平台优化

提升数据管理平台功能的智能性是实现档案数据治理实践高成效的重要举措。面对档案数据治理体系与治理能力现代化的需求，充分运用云计算、大数据、物联网、人工智能等新一代信息技术，推动档案数据管理平台功能的再造与升级，实现档案数据资源状态全域感知、多源数据资源关联融合、智能技术赋能数据应用拓展、档案工作发展规律全景洞察，打造

---

① 马荣、郭立宏、李梦欣：《新时代我国新型基础设施建设模式及路径研究》，《经济学家》2019年第10期。

② 梁玉成、张咏雪：《算法治理、数据鸿沟与数据基础设施建设》，《西安交通大学学报》（社会科学版）2022年第2期。

提升数据治理能力、优化数据产业结构与创新数据管理模式的智能型系统。

首先,全域感知能力强化对机构档案数据资源状态的全面把控。通过物联网技术构建机构内部各类档案数据资源感知终端,实时感知机构档案数据资源精细化运行的相关参数,形成档案数据资源来源机构、类型结构、主题分类、存量变化、利用情况、应用场域等三维立体可视图与资源库,强化机构数据资源运行状态管控能力,形成档案实体资源向数字孪生环境的精准映射,推动机构资源管理模式的变革与转型。通过强化机构全域感知能力,立足数据资源的不断沉淀,建立档案部门科学决策支撑中枢系统,助力决策者解读数据并对相关问题作出精准研判。其次,数据融合能力强化机构档案数据资源的挖掘分析程度。全面归集各类档案数据资源,利用数据关联技术、数据挖掘技术等工具,对多元异构数据资源进行系统化梳理、清洗、对比、关联与分析,实现对档案数据资源的重组与集成,挖掘数据潜在的知识或信息价值,激活数据多维的政治、经济或文化价值,为档案数据资源活化与深度应用提供坚实基础。通过知识提取和建模(KCM,简称知识建模)方法,抽象出数据资源中可共享的模型,超越既有领域元数据规范,并在特定应用场景中进行知识分享、重组和再生[1]。强化数据融合能力,进一步挖掘机构内部数据资源价值,并在此基础上搭建档案数据资源治理中枢系统,以"技术融合、数据融合、业务融合"和"跨部门、跨业务、跨系统、跨地域、跨层级"要求为根本[2],提升机构数据资源处理能力,深度释放数据红利。再次,智慧赋能能力强化机构档案数据智慧场景应用组件的提供能力。档案部门通过集成大数据、人工智能、区块链等新一代信息技术,深入探索档案数据资源在政务服务、产业发展、城市治理、公共服务等各领域的智慧应用,形成共性的、通用的工具组件与技术沉淀。在此基础上,搭建档案数据能力汇聚开放中枢系统,为全国提供可开放获取的共性赋能平台,创建全国范围内的创新型数据应

---

[1] 夏翠娟:《面向人文研究的"数据基础设施"建设——试论图书馆学对数字人文的方法论贡献》,《中国图书馆学报》2020年第3期。

[2] 单志广:《智慧城市中枢系统的顶层设计与建设运营》,《人民论坛·学术前沿》2021年第9期。

用工具样板，避免同行业在系统建设方面的重复投入与资源浪费，推动全国档案机构数据资源与管理系统联动，提升档案数据在经济社会各领域发展过程中的融入程度。最后，全景洞察能力强化档案部门的整体协调联动与风险研判水平。从整体上、全局上打通各层级档案数据管理平台，形成国家级、省域级、市域级、区域级档案数据集成管理平台，解决我国长期以来档案信息化建设过程中"条块分割、烟囱林立"的问题，形成横向上各类档案数据联通、纵向上各层级档案部门联通的治理格局。在此基础上，搭建档案部门协同联动指挥中枢系统，集综合指挥决策、数据汇聚应用、预期风险研判、突发事件处理、科学决策服务等多功能于一体，为跨部门、跨领域、跨层级统一决策、统一行动、统一调配提供智慧支撑。

（四）运行模式转型

创新档案数据资产管理运行模式是档案数据治理价值实现的重要方式。大数据时代，档案部门面临与数据管理部门共同参与管理数据资源的发展现状。创新档案部门数据资产管理运行模式，实现数据资产增值，是档案部门永葆自身竞争力与发展活力的重要渠道。遵循"以平台运行为基础、以数据应用与产业发展为业务、以服务国家大数据发展战略为统筹"的运营模式，有效实现档案数据资源向数据资产的转变，进而推动数据产业的形成与发展，为我国经济发展新阶段提供新的增长点与原动力，提升档案数据治理实践的活力。

首先，搭建多层次资本市场共同参与的运营生态。档案部门在经过政府授权允许下，引入优势社会资本力量，代表政府部门与社会力量展开商业合作，构建融资投资、建设管理、产业运营及资本集聚的发展模式，形成政企联动的档案数据资产管理模式。档案数据资产管理运营过程中，大数据公司负责档案数据资产管理平台的基础建设与前期运营，档案部门则负责中后期数据资产的日常运营工作。大数据公司也可针对档案数据资源的应用场景，开发相关数据应用、工具组件及系统平台，提升政企合作运营的深度与效益。此外，大数据公司针对档案部门的个性化需求，提供深度数据资源挖掘、数据知识提取与数据资产增值服务，为数据产业发展提供基础。其次，明确科学合理的档案数据资产运营推进步骤。档案部门应当根据国家大数据战略需求、部门核心业务发展规划及社会现实需求变化趋势等前置条件，实行"需求导向、示范引领、有序开展、注重实效"的推进步骤，避免盲目图快、半途而废，逐步扩大档案数据产业发展规模与影响力。项目运行前期，做好档案数据产业发展需求与前景的扎实调研，提升相关大数据龙头公司等社会资本的参与热情，组建档案数据产业资本联盟，明确档案数据产业投资、运营、发展的基本策略。同时，结合档案部门发展需求，率先选择需求迫切、领域重要、效益明显的项目开展合作，着力将其打造成为全国范围内档案数据产业发展的示范性试点项目。综合示范性项目的影响程度与实际效益，逐步向全国范围内推广与普及，扩大档案数据产业的影响力。最后，完善档案数据资产化管理的相应配套措施。一是出台档案数据产业发展政策支持文件，为该产业发展提供相应政策依据，同时辅之以针对性的财政支持政策，提供多种形式的贷款优惠服务，创建良好的产业发展市场环境，吸引相关的大数据公司的集聚与投资。二是完善档案数据产业发展监管流程，明确市场准入门槛、参与机制、服务要求与监管细则，强化对政企合作的项目评估、过程监管与效益评价工作。三是健全档案数据产业发展的相关标准规范，明确行业具体的行为准则，提升档案数据产业发展的标准化程度。

四 融入我国数字政府建设时代浪潮

随着数字化、网络化和智能化为特征的技术变革浪潮的蓬勃兴起，新一代信息技术（大数据、人工智能、区块链等技术体系）所代表的生产力驱动着政府治理加速转型，全球范围内建设数字政府、利用信息化技术推动经济发展和提升社会治理水平正成为历史大潮。数字政府不仅仅是指政府办公流程的"数字化"和政务处理的"电子化"，更多的是指政府通过数字化思维、数字化理念、数字化战略、数字化资源、数字化工具和数字化规则等治理信息社会空间、提供优质政府服务、增强公众服务满意度的过程[①]。2017年12月，中共中央政治局就实施国家大数据战略进行第二次集体学习，习近平总书记在会议上明确指出："要运用大数据提升国家治理现代化水平。要建立健全大数据辅助科学决策和社会治理的机制，推进

---

① 戴长征、鲍静：《数字政府治理——基于社会形态演变进程的考察》，《中国行政管理》2017年第9期。

政府管理和社会治理模式创新，实现政府决策科学化、社会治理精准化、公共服务高效化"①，昭示着我国的数字政府建设迎来新发展阶段。党的十九大报告和《中华人民共和国国民经济和社会发展第十四个五年规划和2035年远景目标纲要》进一步将数字政府建设上升为国家发展战略，全面开启我国数字政府建设发展的新阶段与新征程②。数字政府建设对信息和数据的融通和智慧服务有着更高的要求：一方面是政府内部通过数字化战略打通政府区域、部门和层级之间的信息孤岛和数据壁垒，另一方面是政府对外通过开放数据战略的实施，促进社会公共数据在社会成员之间的共享利用，释放数据活力。这既给政府数字化转型重要一环的档案工作提出了严峻挑战，又给档案部门参与数字政府建设提供了良好的契机。浙江省发展和改革委员会、浙江省档案局印发的《浙江省档案事业发展"十四五"规划》明确指出，要"全面融入服务数字化改革"，聚焦服务一体化智能化公共数据平台和党政机关整体智治、数字政府、数字经济、数字社会、数字法治五大综合应用，强化档案数据支撑③。实现档案工作与数字政府建设相融，充分发挥档案数据作为支撑数字政府转型的资源要素价值，是档案数据治理实践的重要任务。档案数据治理实践融入数字政府建设的思路可从政策融入、数字转型与服务支撑三方面着手，搭建档案数据治理服务数字政府建设的实现路径。

（一）政策融入

政策融入是指档案部门要强化档案数据治理政策设计的前瞻性和可发展性，使档案数据治理工作融入数字政府建设中心大局。现代档案管理活动深受数字政府（早期又称电子政府或电子政务）的影响，对公共信息的获取是开放数据和现代档案管理重叠的部分原因④。从历史上看，档案管理与电子政务的双向推进一直是档案机构的工作方向，伴随电子政务走向

---

① 《习近平主持中共中央政治局第二次集体学习并讲话》，https://www.gov.cn/xinwen/2017-12/09/con tent_5245520.htm?eqid=ff0d67b50001237c00000002646db382，2023年8月20日。

② 《中华人民共和国国民经济和社会发展第十四个五年规划和2035年远景目标纲要》，https://www.gov.cn/xinwen/2021-03/13/content_5592681.htm，2023年9月21日。

③ 《省发展改革委 省档案局关于印发〈浙江省档案事业发展"十四五"规划〉的通知》，https://www.zj.gov.cn/art/2021/4/16/art_1229203592_2268782.html，2023年10月20日。

④ Erik Borglund, Tove Engvall, "Open data? Data, Information, document or record?", *Records Management Journal*, Vol. 24, No. 2, 2014, pp. 163-165.

更立足于治理情境的数字政府，档案机构的职能更需要从政策层面对照数字政府建设框架进行融入、拓展①。2014年12月，国际档案理事会加勒比地区分会（CARBICA）第十届年会以"档案获取与开放数据"（Access to Archives and Open Data）为中心议题，重点讨论了个人数据保护、开放政府以及因为相关法律冲突或缺陷带来的相关问题②。全球政府数据开放运动以来，世界各国档案部门通过制定战略规划，以数据资源建设者、政府数据管理指导者等不同角色介入政府数据治理和数字政府建设③。2015—2019年，我国数字政府建设进入"集约整合、全面互联、协同共治、共享开放、安全可信"的"数据管理"新阶段④，户籍、婚姻登记、信用、电子健康等民生档案数据的治理问题逐步进入数字政府政策的话语体系⑤，国家档案局在"十三五"期间推出"档案数据开放计划"，优先推动与民生保障服务相关的档案数据开放⑥。自2020年以来，随着数字政府和政府数据开放工作进入新的高质量发展阶段，数据资源核心要素作用不断彰显，要求政府履职的数字化、智能化水平显著提升，为此国家层面正加快数据要素工作的顶层设计与战略布局，这要求档案部门应进一步深化数字政府建设要求下的政策内容制定与改革，制定实施一批适应法治政府、数字政府建设要求的档案工作政策文件与相关要求，推动档案数据治理实践有效服务数字政府整体建设环境。整体而言，我国面向数字政府建设的档案数据政策供给不断强化。一方面，从中央和国家部委出台的数字政府建设的相关政策文本来看，档案制度已被视为我国数字政

---

① 周文泓、文利君、贺谭涛：《组建国家数据局背景下档案机构的职能优化策略研究》，《北京档案》2023年第9期。

② International Council on Archires, *10th quadriennal conference of CARBICA, Fort-de-France, Martinique, 2 – 6 December 2014-Press release*, November 12, 2023, https://www.ica.org/en/10th-quadriennal-conference-carbica-fort-de-france-martinique-2-6-december-2014-press-release.

③ 贺谭涛、杨璐羽、黄思诗：《战略规划透视下档案部门参与政府数据治理研究》，《浙江档案》2023年第11期。

④ 傅荣校：《我国政务数据共享的政策目标变迁与共享实践推进》，《档案学通讯》2022年第5期。

⑤ 汪建军：《数字政府建设背景下档案数据治理的内在逻辑与实践进路》，《档案与建设》2023年第9期。

⑥ 《国家档案局印发〈全国档案事业发展"十三五"规划纲要〉》，https://www.saac.gov.cn/daj/xxgk/201604/4596bddd364641129d7c878a80d0f800.shtml，2023年9月20日。

府建设的重要组成部分被嵌入数字政府建设的总体路径当中，并被用于规制新型政务数据治理①，而辽宁、河南、安徽、江西、湖北、湖南多地则将电子档案、数字档案馆建设等档案数据工作纳入省级数字政府建设规划；另一方面，在档案行业领域，档案工作深度参与数字政府建设已成为档案数据政策的基本共识，且国家档案数据开放计划的全面实施和纳入全国一体化政务服务体系、已经接入1200余家档案馆的"全国档案查询利用平台"的正式上线②，以及2023年7月《政务服务电子文件归档和电子档案管理办法》的出台，解决了管理上职责不清、要求不明，缺乏操作流程，难以支撑全流程电子化和单套归档等难题，推动了档案信息化建设更好地融入数字政府发展战略③。当然，通过检索、分析各省（市、自治区）出台的"十四五"档案事业规划文本，有的关注档案数据与政府信息公开的协调性（山西省、广西壮族自治区、甘肃省等），有的聚焦档案数据服务的跨区域共享与供给（湖北省、江西省、山东省、北京市等），有的重视档案数据的集中归档与规范管理（辽宁省、浙江省、云南省），有的关注档案数据系统及平台建设（湖北省、江西省、黑龙江省），也有的仅简略提出辅助政府决策的建设目标（新疆维吾尔自治区、西藏自治区、辽宁省、陕西省）。由此可见，尽管档案部门先期的数据治理工作走向基本符合政府数字化转型的要求，且随着数字政府建设各项工作的推进改变治理方法，并积极利用数字政府平台发挥自身的民生服务功能，但档案数据治理与数字政府建设在政策层面依然接口较宽，在实践层面针对性服务等方面的探索仍有待深入。④ 总之，档案工作与数字政府的制度性融合是完善数字政府建设、维护数字政府信任、推动数字政府跨越式发展的重要基石⑤，

---

① 杨茜茜：《我国数字政府建设中的档案制度构建——以中央法规政策的分析为基础》，《档案与建设》2023年第1期。
② 《全国档案查询利用服务平台正式上线》，https://www.saac.gov.cn/daj/rsdltdt/202207/a356c428 67584b28b6965a1a766b4cf1.shtml，2023年12月10日。
③ 冯剑波：《加大制度供给 规范政务服务电子文件归档管理工作——〈政务服务电子文件归档和电子档案管理办法〉解读》，《中国档案》2023年第8期。
④ 汪建军：《数字政府建设背景下档案数据治理的内在逻辑与实践进路》，《档案与建设》2023年第9期。
⑤ 杨茜茜：《我国数字政府建设中的档案制度构建——以中央法规政策的分析为基础》，《档案与建设》2023年第1期。

我国档案部门应当主动迎接数字转型浪潮，提前做好系统性的前瞻政策规划，探索公共档案数据要素化的制度设计，积极推动档案数据治理实践融入数字政府建设工作之中。

（二）数字转型

在政策融入的基础上，档案部门要积极推动职能定位转变，在实现历史资源管理者向数字资源管理者的转变过程中，加快实现档案工作数字转型，适应数字政府资源管理需求，从而有效地承担数字时代赋予的责任使命。档案部门有效融入数字政府建设的关键在于提升数据资源管理能力，优化政务数据资源的承载能力，避免档案部门服务工作与数字政府转型相脱节。档案部门应充分应用智能技术服务档案业务工作，激活技术赋能数据资源管理实效，推动实现档案工作各项核心业务数字化运行的流程闭环，夯实党政机关整体智治的档案基础应用支撑。首先，档案部门应当全面梳理核心业务，实现档案工作整体智治。档案部门应加快推动档案核心业务数字化，形成可认知、可量化、可评价的职责体系，有效融入党政机关整体智治综合应用，建设档案工作智能监管应用系统，运用人工智能、大数据挖掘和分析等技术辅助档案行政监管，实现档案工作核心业务的网上协同，并建立档案业务和资源基础数据库，全面形成整体智治新格局，实现档案业务工作上下贯通、高效协同[1]。例如，浙江省在全国范围内率先开展建设工程数字化管理，在《浙江省数字化改革总体方案》框架下，以《全省住房城乡建设系统数字化改革实施意见》为指导，建设全省城乡住房建设"一网智治"系统和开展工程、住房、城建、城管四大领域数字化集成应用，通过浙江省工程建设数字化管理系统、工程建设全过程图纸数字化管理系统等实现了以"项目"为中心的城建档案数据治理[2]。其次，加快数字档案系统一体化建设，实现数字档案系统深度整合。档案部门应当加快数字档案系统流程重构、技术融合和平台整合，推进数字档案馆全面提升，实现智慧档案应用场景拓展与构建。例如，浙江省为加快区域档案信息资源共享服务平台建设，于2020年启动省档案数据共享中心，而各

---

[1] 《省发展改革委 省档案局关于印发〈浙江省档案事业发展"十四五"规划〉的通知》，https://www.zj.gov.cn/art/2021/4/16/art_1229203592_2268782.html，2023年10月20日。

[2] 周毅：《档案数据治理的认识维度及其价值》，《档案与建设》2023年第2期。

市、县（市、区）逐步建成互联互通的区域数字档案管理服务一体化平台，实现数字档案管理和服务区域全覆盖，推进档案数字资源跨部门、跨层级、跨区域共享利用。实现数字档案系统深度整合，能够有效打破异构系统的数据壁垒困境，推进档案数据资源在政务一体化服务平台上汇集、共享与再利用，从而深度激活档案数据资源的要素价值。据统计，浙江一体化智能化公共数据平台汇集了档案相关数据表18张、数据项550项，归集数据536.1万条，提供档案相关接口13个，直接赋能省档案馆、省司法厅等18个应用，累计调用数据4003.9万次，有力地支撑、推进了省域治理现代化进程①。最后，善用数字技术及智能组件辅助档案部门工作开展。近年来，大数据、人工智能、物联网、云计算、区块链等新兴数字技术应用到政府、企业等领域，对海量、异构、多样的非结构化数据进行结构化处理开始增多，从而辅助"循证决策"的实现②。当前，数字政府向智能、集约、融合方向发展，政府各部门数据日趋融通、开放和具有可计算性，政府服务由以前粗放式管理日趋转向针对具体个人、具体问题的精准化治理③，对数字技术和职能组件的要求更高。为有效融入数字政府系统，档案部门应当强化数字工具的使用能力，有效提升档案业务工作开展的效率。例如，加拿大国家图书档案馆借助加拿大政府专门设计的信息管理工具——"通用评估工具"（Generic Valuation Tools，GVT），就能够较为准确地识别出哪些信息资源具有商业价值，并给出履行公共管理和运营职能的保管期限，从而帮助简化文件保存流程④。国内的技术引领档案业务创新不断，福建、江西、青岛探索推进智能化开放审核；上海综合运用数据库、知识图谱、人机交互等信息技术建设"跟着档案看上海"数字人文

---

① 数据来源于浙江省大数据资源中心金加和主任在2023年3月召开的"公共数据档案化治理理论与实践研讨会"上所作的《公共数据：从资源到资产的融合创新与价值实现》报告。转引自章燕华《以数智化驱动引领档案事业现代化的发展进程与实施路径》，《档案学通讯》2023年第6期。

② 鲍静、范梓腾、贾开：《数字政府治理形态研究：概念辨析与层次框架》，《电子政务》2020年第11期。

③ 戴长征、鲍静：《数字政府治理——基于社会形态演变进程的考察》，《中国行政管理》2017年第9期。

④ 龙家庆、姚静、魏彬冰：《加拿大国家图书档案馆（LAC）参与数字政府建设实践与启示》，《兰台世界》2021年第1期。

平台；海南设计开发"全省电子文件档案单套制应用云平台"项目，助力海南自由贸易港建设①。值得注意的是，由于档案管理需要兼顾实体档案和数字档案，物理和数字双空间视角下的档案业务同步转型非常有必要，因此，应充分利用物联网、云计算、虚拟现实与增强现实等现代化信息技术在物理空间和数字空间两者间建立信息流桥梁、革新业务实现流程，同步实体档案与电子档案的"收、管、存、用"，推动业务管理"融合"、应用场景"延展"、业务基座"重构"，从而提升档案工作的前瞻性、沉浸性和智能性，引领档案工作数字化、智慧化深度转型②。

（三）服务支撑

在国家大数据战略和数字中国建设持续、深入推进的大背景下，企业、社会对政府公共服务提出了更高的要求，由此衍生的多元社会需求成为高质量数字政府建设的重要驱动力。数据资源体系和应用体系是数字政府建设的底座，对数字政府建设有着基础性支撑作用，而档案工作作为数字政府数据资源体系和应用体系的重要组成部分，应积极参与数字政府服务应用建设过程，搭建多元化的档案数据智慧应用场景。具体可从"档案数据化服务"和"数据档案化治理"两方面入手，强化档案数据治理工作在提升数字政府服务效能上的支撑作用。

第一，对照数字政府和政府服务数字化的要求，深入开展"档案数据化服务"。档案数据化服务是指将数据科学理论与数据管理技术融入档案资源服务领域，在完成档案存量数据化、增量电子化和资源结构化的基础上，对档案资源进行细粒度提取形成数据并通过自动化、智能化工具进行处理、分析和呈现，从而向用户提供数据驱动的档案服务③。目前档案机构面对数字政府所提供的服务主要有三种，一是被动式地响应政府部门的档案数据需求，二是将档案馆查档系统嵌入各省创建的一站式政务服务平

---

① 陆国强：《全面贯彻落实党的二十大精神 奋力书写档案事业现代化和高质量发展新篇章——在全国档案局长馆长会议上的报告》，https://www.saac.gov.cn/daj/yaow/202302/edef53f544bb4eea8bfacd87fd8a223e.shtml，2023年12月10日。

② 牛力、黎安润泽、刘慧琳：《融合、延展、重构：物理与数字双空间业务转型视角下的档案信息技术应用思考》，《档案学通讯》2023年第5期。

③ 章燕华：《以数智化驱动引领档案事业现代化的发展进程与实施路径》，《档案学通讯》2023年第6期。

台当中,三是将电子档案管理系统与数字政府协同办公系统进行对接①。这些档案数据服务虽然在一定程度上实现了跨层级、跨地域和跨部门的数据共享利用,但难以做到更深层次的针对性服务和主动性服务②。尤其是档案部门缺乏特色鲜明、亮点突出的服务切入点,档案数据服务场景仍以民生领域为主,并未出现较大的拓展创新,多为线下场景的线上转移,未能有效体现档案数据蕴含的历史、经济等价值③。因此,档案部门应当充分洞悉数字政府服务应用建设需求,寻找档案数据服务与数字政府服务应用相契合的潜在需求,通过应用大数据、物联网、人工智能、区块链等智能技术,拓展档案业务智慧应用场景,有效融入智慧感知、协同处理、深度分析等功能,实现档案数据服务智慧化。档案部门可以协同其他部门和社会力量联合攻关,加大档案数据化开发和服务的广度和深度,改变当前档案数据应用场景单一、应用有限的状况,进而提升档案数据服务在数字政府服务平台的可见度和影响力。

第二,针对数字政府运行及服务过程中产生的公共数据来源多元、结构异构、数据不完整、数据不合规等问题,结合数据治理、民生服务、社会治理和数据要素价值发挥等需求,将文档管理理念融入政府数据资源管理与服务过程,开展"数据档案化治理"。数据档案化治理是新形势下数据实践与档案实践的共同需要。从数据实践角度来看,数据正从"资源""治理工具"角色和限于系统内部的"孤岛烟囱式"管理走向一体化平台化治理和多跨应用,未来将成为走向更大范围生态化治理的"要素",数据跨界和价值升级随之带来了一系列新挑战。从档案实践角度来看,一方

---

① 2023年11月颁布的《广东省政务服务数字化条例》第三章第二十三条规定:"档案主管部门会同政务服务数据管理机构、政务服务机构推动政务服务档案的数字化管理,符合国家有关规定且来源可靠、程序规范、要素合规的政务服务电子文件应当及时以电子形式归档并向档案部门移交,除法律、行政法规另有规定外,不再以纸质形式归档和移交。"参见《广东省第十四届人民代表大会常务委员会公告(第15号):〈广东省政务服务数字化条例〉》(https://zfsg.gd.gov.cn/zwgk/wjk/content/post_4294091.html,2023年12月18日)。可见,当前档案部门的参与路径依然没有突破这三种方式。

② 武亚楠、唐长乐:《面向数字政府的数字档案精准化服务研究》,《山西档案》2022年第2期。

③ 汪建军:《数字政府建设背景下档案数据治理的内在逻辑与实践进路》,《档案与建设》2023年第9期。

面，数据逐渐成为档案管理的重要对象和来源；另一方面，档案理论与实践在信息"跨界""复合体"治理方面具有专长和优势。① 当前，"政务服务档案数字化应用"② 已经成为推动数字政府服务创新的重要亮点和驱动力，因此强化档案部门与数据部门在应用服务领域的创新合作成为推动"数据档案化治理"的重要方式。浙江省嵊州市档案馆联合嵊州市大数据中心，将浙江一体化智能化公共数据平台上的个人数据与市档案馆的出生医学证明、婚姻、学籍等9类民生档案数据进行溯源、融合，按照出生、教育、置业、出行、婚育、就医、救助、养老、身后等10个人生阶段进行档案化治理，建立了一个可信、可用、安全的公共数据资源体系，进而打造了一个"1+10+N"的个人生命周期档案综合智治应用框架，截至2023年3月底，已经归集各类公共数据4114万条，完成数据治理808万条，打造"惠民办事""出生智治""基层治理""居民健康""共同富裕"五个公共数据典型应用场景。未来数据档案化治理探索的方向将从具体实践创新到常态化机制建立和制度化，从县域层面探索拓展到其他更高层面的解决方案，从数据与档案的实践创新到理论创新与体系重塑，从而为数字政府提供更有利、更持久的数据及服务支撑③。

五 提升我国智慧城市建设支撑能力

自2012年IBM公司提出"智慧地球"理念以来，我国也将智慧、技术与人文城市建设并列为城市建设新范式④。同年，中国开启智慧城市试点，智慧城市建设快速推进。2016年4月19日，习近平总书记在全国网信工作会议上首次提出了新型智慧城市概念。2020年3月，习近平总书记赴浙江考察时指出，通过大数据、云计算、人工智能等手段推进城市治理现代化，大城市也可以变得更"聪明"。从信息化到智能化再到智慧化，

---

① 章燕华：《以数智化驱动引领档案事业现代化的发展进程与实施路径》，《档案学通讯》2023年第6期。

② 《21世纪经济报道｜全国首部！广东发布政务服务数字化条例 打造湾区数字政务新标杆》，https://zfsg.gd.gov.cn/xxfb/mtbd/content/post_4329291.html，2024年1月15日。

③ 章燕华：《以数智化驱动引领档案事业现代化的发展进程与实施路径》，《档案学通讯》2023年第6期。

④ 《中共中央 国务院印发〈国家新型城镇化规划（2014—2020年）〉》，http://www.gov.cn/gongbao/content/2014/content_2644805.htm，2023年12月20日。

是建设智慧城市的必由之路，前景广阔。① 智慧城市建设成为我国主动适应经济发展新常态、培育新的增长点、增强发展新动能而作出的重大决策部署，其应用主要体现在政务服务、交通出行、医疗健康、公共安全等诸多方面。一方面，公共服务是智慧城市建设的关键领域，现代公共文化服务体系建设是打造智慧城市的核心要素，其服务水平成为衡量智慧城市建设优劣的重要指标；另一方面，智慧城市建设的核心思路强调不同领域力量的共同参与。作为面向社会公众的文化机构，综合档案馆不仅承载着城市记忆，同时也肩负为城市发展提供智慧支撑、为城市公民提供文化服务的重要职责②，是智慧城市建设的重要参与者。探索大数据时代档案工作与智慧城市建设的融合点，明确档案数据治理支撑智慧城市建设的具体路径，是提升档案数据治理现实价值的重要渠道。档案部门应当推动档案数据服务有效嵌入城市政务、产业、生活、交通等重点领域，加速推动城市治理模式创新。智慧城市建设背景下的档案数据治理成效应当体现出精准性、差异性、预测性、融合性、流动性等特性，打造面向个人、机构、城市及社会四大维度的档案数据服务体系，以更好地服务智慧城市建设。

（一）面向个人的需求感知与智能推送

个人层面，智慧城市背景下公共服务功能体现为需求感知与智能推送等主要特征。传统意义上的档案馆公共服务主要以国家政策遵循为导向，服务特征体现为模糊匹配的效果，很大程度上忽略了社会公众的主体需求，导致档案馆公共服务呈现出供需失衡的不良后果。因此，供需错位成为制约智慧城市建设背景下档案数据服务亟待解决的首要问题，以实现社会公众个体的档案数据需求感知与智能推送功能，从而满足社会公众的现实需要，提升服务受众的满意度与幸福度。在智慧城市建设背景下，城市智慧治理理念悄然兴起。城市智慧治理是综合运用大数据、人工智能及数据挖掘等技术，通过治理技术创新、治理制度变革、治理过程优化和治理体系再造等方式，来系统提升城市治理的智能化、精准化、人本化和效能

---

① 丁艺：《建设让人民满意的新型智慧城市》，https://m.gmw.cn/baijia/2020－07/21/34012559.html，2023年12月20日。

② 魏亮亮：《智慧城市背景下综合档案馆公共服务：功能定位与参与机制》，《北京档案》2020年第10期。

化水平，改进城市治理品质和治理绩效，为民众创造美好城市生活。① 可见，档案数据治理应当体现出精准化治理理念，让数据成为治理的基本元素，通过对个体数据的收集、清洗、挖掘与分析，提升城市治理的智能化水平。一方面，精准识别用户群体，实现档案用户数据的获取分析。档案用户数据个性化特征强烈、数据多元、价值密度高，而且以探寻因果规律为主，更具人文关怀，是用户的"自画像"，是用户个性化信息需求和用户行为的准确体现，对于开展档案数据的精准化服务具有重要价值②。档案部门可通过数字档案馆、数据库系统及第三方社交工具（如微博、微信公众号等平台）收集个体用户，对档案用户群体进行识别、定位和分类。通过对个体基本数据（姓名、性别、年龄、身份等）、知识偏好数据（阅读主题、浏览数据等）、社交互动数据（平台交流、评论、转发数据等）、情景数据（时间、地点数据等）的全面收集、获取与分析，经过数据获取、提取标签、特征关联等步骤建立用户画像，从而全面展现个体用户兴趣与需求③。另一方面，有效匹配个体用户精准需求，实现档案数据智能推送服务。档案部门可将用户画像库的标签特征与主题进行映射，进而同档案数据资源库进行匹配，如果匹配程度较高则能够成功完成智能推送，为用户提供个性化数据服务；反之，若匹配程度较低，则通过反馈机制进行再次分析，寻找合适的档案数据资源提供源。由于个体用户兴趣呈现出动态性，应当建立用户画像动态构建机制。如美国国家档案馆关联了脸书（Facebook）、推特（Twitter）等184个社交媒体平台用来进行信息推送和用户反馈④，将主观的用户意见和客观的数据分析结果相结合，进行动态"画像"，力求最大限度地挖掘出用户的真实需求，从而不断优化档案馆精准服务的质量。档案部门利用大数据、云计算、人工智能、自然语言处理

---

① 陈水生：《迈向数字时代的城市智慧治理：内在理路与转型路径》，《上海行政学院学报》2021年第5期。
② 刘芮、谭必勇：《小数据思维驱动下我国综合档案馆档案信息资源精准化服务路径探析》，《档案学研究》2020年第3期。
③ 周林兴、魏亮亮、艾文华：《用户画像视角下档案馆知识服务推荐机理研究》，《档案管理》2019年第5期。
④ 陈慧、南梦洁：《基于互动式档案信息服务模式的数字档案馆建设——以美英加澳为例》，《山西档案》2019年第5期。

等新兴技术对用户数据进行整合与分析，发掘海量数据背后的有用信息，形成智能化、人性化的智慧档案服务新格局①，通过实现面向个人的需求感知与智能推送，充分体现档案数据治理的智慧性，有效提升智慧城市建设的参与性。

（二）面向机构的多元数据集融合共享

机构层面，智慧城市建设呈现出的复杂性特征，离不开多方数据集的融合助力支持。智慧城市治理体现出连接治理的特征，即通过万物互联、人际互联、人机互联、人与组织互联、技术与制度互联等，运用数据构建连接的桥梁与基点，实现全景式、全程化和全域性治理，最大化提升治理效能。在这一过程中，数据主义者将越来越多的媒介连接在一起，生产和使用海量的信息，努力让数据流最大化并"要把一切连接到系统"②。因此，智慧城市建设的一个重要资源基础是多元数据集的融合。单一领域的档案数据价值无法有效展现出来，通过与其他领域数据的重组、融合后，能够发挥更大学术价值，呈现多维度、跨领域的研究结果。如学术地图发布平台通过汇集来自人文、地理、交通等领域的档案数据，实现跨领域数据组织重构与融合，为用户提供了时间与空间等不同维度的数据结果呈现③。在大数据环境下，企业信用数据并非完全由综合档案馆归档保存，在网络平台、征信机构中仍存留大量企业信用数据。这一情景下，仅凭档案数据则难以全面衡量企业信用程度，因而需加强多方平台数据集融合，有效推动档案数据服务智慧城市建设中企业机构的发展。首先，加强多方机构数据的重组、融合与共享，最大限度地发挥数据的多维价值。从宏观层面而言，国家应当进一步出台相关法律政策与标准规范，推动多方机构（征信机构、金融机构、档案机构等）数据的整合共享，鼓励建设跨机构跨领域的合作式大型融合数据资源库，从而实现数据价值最大化与潜在价值激活。政府与综合档案馆开放共享链路有一定程度的打通，但仅局限于

---

① 赵彩彩、郝伟斌：《如何让数据赋能："互联网+"背景下智慧档案服务的微观机理与现实路径探析》，《北京档案》2020年第6期。

② ［以色列］尤瓦尔·赫拉利：《未来简史——从智人到神人》，林俊宏译，中信出版社2017年版，第346—347页。

③ 张耀铭：《数字人文的张力与困境——兼论"数字"内涵》，《吉首大学学报》（社会科学版）2020年第4期。

政务层面，如浙江政务服务平台网仅开放 26 个档案数据集，主要为明清档案数据，缺乏其他类型数据的开放共享①，而实现跨机构数据的融合开放共享能够更大程度地激活数据要素价值，为机构发展提供更为多元的路径渠道。其次，强化跨机构数据平台建设技术架构研究，提供数据跨域融合的基础现实条件。目前而言，综合档案馆与其他机构平台技术对接不足，跨机构跨领域系统建设技术研发仍有待深入开展与积极应用。档案部门应当加强跨机构基础技术架构建设，立足异构系统连接的技术要求，联合政府部门、企业机构等多方力量开展攻坚研发，打造具备应用价值的多方机构融合数据管理系统，为实现多方数据融合开放共享提供现实基础。最后，加大专业数据的融合重组力度，建设符合机构需求的专业数据库。从组织形态而言，档案数据与其他数据存在形式结构差异，单纯将多方数据存储在一起无法真正揭示其价值。档案部门只有针对不同专业机构的现实需求，对异构数据资源进行抽取、融合与重组，通过实现多方数据集融合，建设多样化的专业数据资源库（民生数据库、信用数据库、历史数据库等），才能发挥数据重组融合后政治、经济、文化等不同维度的潜在价值，实现档案数据公共服务的智能化转型。

（三）面向城市的辅助及预测文化走向

城市层面，档案数据治理支撑智慧城市发展的一个重要方面是辅助及预测文化走向，推动档案数据文化服务与智慧城市文化发展有效衔接与深度相融。文化是一个城市发展的标志性名片，公共文化服务体系建设是展现城市文化底蕴的重要支柱。智慧城市发展过程中，充分利用海量数据、深度挖掘城市文化资源、培育市民文化共识、传递城市文化理念是必不可少的关键举措。因此，档案数据治理应当树立为城市文化发展提供坚实支撑的成效目标，深度参与智慧城市建设过程，实现技术与人文相融的发展理念。首先，强化城市文化数据资源采集归档，建立城市档案文化数据资源库。辅助及预测智慧城市文化发展走向的基础在于海量文化数据资源的支撑。因此，提升档案馆收集城市文化数据资源的能力与水平是破局的关键。由于城市文化形象的刻画具备复杂性与多样性的特征，因此有必要构

---

① 浙江政务服务网：《浙江省档案数据开放集》，http://data.zjzwfw.gov.cn，2020 年 4 月 14 日。

建个性化与针对性的文化数据采集策略，从而在最大程度上展现城市发展的整体脉络与微观图景。档案部门在制定城市文化数据收集策略过程中，应当强化城市地域、历史与建筑特色，建立不同主题、不同领域、不同阶段的多样式档案文化数据资源库，不断沉淀城市文化数据资源，凝练城市文化发展特色。其次，充分应用多样化智慧数据技术，激活档案文化数据资源的生产要素价值。人工智能、语义化技术、可视化技术等智慧数据技术在文化遗产领域的广泛应用，为经年积累的文化遗产资源实现融合关联、智慧呈现、深度利用提供了路径[①]。这些数据不仅包括高价值量的原生数据，即反映文化遗产内容和空间结构的数据、体现文化遗产时空变化的历时数据、文化行为累积数据，还包括衍生数据，即依托数据技术对原生数据进行获取、融合、分析和应用形成的新数据以及服务对象利用文化遗产资源产生的用户数据[②]。档案部门应当充分利用智慧数据技术处理工具，动态化开发文化数据资源的多维价值，提升文化数据资源的价值密度，为档案部门提供更多的选择与应用的可能性。最后，深度分析挖掘档案文化数据资源，预测城市文化发展特征与未来走向。档案文化数据资源中潜藏着丰富的文化信息，包括城市文化发展的演进、城市文化群体的主要范围、城市文化群体的兴趣特征等。充分应用数据分析、数据关联、数据挖掘技术，能够有效挖掘城市居民文化的兴趣点，为凝练城市文化形象提供真实数据支撑。借助数据可视化等工具手段进一步展现城市文化发展的潜在走向，动态反映城市文化发展的热点，从而在一定程度上能够预测城市文化的发展动向。这为档案数据治理的关键与锚点提供了有效信息支撑，为档案部门文化数据采集与数据应用奠定了坚实基础。

（四）面向社会的档案数据智慧化流动

社会层面，档案数据的智慧化流动是促进智慧城市发展的重要基础。智慧城市建设强调动态性，对数据流动的速度、范围、深度均提出了比较

---

① 章岸婧、谭必勇：《供需视角下文化遗产智慧数据资源服务模式研究》，《北京档案》2022年第3期。

② 高山、谈国新：《大数据驱动的非物质文化遗产管理范式转变研究》，《图书馆》2020年第11期。

高的要求，从某种程度上讲，数据自由流动的程度反映了智慧城市发展的深入程度。档案数据治理推动智慧城市发展的一个重要目标在于充分实现档案数据智慧化流动，提升档案数据交换、流通、传播的效率。档案数据智慧化流动体现在三个方面。第一，智慧化流动要求档案数据开放存取。开放存取的主要特点为开放共享、互联互通、即时存取、多元参与①。这就要求我国国家综合档案馆在保障档案数据安全的大前提下，有效贯彻数据开放存取计划，提升档案数据开放存取的程度。在此基础上，档案部门应当充分运用云计算、数字保存等关键性存储技术，建设专业性的档案数据开放存取数据库，打通不同数据平台之间的异构接口，实现数据的充分集聚与沉淀，从而发挥档案开放存取数据库作为社会智慧蓄水池的作用，为社会发展提供智力支撑。第二，智慧化流动要求加强档案数据关联与知识挖掘。根据 DIKW 模型（Data-to-Information-to-Knowledge-to-Wisdom Model）可知，智慧的获取来源于知识的学习，而知识根本上来源于数据的深度挖掘。档案部门应当充分挖掘档案数据库中的数据资源，借助知识图谱、数据关联等技术对分散异构的数据信息进行语义和语法关联，在此基础上借助语境整合档案数据内涵的信息与知识，不断开发多元化的档案知识应用服务。例如，上海图书馆开发的盛宣怀档案数据库将盛宣怀纸质档案数字化、数据化后，通过数据处理与分析，能够实现信函电报收发关系图、档案中人物地理位置分布图的知识挖掘②。通过充分挖掘档案数据的知识价值，有效为智慧城市发展提供助力。第三，智慧化流动要求加强档案数据交互传播。在整个流动机制过程中，档案数据不断与现实环境触碰，与多元主体相接触，从而产生了具备大数据价值的节点，这在某种程度上延长了数据的价值链，数据价值能够得到进一步增值。因此，协助智慧城市建设的深入发展不仅应当强化数据之间的关联，挖掘内嵌其中的知识，还应当搭建畅通的档案数据交互传播机制，进一步强化档案数据在社会层面的流动性，提升档案数据的活化程度。在此基础上，档案部门还应当引导档

---

① 陈忠海、高胜楠：《论开放存取在档案网站信息资源建设中的应用》，《档案管理》2016 年第 4 期。

② 上海图书馆：《盛宣怀档案知识库》，http://sd.library.sh.cn/sd/home/index，2023 年 12 月 10 日。

案用户在传播或交换数据的过程中加强交流，不断形成产生新的数据信息，从而创造新的数据价值。档案数据在这条交互传播链路中不断产生新的价值节点，从而激活新的价值属性，为智慧城市发展提供更大的价值。通过激活档案数据的智慧流动属性，让档案数据能够深度服务智慧城市、智慧社区、智慧居民，实现数据价值在社会各大角落中的延伸。

第二节　中观治理：回应档案行业数据化转型

　　国家大数据战略的施行不仅影响到我国信用、交通、医疗、卫生、就业、社保、地理、文化、教育、科技、资源、农业、环境、安监、金融、质量、统计、气象、海洋等重要领域，其对档案行业的冲击力也显而易见。2016年国家档案局印发的《全国档案事业发展"十三五"规划纲要》认为，国家大数据战略对档案工作的理念、技术、方法及模式产生了深刻影响，并提出应当采用大数据、智慧管理等技术，提高档案馆业务信息化和档案信息资源深度开发与服务水平[1]。大数据时代档案将从"待读取的记录"转变为"待挖掘的数据"，由此档案资源的"数据"价值日渐受到社会各界的高度重视[2]。从历史视角来看，档案资源历经传统模拟技术环境、基于数字信号的数字技术环境和以数据驱动为核心特征的数据环境等不同阶段，对应的空间态别分别体现为模拟态、数字态和数据态三种形式，而模拟态转化到数字态、数字态转化到数据态的过程则体现为数字化和数据化两个发展趋势[3]。如何把握和响应档案数据化趋势，是档案行业层面推进数据治理的核心要义。因此，中观层面的档案数据治理应从理论和策略上回应档案行业的数据化转型趋势，立足数据基础、技术赋能、多元治理、价值激活与安全管理五大维度，加快实现档案资源数据化转型步

---

[1]　《国家档案局印发〈全国档案事业发展"十三五"规划纲要〉》，https://www.saac.gov.cn/daj/xxgk/201604/4596bddd364641129d7c878a80d0f800.shtml，2023年9月20日。

[2]　Michael Moss, David Thomas, Tim Gollins, "The Reconfiguration of the Archive as Data to Be Mined", *Archivaria*, Vol. 86, 2018, pp. 118-151.

[3]　钱毅：《从"数字化"到"数据化"——新技术环境下文件管理若干问题再认识》，《档案学通讯》2018年第5期。

伐，搭建档案数据智能化治理平台体系，优化数据治理全域主体结构，提升档案数据资产管理意识与能力，强化档案数据安全基础设施完善度，持续提升档案行业整体数据治理能力水平，从而有效回应档案数据化转型趋势。

一　加快实现档案资源数据化转型步伐

档案资源结构的数据化发展趋势一方面受"数智"技术迭代更新所带来的工具应用的可能性影响，另一方面还与档案信息资源开发利用工作无法满足大数据时代深度需求的内在矛盾密切相关。我国档案数字化工作还处于方兴未艾的初始阶段，虽实现了纸质档案远程在线利用的条件，但离实现计算机可读、可理解的数据粒度（指数据仓库中数据的细化和综合程度。根据数据粒度细化标准，细化程度越高，粒度越小；细化程度越低，粒度越大）层级的管理与开发仍有较远的距离，尤其是研究型用户全面多元的利用需求无法得到切实满足[1]。面对大数据环境下档案数据的深度利用需求与现有的数据资源形态结构不匹配的困境，加快实现档案资源数据化转型步伐，推动档案资源结构的优化升级，能够有效拓展档案部门资源管理范畴与深度，实现档案数据资源价值充分聚集、有效激活与深度释放。为推动档案资源数据化转型步伐，本书认为，应当从做好政策规划、优化归档范围、固化技术路径与明确数据标准四方面着手，推进档案部门资源结构优化升级，为档案数据治理深度发展提供优质资源基础。

（一）做好政策规划

出台档案数据化行动政策规划，持续推动档案工作转型升级。一直以来，我国档案工作不断发展的重要动力是相关政策规划的宏观引领。自进入 21 世纪以来，档案数字化便成为了我国档案事业"十一五""十二五""十三五"等规划中的重要组成部分，持续推动我国档案信息化工作的开展。2016 年，《全国档案事业发展"十三五"规划纲要》中明确提出"全面推进档案资源存量数字化、增量电子化、利用网络化"的档案信息化建

---

[1] 于英香、滕玉洁：《大数据背景下档案管理数据化转型探析》，《中国档案》2021 年第 1 期。

设目标。此外，该规划还提到要探索与大数据行动的融合，"建立开放档案信息资源社会化共享服务平台，制订档案数据开放计划"①。这是国家层面首次创造性地使用"档案数据开放"的概念，体现出全国档案部门在大数据时代背景下思维变革②。2021年中办、国办联合印发的《"十四五"全国档案事业发展规划》，继续强调了"推动档案工作全面纳入国家大数据战略""完善政务服务数据归档机制"，提出"建立档案数字治理新模式"，并明确提出要"加快档案资源数字转型"，"加强国家档案数字资源规划管理，逐步建立以档案数字资源为主导的档案资源体系"③。但从其具体工作内容来看，档案数字化率依然是考核重心，行业政策层面尚未明确提出档案数据化的概念，以及推动档案工作数据化转型的政策规划，因此在某种程度上仍旧无法有效推动档案数据化的发展。原湖南省档案局局长胡振荣曾指出，在大数据背景下，档案部门应当树立大数据、大档案、大服务的理念，主动作为，积极融入大数据时代。除了与相关领域合作，运用大数据思维、标准化管理模式记录社会经济等各领域所形成的数据资源之外，还应该加快存量档案数字化步伐，将馆藏传统载体档案转换为数据，为充分挖掘传统档案价值、发挥档案作用打下基础④。为此，我国应当从国家层面制定颁布档案数据化的政策规划，激活地方档案部门开展档案数据化战略行动的积极性与主动性，发挥地方档案部门先进经验探索排头兵的作用。首先，面向全国范围开展深入的实地调研，明确档案数据化的现实需求，分析档案数据化的发展潜力，立足现实确定档案数据化的优先级与发展动向，在此基础上再将档案数据化行动纳入国家档案工作发展规划与重点发展领域计划之中，全面统筹推进档案数据化行动的发展。其次，组织全国档案专家开展政策规划论证会，探讨档案数据化政策规划的具体内容，明确档案数据化的概念内涵、发展目标、基本原则、主要方向

---

① 《国家档案局印发〈全国档案事业发展"十三五"规划纲要〉》，https://www.saac.gov.cn/daj/xxgk/201604/4596bddd364641129d7c878a80d0f800.shtml，2023年9月20日。
② 于英香：《大数据视阈下档案信息化建设新路向——基于〈全国档案事业发展"十三五"规划纲要〉的思考》，《北京档案》2017年第2期。
③ 《中办国办印发〈"十四五"全国档案事业发展规划〉》，https://www.saac.gov.cn/daj/toutiao/202106/ecca2de5bce44a0eb55c890762868683.shtml，2023年11月29日。
④ 胡振荣：《历史档案数字化著录存在的问题与对策研究》，《档案学研究》2017年第2期。

与核心举措等相关内容，不断强化档案数据化政策规划的科学性、全面性与有效性。最后，政府部门应当加大财政投入与经费支持，确立档案数据化工作专项发展经费，为档案数据化行动的实际开展提供财政支持，推动档案数据化相关项目成果的落地，并在此基础上打造一批样板式的先进方案，采取先试点后推广的行动计划，逐步向全国档案部门提供成果经验支撑。

（二）优化归档范围

不断优化档案资源归档范围，搭建数据资源主导的档案资源体系。随着档案数据化发展趋势加速推进，档案数据来源日趋广泛，并呈现出多元化发展态势，既包括传统载体档案数字化转换数据、电子档案内容数据等，也包括数字环境下档案业务管理利用过程中产生的各类元数据等，需要档案工作者树立数据思维，将数字时代的档案资源视作亟待开采挖掘的"数据集"①。大数据环境下，档案数字资源体系逐渐向数据化方向发展，数据资源类型格式不断发生变化，呈现出复杂性、多样性、异构性等特征。大数据时代，档案数据内涵并不仅仅局限于档案内容，还关注产生该数据内容的计算机软硬件环境，包括其软硬件平台、日志、维护信息等相关信息，即关注的是以数据包为单位的多元数据②。推进档案数据化工作发展的一个重要前提是档案数据资源体系的构建，而不断更新优化面向数据资源的归档范围是达成这一目的的关键举措。面对当前多元复杂的数据资源现状，档案部门可根据数据资源产生的活动进行区分，将档案数据资源划分为档案信息内容数据、档案管理业务数据和档案利用服务数据三类③。根据档案数据资源的类别划分，制定相应的档案数据资源归档范围。首先，强化档案信息内容数据归档。档案部门应当加强数据形成部门在活动过程中产生的档案数据资源的归档，不仅包括传统档案资源数字化后的档案数据资源，还包括原生数据资源的归档，如网络环境下生成的纯数据态形式的档案数据资源。档案部门应当不断推进网页信息、社交媒体、新

---

① Michael Moss, David Thomas, Tim Gollins, "The Reconfiguration of the Archive as Data to Be Mined", *Archivaria*, Vol. 86, 2018, pp. 118-151.
② 于英香：《从数据与信息关系演化看档案数据概念的发展》，《情报杂志》2018年第11期。
③ 刘庆悦、杨安莲：《档案数据：概念、分类及特点初探》，《档案与建设》2019年第10期。

闻报道等原生数据资源的采集归档,优化档案部门数据资源的类型与结构,为档案数据化工作的深入发展提供基础原料。其次,强化档案管理业务数据归档。档案部门应当强化在传统环境与信息化环境下档案管理活动中形成的档案数据资源的归档。该部分档案数据资源是档案部门业务活动过程的重要凭据,能够为档案部门工作的复盘、问题的发现提供重要证据来源,同时有助于档案部门行政执法、安全监管等工作的顺利开展。最后,强化档案利用服务数据归档。档案利用服务数据是档案利用者在借阅档案数据资源时产生的相关数据,记载了档案用户的基本信息、借阅信息、评论信息。档案部门通过加强档案利用服务数据归档,实现数据深入挖掘与分析,发现档案用户的利用需求、借阅兴趣等相关信息,为构建供需平衡的档案利用服务体系提供重要基础。

(三) 固化技术路径

从技术层面来看,档案行业应当明确档案数据化操作的技术基础,固化档案资源数据化的实现路径。档案资源数据化的过程实际上是档案资源由粗粒度向细粒度转型发展的过程,属于面向大数据、人工智能、云计算等智能技术发展态势的现实活动。档案数据化不仅涉及传统资源向数据资源转化的单一活动过程,还包含数据资源后期有效管理与深度开发等流程的技术要求,具备技术需求的多样性、复杂性与前沿性。因此,档案数据化行动的开展必须明确相应的技术基础,固化档案数据化的技术路径,才能有效推动档案数据化从理论层面向实践层面的转变。档案数据化实践需要运用数据化技术、可视化技术与智能化技术三大技术类型(见表6-2),从而有效实现资源数据转化、资源有效管理与资源智能利用。

表6-2　　　　档案数据化活动的技术体系分类与构成[①]

技术类型	技术构成	主要功能
数据化技术	光学识别技术	数字档案的全文识别
	语音识别技术	音频档案的文字转录
	语义分析技术	档案数据语义标注、描述,建立档案数据语义网

[①] 魏亮亮:《面向数字人文的档案知识服务模式转型探析》,《档案学研究》2021年第4期。

续表

技术类型	技术构成	主要功能
数据化技术	文本挖掘技术	档案数据信息抽取、挖掘与知识发现
	社会网络分析技术	档案数据蕴含时间、地点、人物关系的提取分析
可视化技术	知识图谱技术	档案数据内容、特征、关联等知识的可视化展现
	GIS 技术	档案中人物轨迹、地理分布等知识的地图式呈现
	VR/AR 技术	档案中蕴含历史场景的视觉重建
智能化技术	文本分类技术	档案数据规整、分类、标引的自动化处理
	自然语言处理	档案信息检索、分类、抽取、情感分析等
	用户画像技术	档案知识个性化、精准化、智能化推荐

档案数据化技术由光学识别技术、语音识别技术、语义分析技术、文本挖掘技术及社会网络分析技术构成，能够实现对档案资源的格式转化、知识提取、知识关联，深度挖掘档案数据资源之间蕴含的人物、时间及地点等关键信息的内在逻辑，有效为档案用户提供优质的知识内容。可视化技术由知识图谱技术、GIS 技术及 VR/AR 技术构成，能够实现对庞杂数据资源的图表化呈现，具体包括档案数据内容、特征、关联等知识的可视化展现，档案中人物轨迹、地理分布等知识的地图式呈现，档案中蕴含历史场景的视觉重建等应用场域。可视化技术能够直观展现档案数据资源的内容、结构与形态分布等关键信息，不仅能够解除档案工作人员深陷烦琐数据搜集的囚笼，还能为数字人文研究者、档案部门领导等多元利用人群提供更便捷的使用体验与更优质的内容。智能化技术由文本分类技术、自然语言处理与用户画像技术构成，能够实现档案数据管理与利用的智能化，推动档案工作向自动化、机器化方向发展。大数据时代，档案用户需求呈现出个性化、多样化的特征，智能化技术是满足档案用户现实需求的重要"加速剂"。智能化技术与档案业务工作的深度融合，不仅能够代替部分人力工作环节，如档案数据汇整分类、内容信息有效组织、数据内蕴知识挖掘等，同时还能够优化重塑档案业务流程，破除部分传统业务流转过程中带来的数据安全风险，推动档案部门数据管理流程规范化与科学化。

（四）明确数据标准

明确档案数据格式标准，推动高质量数据资源的构建。大数据时代，数据无处不在、无时不有，万物皆为数据，而数据标准的构建是推动高质量档案数据资源体系构建的重要前提。数据标准的失序在很大程度上会导致档案数据资源的管理不当、利用低效、风险频出。因此，档案数据化工作开展过程中的一项重要活动就是搭建科学有效的档案数据化格式标准，具体包括数据质量标准与数据安全标准两大体系。一方面，明确档案数据质量标准，提升档案数据资源价值密度。质量是数据管理的生命，数据质量不但依赖于数据本身的特征，还依赖于使用数据时所处的业务环境，包含数据业务流程和业务用户[1]。大数据时代，档案数据资源急剧增长，数据依赖、冗余、污染、异构等问题依然普遍存在，极易对档案数据信息造成风险威胁，迫切需要强化数字档案资源数据质量建设，以用户需求和业务需要为导向，将数字档案资源转换为可供阅读、分析和处理的档案数据资源[2]。档案部门应当立足部门的现实需求，明确档案数据采集标准、档案数据分类标准、档案数据存储标准、档案数据融合标准、档案数据利用标准、档案数据销毁标准，覆盖档案数据管理业务的全流程，实现档案数据全生命周期的质量管控。通过明确构建档案数据质量标准体系，确保档案数据资源质量的高标准管理，从而形成真实可靠、高价值密度的档案数据集，持续推动档案数字资源体系向档案数据资源体系的过渡、转型与升级，为大数据环境下档案数据的科学管理、深度开发与高效利用提供优质的档案数据资源库。另一方面，明确档案数据安全标准，牢筑档案工作的生命底线。在档案数据化过程中，档案数据安全标准的构建是档案部门不容忽视的重要问题。档案安全是档案工作中的头等大事，坚持实体安全与信息安全并重，切实提升安全保障能力，牢牢守住档案安全底线[3]。档案数据安全相较传统档案资源安全来说，面临更加复杂的生存环境、更具风险的管理环境及更加先进的技术要求。档案部门应当明确档案数据流转标准、档案数据监管标准、系统操作安全标准、人员赋权分级标准等相关内容，制定档案数据本体、档案数据管理者、档案数据利用者等不同主体的

---

[1] 张绍华、潘蓉、宗宇伟主编：《大数据治理与服务》，上海科学技术出版社2016年版，第120页。
[2] 赵跃：《大数据时代档案数据化的前景展望：意义与困境》，《档案学研究》2019年第5期。
[3] 《国家档案局印发〈全国档案事业发展"十三五"规划纲要〉》，https://www.saac.gov.cn/daj/xxgk/201604/4596bddd364641129d7c878a80d0f800.shtml，2023年9月20日。

安全规范，提升档案部门数据安全管理的能力水平。

二 搭建档案数据智能化治理平台体系

档案部门数据治理能力提升是深化国家治理体系与治理能力现代化的核心与关键。新一代"数智"技术应用背景下，以人工智能为代表的技术体系的迅速发展推动着拥有算力、数据和资本的互联网平台在要素集成、资源配置及要素价值化等环节中发挥越来越重要的作用。政府数字化改革推进了前端政务数据治理基础智慧化，从而对档案数据治理提出了更高的要求。政务数据管理形态、内容与方式的变革驱动着后端档案管理部门数据承载力的扩容，以期能够有效管理前端归档部门生成的数据资源，充分激活数据价值时效。档案部门应当通过数智技术与数据生命周期管理活动的深度嵌合，从搭建政务数据统一归档模型、打造档案数据智慧管理系统、构建档案数据资源分析体系及实现档案数据资源智能服务四方面着手，搭建档案数据智能化治理平台体系，从而有效推进政务数据归档能力、管理能力、分析能力与应用能力"四力"融合。

（一）搭建政务数据统一归档模型

实现政务数据安全完整有序归档是档案数据治理的基础与前提。从政务数据的归档流程而言，档案部门可通过搭建政务数据统一归档模型，充分实现政务数据归档信息的捕获、封装及移交。首先，实现政务数据归档规则前置。数据归档规则前置能够充分实现政务数据归档的自动化、便捷化、智能化。档案部门通过将归档标准前置到政务数据服务平台或业务平台内，同时在政务数据平台中增设数据归档模块功能，进一步打通政务数据管理平台与档案数据管理平台的流转接口，实现政务数据依规则自动化归档。其次，统一数据归档格式模型。根据业界经验可以发现，国内外数据归档模型大多在开放档案信息系统（Open Archival Information System，OAIS）模型的基础上优化而成，如空客德国开发的 ZAMIZ（Zentrale Archivierung MitInteraktivem Zugriff，交互式访问的中心档案馆）系统[1]、杭州

---

① TÜV NORD GROUP, Certificate ID：9958. 17, December 27, 2023, https://www.tuvit.de/fileadmin/Content/.

市电子业务数据归档系统（Electronic Data Archive System，EDAS）[①]等。借鉴相关数据归档模型经验，档案部门通过对文件、数据库、系统数据等多种类型的数据资源进行捕获和封装（SIP 和 AIP 信息包形式），能够有效解决数据格式差异化问题，实现归档数据格式标准化。最后，实现归档数据长久保存。归档数据移交进馆后，档案部门需强化其长久保存能力，完善数据的安全存护措施，如通过区块链技术进行哈希值（Hash-Value）上链，对归档数据真实完整程度进行校验，保障数据在归档环节的整体安全。此外，在档案数据管理系统中增设数据恢复、数据备份等模块，能够有效防止归档数据意外损毁等安全风险。档案部门通过搭建政务数据统一归档模型，建立政务部门与档案部门之间数据流转的桥梁，为政务数据归档的智能化提供基础。

（二）打造档案数据智慧管理系统

大数据环境下，档案部门应当有效提升数据管理能力，实现对档案数据资源的智能化管控。实现档案数据资源智能化管理的关键在于打造档案数据智慧管理系统。传统档案管理系统存在管理粒度浅、系统协同差、功能模块少、智能程度低等诸多问题，无法有效应对数据态资源的高效管理需求。档案数据智慧管理系统建设的核心理念在于实现细粒化、系统化、多元化管理，其建设架构主要包括基础设施支撑层、系统平台对接层、数据资源建设层、数据应用服务层四大层级。首先，基础设施支撑层的核心在于实现集约化机房、政务云存储、内外网络域的系统化建设，从而为档案数据智慧管理系统的搭建提供强大硬件基础，为数据态资源管理提供充分的现实土壤环境。其次，系统平台对接层主要目的在于打通业务部门与档案管理部门之间的数据壁垒、数据障碍，通过接口设置与管理的方式实现机关数字档案室、数字档案馆系统、档案数据管理平台、政务数据服务平台之间数据的互联互通、协同互通，深度推动数据资源的有效流转与多元利用。再次，数据资源建设层主要目的在于加强档案数据资源库建设，通过归集业务数据、管理数据、信息数据等多种

[①] 梁凯：《"最多跑一次"事项电子业务数据归档系统建设实践——以杭州市档案局为例》，《浙江档案》2017 年第 8 期。

数据类型，搭建完善的档案数据资源体系，实现档案部门资源结构的转型升级，为深入挖掘档案数据价值提供基础前提。最后，数据应用服务层主要侧重于业务协同能力、决策分析能力、开放服务能力的综合提升，通过有效应用人工智能、数据挖掘等核心技术，有效打造智慧档案管理辅助流程、决策分析支撑能力及社会智慧服务应用体系，实现档案数据价值的深度激活。

（三）构建档案数据资源分析体系

大数据时代，数据驱动型研究逐步成为"科学研究第四范式"[①]。数据驱动理念不仅在学界引起关注，其价值亦早已深入IT、金融、医疗等专业实践领域。数据驱动理念的核心在于侧重智能技术的应用价值，实现数据导向的决策优化，档案数据资源分析体系的构建能够充分实现档案部门由传统主观决策模式向数据导向决策模式转型，从而推动档案部门决策进一步科学化、精准化与细粒化，优化决策的质量与价值。档案数据资源分析体系主要由数据资源汇集、数据特征构建、算法模型挖掘、数据全景分析四大步骤与流程构成。首先，数据资源分析的基础在于全量全域数据的支撑。数据资源分析离不开算法对海量数据的内容进行深度分析与挖掘。因此，立足于全量全域数据收集的原则，档案部门应当从不同维度出发，实现行政管理数据、业务过程数据、内容资源数据的全面化、系统化集成，为档案数据分析提供"原料"支撑。其次，数据特征构建是实现数据深度分析的前提。档案数据归档之初并非呈现出结构化特征，需要对其进行清洗与整合。档案部门通过对数据资源进行标签赋予，实现不同数据资源之间的内在逻辑关联，从而为加强数据组织与知识关联提供逻辑前提。再次，利用算法模型挖掘数据的内容价值。通过算法模型，档案部门能够实现对数据资源的内容挖掘和分类整合，并在此基础上对数据资源的属性特征进行分析处理，从而建立不同类型的档案数据画像库，全面揭示档案数据资源的属性特征、主题类别与利用范围。最后，实现数据资源的全景化呈现。通过数据可视化工具组件的内嵌，实现档案数据智能统计、资源分布情况等维度的屏幕呈现，为

---

① Tony Hey、Stewart Tansley、Kristin Tolle：《第四范式：数据密集型科学发现》，潘教峰、张晓林等译，科学出版社2012年版，第157—158页。

档案部门预测社会潜在问题与未来发展需求提供信息支撑。在档案数据资源分析体系支撑下，真正发挥档案数据治理支撑领导决策、优化决策结果、提升决策质量的功能。档案部门还可为领导人员提供虚拟数据驾驶舱，实现领导人员深度参与决策的全过程，提升档案部门决策流程的智能化程度。

（四）实现档案数据资源智能服务

服务应用能力的提升是档案数据治理的最终目的，也是档案数据价值发挥时效的关键所在。大数据环境下，智能技术具备赋能档案部门业务工作转型的重要价值。档案数据治理通过系统平台搭建与功能模块建设，能够推动档案服务应用能力智慧化拓展与升级，实现档案部门线下服务向线上服务模式的完全转向，最终达成用户对象足不出户获取档案数据服务的最佳效果。总体而言，档案数据资源智能服务主要能够实现原生价值与附加价值双重价值属性。原生价值指档案数据内容本身所带来的信息价值，这亦是传统服务模式下档案资源具备的价值，如提供网上展厅、异地查档、网上查档、掌上查档、电子出证等服务内容。在智能技术的应用下，档案数据服务能够进一步实现网络化、智能化与协同化，有助于推动档案部门深度融入政务服务数字化改革的浪潮之中，实现档案服务模块与政务服务模块的深度嵌连，提升档案部门支撑政府智慧治理、服务社会发展的能力与水平。此外，档案数据服务应用还具备资源本身信息价值之外的附加价值，能够实现档案数据价值的增值，主要体现为促进数据知识生产、推动数据产业形成、实现数字经济发展等方面。档案部门通过利用数据开放平台，能够有效吸引数据需求部门、数据产业部门等主体汇聚参与，从而在各主体之间形成一条数据加工服务产业链，为当地政府带来新的经济创新点与增长点，推动数字经济迅速发展与数据产业的高度集成。档案数据价值增值与产业发展应当成为档案部门未来发展重点，为开展档案数据深度挖掘提供现实土壤。档案数据应用服务相较于传统档案资源而言具备更多可开拓、可拓展、可挖掘的价值空间，这不仅超越了传统意义上简单的档案服务功能，而且具备与数据经济融合发展的潜在能力。

三 优化数据治理全域主体职责与结构

档案数据治理实践是一项系统性工程，涉及多元数据治理主体的参与。档案数据治理主体范围应考虑全面性，强调协同、整体及系统，其目标在于打破数据治理全域主体条块之间的权力分割和利益藩篱，避免单一主体治理带来的治理不充分与链条断裂的风险。自大数据战略推广以来，数据管理部门与档案管理部门之间的职责关系一直存在模糊与混淆，阻碍了档案数据治理实践的深入推进。档案部门在数据治理过程中，应当在一个广泛的利益分享机制基础之上形成决策空间，以便在面临不确定性考验时，有更多利益一致的行动者共同参与到风险研判之中，从而建立一个高效、动态、灵活的应对机制①。因此，为有效实现数据治理全域主体权责的明细化管理，搭建高效、动态、灵活的数据治理主体结构，本书认为，立足于数据全生命周期流程管控主体，档案部门应当从完善数据治理顶层设计、理顺数据流转管控机制及构筑数据安全防御屏障三个方面着手，搭建一个职责明晰、治理协同的多元主体治理格局，优化数据治理结构，实现多元数据治理主体的协同共治，最大限度地激活各方数据治理智慧。

（一）完善数据治理顶层设计

数据治理政策的出台为数据治理实践提供了顶层设计保障。一般而言，数据治理政策制定主体的主要职责在于明确数据治理发展目标、具体原则、权责分工、执行方案、实施保障等要素内容。我国数据治理政策的顶层设计主体一般为中共中央办公厅和国务院办公厅，由其联合印发政策文件，自上向下实现数据治理工作的推行实施。具体来说，顶层设计范围主要应包括三个层面：制度标准层面、组织管理层面、信息技术层面。第一，制度标准层面主要明确数据全生命周期流程中的法律界限、管理制度与业务标准。我国应当进一步出台相关法律政策与制度标准，为数据治理主体的合理管理范围提供依据，防止出现多部门之间职责不清的法律障碍。第二，组织管理层面主要明确数据治理主体职责分工、协调机制、财政支撑等内容。档案数据治理实践过程中，应当进一步明确数据治理主体

---

① 梁正、余振、宋琦：《人工智能应用背景下的平台治理：核心议题、转型挑战与体系构建》，《经济社会体制比较》2020年第3期。

（政府部门、数据管理部门、档案管理部门等）的责任边界，以规范性文本的形式加以确认，构建一个清晰明确的管理范围。第三，信息技术层面主要明确系统开发、工具研制、数据集成等方面技术应用。例如，浙江省政府办公厅在2018年印发《浙江省深化"最多跑一次"改革推进政府数字化转型工作总体方案》，围绕"最多跑一次"改革目标，在明确指导思想、发展目标、基本原则的基础上，提出了四横（业务应用体系、应用支撑体系、数据资源体系、基础设施体系）与三纵（政策制度体系、标准规范体系、组织保障体系）七大体系[①]。总体来看，数据治理政策制定主体在完善顶层设计方面提供了引领作用，为各数据治理主体部门确立了目标与路径，有助于厘清各主体治理职责范畴，解决各部门间相互扯皮与推诿的困境。因此，政策治理层是数据治理体系的核心，在整个数据治理实践中起到总体统筹与协同推进的作用。

（二）理顺数据流转管控机制

业务治理层主要聚焦数据治理过程中不同主体之间职责交叉与混乱的困境，其目的在于建立明晰有序的数据流转管控机制，推进健康良好数据生态的形成。基于数据整个生命周期视角看，数据从产生形成、归集保存到开发利用整个流程历经不同数据治理主体，数据产生于政府机关（政务数据）、企事业单位各业务部门（业务数据），进而由数据管理部门进行归集管理和开发利用，最终由档案管理部门负责数据归档保存与开放应用（见表6-3）。通过明确数据流转管控主体责任清单，厘清各数据治理主体职责权限，能够有效避免数据交叉混淆带来的职责纠纷、权力错位、组织混乱等问题，建立共商共建共享的数据治理格局。档案部门作为数据归档管理部门，应当建立与政府业务部门、数据管理部门的协同友好关系，强化数据治理流转的顺畅度。在整个数据流转管控机制中，档案部门亦可明确自身档案数据治理发展的重点方向，提升数据治理智能化水平，实现与各数据治理主体的有效协同。通过理顺数据流转管控机制，能够对数据在流转过程中产生的问题进行快速反应与持续跟踪，建立动态化持续化管控

---

① 《浙江省人民政府关于印发浙江省深化"最多跑一次"改革推进政府数字化转型工作总体方案的通知》，http://www.zj.gov.cn/art/2018/12/28/art_1229019364_55369.html，2023年12月22日。

机制，实现数据敏捷治理。

表6-3　　　　　　　数据流转管控主体职责分工体系

主要模块	政府业务部门	数据管理部门	档案管理部门
数据流转环节	数据生成汇集	数据归集开发	数据归档开放
数据管理职责	1. 遵循"谁主管、谁提供、谁负责"原则，负责政务数据定期维护、更新与保护；2. 按照"边推进、边优化、边考核"思路，落实数据治理战略发展规划；3. 参与政务数据资源管理平台建设，梳理部门数据资源清单及目录；4. 完善各级政府数据管理平台建设与对接。	1. 负责政府业务部门数据资源归集、整合、挖掘与应用；2. 牵头建设各级政务数据开放平台，推动政务数据共享应用；3. 负责政务数据开放共享标准的制定与推行；4. 根据政务数据开放管理办法，梳理政务数据开放共享清单与负面清单。	1. 明确政务数据归档流程、内容和方式的相关管理规定；2. 打通政务数据管理平台与档案数据归档系统数据接口；3. 完善馆内档案数据管理系统、服务平台、应用场景等系统平台体系建设；4. 基于数据关联与组织，实现档案数据价值深度挖掘与实现。
数据治理目标	实现系统性、整体性和协同性政府数据源头治理，建立政府部门扁平化组织管理结构。	实现政务数据所有权、管理权与使用权的"三权协同"，保障数据权利主体的相关权益。	提升档案管理部门数据治理能力，贯通业务流、数据流和执行链，拓展档案数据智慧服务场景。

（三）构筑数据安全防御屏障

在数据日益成为国家经济发展新驱动要素的同时，数据安全工作协调机制也成为国家重点治理对象。2021年6月新颁布的《中华人民共和国数据安全法》从国家层面确定了数据安全制度、保护义务、开放安全等方面的具体规范，为数据安全治理工作提供了规范性指导[①]。数据安全问题是数据治理实践不可忽视的重要问题，离不开多元数据治理主体的重视与协

---

① 《中华人民共和国数据安全法》（2021年6月10日第十三届全国人民代表大会常务委员会第二十九次会议通过），http://www.npc.gov.cn/npc/c2/c30834/202106/t20210610_311888.html，2023年12月1日。

力。在政务数据安全治理层面，网信办、保密局、公安局、国安局、质监局、法制办等相关部门共同构成政务数据安全防御堡垒，能够有效降低政务数据损坏、丢失及泄密风险。首先，加强政务数据安全标准化体系建设。依据数据对于国家经济发展的重要程度，明确数据分级分类保护机制，在此基础上确定政务数据重要目录清单，对列入清单的数据进行重点保护。通过数据分级分类保护机制，能够有效实现对数据的层级化管理，从而以最高效、最经济、最科学的方式充分保障重要数据的安全，提升数据治理主体安全管护能力。其次，建立政务数据多重网络安全保障。在档案数据治理过程中，网络的范围一般面向单位内部、政府内部及全面公开三个层级。档案数据治理主体应针对局域网、政务网、因特网三级网络，建立差异化安全管理机制，对不同层面的网络实现不同权限的管理，同时设置不同保密程度的网络安全域（根据网络保密程度看，局域网>政务网>因特网），有效保障不同层级的网络安全。政务数据多重网络安全保障同时能够面向具备不同权限的数据利用人群，提供不同程度的数据利用权限，实现数据的分级化管理。最后，优化政务数据处理风险评估机制。在档案数据治理过程中，应当针对重要数据的处理者数量、处理活动、安全风险及对应措施进行系统收集，同时定期向主管部门提交风险评估报告，防范化解重大数据安全风险。主管部门可根据风险评估报告，提前对存在隐患的数据进行安全处理与管控，提升档案部门数据安全保护能力。安全治理层主要着眼于数据生成、流通、保存、开发及利用等生命周期流程管控，建立数据安全防范化解机制，从而为数据治理提供一道稳固的安全防御堡垒。

四　提升档案数据资产管理意识与能力

数据作为全新的生产要素，已成为数字经济时代的"石油"，数据要素驱动的创新创业正成为新发展阶段实现高质量发展的新引擎[1]。数据向生产要素、资产的价值升级对档案数据治理提出了新要求。档案数据治理成效的关键在于树立数据资产管理意识，提升数据资产管理能力，并极大程度推动档案数据价值要素化的实现。数据要素是新时代我国经济高质量

---

[1] 尹西明、林镇阳、陈劲等：《数据要素价值化动态过程机制研究》，《科学学研究》2022年第2期。

发展的重要基础，面向数据要素价值化的数据银行将是推动产业转型升级的新动能、新模式和新业态①。通过引入数据银行的概念，推动档案数据产业的形成、集聚与发展，搭建档案数据要素价值化的实践场域，在推动档案数据治理场景落地过程中，激活社会资本参与价值创造，实现数据价值要素化呈现，打造完整有序的数据产业价值链，实现档案数据治理与数字经济发展齐头并进。为实现档案数据资产管理的意识与能力提升，需从实现数字产业化与产业数字化部门融合发展、构建档案数据要素价值化动态发展机制、多维整合档案数据价值以推动产业转型等多方面入手。

（一）实现数字产业化与产业数字化部门融合发展

数字产业化和产业数字化的融合发展催生了多元创新主体协同和互动的数据创新生态系统，从而进一步推动了数据产业生产过程的网络化和生态化②。档案数据要素价值化的基础离不开数字产业化与产业数字化部门的联合与共融。基于档案数据治理的预期目标，档案数据治理生态的构建呈现出档案部门、产业数字化部门及数字产业化部门等多元主体共治的治理形态。在数据资源的形成端，数字技术与归档单位业务工作的融合，推动了前端数据资源量的急剧增长，进一步催生数据采集、标注及结构化产业的形成与发展。数据生产之后，经过流转归档等活动环节进入国家综合档案馆，而后相继经历档案数据开放鉴定、涉密档案处理等关键环节，实现部分档案数据的开放利用。这一整体过程涉及数据生成部门、数据管理部门、数据利用部门等不同主体，逐步为档案数据资产的形成提供前期基础。档案数据开放平台的应用则进一步推动了数字产业化部门的兴起与发展，为数据要素的形成提供了基础性前提。以政务档案数据开放应用为例，档案数据开放在引导数据产业形成发展方面的作用主要体现在以下两个方面：第一，档案数据开放平台的应用吸引相关数据公司的加入与集聚，推动数据资源、应用需求与开发等业务的不断壮大，由此推动整个数据产业的持续发展；第二，开放档案数据中不仅涉及政务办公过程中形成

---

① 林拥军等编著：《数据湖：新时代数字经济基础设施》，中共中央党校出版社2019年版，第129—149页。
② 张昕蔚、蒋长流：《数据的要素化过程及其与传统产业数字化的融合机制研究》，《上海经济研究》2021年第3期。

的数据,同时也包括产业发展相关数据,该部分数据能够为相关产业提供信息或知识服务,进一步吸引数据产业投资方的参与。因此,档案数据开放平台提供的可供挖掘开发的数据是形成数据产业生态与激活数据价值要素的关键,不仅延伸了档案部门本身数据开放利用带来的应用场景,还进一步激活了数据本身价值之外所带来的增值价值。数字产业化与产业数字化部门融合发展这一实践过程,能够有效推动档案部门数据资产管理与利用能力的不断提升,为机构沉淀高价值档案数据资源提供基础前提。

(二) 构建档案数据要素价值化动态发展机制

档案数据要素价值化实现的关键在于激活数据要素本身自然属性之外的社会属性。数据银行作为数据经济时代数据资产管理、运营、增值及流通的新业态与新模式①,为档案数据要素价值化的实现提供了理论指导与智慧源泉。基于数据银行理念,本书提出档案数据要素价值化动态发展机制应当包括档案数据汇集开放、规范确权、资产交易、场景应用四个层面。首先,档案数据汇集开放是实现要素价值化的基础与前提。档案部门通过汇集开放不同类型的数据,能够使低价值密度的数据价值获得增值,有效挖掘其更深层面的政治、经济或文化价值,助力档案数据治理高价值目标的实现。其次,数据要素确权是优化数据要素资源配置的基础,是数据银行模式实现数据要素融通增值的前提②。档案数据要素权属界定需要基于国家法律制度和人工智能技术双向并行,从而有效保障数据要素融通的总体效率和整体安全。因此,档案数据要素权属界定是数据价值生产、数据资产评估、数据融通交易以及最终实现数据要素价值最大化的重要前提与基础。档案数据规范确权的核心在于明确数据使用者的权力边界与侵权责任,有效保障数据权利主体的隐私安全与数据收益,促进档案数据要素合规开发、共享与利用,形成档案数据权益保护与产业推动双重平衡的发展机制。再次,档案数据资产交易是实现数据红利的重要渠道。档案部门在进行数据资产交易前应明确数据资产交易清单及负面清单,推动档案

---

① 郭兵、李强、段旭良等:《个人数据银行——一种基于银行架构的个人大数据资产管理与增值服务的新模式》,《计算机学报》2017年第1期。
② 郑磊:《通证数字经济实现路径:产业数字化与数据资产化》,《财经问题研究》2020年第5期。

数据的流通，实现档案数据所有权、使用权及收益权"三权"的有效让渡，开辟档案数据受托存储、分析、运营等新型业务。最后，在档案数据资产交易环节中，档案数据场景应用的主要目标在于实现数据资产化后，赋能各产业发展，推动数据要素落地一线，为数据需求方提供数据分析、产品定制等多种场景服务。通过构建档案数据要素价值化动态发展机制，有助于推动档案数据服务融入数字经济产业链条中，驱动完整数据要素价值的实现。通过构建档案数据要素价值化动态发展机制，规范档案数据资产沉淀的整个活动环节，从而持续推动档案数据要素价值化稳定发展。

（三）多维整合档案数据价值以推动产业转型

数据银行定位为数字经济发展的关键基础设施，是畅通内循环、实现经济可持续内生增长的强劲动力①。基于数据银行理念，通过档案数据汇集开放，有效应用算法算力优势，能够进一步推进相关产业数字化转型，完成对传统产业业务流程的重塑，激活数据要素在社会发展过程中的比重，促进良好数据产业生态的形成与发展。一方面，档案数据汇集能够更大程度赋能智慧城市发展，增强服务政府智慧治理、民生智慧服务、数据产业发展的能力与水平，助力国家治理体系与治理能力现代化的实现。政务档案数据的汇集开放能够促使相关产业集聚，为政府智慧治理理念落地和管理模式优化提供解决方案，实现政府部门高效精细化治理。民生档案数据的汇集开放能有效解决社会公众的数据需求，提升档案部门参与社会治理的深度与广度。整体而言，通过对不同类型档案数据进行精细化治理应用，推动数据要素落地于各个产业一线，实现数据融通之后的全场景应用，赋能医疗健康、行政司法、社会教育、科学研究、智慧城市等不同行业的发展，实现档案数据价值的多维度整合，在最深层次、最大限度上激活档案数据潜藏的各方面价值。另一方面，通过档案数据汇集开放，能够有效实现人才、资本与技术流的汇集融合，吸引新兴产业及科技人才的加入，有助于孵化各类具备潜力的创新创业项目，催生新产品、新服务、新经济，有效增强城市发展动能，加快智慧城市建设步伐。通过档案数据资产建设，推动档案数据价值挖掘、数据行业持续发展、智慧城市发展建设

---

① 尹西明、林镇阳、陈劲等：《数据要素价值化动态过程机制研究》，《科学学研究》2022年第2期。

"三位一体",实现数据为数字经济发展提供关键基础建设力,有效畅通内循环、实现经济可持续内生增长,不断推动数据产业的转型与实体经济的快速发展,最终构建开放、共享、共赢的数据创新生态体系,以低成本、便利化、全要素、开放式的模式,驱动数据创新要素高速流动,促进资源配置优化和全要素生产率提升,聚合并带动一个多层级、多产业的生态体系[1]。数据银行作为一种新型产业发展理念,有助于档案数据政治、经济、人文等多维价值的整合与实现,赋能相关产业的集聚、发展与转型,从而构建共赢、共建、共享的良性数据生态环境。

五 强化档案数据安全基础设施完善度

在数据日益成为国家经济发展新驱动要素的同时,数据安全工作协调机制也成为国家重点治理对象。2021年6月颁布的《中华人民共和国数据安全法》从国家层面确定了数据安全制度、保护义务、开放安全等方面的具体规范,为数据安全治理工作提供了规范性指导[2]。档案数据治理的一个重要问题便是数据安全问题,通过强化档案数据安全基础设施完善度,有效保障档案数据在生成、流转、管理与利用全生命周期的安全,防范化解重大风险,成为档案部门亟待关注与解决的一个重要问题。根据数据采集、传输、存储、处理、交换和销毁六大生命周期阶段,档案数据在不同阶段可能遇到不同属性的潜在性风险,这对档案数据安全基础设施提出了更高的要求,需要进一步强化档案数据安全基础设施的完善与可靠程度,从而为档案数据治理保驾护航,保障档案部门数据资源的实体与内容双重安全。本书提出,通过建设智能化网络能源通信机房、搭建分级化网络拓扑结构与研发关键数据安全防护技术,提升档案数据安全基础设施全面化、现代化与智慧化程度,从而系统化、端到端地实现全生命周期的档案数据安全防护。

(一)建设智能化网络能源通信机房

机房建设是保障档案数据安全的基础性设施,机房的智能化与先进性

---

[1] 尹西明、林镇阳、陈劲等:《数据要素价值化动态过程机制研究》,《科学学研究》2022年第2期。
[2] 《中华人民共和国数据安全法》(2021年6月10日第十三届全国人民代表大会常务委员会第二十九次会议通过),http://www.npc.gov.cn/npc/c2/c30834/202106/t20210610_311888.html,2023年12月1日。

程度是实现档案数据安全保存的重要支柱。例如，在档案数据治理实践过程中，长沙市档案馆通过优化升级基础设施建设，对原有机房进行全面智能化改造，围绕互联网运行核心——"动力机房"（网络心脏）进行优化建设，通过引进新一代一体化网络能源通信机房，为档案管理系统安全运行提供高运转、高效率、高可用保障。新一代一体化网络能源通信机房通常使用模块化机房，包括新风系统、动环监控系统、安防、气体消防、设备接地、配电照明、精密空调、UPS等模块。相较传统机房来说，一体化机房采取智能化设计理念，具备稳定供电能源、网络输出及运营环境，能够实现主设备开关自动切换、不间断精密空调服务、持续动力监控防护。该一体化机房采取双路供电模式，防止电力供应不足时出现断电风险。这一功能能够有效保障档案数据在传输过程中的载体与内容安全，防止出现意外的数据丢失风险，极大程度地提高了档案部门的抗风险能力，为档案数据安全提供了重要保障。同时，该主机采取物理隔离方式，有效保障机房安全性。物理隔离式的机房设置模式能够防止意外人群误入导致的数据丢失风险，提高了档案部门数据隔离的安全程度。总体而言，智能化一体化机房建设以低耗能、高稳定、易维护、易扩展的优势为档案管理系统网络环境建设、安全保障维护提供了重要基础。通过搭建智能化一体化机房，能够为档案数据治理的长远发展提供强大保障，长时间、持续化保证档案数据在机构内部的载体与内容安全，变相为档案部门减少数据安全风险处理的经济支出，从更长远的角度而言更具经济价值，不仅能够从源头上最大限度地保证数据安全，而且能够为档案数据效益的发挥提供保障，对档案部门、档案用户双向主体而言均具有裨益，从而最大限度地实现双赢。

（二）搭建分级化网络拓扑结构

构建分级管理网络安全保障体系能够赋予不同档案数据处理者不同权限，防止人为性质的数据安全风险。该网络安全保障体系包括局域网、政务网、因特网三大网络，面向档案馆、立档单位、社会公众三大服务对象，通过建立模块化网络安全域，实现各网络之间相互独立，有效避免档案数据泄露安全风险（见表6-4）。局域网层面，主要采用固定端口+固定终端+固定账户的接入方式，在档案数据收集阶段，对其进行四性检测后离线接收，最后通过利用库数据进行归集。在档案数据保存阶段，采取双机热备+数据双活热备+蓝光光盘离线库+离线异地异质备份的方式，多维度多方面保障档案数据的安全。政务网层面，主要采用政务内网+固定账户的接入方式，在档案数据收集阶段，通过数字档案在线接收档案数据，而后通过总库离线发布；在档案数据保存阶段，利用备份恢复软件+磁盘阵列的方式，保障政务数据的安全。因特网层面，采用因特网+开放档案查询（身份证）的接入方式，在档案数据收集阶段，通过网络信息采集档案数据，然后通过总库离线发布；在档案数据保存阶段，主要通过云平台的方式保障档案数据的安全。分级化网络拓扑结构的方式能够针对不同档案用户，提供针对性数据安全保障手段，为档案数据的采集、流转、管理、保存、利用等环节保驾护航。

表6-4 局域网、政务网、因特网"三网"的接入方式和对应范围

安全域划分	接入方式	收集	管理	保存	利用
局域网	固定端口+固定终端+固定账户	四性检测后离线接收+利用库数据归集	管理对象：数字资源总库。管理功能：包含接收、检测、整理、编目、格式转换、鉴定、划控、审核、编目、统计在内的全流程管理；数据发布。	双机热备+数据双活热备+蓝光光盘离线库+离线异地异质备份	档案馆工作人员+到馆查档人员
政务网	政务内网+固定账户	数字档案在线接收+总库离线发布	管理对象：立档单位全宗档案。管理功能：线上业务指导、电子档案在线归档、电子档案在线接收、总库发布数据接收。	备份恢复软件+磁盘阵列	立档单位用户
因特网	因特网+开放档案查询（身份证）	网络信息采集+总库离线发布	管理对象：鉴定开放档案目录、政府公开信息、专题档案、新闻网等网络采集信息。管理功能：查阅下载档案数据，不可编辑；网络信息采集、总库发布数据接收。	云平台	社会公众

(三) 研发关键数据安全防护技术

从产业生态面临数据安全挑战来看,各领域在数据全生命周期的不同阶段面临不同程度的安全风险。因此,不同阶段的数据安全保障需要对核心技术能力提出相应要求(见表6-5),通过构建和融合这些能力,最大限度地保障数据的全生命周期安全。根据数据安全核心能力诉求,针对性研发数据安全防护技术,不断提升档案数据安全的技术标准。依据数据安全治理的理念,从软件到硬件,从网络边界到内部,从事前准备到事后追溯,几乎所有的安全技术都可以用在数据安全的防护上。总体而言,档案数据治理安全的关键保障技术主要包括设备系统安全技术、隐私保护技术、认证和访问控制技术、数据安全灾备技术以及数据安全管理技术几个方面[①]。设备系统安全技术包括硬件的安全保护和操作系统的安全保护,其设计理念主要针对可信启动、可信执行环境、操作系统内核的MAC、操作系统内核完整性保护以及芯片安全等领域。隐私保护技术主要涉及密码学体系与隐私保护算法,两者是保护数据安全的关键技术手段,密码学体系在数据存储、使用、传输等各个环节都发挥着重要作用。在数据存储阶段,按照加密算法适用的不同层次,对数据的加密方案分为卷加密、文件系统加密、应用加密等。与存储阶段的分层次的加密方式类似,传输阶段对数据的加密自下而上分为物理层加密、MAC层加密、网络层加密、传输层加密和应用层加密。使用阶段的数据保护是数据安全的重要挑战,主要解决手段可以分为保护和脱敏。认证和访问控制技术是通用的安全技术。任何对数据的相关操作或者对访问数据的软硬件操作请求都必须经过认证,以确定其身份的合法性,进而通过访问控制来确定数据访问者有足够的权限。不同的访问控制系统,对数据访问者的身份的关注点可能也不同。数据安全灾备技术根据数据安全保护程度,主要分为四级保护需求。一级为本地备份恢复,二级为本地备份恢复+异地定时备份恢复,三级为本地备份恢复+异地实时备份恢复+本地业务高可用,四级为本地备份恢复+异地实时备份恢复+本地业务高可用+异地业务高可用。数据安全管理

---

① 国家工业信息安全发展研究中心、华为技术有限公司:《数据安全白皮书》,https://cics-cert.org.cn/etiri-edit/kindeditor/attached/upload/2021/05/27/1b44236fed303bd2864f30cba909421b.pdf,2023年9月20日。

技术主要包括数据资产安全分析技术、数据安全审计技术、人工智能技术等，有效保障数据全生命周期的安全。

表6-5　　　　　　　　数据安全核心技术能力诉求①

数据生命周期	核心技术能力诉求
数据采集	数据分类和分级、身份认证、权限控制等
数据传输	身份认证、传输通道加密、敏感数据加密、密钥管理等
数据存储	软硬件数据加密、数据隔离存储、完整性保护/WORM、数据度量、数据容灾备份等
数据处理	访问控制、用户间隔离、防侧信道攻击、REE/TEE/SEE 硬件隔离机制、日志审计等
数据交换	数据脱敏/水印等
数据销毁	安全擦除/消磁等
数据管理	数据可视化管理、数据安全策略管理等

第三节　微观治理：回应社会公众现实性需求

社会公众的现实性需求是档案数据治理的微观场域，也是提升档案数据治理实效与价值的重要一环。2021年中办、国办印发的《"十四五"全国档案事业发展规划》中明确指出："贯彻以人民为中心的发展思想，坚持档案工作为了人民、依靠人民，建设好覆盖人民群众的档案资源体系和方便人民群众的档案利用体系，提高人民群众满意度。"② 当前，我国档案数据治理的痛点问题之一便是档案数据服务的供需平衡问题。档案数据需求在不同时间与空间维度存在明显差异，现有的档案数据服务体系在很大程度上难以适配，档案数据规模、类型、质量等无法完全满足社会公众的现实性需求，导致社会公众的数据获取满意度与获得感较低，难以有效感

---

① 国家工业信息安全发展研究中心、华为技术有限公司：《数据安全白皮书》，https://cics-cert.org.cn/etiri-edit/kindeditor/attached/upload/2021/05/27/1b44236fed303bd2864f30cba909421b.pdf，2023年9月20日。

② 《中办国办印发〈"十四五"全国档案事业发展规划〉》，https://www.saac.gov.cn/daj/toutiao/202106/ecca2de5bce44a0eb55c890762868683.shtml，2023年11月29日。

知到我国档案服务工作的社会价值。这一困境本质上体现了档案数据治理能力的缺失，即缺乏对社会公众现实数据需求的精准、动态、持续的获取机制，呈现出档案部门主导提供、社会公众被动接受的数据服务模式。档案数据治理的微观层面主要体现在档案数据服务供给侧结构性改革这一实践上，通过满足社会公众真实数据需求，实现档案数据需求精准预测、获取与供给，形成数据供需获取闭环。因此，本书从理念、机制、内容、渠道与监管五个维度出发，提出重塑智慧档案数据需求供给理念、搭建双向档案数据需求供给机制、扩展档案数据需求供给内容领域、搭建档案数据需求供给畅通渠道及强化档案数据需求供给监督管控，围绕社会公众的真实需求，以面向社会公众的精准识别为数据挖掘基础，以面向公众真实需求的精准供给为治理目标，提升档案数据服务的供给效率和供给质量。

一 重塑智慧档案数据需求供给理念

档案数据需求供给理念是数据治理在供给侧结构性改革中的核心价值，发挥着数据治理实践的思想引领价值。作为面向社会公众的数据需求供给理念，应当发挥工具理性与价值理性的双重功能。从工具理性维度看，新理念能够提升档案数据治理精细度、差异性及回应力；从价值理性维度看，新理念能够提升档案数据治理公平性、普惠性与包容性。档案数据需求供给理念对档案数据治理来说具备强大的理念塑形作用，有助于匡正档案部门数据治理的价值思想，提升数据治理的价值格局。数据治理不能仅靠技术单维度赋能，还应当综合考量数据治理的科学、公正、关怀等伦理价值，把握并明确数据治理的"衡量尺度"[①]。为此，本书认为，档案部门需明确高效、普惠、包容的数据供给理念，体现数据治理的精度、尺度与温度，不断扩展档案数据治理的服务广度、价值尺度与内容深度。

（一）高效理念为档案数据治理的精度提供了整体范式指引

高效是智慧技术赋能档案数据治理的直接体现，其本质逻辑在于技术重塑档案管理业务，实现档案数据全生命周期流程的线上化和互联化，推动档案数据治理朝着颗粒度更精细、治理域显差异、服务力见成效的方向

---

① 郑磊：《数字治理的效度、温度和尺度》，《治理研究》2021年第2期。

发展。例如，浙江省围绕数字变革打造的一体化数字资源系统（Integrated Resources System，IRS），统筹整合全省政务数字应用、公共数据和智能组件等数字资源，逐步实现政务服务智慧化①。这一举措在前端为档案数据治理提供了借鉴作用与倒逼影响。2020年10月，国家发展改革委等部门联合印发《关于加快构建全国一体化大数据中心协同创新体系的指导意见》，提出了大数据中心体系的建设规划，加快了我国数据中心的建设进程②。档案数据中心作为大数据中心建设布局的重要内容，理应纳入国家数据中心建设范围之内。档案数据中心是汇集各类数据资源、实现档案数据互联互通的资源管理平台，具备全程智能监管、智能辅助决策与数据协同利用等多种功能③。作为适应前端政务治理的变化，档案数据中心的建设成为有效承接前端政务数据的最好方式。通过开放互联的档案数据中心的搭建，有效整合各业务部门原生数据资源、汇集传统档案数据化资源，实现线下治理与线上治理有效结合。数据态环境下，一方面，智慧化通过赋能档案工作线下业务流程向线上业务流程转化，有效降低档案管理工作成本，实现档案数据跨部门跨区域协同，提升档案数据治理效能；另一方面，数据态下的档案资源可处理程度更高，有助于实现档案数据治理实践从管理层向内容层的深化拓展，推动档案数据治理实践的细粒化。显而易见的是，高效理念为档案数据治理的精度提供了明确的价值指标，高效亦成为档案数据治理实践部门的重要价值取向。在高效理念的指导下，档案数据供给服务呈现出更为精准、敏捷与智能的特征，能够及时为社会公众提供相应数据服务。

（二）普惠理念为档案数据治理的尺度明确了严格要求

普惠是档案数据治理实践的原则，在档案数据治理过程中，档案部门应当尊重数据利益相关者的个人隐私、数据安全、数据权属等实际权益，严格制定档案数据治理的界限与范围。作为数据治理主体，档案部门在治

---

① 《"IRS"！浙江数字化改革最新成果正式亮相乌镇峰会》，https://mp.weixin.qq.com/s/CgCk59CWGjR4ByJl.gioE1A，2023年12月29日。

② 《关于加快构建全国一体化大数据中心协同创新体系的指导意见》，https://www.ndrc.gov.cn/xxgk/zcfb/tz/202012/t20201228_1260496.html?code=&state=123，2023年12月29日。

③ 李波：《加快建设省档案数据中心 为我省努力成为新时代全面展示中国特色社会主义制度优越性的重要窗口贡献档案力量》，《浙江档案》2020年第4期。

理实践过程中涉及不同主体数据的采集、归档、管理及利用，这不可避免带来诸多数据权属、安全与隐私等方面的问题。例如，浙江省档案馆在开放利用民生档案数据时，明确规定用户只能查询自身相关档案数据，无权对他人档案数据进行处理，档案数据开放亦需对敏感信息进行脱敏处理，保障数据利益相关人员的实际权益。目前，国际上针对个人数据信息保护的法律法规主要采取数据控制者、数据处理者二重规制框架①。作为个人数据控制者的档案部门，应当践行合法正当使用、目的明确必要、最低程度处理、透明开放公开的原则。在档案数据处理过程中，还应当恪守处理的范围、规模、数量等限制性内容。我国也正逐步出台相关法律以保护个人数据权益。2021 年通过的《中华人民共和国个人信息保护法》对一般个人信息和敏感个人信息处理的规则进行了详细规制②。档案数据治理主体应加强个人数据隐私保护及安全管理等方面规范的制定，为治理实践提供应当恪守的准绳。档案数据治理以数据为依托，但数据不是目的，只是手段。把握、尊重与严守数据治理的尺度才能最大限度地实现公共治理之善，发挥档案数据治理的社会价值。普惠理念明确了档案数据供给的内容界限，提出以社会公众价值需求为前提，通过限制档案数据供给的层次与范围，保障社会公众的数据权益。

（三）包容理念为档案数据治理的温度内嵌了价值关怀

包容性是数据需求供给理念实现价值关怀的重要表征。在数字化和数据化逐步推广与应用的当下，老年群体、残障人群的边缘化程度日益显现。2018 年，腾讯研究院与深圳大学周裕琼教授团队联合发布《吾老之域：老年人微信生活与家庭微信反哺》报告，指出老年人正逐步积极融入数字世界之中，相当比例的老年人会选择互联网作为获取信息的重要渠道③。因此，科技适老成为政府部门、技术公司及社会家庭的共同关切。科技适老的核心在于充分尊重老年人的触网意愿，着力开发适应触网老年

---

① 司晓、马永武等编著：《共生：科技与社会驱动的数字化未来》，浙江大学出版社 2021 年版，第 25 页。

② 《中华人民共和国个人信息保护法》，https://www.gov.cn/xinwen/2021-08/20/content_5632486.htm?eqid=898a0e2f0002ace800000003648fb2c2，2023 年 12 月 29 日。

③ 江建龙：《腾讯研究院发布〈吾老之域〉报告：呼吁改善老年人数字融入窘境》，http://mi.techweb.com.cn/tmt/2018-07-25/2689720.shtml，2023 年 12 月 30 日。

群体的平台应用与功能服务。档案数据治理实践不能仅以满足具备数据素养的年轻人群、知识分子为目标,为老年群体、残障人群等提供适配的档案数据服务平台及应用也属于情理之内。例如,英国国家档案馆网站专门为老年人和残障人群等有特殊需求的用户群体提供了无障碍板块,在这些板块中,可以提供更改颜色和字体、使用屏幕阅读器收听网站内容等人性化服务①。国内的诸多省份如浙江省政府门户网站提供了适老模式作为第二种选择,集合老年群体常用功能,并将相关字体放大突出,方便老年人开展"冲浪之旅"。此外,浙江省政府门户网站还为不便于操作的老年群体提供了人工阅读、语速调整等多种无障碍阅读服务。政务服务实践为档案数据治理主体提供了启示。在档案数据开放平台开发过程中,数据利用智能引导、技术门槛降低简化、适配人群功能集成等设计理念应当考虑在内。包容理念通过技术关怀和数字反哺为老年群体数字鸿沟架起了一座桥梁,凸显档案数据治理的温度,实现社会价值增值。包容理念为档案数据需求供给服务增添了人文价值,不仅提升了档案数据服务的价值尺度,也拓展了档案数据服务的价值内涵。

二 搭建双向档案数据需求供给机制

档案数据供给侧服务改革过程中,建立双向畅通的档案数据需求供给机制为档案部门与社会公众之间架起了沟通的桥梁。在传统档案服务工作中,档案部门对社会公众的现实需求感应程度较弱,无法有效掌握社会公众数据需求的实时变化。在这一过程中,明确社会公众的数据需求表达渠道与档案部门数据服务的反馈路径至关重要。利用档案数据需求表达与反馈平台这一媒介,能够实现社会公众与档案部门之间畅通无阻的数据传递,建立科学化、现代化、智慧化的档案数据需求供给机制。大数据环境下,档案数据需求供给机制的内核为以数据为支撑的信息闭环流动。因此,本书认为档案数据需求供给机制应当包括社会公众数据需求获取、数据处理分析、数据特征关联、数据精准服务四个层面。

第一,社会公众数据需求获取需要考量不同人群的身份差异。现阶

---

① 邢变变、赵君航:《英国国家数字档案馆建设特点及启示》,《兰台世界》2022年第8期。

段，档案馆已经形成了包括政府机关工作人员、企业员工、高校学者等在内的固定用户群体，并正在形成包括普通公众在内的流动用户群体[1]。通过借助数字档案馆、数据库系统以及第三方社交工具（如微博、微信公众号等平台）收集用户信息，对档案用户群体进行识别、定位和分类，有效区分档案用户的身份属性，明确档案数据需求的基本要素信息。档案部门需要采集的用户信息主要包括基本信息（性别、职业、年龄等）、知识偏好信息（阅读兴趣、页面浏览等）、互动信息（平台交流、评论等）、会话信息（平台登录信息、下载信息等）以及情景信息（时间、地理位置等）五方面的内容[2]。一般而言，档案用户的基本信息会在数字档案馆、档案数据服务平台等相应系统登录时产生，档案部门可通过提取用户注册信息进行获取。档案用户在进行网站页面浏览、在线阅读和查阅档案等活动时，能够体现其相应偏好信息，相关数据记录了档案用户的实时兴趣。互动信息则可以通过档案用户在平台社区交流板块、平台社交工具中进行的评论反馈活动中获取。会话信息可以通过用户登录服务平台次数、资源下载数量、资源下载类型以及与专家咨询对话等多种途径进行获取。用户情景信息反映了用户所在位置、事发时间以及周边环境的信息[3]。情景信息一般可以通过 GPS、北斗以及 RFID 等物理传感器实时获取。针对不同档案用户群体，采取差异化数据收集策略，明确数据收集重点，为档案数据服务提供精准信息支撑。

第二，数据处理分析阶段主要目的在于提取高密度数据需求信息。档案用户数据一般分为静态数据与动态数据两大类别，分别为其制定相应标签能够系统地梳理社会公众数据需求。静态数据的主要内容一般指档案用户的基本属性信息，如性别、职业、年龄等，这些数据信息相对比较固化，存在一定的客观静态性，一般由档案用户在相应数据平台中自行补充填写。相应地，这类数据信息标签提取也较为容易，只需对这类数据进行内容分类与标签提取即可。除静态数据外，动态数据是反映社会公众现实

---

[1] 郝琦：《社交媒体环境下档案知识聚合服务研究》，《档案学通讯》2018 年第 6 期。

[2] 周林兴、魏亮亮、艾文华：《用户画像视角下档案馆知识服务推荐机理研究》，《档案管理》2019 年第 5 期。

[3] 刘海鸥、姚苏梅、黄文娜等：《基于用户画像的图书馆大数据知识服务情境化推荐》，《图书馆学研究》2018 年第 24 期。

需求的重要基础，也是用户数据中存量庞大、分析困难的重要组成部分。鉴于兴趣维度作为反映社会公众数据需求的核心，动态标签构建的来源数据主要集中在用户的知识偏好、互动信息以及情景信息等方面。标签映射法的原理是通过为用户赋予标签，将用户兴趣特征化[1]。动态数据一般从档案用户使用平台过程中产生的反馈数据、评论数据中产生，相应的标签维度也主要围绕档案用户兴趣加以构建。档案部门对用户的静态与动态数据信息进行处理分析，构建相应标签，可有效反映档案用户数据利用偏好。

第三，数据特征关联主要反映相似档案用户数据需求群体的整体特点。经过数据处理分析阶段之后，档案部门通过对用户数据进行标签化、关联化、知识化处理，利用数据分析、用户聚类、主题聚类等数据处理方法，建立相似档案用户群体的数据资源库，通过可视化手段呈现用户的数据需求层级与关联图谱内容。这批档案用户群体由于存在相似的基本属性信息、阅读偏好信息、用户评论信息，反映了相似的档案用户需求，因此存在相似的档案用户标签。在提取这类档案用户的数据需求时，需要对多个档案用户的数据进行聚类分析，计算档案用户之间的数据需求相似度，从而为其建立群体用户标签，以便映射相应的档案用户数据需求特征。数据特征关联手段能够为档案部门提供主动服务的技术基础。在档案数据服务过程中，借助档案用户数据特征关联，反映其相应的数据利用需求，为档案数据服务内容的匹配提供精准的数据支撑。

第四，数据精准服务主要在于提供符合社会公众实时需求的数据内容。根据数据体量、范围及时间跨度等不同维度，有效支撑档案部门作出客观全面的数据分析结果，最大限度地反映社会公众的真实数据需求和发展变化情况，有助于档案部门降低决策成本、提高决策效率。立足于档案用户数据的标签信息，通过档案数据知识化处理等手段，实时提取标签信息所反映的主题内容。在此基础上，对档案用户标签信息所反映的主题内容与档案数据资源库进行一一映射，查看资源库数据与档案用户需求的匹配程度。如果匹配程度较高，档案部门可借助档案数据服务平台完成自动推送，实现对其用户的精准服务活动。如果匹配程度较低，则再次对档案

---

[1] 许鹏程、毕强、张晗等：《数据驱动下数字图书馆用户画像模型构建》，《图书情报工作》2019年第3期。

用户标签信息进行分析，全面提取其兴趣维度与需求主题，然后通过平台完成二次推送。在此过程中，档案数据服务应当注重推送数据的准确性，进行推荐系统信息降噪，提升推送的质量与效益。例如，绍兴市图书馆开发了一个垂直检索引擎，该引擎应用了知识组织系统、垂直搜索引擎等技术，根据用户的行为数据的变化而不断调整、丰富用户画像库，寻找与用户兴趣点最贴合的知识内容，完成档案数据的精准推荐[1]。档案部门数据精准服务能力的提升对于提高社会公众参与程度、激发社会公众参与意愿起到了重要推动作用，有助于增强档案部门与社会公众之间的联结度。建设双向畅通的数据需求供给机制，能够有效弥补档案数据服务供需错位的窘况，从而提升档案数据服务的社会效益。

三　扩展档案数据需求供给内容领域

扩展档案数据需求供给内容的覆盖面是满足数字社会档案用户日益增长的多元化与个性化需求的关键。在现代信息技术裹挟与数字社会驱动下，社会公众审美的逐渐分散与内涵理解的加深，致使公众不再满足于同质化的产品、服务以及单向的接收利用，而对个性化、交互性、即时性的档案数据资源的应用需求不断增强[2]。通过不断提升档案数据需求供给内容的覆盖面，实现档案数据服务深入数字政务、城市交通、医疗教育、社会法治、百姓民生等各方面，为不同主体提供针对性的档案数据服务产品或内容，以扩展档案数据服务内容覆盖面为基础，进而推动档案数据服务人群覆盖面与地域覆盖面的不断延伸。本书认为，档案部门应当从全面融入服务国家发展战略、强化重点领域档案数据管理、高能级建设智慧档案数据库三方面着手，深入扩展档案数据服务的深度与广度，为档案部门业务工作提供价值增值。

（一）全面融入服务国家发展战略

国家战略最早源自军事领域，20世纪80年代初被引入国内并逐步

---

[1] 吴国芳：《绍兴图书馆图书检索垂直引擎研究及应用》，《绍兴文理学院学报》（自然科学）2014年第7期。

[2] 章岸婧、谭必勇：《供需视角下文化遗产智慧数据资源服务模式研究》，《北京档案》2022年第3期。

突破军事领域而广泛地应用于政治、经济、文化等领域，国家战略具有宏观性、长远性、全局性、整体性和实践性等特点，当前一般认为国家战略涉及国家的安全和发展两个层面的问题①。因此，全面融入与服务国家发展战略既是档案工作的政治义务，又是档案工作的必然选择，档案工作与国家战略的一致性要求档案工作要适应国家战略需求，档案事业建设和发展过程也是档案工作融入与服务国家战略的实践过程。②"十三五"时期，我国档案事业取得长足发展。档案工作服务中心大局精准有力，主动融入和服务乡村振兴、区域协调发展等国家战略成效显著，在庆祝改革开放40周年、新中国成立70周年等重大活动以及脱贫攻坚、党内主题教育等工作中发挥了积极作用，资政能力不断提升③。紧紧围绕国家战略提供相应档案数据服务支撑，不断彰显档案工作资政育人的重要作用，是扩展档案数据需求供给内容深度与价值的重要体现。一方面，从服务国家发展战略出发，实施新时代新成就国家记忆工程。新时代新成就国家记忆工程是反映党史、新中国史、改革开放史、社会主义发展史的重要举措。开展脱贫攻坚等档案记忆项目，强化档案数据资源跨领域、跨区域、跨层级整合力度④。档案部门通过普遍开展专题档案目录建设，推动重点地区、重点单位建设专题档案数据库，并着手建设国家级专题档案记忆库，面向社会公众开放并提供数字化、网络化数据服务，反映新时代以来中国发生的巨大变化与历史成就，充分展现中国精神、中国面貌、中国形象。另一方面，从区域一体化发展战略着手，有效提升档案数据联动服务。《浙江省档案事业发展"十四五"规划》中提出，应主动融入长三角区域一体化发展国家战略，深化拓展长三角地区档案部门交流与合作，推进长三角生态绿色一体化发展示范区档案工作，服务助力长三角高质量一体化发展。同时，主动融入和服务长江

---

① 参见薄贵利《论国家战略的科学内涵》，《中国行政管理》2015年第7期；孙新彭《战略概念的演变与国家战略学的建构》，《发展研究》2017年第10期。

② 张晓培、田德宝:《档案工作融入与服务国家战略的路径研究》，《山东档案》2022年第4期。

③ 《中办国办印发〈"十四五"全国档案事业发展规划〉》，https://www.saac.gov.cn/daj/toutiao/202106/ecca2de5bce44a0eb55c890762868683.shtml，2023年11月29日。

④ 《中办国办印发〈"十四五"全国档案事业发展规划〉》，https://www.saac.gov.cn/daj/toutiao/202106/ecca2de5bce44a0eb55c890762868683.shtml，2023年11月29日。

经济带发展、中国（浙江）自由贸易试验区、海洋经济发展示范区建设等国家战略，积极发挥档案在构建新发展格局、增强经济发展新动能中的基础性、支撑性作用[1]。例如，浙江省以高站位服务国家中心大局，不断推进区域档案数据服务协同发展，成为新时代全面展示中国特色社会主义制度优越性的重要窗口。此外，为配合国家大数据战略和国家文化数字化战略等重大战略，档案部门可从档案数据治理精细化、档案数据要素化、档案数据服务协同化、档案数据安全战略化等[2]方面入手，与国家战略的发展、安全理念相协调，推动档案数据治理更好地融入与服务国家发展战略。

（二）强化重点领域档案数据管理

强化重点领域档案数据管理，确保相关档案数据应归尽归。立足区域协调发展战略，加强对京津冀协同发展、长江经济带发展、粤港澳大湾区建设、长三角一体化发展、黄河流域生态保护和高质量发展等区域的档案数据采集工作。通过推进建设区域性档案数据资源库、平台库，打通区域档案数据壁垒，实现档案数据跨区域融合、共享与传播，充分聚集区域性档案数据资源，激活档案数据价值实效。围绕服务乡村振兴战略，扎实抓好新时代档案数据归档工作。在乡村振兴战略影响下，乡村数字化建设步伐逐步加快，记录乡村发展变迁的数据资源庞大且待开发。充分利用大数据技术贯穿乡村"产业兴旺、生态宜居、乡风文明、治理有效、生活富裕"各个环节，通过加强生产、生活、服务、管理等档案数据一体化管理与协同服务，为乡村发展提供乡村跨域服务与治理全息数据决策，为乡村用户提供精准画像与个性化服务，有效支撑乡村智慧化、现代化发展[3]。围绕创新驱动发展战略，强化财政资金支持，推动科研项目档案数据归档管理与开发利用工作。推动科学数据与科研档案协同管理，为我国科研创新发展提供助力。从国内外实践情况来看，科学数据与科研档案的协同管理模式主要存在一体化、委托式、业务集成式和资源交

---

[1] 《省发展改革委 省档案局关于印发〈浙江省档案事业发展"十四五"规划〉的通知》，https://www.zj.gov.cn/art/2021/4/16/art_1229203592_2268782.html，2023年10月20日。

[2] 张晓培、田德宝：《档案工作融入与服务国家战略的路径研究》，《山东档案》2022年第4期。

[3] 孙想、吴华瑞、郭旺等：《数字乡村大数据平台设计与应用》，《江苏农业科学》2021年第18期。

换式等多种类型①。加拿大研究图书馆协会（Canadian Association of Research Libraries，CARL）构建的全国性科研数据管理（Research Data Management，RDM）网络②和英国研发的数据资产框架（Data Asset Framework，DAF）③在构建国家级科研数据管理平台和开展科研数字资产审计及风险防范等方面为我国提供了良好的借鉴。

（三）高能级建设智慧档案数据库

大数据的高速发展催生了"智慧数据"这一概念的形成④，并在档案领域推动了智慧档案馆和智慧数据库建设的兴起⑤。智慧数据被认为是一种数据发现力，能将原始数据转化为高质量数据，以获得有价值的见解⑥。智慧档案数据库则主要是应用大数据、人工智能等新一代信息技术，实现"静态"档案数据资源数字化保护向"动态"数据化利用转变。因此，高能级建设智慧档案数据库，有助于推动档案数据内容重组与价值增值。智慧档案数据库的搭建离不开智慧数据集的充分聚合，而智慧数据集则来自对档案数据资源的价值化提取。这些数据不仅包括高价值量原生数据，即反映事件内容和空间结构的数据、体现事件时空变化的历时数据、行为累积数据，还包括衍生数据，即依托数据技术对原生数据进行获取、融合、分析和应用形成的新数据以及服务对象利用资源产生的用户数据等⑦。通过应用智慧技术工具，丰富的档案资源才能有效转化成活化的数据资源生

---

① 何思源、刘越男：《科学数据和科研档案的协同管理：框架和路径》，《档案学通讯》2021年第1期。

② 曾粤亮、梁心怡、徐琳琳等：《协同视角下科研数据知识库联盟运行策略研究——以加拿大FRDR平台为例》，《情报理论与实践》2023年第1期。

③ 郝春红、安小米、钱澄等：《数字科研档案资产管理研究——英国数据资产框架案例分析及借鉴》，《北京档案》2014年第1期。

④ 曾蕾、王晓光、范炜：《图档博领域的智慧数据及其在数字人文研究中的角色》，《中国图书馆学报》2018年第1期。

⑤ 贺奕静、杨智勇：《智慧档案馆的智慧服务功能及其实现》，《档案与建设》2019年第11期。

⑥ Isaac Triguero, Diego Garcia-Gil, Jesus Maillo, et al., "Transforming Big Data into Smart Data: An Insight on the Use of the K-nearest Neighbors Algorithm to Obtain Quality Data", Wiley Interdisciplinary Reviews: Data Mining and Knowledge Discovery, Vol. 9, No. 2, 2019, November 15, 2023, https://doi.org/10.1002/widm.1289.

⑦ 高山、谈国新：《大数据驱动的非物质文化遗产管理范式转变研究》，《图书馆》2020年第11期。

产要素，价值密度更高、更能实现多维融合、更易被技术开发和动态感知，为新的文化产品研发和服务创新奠定资源基础①。高能级建设智慧档案数据库应当从供给需求侧出发，推动数据资源的智慧关联和深度挖掘，实现档案数据资源服务的供需平衡。一方面，完善智慧档案数据资源基础服务模块。高能级建设智慧档案数据库的基础在于高度整合原生数据与衍生数据，实现所有智慧档案数据的充分整合，为档案数据服务场景搭建提供针对性有效服务。同时，智慧档案数据库的建设离不开技术人员组建与核心技术攻关。技术团队应当立足于应用需求，承担档案数据分析应用、数据产品研发、数据驱动创新等多重职能，持续开展前沿应用技术的探索，不断推动档案数据产品服务的创新。此外，技术团队还应当加强对核心技术的有效掌握与充分应用，针对数据库搭建、数据挖掘、语义分析、语法分析等核心技术开展实战训练，不断提高技术应用的成熟度并形成可推广的技术产品。另一方面，完善智慧档案数据服务场景需求与前置条件。在建设智慧档案数据库过程中，应当充分考虑智慧档案数据库的包容性与开放性，注重数据资源与数据库之间的适配性，能够不断扩展档案数据资源产品的展现形态，吸引档案用户与平台发生深度互动，提升档案部门与社会公众之间的交流深度。在档案数据库平台运行期间，能够全面记录用户的行为变化，反映用户的需求变迁，从而为平台的内容生产与服务样态的优化提供支撑，以此来进一步提升智慧档案数据服务应用的效果。此外，还应当以用户需求为牵引，根据自身资源特色，确定服务导向，打造融合交互的档案数据服务应用场景，如沉浸式档案数据产品展览馆、体验馆等，并根据国家、行业、个人等不同层次的用户需求提供个性化服务，突破服务形式单一、内容同质化的局限，推动档案数据服务产业链的发展成熟。

四 搭建档案数据需求供给畅通渠道

档案数据需求供给渠道的畅通度、及时性与便捷化是提升传播效果的关键所在。在实体经济与数字经济融合发展背景下，大数据是驱动档案数

---

① 章岸婧、谭必勇：《供需视角下文化遗产智慧数据资源服务模式研究》，《北京档案》2022年第3期。

据供给服务结构化转型的重要原动力。较为关键的是，档案数据需求供给畅通渠道是连接档案数据提供者与使用者的重要媒介，而这一媒介也受大数据技术驱动而不断发展与延伸。数据治理时代，公共服务质量的衡量因素并不只局限于传播内容的高低，传播渠道的合适与否成为提升或降低公共服务质量的重要元素。一个有序、健康和公平的数据要素市场应以其基本结构要素为核心，构建科学的法律制度来调整数据、数据产品和数据服务等要素之间的交易关系、竞争关系与合作关系①。可见，档案数据需求供给畅通渠道的搭建离不开供给主体、供给平台与供给生态的多元协同。本书认为，应当推动档案数据供给主体多元协同、融入国家统一数据交易服务平台以及培育良好档案数据供给产业生态，共同助推档案数据公共服务的结构性转型。

(一) 推动档案数据供给主体多元协同

公共服务单一供给主体给政府部门带来较大的压力，更多主体参与到公共服务供给中是公共服务模式创新的发展趋势②。档案数据主体供给多元化是提高供给渠道畅通性的重要力量。传统意义上单一主体主导模式的档案数据供给逐渐难以满足社会公众庞大且复杂的需求，亟须采取多主体合作式的供给模式开展数据服务。一般而言，我国在数据服务过程中产生了如下几种主体协同方式。第一，政府内部多部门协同数据供给服务。这种服务模式需要政府内部多部门的协同合作，推进各部门数据共享与融合。其中，政务热线是较具代表性的案例，如市级政府整合所有面向公众的政府部门提供统一电话服务入口，内部需要整合梳理相关业务，还需不同部门之间开展业务协同，大数据在这一过程中的核心作用在于记录公众的公共服务需求、识别公共服务需求特征、精准提供公共服务③。美国运输统计局数据库系统涉及与海关、边防局、商务部、财政部、人口普查局、海事局、联邦公路管理局以及各个行业的协会等共享数据④。第二，

---

① 李爱君：《数据要素市场培育法律制度构建》，《法学杂志》2021年第9期。
② 张红彬、李齐：《大数据驱动的智慧公共服务——2018中国国际大数据产业博览会"大数据与公共服务"论坛综述》，《中国行政管理》2018年第10期。
③ 张会平、李茜、邓琳：《大数据驱动的公共服务供给模式研究》，《情报杂志》2019年第3期。
④ 何力武、康磊：《面向大数据时代的美国联邦政府机构创新及职能扩展——以美国运输统计局为例》，《中国行政管理》2018年第11期。

政企双向合作共同实现数据供给服务。这种服务模式主要依靠政府以及企业的力量共同主导，运用大数据技术创新公共服务数据供给。这种模式主要通过多样化的公私合作方式实现，如政府部门与软件公司、互联网平台企业的合作。例如，在智慧朝阳服务网案例中，政府负责政策指导、规划制定、资金提供，软件公司负责平台的规划建设、信息服务提供、数据分析以及报告编写等①。另外，政府开放数据形成创新生态，互联网平台企业创建数据驱动的公共服务应用。例如，里约热内卢市通过建立开放数据平台，形成了交通大数据生态，催生了智慧交通应用Waze，成为政企合作服务社会的典型案例②。其中，政企间的数据流动与共享是当前重要议题，企业数据在向政府共享实践中形成了数据慈善、数据协作、数据采购、数据征用等多种经典模式，而共享成本激励不足、数据质量责任不明、数据互操作性不强、共享流通规范不健全等问题制约了企业数据向政府共享的效率与质量③。在档案数据供给过程中，应培育多元化的数据供给主体，尤其是那些具备强大数据要素价值化的政府部门或企业机构，加快构建面向共性需求的基础类数据库，如宏观经济数据库、人口基础数据库、法人基础信息数据库、社会诚信信息数据库、自然资源数据库等，实现社会面上的全数据整合供给服务，最大限度地提升档案数据服务的价值效果④。

（二）融入国家统一数据交易服务平台

近年来，全国涌现出大量数据交易场所和服务机构，自2015年贵阳大数据交易所正式成立后，各地积极探索建设数据交易机构，不断推动数据流通。在培育数据市场要素、搭建数据交易中心的过程中，各地区纷纷因地制宜探索符合区域环境的发展模式并取得不错的反响。目前，我国数据

---

① 王臻、贺小培、张楠：《大数据背景下公共信息服务供给与运营机制的困局与对策——"智慧朝阳服务网"案例分析》，《电子政务》2014年第2期。

② Marijn Janssen, Ricardo Matheus, Anneke Zuiderwijk, "Big and Open Linked Data (BOLD) to Create Smart Cities and Citizens: Insights from Smart Energy and Mobility cases", from Efthimios Tambouris, Marijn Janssen, Hans Jochen Scholl, et al. (eds), Electronic Government, Springer: Lecture Notes in Computer Science, Vol. 9248, 2015, pp. 79-90.

③ 孙逊、王盈盈：《企业数据向政府共享：逻辑因由、实践模式与发展路径》，《电子政务》2024年第3期。

④ 杨锐：《培育数据要素市场的关键：数据供给的市场化》，《图书与情报》2020年第3期。

要素市场以区域性市场为主，如上海市等地方性数据交易平台的建立[①]逐步成为当前数据市场的发展趋势。现有大数据交易机构已覆盖华北、华东、华南、华中、西南、西北、东北全国七大地理分区。从数据交易机构主体性质和发起单位来看，"国资主导、混合所有制、公司化运营"成为我国现存数据交易机构的主要筹建模式[②]。为了进一步促进数据流通，解决数据交易过程中产生的各方面问题，我国地方数据交易机构纷纷开始探索新技术应用，如数据撮合交易、API数据交易、隐私计算等[③]。从整体趋势而言，我国数据交易中心建设的范围越来越广，未来搭建国家统一的数据交易平台也成为了必然之举。为进一步提升我国档案数据流通的力度，增强数据应用的范围与深度，融入国家统一数据交易服务平台建设进程之中是一个有益的举措。国家层面建立统一数据交易中心能够实现数据资源的统一调配与充分利用，解决数据交易过程中存在的平台分布不平衡、数据集中能力低以及数据服务程度不深等诸多问题。在档案数据可开放、可流通的前提之下，开展政府部门主导、政企合营的模式，推进档案数据交易或开放平台的建设，培育较好的数据流通环境，能够深度激发档案数据应用的潜力。除此之外，在搭建数据交易平台过程中，应当建立数据交易准则及数据治理规范。一方面，数据交易平台建设方应当统一数据产品分类标准，明确数据产品应当归属的细分行业、服务对象与分类方法等；另一方面，数据交易平台建设方应创建数据质量管理机制，保障数据的价值内涵与可流通性。

（三）培育良好档案数据供给产业生态

良好的档案数据供给产业的形成离不开多样化数据流通模式、完善化数据资产评估及数据产品市场化供给的支撑。首先，采用多样化数据流通模式。不同地区数据产业发展态势存在差异，采用多样化数据流通模式更为可取。一般而言，我国目前数据交易中心采取的数据流通模式包括以下

[①] 新华网：《上海数据交易所揭牌成立》，http://www.news.cn/2021-11/25/c_1128099852.htm，2023年12月30日。

[②] 刘吉超：《我国数据要素市场培育的实践探索：成效、问题与应对建议》，《价格理论与实践》2021年第12期。

[③] 穆琳：《2020年网络新技术新应用在网络安全领域的发展特点》，《中国信息安全》2020年第12期。

三种：中介式、增值式与生态式。中介式数据流通模式主要是由数据交易机构搭建数据交易服务平台，实现对数据供给与数据交易方的撮合交易，如贵阳大数据交易所便采取这一模式并收取中介费用。增值式数据流通模式主要是指数据交易机构实现对数据的社会化应用，为利用者搭建相应数据服务场景并收取一定服务费用。如上海数据交易中心提供基于数据的普惠金融信用画像、精准营销等增值服务[1]。生态式数据流通模式主要通过搭建完善的数据交易生态，为行业发展提供顶层设计与基础服务，并从中获取相应回报。如北京国际大数据交易所建立北京国际数据交易联盟，已吸纳包括国有企业、金融机构、互联网企业、技术公司等 60 余家单位[2]。其次，开展完善化数据资产评估。良好的数据产业生态离不开合理化的数据资产评估标准的建立。我国应积极引导相关数据产业部门逐步探索数据定价标准，采取管理与控制相结合的模式，从而形成科学数据交易价格准则。一方面，尊重既有传统定价标准，结合相关评判准则搭建数据产品定价体系。另一方面，引入第三方定价评估单位，由其为数据交易机构提供数据定价参考。通过合理的数据资产评估体系，能够在一定程度上避免数据定价不合理带来的失序与交易风险。最后，强化数据产品市场化供给。数据交易机构应当通过多渠道实现数据产品供给，一方面，通过政府主导、社会参与的模式实现档案数据的社会化采集与开发利用，如举办全国数据产品应用创新大赛等途径，实现数据充分汇集；另一方面，通过与知名互联网企业如阿里等开展合作，建立大型数据聚合服务平台，利用其掌握的海量数据资源进行深度开发与利用，为社会提供数据产品服务。

五　强化档案数据需求供给监督管控

新一轮技术革命和产业革命的迅猛发展，进一步加速了数据资源、要素、市场和产业的融合与调整，不断催生新业态、新模式、新产业的出现，这对档案数据需求供给监管体系的搭建提出了新要求和新挑战。作为

---

[1] 上海数据交易中心：《上海数据交易中心公共数据赋能普惠金融行业应用入选大数据典型案例集》，https://www.sohu.com/a/407476891_622773，2023 年 12 月 30 日。

[2] 《北京国际大数据交易所成立 将探索全国数据交易新样板》，http://bj.people.com.cn/n2/2021/0331/c14540-34651966.html，2023 年 12 月 30 日。

适应大数据环境下数字社会的发展趋向，档案数据需求供给监督管控应充分利用智慧理念与技术，推动监管的智能化、精准化与综合化。不论是数据服务的"提供者"，还是数据服务的"受用者"，都在整个数据供需服务体系之中，属于相关利益链主体范畴，应当尽最大可能实现相关主体利益最大化。大数据驱动公共服务供给监管主要体现为以大数据资源和技术监管这些行动主体的低效率、越轨和违规行为，实现循数监管、实时监管和多元监管[1]。因此，本书认为，应当推动监管机制不断优化、实现监管手段精准有效、促进监管过程实时全面，不断完善档案数据智慧化供给服务过程畅通性、内容丰富性与质量品质性，实现大数据治理理念在档案数据需求供给监管中的充分应用。

第一，推动监管机制不断优化。优化体制是供给侧结构性改革的核心[2]。完善的供给监管机制是有效制约供给主体机会主义动机与限制性理性思维的主要手段，同时也是推进档案数据需求供给侧结构性改革的重要举措。完善的监管机制有效措施应当包含监管主体多元化、监管模式科学化以及监管权责清晰化。首先，监管主体多元化。大数据时代的监管过程更加注重参与主体的多元化。档案部门应当充分吸纳企业机构、社会组织、行业协会等主体的力量，集中不同领域专家学者的共同智慧，破除以机构本体为中心的监管理念，转为以社会群体为中心的监管理念，推动监管机制不断优化。数据社会化是大数据发展的高级阶段，西方发达国家大数据发展实践也表明："大数据的红利最终只能来源于开放数据。"[3] 同时，在移动互联网、社交媒体等环境的推动下，政府部门与社会公众之间的信息差、知识差正逐步减小，因此，大数据为档案数据供给监管主体的"多元化"提供了相应支持。其次，监管模式科学化。监管模式的科学与否在很大程度上影响监管的实效。作为数据供给主体，档案部门应当秉持客观公正、不偏不倚的监管理念，搭建以政府部门为主导，行业监管部门、大数据企业、社会公众共同参与的多元共治格局，从而开展全方位、全天

---

[1] 刘晓洋：《大数据驱动公共服务供给的变革向度》，《北京行政学院学报》2017年第4期。
[2] 孙飞、付东普：《供给侧结构性改革下公共服务供给方式创新》，《甘肃社会科学》2017年第4期。
[3] 李平：《开放政府视野下的政府数据开放机制及策略研究》，《电子政务》2016年第1期。

候、全空间与全对象的监督管理，形成全社会人人共治、共建、共享的智慧化监管模式。通过数据融合共享来监管公共服务主体和受众，从以行政监察、科层监督为主要内容的"同体监督"转向企业、社会组织对政府部门的"异体监督"，实现政府与社会、企业的协同多元监管①。最后，监管权责清晰化。多元化的监管主体面临着更加复杂的职责分配，需要明晰各主体的具体监管权责和优势，保障监管权责分配的合理性。大数据时代，档案部门在感应社会组织机构、企业单位等主体的行为数据能力方面有所欠缺，需要开展公私合作，充分利用科技公司所具备的网络爬虫等数据采集技术，提升档案部门在公共服务中的风险控制能力。因此，在制定监管权责时，针对技术所有者的企业单位，应要求其公布技术应用采集的相应数据，以供档案部门询查，同时在技术规范监管方面的职责分配应当有所倾斜与侧重。

第二，实现监管手段精准有效。监管不是形式上的举措，而是需要达成精准有效的最终目标，解决的关键在于实现监管数据充分流动。通过打造一体化数据监管平台、采用循数治理监管方式、推动智能技术嵌入监管流程，提升档案数据供给服务过程的问题反馈能力。首先，打造一体化数据监管平台。通过平台建设打造监管服务一体化，实现监管动态化、协同化、智能化和可视化。深度利用数据技术、云技术等，实现档案数据供给服务过程的数智化监管、运营与决策，推动监管工作由"报告式"监管迈向"穿透式"智能监管新时代，实现以监促管，提升监管的精准性与可靠性。其次，采用循数治理监管方式。数据部门私有的管理理念、数据产权不清的制度安排、数据标准不一的技术问题，交错叠加在条块分割的行政体制上，形成信息孤岛和数字鸿沟，政府部门间信息形成壁垒，缺乏流动。这样，政府部门只能按"领域"进行监管，监管能力弱且效果差②。社会公众伪造各种证明材料及其他手段骗取政府部门社会福利的行为屡见不鲜。利用数据库之间的数据比对、关联与协作，"循"数监管利用服务受众，提升档案部门甄别筛选能力。例如，广州基于市政府信息共享平台将居民的保障房、低保等申请信息与其户籍、参保、房产、公积金、工商

---

① 刘晓洋：《大数据驱动公共服务供给的变革向度》，《北京行政学院学报》2017年第4期。
② 刘晓洋：《大数据驱动公共服务供给的变革向度》，《北京行政学院学报》2017年第4期。

登记、缴税、个人存款等信息进行联网核查和比对，仅2015年就联网核查出不合格申请6369宗（15898人次），节约社会救助资金1.54亿元[①]。利用数据的充分流动带来的价值增益进行服务过程监管，能够有效实现监管的真正价值。最后，推动智能技术嵌入监管流程。充分应用人工智能等前沿技术，实现数智技术与监管流程的深度嵌合，推进档案数据需求供给监管全过程智能化。如通过人工智能深度学习等算法功能，自动采集服务过程中产生的各项业务数据、行为数据，分析服务过程中潜在的漏洞与危险，实现监管过程智能化风险识别，助力管理人员提前获取关键风险信息并及时做出反应，规避相关风险可能带来的损失。

　　第三，促进监管过程实时全面。大数据的开放性增强了数据服务过程的透明度，运用大数据建立健全跨部门、跨区域联动和协作，推进监管信息的互联互通，消除监管盲点，实现监管过程的实时性、全面性。监管的实时性与全面性离不开组织层级全覆盖、要素维度全展示、服务流程全透视等多方面的支撑。首先，组织层级全覆盖。推动监管过程覆盖档案数据需求供给服务的所有相关责任主体，搭建自上向下、层层相扣的监管责任体系，实现将数据供给方、数据管理方、数据服务方统一纳入监管责任体系之中，提升监管过程的高效性、科学性与完善性。进一步完善专业机构或部门监管专业数据的权责体系，发挥"专业的人干专业的事"这一效果，推动监管过程的科学性。此外，还应当搭建责任主体之间的互监机制，实现责任主体的扁平化治理，提升监管效率。其次，要素维度全展示。充分运用可视化技术，通过平台屏幕呈现的手段，实现监管要素的全方位展示。例如，通过充分汇聚监管过程数据，实现主体行为数据、业务过程数据、操作流程数据的"一屏展示"，为档案部门决策提供数据参考。主体行为数据应当包括数据管理主体、数据服务对象等相关涉及主体的行为数据信息，记录其操作平台或处理数据的所有行为。业务过程数据应当记录数据从归档存储到服务利用整个过程的所有信息，展现数据全生命周期流程。操作流程数据应当记录系统运行以来相关操作员对系统进行的所

---

① 耿旭静：《穗政府信息共享平台强化资源共享 大数据助力广州精准扶贫》，《广州日报》2016年4月23日，http://dfcn.mzyfz.com/detail.asp?dfid=2&cid=87&id=317790，2023年12月30日。

有操作行为，固化操作的主体、时间与行为。最后，服务流程全透视。充分运用区块链技术，利用其不可篡改、透明可追溯、高安全性等特点，实现对数据的分布式存储与去中心化管理，通过搭建数据可追溯系统，保障服务过程数据的安全性。通过对档案数据需求供给流程数据的可追溯与安全管理，实现整个流程的透明化，能够在很大程度上避免或降低数据安全事故的发生，为数据管理部门带来潜在效益。

结　　语

国际知名数据治理专家约翰·拉德利（John Ladley）认为，数据治理是涉及人性要素、战略要素和操作要素的综合性业务工作，其最终目标是将数据治理融入组织的日常工作并最终从组织中"彻底消失"[①]。这个富有哲理的论断启示我们，在数字化转型浪潮下和国家大数据战略持续深入推进的背景下，以数字治理推进档案治理体系和治理能力现代化的征程才刚刚开始。在系统性构建数字政府、数字经济、数字社会的过程中，档案工作面临更加复杂的环境、更加模糊的边界、更加多样的角色、更加多元的需求、更加丰富的场景，同时也将迎来更广阔的治理机遇与更大的发展空间。国家示范性数字档案馆（室）建设的全面推进、全国档案查询利用服务平台的开通、民生档案数据资源跨部门协同共享应用场景的多元打造，表明档案工作在数字政府、社会治理、公共文化服务等多领域呈现出多维融入的趋势，档案数据资源价值的多面性正在实践中广泛展开。然而，面对传统档案管理模式难以适应数字变革、档案数据服务与时代需求之间存在供需矛盾等治理问题，档案数据治理工作亟待走向体系化。本书在广泛文献调研和实地考察的基础上，聚焦国家大数据战略的时代背景，对档案数据治理体系构建的理论工具、范式转型、社会生态、框架模型和推进策略等问题进行了较为系统、全面的分析研究。

第一，档案数据治理是一个理论创新问题。本书在系统梳理国内外档案数据治理研究学术史的基础上，分别梳理了档案数据、档案治理、档案数据治理、档案数据治理体系等相关学术概念的历史源流与当代内涵，分析了治理、数据治理、智慧治理等理论的缘起、内涵及其在档案数据治理

[①] ［美］约翰·拉德利：《数据治理：如何设计、开展和保持有效的数据治理计划》，刘晨、车春雷、宾军志译，清华大学出版社2021年版，第19页。

领域的应用价值。

第二，档案数据治理体系的构建是国家大数据战略背景下档案工作和档案事业如何数字化转型的重大时代命题。世界各国加速推进的政府数字化转型进程使档案工作走向深刻变革的"深水区"，本书分析了国内外档案数字化转型的进展、特色与困境等问题，评估了档案部门重建大数据时代档案工作生态体系的努力及成效，认为档案数据治理理念与实践的萌芽、生成、深化的演变过程，体现出大数据时代档案行业生态系统整体的"数据化转向"以及由此导致的档案形态与价值维度、档案工作场景与模式的深刻变化。当然，多元共治的协同机制供给不足、线上治理空间的经验值和贡献度不高、公共利益与数据要素化的冲突等问题的存在，是档案数据治理工作面临的深刻时代挑战。

第三，我国档案数据治理体系建设实践，面临的是一个既富挑战又充满机遇的社会生态。本书依托场域理论，从生成性和共时性对国内档案数据治理的现实图景进行了系统性考察，一方面从资源、制度和技术三方面对我国档案数据治理实践的基础条件进行了总结，另一方面则以长沙市档案馆、青岛市档案馆与浙江省档案馆的工作为具体样本，对治理模式、现实特征和治理成效等状况进行了评估分析。此外，针对实地调研和访谈过程中发现的档案数据治理风险内容和治理难点问题，本书得出档案数据治理主要有外在性风险因素（政治权力、经济权力、社会权力等）和内部性因素（档案数据管控、档案技术应用、档案人员特质、档案管理活动等），并认为治理体制存在的结构性桎梏、治理主体之间的权责博弈、治理规制的有效供给不足和治理安全保障机制不健全等是档案数据治理系统性、结构性风险形成的深层次逻辑。

第四，档案数据治理体系构建需要科学合理的结构框架和运行模型。本书在广泛调研的基础上，提出档案数据治理体系的构建应坚持以技术提效率、以服务促治理、以法制保合规、多维度防风险的价值导向。本书认为档案数据治理体系就是依据一定的治理目标、围绕档案数据治理活动而形成的系列要素（治理主体、治理客体、治理方式）及其相互关系（治理机制）所构成的有机整体，因此提出由治理目标、治理主体、治理客体和治理方式四大要素构成的体系结构框架，以及由生态环境层、基础数据层和应用服务层组成的运行模型。

第五，档案数据治理是一个兼具政策、制度、管理和技术等多重属性的综合性问题。从深层次视角看，档案数据治理是回应社会档案数据需求、优化档案数据产品与服务供给、提升档案治理能力的公共价值创造过程，即实现档案数据"善治"，这是档案数据治理的根本目标。因此，准确定位档案数据治理及服务的供给短板，从宏观、中观和微观三个层面分别回应国家大数据战略、档案行业数据化转型和社会公众实际需求，推动档案工作以积极的姿态参与到政府治理体系建设中，帮助档案部门走出"弱行动"或"无行动"的角色困境，从而持续不断地推进档案数据治理体系的建设。

当然，随着国家大数据战略和政府数字化转型的持续深入，档案数据治理实践中还会出现新的风险和矛盾，针对档案数据治理这一宏大时代命题的研究还将继续下去。由于笔者学识和时间有限，收集资料存在不足、调研不够充分，因此本书难免存在一些遗憾和不足。首先，由于受资料、语言、调研范围等各方面因素的制约与限制，中外档案数据治理实践与理论演变的某一时段或某一层面不能完整地阐述出来。例如，国外的调研以英国、美国、加拿大、澳大利亚等国为主，部分档案数据治理基础与研究情况较好的国家，比如德国、法国、意大利、瑞典等，则由于语言等原因，存在收集与翻译较为困难的情况，从而难以对国外的档案数据治理整体状况开展全面的评估。国内的调研以浙江、江苏、广东等沿海发达地区为主，中西部区域的调研样本较少，再加上受到疫情影响调研时断时续，深入档案数据治理业务环节的微观调研和细节考察还不够深入和充分。其次，由于档案数据治理是一个跨学科的研究领域，本书在运用相关理论工具与方法来构建档案数据治理理论体系与模型时还不够熟练，相关的分析和研究还有很大的提升空间。最后，以 ChatGPT、DeepSeek 为代表的大语言模型很可能会深刻地改变档案数据资源和服务的供给能力和生态格局，继而产生新的隐私、国家安全等风险治理诉求，甚至还会再一次重塑档案数据治理体系，但由于实践观察、学识和时间等方面的限制，目前这一方面的内容无法进一步展开详尽的研究。这些遗憾与不足，均可作为未来档案数据治理研究的突破点，并鞭策笔者继续在这一领域进行深入研究，为探索适合我国国情的档案数据治理体系贡献一份力量。

参考文献

一 著作类

安小米等：《大数据治理前沿：理论与实践》，中国人民大学出版社 2023 年版。

常大伟：《国家治理现代化视阈下我国档案治理能力建设研究》，武汉大学出版社 2020 年版。

单志广、房毓菲、王娜编著：《大数据治理：形势、对策与实践》，科学出版社 2016 年版。

冯惠玲主编：《档案学概论》（第三版），中国人民大学出版社 2023 年版。

傅荣校：《档案管理现代化——档案管理中技术革命进程的动态审视》，浙江大学出版社 2002 年版。

何跃鹰、卓子寒编著：《全球数据跨境流动治理》，科学出版社 2023 年版。

黄萃、彭国超、苏竣：《智慧治理》，清华大学出版社 2017 年版。

金波、丁华东、倪代川：《数字档案馆生态系统研究》，学习出版社 2014 年版。

吕欣、李洪侠、李鹏：《大数据与国家治理》，电子工业出版社 2017 年版。

梅宏主编：《数据治理之论》，中国人民大学出版社 2020 年版。

梅宏主编：《数据治理之法》，中国人民大学出版社 2022 年版。

孟小峰等编著：《数据隐私与数据治理》，机械工业出版社 2023 年版。

王宏志、李默涵编著：《大数据治理：理论与方法》，电子工业出版社 2021 年版。

王秀利、吴新松、王辉编著：《大数据治理与服务》，高等教育出版社 2022 年版。

王兆君、王钺、曹朝晖编著：《主数据驱动的数据治理：原理、技术与实践》，清华大学出版社 2019 年版。

徐华、薛四新：《云数字档案馆安全风险评估研究》，中国社会科学出版社 2022 年版。

徐继华、冯启娜、陈贞汝：《智慧政府：大数据治国时代的来临》，中信出版社 2014 年版。

徐拥军等：《数智时代档案治理体系建设研究》，武汉大学出版社 2023 年版。

杨雪冬等：《风险社会与秩序重建》，社会科学文献出版社 2006 年版。

叶岚：《数智时代：AI 应用与地方政府智能治理》，上海人民出版社 2023 年版。

张建锋编著：《数字政府 2.0——数据智能助力治理现代化》，中信出版社 2019 年版。

中国人民大学档案事业发展研究中心：《2022 年中国档案事业发展报告》，中国人民大学出版社 2022 年版。

中国信息化百人会编著：《数据生产力崛起：新动能·新治理》，电子工业出版社 2021 年版。

竺乾威主编：《公共行政理论》，复旦大学出版社 2008 年版。

［德］罗纳德·巴赫曼、吉多·肯珀、托马斯·格尔策：《大数据时代下半场：数据治理、驱动与变现》，刘志则、刘源译，北京联合出版公司 2017 年版。

［法］埃哈尔·费埃德伯格：《权力与规则：组织行动的动力》，张月等译，上海人民出版社 2017 年版。

［美］DAMA 国际：《DAMA 数据管理知识体系指南》，DAMA 中国分会翻译组译，机械工业出版社 2020 年版。

［美］阿尔温·托夫勒：《第三次浪潮》，朱志焱、潘琪、张焱译，生活·读书·新知三联书店 1984 年版。

［美］戴维·温伯格：《万物皆无序：新数字秩序的革命》，李燕鸣译，山西人民出版社 2017 年版。

［美］简·芳汀：《构建虚拟政府：信息技术与制度创新》，邵国松译，中国人民大学出版社 2010 年版。

［美］桑尼尔·索雷斯（SUNIL SOARES）：《大数据治理》，匡斌译，清华大学出版社2014年版。

［美］斯蒂芬·戈德史密斯、威廉·D. 埃格斯：《网络化治理：公共部门的新形态》，孙迎春译，北京大学出版社2008年版。

［美］约翰·拉德利：《数据治理：如何设计、开展和保持有效的数据治理计划》，刘晨、车春雷、宾军志译，清华大学出版社2021年版。

［美］詹姆斯·N. 罗西瑙主编：《没有政府的治理——世界政治中的秩序与变革》，张胜军、刘小林等译，江西人民出版社2001年版。

［瑞典］乔恩·皮埃尔、［美］B. 盖伊·彼得斯：《治理、政治与国家》，唐贤兴、马婷译，上海人民出版社2019年版。

［英］维克托·迈尔-舍恩伯格、肯尼思·库克耶：《大数据时代：生活、工作与思维的大变革》，盛杨燕、周涛译，浙江人民出版社2013年版。

二 中文期刊论文

安小米、白文琳：《云治理时代的政务数据管理转型——当前我国档案事业发展的问题与建议》，《人民论坛·学术前沿》2015年第16期。

安小米、郭明军、魏玮等：《大数据治理体系：核心概念、动议及其实现路径分析》，《情报资料工作》2018年第1期。

安小米、黄婕、许沧济等：《全景式大数据质量评估指标框架构建研究》，《管理科学学报》2023年第5期。

安小米、许济沧、王丽丽等：《国际标准中的数据治理：概念、视角及其标准化协同路径》，《中国图书馆学报》2021年第5期。

包国宪、郎玫：《治理、政府治理概念的演变与发展》，《兰州大学学报》（社会科学版）2009年第2期。

鲍勃·杰索普：《治理的兴起及其失败的风险：以经济发展为例的论述》，漆燕译，《国际社会科学杂志》（中文版）1999年第1期。

常大伟、潘娜：《档案数据治理能力的结构体系与建设路径》，《浙江档案》2020年第2期。

陈慧、罗慧玉、陈晖：《档案数据质量要素识别及智能化保障探究——以昆柳龙直流工程项目档案为例》，《档案学通讯》2021年第5期。

陈茜月：《国家数据局组建背景下档案数据高质量发展研究：现状、内涵与路径》，《档案》2023 年第 4 期。

陈永生、王沐晖、苏焕宁等：《基于互联网政务服务平台的文件归档与管理：治理观》，《档案学研究》2019 年第 6 期。

陈振明：《实现治理数字化和智能化转型》，《国家治理》2020 年第 3 期。

陈振明：《政府治理变革的技术基础——大数据与智能化时代的政府改革述评》，《行政论坛》2015 年第 6 期。

陈忠海、宋晶晶：《论国家治理视域下的档案治理》，《档案管理》2017 年第 6 期。

邓文霞：《从"资源"到"资产"：档案数据资产治理模型初探》，《浙江档案》2022 年第 7 期。

丁志刚：《如何理解国家治理与国家治理体系》，《学术界》2014 年第 2 期。

冯惠玲：《面向数字中国战略的档案数据产教融合》，《档案与建设》2023 年第 10 期。

冯惠玲：《融入数据管理 做电子文件管理追风人》，《北京档案》2020 年第 12 期。

冯惠玲：《走向单轨制电子文件管理》，《档案学研究》2019 年第 1 期。

冯惠玲、刘越男、马林青：《文件管理的数字转型：关键要素识别与推进策略分析》，《档案学通讯》2017 年第 3 期。

弗朗索瓦-格扎维尔·梅里安：《治理问题与现代福利国家》，肖孝毛译，《国际社会科学杂志》（中文版）1999 年第 1 期。

傅荣校：《我国政务数据共享的政策目标变迁与共享实践推进》，《档案学通讯》2022 年第 5 期。

傅天珍、郑江平：《计算档案学的兴起、探索与启示》，《档案学通讯》2019 年第 4 期。

高晨翔、牛力：《国内"档案数据"研究述评》，《档案学研究》2020 年第 5 期。

高茂科：《对档案大数据关键环节的认识》，《中国档案》2013 年第 10 期。

格里·斯托克：《作为理论的治理：五个论点》，华夏风译，《国际社会科学杂志》（中文版）1999 年第 1 期。

葛悦、邵华：《从赋能到使能：基于区块链技术的档案数据治理研究》，《山西档案》2022年第5期。

耿志杰、郭心竹：《基于SFIC模型的档案数据长期保存协同治理探索》，《档案与建设》2022年第3期。

海啸：《英国数据档案馆的发展现状及其借鉴》，《山东档案》2019年第6期。

韩晗：《"数据化"的社会与"大数据"的未来》，《中国图书评论》2014年第5期。

何思源、刘越男：《档案上云安全吗？——政务云环境中的档案安全风险分析》，《档案学研究》2021年第3期。

何思源、刘越男、祁天娇：《档案与数据协同管理的历史溯源与现实动因》，《北京档案》2023年第1期。

何玉颜：《档案部门参与政府大数据治理的路径研究》，《浙江档案》2018年第8期。

贺谭涛、杨璐羽、黄思诗：《战略规划透视下档案部门参与政府数据治理研究》，《浙江档案》2023年第11期。

贺谭涛、黄小宇、周文泓：《档案馆融入政府数据治理的策略研究——以澳大利亚国家档案馆的政府数据治理政策体系为例》，《档案与建设》2023年第2期。

胡峰、王秉、张思芊：《从边界分野到跨界共轭：政府数据协同治理交互困境扫描与纾困路径探赜》，《电子政务》2023年第4期。

胡晓庆：《档案数据治理框架构建研究》，《山东档案》2021年第5期。

金波、添志鹏：《档案数据内涵与特征探析》，《档案学通讯》2020年第3期。

金波、王洁菲、添志鹏等：《档案数据治理运行机制探究》，《档案学通讯》2023年第4期。

金波、杨鹏：《"数智"赋能档案治理现代化：话语转向、范式变革与路径构筑》，《档案学研究》2022年第2期。

金波、杨鹏：《档案数据治理生态运行演化与平衡调控》，《信息资源管理学报》2023年第6期。

金波、杨鹏、宋飞：《档案数据化与数据档案化：档案数据内涵的双维透视》，《图书情报工作》2023年第12期。

金波、杨鹏、添志鹏等：《大数据时代档案数据生态平衡与调适》，《图书情报知识》2023年第1期。

康蠡、周铭：《档案大数据生态系统涵义、构成与结构摭探》，《北京档案》2017年第8期。

李红权、赵忠璐：《数字权力的兴起、扩张及治理》，《江汉论坛》2023年第9期。

李宗富、董晨雪：《档案数据治理：概念解析、三重逻辑与行动路向》，《档案管理》2022年第5期。

林伟宏：《省域档案大数据共建共享方法与路径探讨》，《浙江档案》2022年第9期。

刘永、庞宇飞、荆欣：《档案数据化之浅析：档案数据大脑的构建》，《档案管理》2019年第3期。

刘越男：《数据治理：大数据时代档案管理的新视角和新职能》，《档案学研究》2020年第5期。

刘越男、何思源、王强等：《企业档案与数据资产的协同管理：问题与对策》，《档案学研究》2022年第6期。

刘越男、杨建梁、何思源等：《计算档案学：档案学科的新发展》，《图书情报知识》2021年第3期。

刘越男、周文泓、李雪彤等：《我国档案事业"十四五"发展图景展望——基于国家及省级地方档案事业"十四五"规划的文本分析》，《图书情报知识》2023年第2期。

马海群：《档案数据开放的发展路径及政策框架构建研究》，《档案学通讯》2017年第3期。

马双双、谢童柱：《数字中国建设背景下档案工作数字化转型：内涵、困境与进路》，《档案学研究》2022年第6期。

毛海帆、李鹏达、傅培超等：《基于结构化和文本数据的辅助开放鉴定模型》，《中国档案》2022年第12期。

倪代川、金波：《论数字档案资源数据化发展》，《档案学研究》2021年第

5期。

倪晓春、张蓉：《大数据背景下红色档案数据治理的突破方向和实现路径探析》，《档案学研究》2022年第6期。

聂云霞、钟福平、朱仁平：《档案数据共享的公众逻辑——基于场景建构、知识服务、全媒传播的框架》，《档案学通讯》2022年第5期。

牛力、刘慧琳、曾静怡等：《数字时代档案资源开发利用的重新审视》，《档案学研究》2019年第5期。

牛力、赵迪、韩小汀：《"数字记忆"背景下异构数据资源整合研究探析》，《档案学研究》2018年第6期。

祁天娇、冯惠玲：《档案数据化过程中语义组织的内涵、特点与原理解析》，《图书情报工作》2021年第9期。

钱毅：《技术变迁环境下档案对象管理空间演化初探》，《档案学通讯》2018年第2期。

钱毅、苏依纹：《基于档案的数据基础设施（ABDI）的概念内涵与构建策略》，《档案学通讯》2023年第6期。

苏焕宁、翁灏纯：《数字政府治理需求下的政务电子文件归档优化研究》，《档案管理》2022年第5期。

谭必勇、刘芮：《英国政府数据治理体系及其对我国的启示：走向"善治"》，《信息资源管理学报》2020年第5期。

谭必勇、章岸婧：《全国一体化大数据中心背景下档案数据中心的功能架构与推进策略》，《档案学通讯》2022年第3期。

唐长乐、王明明：《我国档案数据开放研究——基于政府数据开放平台的调查》，《浙江档案》2022年第1期。

唐启、于英香：《对档案治理概念内涵与外延厘定的批判与反思》，《档案学研究》2023年第4期。

陶水龙：《大数据时代下数字档案馆面临的机遇与挑战》，《中国档案》2013年第10期。

田伟、韩海涛：《大数据时代档案馆服务创新研究》，《档案学研究》2014年第5期。

汪建军：《数字政府建设背景下档案数据治理的内在逻辑与实践进路》，

《档案与建设》2023年第9期。

王宁、谭必勇：《澳大利亚联邦档案数据治理体系特色及启示》，《档案与建设》2023年第8期。

王平、陈秀秀、李沐妍等：《区块链视角下档案数据质量管理路径研究》，《档案学研究》2023年第2期。

王绍光：《治理研究：正本清源》，《开放时代》2018年第2期。

王宪东、孙洪鲁、赵琳：《基于智能词表的电子档案和政务数据深度挖掘技术及应用工具》，《中国档案》2023年第12期。

王向女、袁倩：《美梦还是陷阱？——论数据科学背景下的档案数据管理》，《档案与建设》2019年第9期。

王肖波：《数字档案馆建设的创新与发展——以浙江省档案馆创建全国示范数字档案馆为例》，《档案学研究》2021年第1期。

王协舟、尹鑫：《英美法系国家档案数据开放法律与政策调研及经验借鉴——基于文献、文本和案例的省思》，《档案学通讯》2019年第4期。

王英玮、戴柏清：《制度创新视角下档案治理效能提升路径探析》，《档案学通讯》2022年第4期。

王玉、许晓彤：《英国档案数据治理现状与启示》，《档案与建设》2023年第8期。

王玉珏、吴一诺：《档案法律融入数据法律体系的内在逻辑、问题与路径》，《档案学研究》2022年第3期。

王玉珏、吴一诺、凌敏菡：《〈数据安全法〉与〈档案法〉协调研究》，《图书情报工作》2021年第22期。

魏亮亮、谭必勇：《智慧治理理念下我国档案数据治理体系建设的模式特征与转型策略》，《档案学刊》2022年第1期。

魏楠、刘潇阳、郝伟斌：《档案信息服务中的数智嵌入：过程模型与驱动路径》，《档案学通讯》2023年第4期。

吴哲、丁海斌：《"数据"概念史考略及"档案数据"概念解析》，《档案与建设》2023年第1期。

武亚楠、唐长乐：《面向数字政府的数字档案精准化服务研究》，《山西档案》2022年第2期。

夏义堃：《政府数据治理的维度解析与路径优化》，《电子政务》2020 年第 7 期。

向立文、李培杰：《档案部门实施档案大数据战略的必要性与可行性研究》，《浙江档案》2018 年第 10 期。

徐钦梅、戴敏：《档案数据化管理的实现路径研究》，《浙江档案》2021 年第 12 期。

徐顽强：《数字化转型嵌入社会治理的场景重塑与价值边界》，《求索》2022 年第 2 期。

徐拥军、王露露：《档案部门参与大数据战略的必备条件和关键问题——以浙江省为例》，《浙江档案》2018 年第 11 期。

徐拥军、熊文景：《档案治理现代化：理论内涵、价值追求和实践路径》，《档案学研究》2019 年第 6 期。

徐拥军、张臻、任琼辉：《国家大数据战略背景下档案部门与数据管理部门的职能关系》，《图书情报工作》2019 年第 18 期。

杨建梁、刘越男、祁天娇：《文档数据化：概念、框架与方法》，《中国图书馆学报》2022 年第 3 期。

杨来青：《大数据背景下档案信息资源挖掘策略与方法》，《中国档案》2018 年第 8 期。

杨来青、崔玉华、王晓华：《数字档案馆数据质量控制方法研究》，《中国档案》2016 年第 1 期。

杨鹏：《大数据时代档案数据权利治理研究》，《档案学研究》2023 年第 2 期。

杨茜茜：《档案文化数据的整体性治理初探》，《浙江档案》2021 年第 1 期。

杨茜茜：《概念、内容与定位：我国档案数据治理研究的理论坐标》，《档案学研究》2021 年第 6 期。

杨智勇、桑梦瑶：《数字化转型背景下档案数据治理能力的演进与展望》，《档案与建设》2023 年第 5 期。

杨智勇、谢雨欣：《面向善治的档案数据治理能力体系构建》，《档案与建设》2022 年第 2 期。

姚淑娟：《档案数据赋能政府智慧治理探析——以长三角地区为例》，《档案与建设》2023年第6期。

叶大凤、黄思棉、刘龙君：《当前档案大数据研究的误区与重点研究领域思考》，《北京档案》2015年第7期。

叶芷含：《国家数据局成立背景下档案部门数据管理权责探讨与应对》，《兰台世界》2023年第8期。

易南冰：《数据管理成为档案服务新领域》，《中国档案》2016年第8期。

易涛：《"最多跑一次"改革背景下档案数据壁垒的生成与消解》，《浙江档案》2018年第12期。

易涛：《政府数据开放的"档案参与"：历程、角色与路径》，《浙江师范大学学报》（社会科学版）2023年第2期。

于英香：《从数据与信息关系演化看档案数据概念的发展》，《情报杂志》2018年第11期。

于英香：《档案大数据研究热的冷思考》，《档案学通讯》2015年第2期。

于英香、李雨欣：《"AI+档案"应用的算法风险与治理路径探析》，《北京档案》2021年第10期。

郁建兴、樊靓：《数字技术赋能社会治理及其限度——以杭州城市大脑为分析对象》，《经济社会体制比较》2022年第1期。

岳林恒：《大数据时代下档案数据治理的困境与对策探析》，《档案天地》2023年第5期。

翟云、蒋敏娟、王伟玲：《中国数字化转型的理论阐释与运行机制》，《电子政务》2021年第6期。

张斌、高晨翔、牛力：《对象、结构与价值：档案知识工程的基础问题探究》，《档案学通讯》2021年第3期。

张斌、张旭、陈昱其：《档案数字人文馆员：价值阐释、角色定位与培养策略》，《档案学通讯》2022年第6期。

张帆、吴建华：《国家治理现代化视域下档案治理概念体系研究》，《档案学研究》2021年第1期。

张芳霖、唐霜：《大数据影响下档案学发展趋势的思考》，《北京档案》2014年第9期。

张金峰：《新形势下档案数据协同治理实现路径探析》，《档案与建设》

2022 年第 8 期。

张克:《从地方数据局到国家数据局:数据行政管理的职能优化与机构重塑》,《电子政务》2023 年第 4 期。

张宁:《主数据驱动视角下的企业档案数据资产管理》,《档案学研究》2019 年第 6 期。

张宁、袁勤俭:《数据治理研究述评》,《情报杂志》2017 年第 5 期。

张卫东、张乐莹、赵红颖:《我国档案治理研究内容与特征识别》,《情报科学》2021 年第 8 期。

张晓、鲍静:《数字政府即平台:英国政府数字化转型战略研究及其启示》,《中国行政管理》2018 年第 3 期。

章岸婧:《后真相时代数字档案信息信任链构建探究》,《档案学研究》2021 年第 3 期。

章岸婧、谭必勇:《供需视角下文化遗产智慧数据资源服务模式研究》,《北京档案》2022 年第 3 期。

章燕华:《数据档案化治理研究:一个研究分析框架》,《浙江档案》2022 年第 11 期。

章燕华:《以数智化驱动引领档案事业现代化的发展进程与实施路径》,《档案学通讯》2023 年第 6 期。

赵杰:《数字人文方法融入智慧医疗档案数据治理与智能服务探索》,《档案管理》2022 年第 5 期。

赵生辉、胡莹:《档案数据基因系统:概念、机理与实践》,《档案学研究》2021 年第 1 期。

赵生辉、胡莹、黄依涵:《数据、档案及其共生演化的微观机理解析》,《档案学通讯》2022 年第 2 期。

赵屹:《上海城市数字化转型背景下档案事业发展研究》,《档案学研究》2022 年第 1 期。

赵跃:《大数据时代档案数据化的前景展望:意义与困境》,《档案学研究》2019 年第 5 期。

赵跃、石俪冰、孙寒晗:《"档案数据"一词的使用语境与学科内涵探析》,《档案学研究》2021 年第 3 期。

赵振营：《档案馆实施大数据战略实践的路径分析》，《北京档案》2016年第7期。

郑金月：《数据价值：大数据时代档案价值的新发现》，《浙江档案》2015年第12期。

周枫：《资源·技术·思维——大数据时代档案馆的三维诠释》，《档案学研究》2013年第6期。

周林兴、林凯：《大数据时代档案数据质量控制：现状、机制与优化路径》，《档案与建设》2022年第2期。

周林兴、林凯：《大数据时代档案数据质量治理：因素、框架与路径》，《档案学研究》2023年第2期。

周文泓、姜璐、崔璐等：《澳大利亚文件档案管理数据化转型的行动回溯及其启示》，《档案与建设》2023年第9期。

周文泓、文利君、贺谭涛：《组建国家数据局背景下档案机构的职能优化策略研究》，《北京档案》2023年第9期。

周耀林、常大伟：《我国档案大数据研究的现状分析与趋势探讨》，《档案学研究》2017年第3期。

周毅：《档案数据治理的认识维度及其价值》，《档案与建设》2023年第2期。

周友泉、连波、曹军：《"浙里数字档案"重大应用场景实践——"档案AI辅助开放审核"组件的性能与应用》，《浙江档案》2022年第11期。

朱振国：《我国地方政府数据开放平台的档案数据开放研究》，《档案学刊》2023年第2期。

三 中文学位论文

陈艳：《我国省级档案数据治理体系框架构建研究——基于浙江省实践的研究》，硕士学位论文，山东大学，2020年。

董晨雪：《综合档案馆档案数据治理能力评估指标体系构建及实证研究》，硕士学位论文，郑州大学，2022年。

南梦洁：《新基建背景下能源档案数据治理要素体系研究》，硕士学位论文，华中师范大学，2022年。

欧阳静芝：《市级数据中心建设实证研究》，硕士学位论文，湘潭大学，2016年。

王竞秋：《数字·数据·知识：档案资源开发利用形式的拓展与整合》，硕士学位论文，南昌大学，2019年。

王诗宗：《治理理论及其中国适用性——基于公共行政学的视角》，博士学位论文，浙江大学，2009年。

王志宇：《政务档案的领域本体构建与知识表示研究》，博士学位论文，哈尔滨工业大学，2022年。

魏亮亮：《智慧治理理念下我国档案数据治理体系建设模式研究》，硕士学位论文，山东大学，2022年。

祝哲淇：《基于善治的我国档案治理及分析框架研究》，硕士学位论文，浙江大学，2018年。

四　英文著作、期刊论文

Alex H. Poole, "How has your science data grown? Digital curation and human factor: a critical literature review", *Archival Science*, Vol. 15, No. 2, 2015.

Alyssa Hamer, "Ethics of Archival Practice: New Considerations in the Digital Age", *Archivaria*, Vol. 85, 2018.

Amos Shibambu, Ngoako Solomon Marutha, "A framework for management of digital records on the cloud in the public sector of South Africa", *Information Discovery and Delivery*, Vol. 50, No. 2, 2022.

Angelika Menne-Haritz, "Electronic records and electronic governance", *Archivar*, Vol. 59, No. 3, 2006.

Angeliki Tzouganatou, "Openness and privacy in born-digital archives: reflecting the role of AI development", *AI & Society*, Vol. 37, No. 3, 2022.

Anna Sexton, Elizabeth Shepherd, Oliver Duke-Williams, et al., "A Balance of Trust in the Use of Government Administrative Data", *Archival Science*, Vol. 17, No. 4, 2017.

Anna Sexton, Elizabeth Shepherd, Oliver Duke-Williams, et al., "The role and nature of consent in government administrative data", *Big Data &*

Society, Vol. 5, No. 2, 2018.

Anna Sobczak, "Public Cloud Archives: Dream or Reality?" *Canadian Journal of Information and Library Science*, Vol. 39, No. 2, June 2015.

Anne J. Gilliland, *Conceptualizing 21st-century Archives*, Chicago: Society of American Archivists, 2014.

Anthony Cocciolo, "When Archivists and Digital Asset Managers Collide: Tensions and Ways Forward", *The American Archivist*, Vol. 79, No. 1, 2016.

Cleophas Mutundu Ambira, Henry Nyabuto Kemoni, Patrick Ngulube, "A framework for electronic records management in support of e-government in Kenya", *Records Management Journal*, Vol. 29, No. 3, 2019.

DAMA International, *The DAMA Guide to the Data Management Body of Knowledge*, New York: Technics Publications, 2009.

Darra Hofman, Victoria Louise Lemieux, Alysha Joo, et al., "'The margin between the edge of the world and infinite possibility': Blockchain, GDPR and information governance", *Records Management Journal*, Vol. 29, No. 1/2, 2019.

Devan Ray Donaldson, "Trust in Archives-Trust in Digital Archival Content Framework", *Archivaria*, Vol. 88, 2019.

Devon Mordell, "Critical Questions for Archives as (Big) Data", *Archivaria*, Vol. 87, 2019.

Dharma Akmon, Ann Zimmerman, Morgan Daniels, et al., "The application of archival concepts to a data-intensive environment: working with scientists to understand data management and preservation needs", *Archival Science*, Vol. 11, No. 3-4, 2011.

Elizabeth Shepherd, Alice Stevenson, Andrew Flinn, "Information governance, records management, and freedom of information: A study of local government authorities in England", *Government Information Quarterly*, Vol. 27, No. 4, 2010.

Emily Larson, "Big Questions: Digital Preservation of Big Data in Government", *The American Archivist*, Vol. 83, No. 1, 2020.

Erik A. M. Borglund, "What About Trust in the Cloud? Archivists' Views on Trust", *Canadian Journal of Information and Library Science*, Vol. 39, No. 2, 2015.

Erik Borglund, Tove Engvall, "Open data? Data, Information, document or record?", *Records Management Journal*, Vol. 24, No. 2, 2014.

Fabienne Chamelot, Vincent Hiribarren, Marie Rodet, "Archives, the Digital Turn, and Governance in Africa", *History in Africa*, Vol. 47, 2020.

Fiorella Foscarini, Giulia Barrera, Aida Škoro Babić, et al., "The language of the GDPR: translation issues and archival issues in four non-English-speaking countries", *Archives and Manuscripts*, Vol. 49, No. 1-2, 2021.

Gary King, "Ensuring the Data-Rich Future of the Social Sciences", *Science*, Vol. 331, No. 6018, 2011.

Geoffrey Yeo, *Records, Information and Data: Exploring the Role of Record-Keeping in an Information Culture*, London: Facet Publishing, 2018.

Geoffrey Yeo, "Trust and Context in Cyberspace", *Archives and Records*, Vol. 34, No. 2, 2013.

Gijs Aangenendt, *Archives in the Digital Age: the Use of AI and Machine Learning in the Swedish Archival Sector*, Uppsala Universitet (Sweden), 2022.

Gregory Rolan, Glen Humphries, Lisa Jeffrey, et al., "More human than human? Artificial intelligence in the archive", *Archives and Manuscripts*, Vol. 47, No. 2, 2019.

James B. Rhoads, "The Historian and the New Technology", *The American Archivist*, Vol. 32, No. 3, 1969.

Janet Anderson, Kuldar Aas, David Anderson, et al., "The E-ARK Project: An Introduction to the European Archival Records and Knowledge Preservation Project", *New Review of Information Networking*, Vol. 25, No. 2, 2020.

Jeanine de Gier, "IT governance of dutch municipalities and digital information management", *New Review of Information Networking*, Vol. 23, No. 1-2, 2018.

Jenny Bunn, "Working in contexts for which transparency is important-A record-keeping view of explainable artificial intelligence (XAI)", *Records Management Journal*, Vol. 30, No. 2, 2020.

Jeremy Davet, Babak Hamidzadeh, Paricia Franks, "Archivist in the machine: paradata for AI-based automation in the archives", *Archival Science*, Vol. 23, No. 2, 2023.

Julie McLeod, "Record DNA: reconceptualising digital records as the future evidence base", *Archival Science*, Vol. 23, No. 3, 2023.

Justus Wamkoya, Stephen M. Mutula, "E-records management and governance in East and Southern Africa", *Malaysian Journal of Library & Information Science*, Vol. 10, No. 2, 2005.

Kalpana Shankar, Kristin R. Eschenfelder, Greg Downey, "Studying the History of Social Science Data Archives as Knowledge Infrastructure", *Science & Technology Studies*, Vol. 29, No. 2, 2016.

Katherine Mary Chorley, "The challenges presented to records management by open government data in the public sector in England: A case study", *Records Management Journal*, Vol. 27, No. 2, 2017.

Laura Millar, "On the crest of a wave: transforming the archival future", *Archives and Manuscripts*, Vol. 45, No. 2, 2017.

Lise Jaillant, Annalina Caputo, "Unlocking digital archives: cross-disciplinary perspectives on AI and born-digital data", *AI & Society*, Vol. 37, No. 3, 2022.

Luciana Duranti, Corinne Rogers, "Trust in digital records: An increasingly cloudy legal area", *Computer Law & Security Review*, Vol. 28, No. 5, 2012.

Luciana Duranti, Kenneth Thibodeau, "The Concept of Record in Interactive, Experiential and Dynamic Environments: the View of the InterPARES", *Archival Science*, Vol. 6, No. 1, 2006.

Lynn Woolfrey, "Knowledge Utilization for Governance in Africa: Evidence-based decision-making and the role of survey data archives in the region", *Information Development*, Vol. 25, No. 1, 2009.

Malkiat Thiarai, Sarunkorn Chotvijit, Stephen Jarvis, "Balancing information governance obligations when accessing social care data for collaborative research", *Records Management Journal*, Vol. 29, No. 1/2, 2019.

Mari Runardotter, Christina Mörtberg, Anita Mirijamdotter, "The changing nature of archives: whose responsibility?", *Electronic Journal of e-Government*, Vol. 9, No. 1, 2011.

Marie-Anne Chabin, "The potential for collaboration between AI and archival science in processing data from the French great national debate", *Records Management Journal*, Vol. 30, No. 2, 2020.

Michael Cook, *Information Management and Archival Data*, London: Library Association Publishing, 1993.

Michael Moss, David Thomas, Tim Gollins, "The Reconfiguration of the Archive as Data to Be Mined", *Archivaria*, Vol. 86, 2018.

Michael Moss, "Without the data, the Tools are Useless; Without the Software, the Data is Unmanageable", *Journal of the Society of Archivists*, Vol. 31, No. 1, 2010.

Morgan E. Currie, Britt S. Paris, "Back-ups for the Future: Archival Practices for Data Activism", *Archives and Manuscripts*, Vol. 46, No. 2, 2018.

Nathan Mnjama, Justus Wamukoya, "E-government and records management: an assessment tool for e-records readiness in government", *The Electronic Library*, Vol. 25, No. 3, 2007.

Nora EI Qadim, "Born digital? digitization and the birth of the moroccan national archives", *History in Africa*, Vol. 47, 2020.

Patricia C. Franks, "Implications of blockchain distributed ledger technology for records management and information governance programs", *Records Management Journal*, Vol. 30, No. 3, 2020.

Paul Clough, Jiayu Tang, Mark M. Hall, et al., "Linking Archival Data to Location: A Case Study at the UK National Archives", *Aslib Proceedings*, Vol. 63, No. 2/3, 2017.

Richard Rose, "Dynamics of data archives", *Social Science Information*,

Vol. 13, No. 6, 1974.

Robert Kretzschmar, "Archives as Digital Information Infrastructures. State of Art and Prospects", *Archivaria*, Vol. 66, 2013.

Teddy Randby, Richard Marciano, "Digital Curation and Machine Learning Experimentation in Archives", *2020 IEEE International Conference on Big Data*, Dec. 2020.

Terry Cook, "Macro-appraisal and Functional Analysis: Documenting Governance Rather Than Government", *Journal of the Society of Archivists*, Vol. 25, No. 1, 2004.

Thomas Sødring, Petter Reinholdtsen, David Massey, "A record-keeping approach to managing IoT-data for government agencies", *Records Management Journal*, Vol. 30, No. 2, 2020.

Tom Nesmith, "The cloud, the public square, and digital public archival infrastructure", *Archival Science*, Vol. 23, No. 4, 2023.

Tomasz Janowski, "Digital Government Evolution: From Transformation to Contextualization", *Government Information Quarterly*, Vol. 32, No. 3, 2015.

Tshepho Lydia Mosweu, "A review of the legislative framework for social media records in Botswana", *Records Management Journal*, Vol. 32, No. 1, 2022.

Xin Fu, Anna Wojak, Daniel Neagu, et al., "Data governance in predictive toxicology: A review", *Journal of Cheminformatics*, Vol. 3, No. 24, 2011.

后　　记

本书是在我主持的国家社会科学基金一般项目"国家大数据背景下档案数据治理体系构建研究"（项目批准号：19BTQ097）的最终研究成果的基础上修改而成的。该成果于2024年5月被全国哲学社会科学工作办公室鉴定为"良好"等级予以结项，此后根据评审专家和出版社的修改建议，将成果名称修改为《大数据时代档案数据治理体系构建研究》，并对部分章节作了相应的调整、补充之后，形成了本书的最终定稿。

本人长期关注大数据时代的档案数字转型问题，在数字政府、数据治理与数字档案馆形态迭代升级的关联性研究探索中，我发现，档案部门以电子档案单轨制改革和数字档案馆（室）转型升级为契机，主动转变治理机制和服务模式，催生了档案数据资产化管理、民生档案数据跨部门协同共享、互联网+档案行政监管等档案数据治理新形态，产生了较好的社会影响，但在社会整体数据化和国家治理现代化的时代趋势下，档案部门面临着如何实现高质量数字化转型、档案工作如何科学融入数字政府建设和大数据战略、档案治理如何科学地走向"整体智治"等一系列重大命题。在当下纵深推进数字化改革的关键时期，档案治理实践中存在的模式适应、供需矛盾问题，暴露了政府部门对于档案数据的资源掌控能力、协调引领能力和利用服务能力的不足，档案工作治理体系与治理能力建设存在短板和困境亟待破解，因此构建顺应大数据时代、适合我国国情的档案数据治理体系及其推广机制是亟待解决的重要课题。2019年3月，我以"国家大数据战略背景下档案数据治理体系构建研究"为题申报了国家社会科学基金一般项目并顺利立项，由此开启了对这一领域的长时段、系统性研究。

后　记　323

　　项目研究过程中，我和课题组成员在 2019 年 7—10 月、2020 年 7—9 月、2021 年 5—10 月、2023 年 4—7 月较为密集地调研了国内重要的国家综合性档案馆、地方大数据局、企业档案机构和高校档案馆，涉及山东（山东省档案馆、青岛市档案馆、济南市档案馆、山东省大数据局、青岛地铁集团、中车四方股份有限公司、海尔集团等）、浙江（浙江省档案馆、杭州市档案馆等）、江苏（江苏省档案馆、江苏省大数据管理中心、苏州市档案馆、南京市建邺区档案馆、苏州地铁集团）、广东（深圳市档案馆、深圳市政务服务数据资源管理局等）、四川（中国电力工程顾问集团西南电力设计院有限公司等）、江西（江西省档案馆、华能江西清洁能源有限责任公司等）、湖北（湖北省档案馆、武汉大学档案馆、长江水利委员会、中南电力设计院等）、湖南（湖南省政府文电处、长沙市档案馆、中南大学档案馆等）、陕西（西安市档案馆、西安地铁集团等）等地，与各单位主持档案信息化工作的负责人和相关工作人员进行了广泛、深入的交流，获得了大量原始资料、案例和素材，对档案数据化和数据档案化的中国实践图景有了直观、清晰的认识和了解，对不同层级的档案数据治理体系构建路径、技术方案、制度困境等深层次问题有了较为深刻的把握。在此特别感谢上述单位和相关工作人员的积极配合和鼎力支持！

　　经过课题研讨和广泛调研，课题组对相关数据和案例进行了梳理分析，围绕相关子课题内容开展研究，并在《档案学通讯》《档案学研究》等学术期刊发表阶段性成果论文 20 余篇，《全国一体化大数据中心背景下档案数据中心的功能架构与推进策略》（《档案学通讯》2022 年第 3 期）、《供需视角下文化遗产智慧数据资源服务模式研究》（《北京档案》2022 年第 3 期）两篇论文还被人大复印报刊资料《档案学》全文转载。在此基础上，我们对最终成果的写作大纲进行了多次讨论和修改，并进行了分工写作，最终完成了书稿。

　　本书是一个集体合作的结晶。谭必勇负责全书的框架设计并统稿，具体写作分工为：第一章由谭必勇撰写，楚艳娜、方华参与了第二节部分内容的撰写；第二章由章岸婧撰写，苗雨浩参与了第一节部分内容的撰写；第三章由谭必勇撰写，王玉、许晓彤、王宁参与了第一节国外部分内容的撰写；第四章由章岸婧、魏亮亮（第二节第一小节）撰写；第五章由谭必勇（第二、三节）、方华（第一节）、任泽婷和冀静晓（第四节）撰写；第六章由魏亮亮撰写。此外，我的研究生陈艳、邹燕琴、刘芮、冯妍、黄闽敏、张丽培、刘澳鹏参与了前期项目的调研和学术研究，贡献了宝贵的前期研究成果；周扬翌、裴银璐、朱海月、沙子晗、刘华祯、王亦婷等研究生参与了文字校对工作，在此一并表示感谢！

在本书的出版过程中，中国社会科学出版社的刘艳编辑为本书的出版付出了辛勤劳动，在此表示诚挚的感谢！感谢多位评审专家在项目成果鉴定评审中给予宝贵的修改补充意见，有助于我在本书出版之前能有针对性地予以充实、修订和完善。

在本书写作过程中，我们参考了国内外优秀的图书、论文、研究报告和网络文献等相关资料，许多单位和专家也接受过我们团队的调研和采访，在此谨表示由衷的敬意和诚挚的感谢！由于本人学识水平所限，加上国内外档案数据治理政策及实践进展迅速，书中难免存在疏漏和错误，敬请各位学界同仁批评指正！

谭必勇

2024年夏于山东大学知新楼